大野博之・奇 恵英・斎藤富由起・守谷賢二 編

公認心理師のための臨床心理学

基礎から実践までの臨床心理学概論

福村出版

[JCOPY]〈出版者著作権管理機構 委託出版物〉
本書の無断複写は著作権法上での例外を除き禁じられています。複写される場合は、そのつど事前に、出版者著作権管理機構(電話 03-5244-5088、FAX 03-5244-5089、e-mail: info@jcopy.or.jp)の許諾を得てください。

はじめに

　本書は大学や大学院の「臨床心理学概論」のテキストです。図や表を多用し、わかりやすく学べるように多くの工夫を施しました。また本書は公認心理師や臨床心理士の試験対策のテキストでもあります。難しい問題の説明には、類書にないほどのページを割きました。以下に本書の大きな特徴二つを述べます。

　①**臨床心理学をしっかり学べるテキストです。**

　公認心理師が国家資格になってから、多数の試験対策の書籍が出版されています。しかし、何よりも大切なことは、臨床心理学の深い理解です。本書では「臨床心理学の歴史」なども収録し、臨床心理学そのものを深く学ぶことができます。多くの読者が苦手な心理統計に対しては、学習用のサイトを作りました。DSM-5の基準も類書にないほど多数掲載しています。本文で説明できなかった概念は巻末のキーワードでも詳しく解説されています。

　②**公認心理師や臨床心理士の試験対策に最適のテキストです。**

　本書の編者の斎藤と守谷は、かつて大学院入試のための予備校教員でした。多くの初学者を一年以内の勉強で合格させてきた実績を誇っております。本書はこのような視点も反映して、「短期間の勉強で実際に試験問題を解けること」に徹底的にこだわっています。つまずきそうな箇所には詳しい解説を行ない、実際の公認心理師の問題を掲載して、回答を示しました。本書一冊で、教科書と問題集の両方の使い方ができます。一方、紙面の都合から、本書には生理心理、基礎心理の分野は含まれていません。また事例問題にはもう少し練習問題が必要です。この点は、別の機会に譲りたいと思います。

　いろいろなものを背負って、十分とは言えない環境の中で、奮闘しながら学んでいる方々がいます。独学の人も、学びなおしをしている方も存じ上げています。そういう学生を裏切らないように、長い間使用できて、わかりやすくて、本当に試験対策となるテキストを目指しました。本書が、少しでも皆様のお力になることができたら、これに勝る喜びはありません。ではご健闘をお祈りいたします。

編者を代表して
斎藤富由起

目次

はじめに　III

第一章　臨床心理学とは何か　1

第1節　臨床心理学の歴史　2
1　臨床心理学の始まり　2　臨床心理学の発展
3　日本における臨床心理学の歴史

第2節　臨床心理学の目的　5
1　臨床心理面接　2　臨床心理査定　3　臨床心理的地域援助
4　臨床心理調査・研究　5　おわりに

第3節　臨床心理学と法律——公認心理師法の基礎知識　9
1　公認心理師法の成立と目的　2　公認心理師の定義と四つの業務
3　四つの業務のポイント　4　公認心理師の四つの法的業務と罰則規定

第4節　臨床心理学の活動領域　22
1　臨床心理学の主要4領域　2　保健・医療領域の基礎知識
3　教育領域　4　福祉領域　5　産業領域

第二章　臨床心理学の方法　33

第1節　臨床心理アセスメント　34
1　心理検査法　2　面接法　3　行動観察法

第2節　発達のアセスメント　42
　　1　知能検査　2　発達検査

第3節　臨床心理学の基礎理論　50
　　1　面接の基礎　2　ケース・フォーミュレーション　3　精神分析
　　4　認知行動療法　5　人間性心理学

第4節　臨床心理学の流派　92
　　1　家族療法　2　ブリーフセラピー　3　遊戯療法　4　箱庭療法
　　5　フォーカシング　6　臨床動作法とSART　7　森田療法
　　8　内観療法　9　応用行動分析

第三章　臨床心理学の対象　113

第1節　基礎理論　114
　　1　ストレス理論　2　生物心理社会モデル　3　発達の理論

第2節　精神疾患　144
　　1　精神疾患とは　2　統合失調症　3　うつ病　4　双極性障害
　　5　PTSD（心的外傷後ストレス障害）　6　パニック症／パニック障害
　　7　摂食障害　8　適応障害　9　その他

第3節　発達障害　166
　　1　発達障害とは　2　発達障害の種類

第4節　パーソナリティ障害　　179
　　1　パーソナリティ障害とはなにか　2　境界性パーソナリティ障害
　　3　自己愛性パーソナリティ障害　4　反社会性パーソナリティ障害
　　5　代替DSM-5モデル（ディメンション・モデル）

第5節　心の健康教育　　190
　　1　予防とはなにか　2　予防の方法

第四章　臨床心理学の活動領域　　193

第1節　教育領域の臨床心理学　　194
　　1　教育領域における公認心理師の心理社会的課題――心理援助的サービス
　　2　学校における公認心理師の貢献と構造
　　3　教育領域の心理実践の対象　4　スクールカウンセリング

第2節　福祉領域の臨床心理学　　216
　　1　児童領域　2　障害者（児）領域　3　高齢者領域

第3節　司法・矯正領域における臨床心理学　　237
　　1　少年法と少年非行　2　刑事事件における法制度
　　3　発達障害と触法行為――司法・犯罪における心理社会的課題

第4節　産業領域の臨床心理学　　254
　　1　産業・労働分野に関する法律・制度　2　労働領域の法と行政
　　3　産業分野の臨床活動

第 5 節　医療・保健領域における臨床心理学　　279
　　1　医療領域における活動　2　保健領域における活動
　　3　災害時における活動　4　医療・保健領域にかかわる法律
　　5　医療・保健領域において公認心理師が活動する際の要点

第五章　臨床心理学の研究方法　　305

第 1 節　エビデンス・ベイストとナラティブ・ベイスト　　306
　　1　エビデンス・ベイスト・アプローチ
　　2　ナラティブ・ベイスト・アプローチ

第 2 節　臨床心理学と医療のための基礎統計法　　320
　　1　記述統計と推測統計　2　尺度水準と正規分布　3　統計手法

第 3 節　事例研究法　　331
　　1　法則定立的研究と個性記述的研究　2　事例研究法

第 4 節　フィールドワーク　　336
　　1　フィールドワークとは　2　フィールドワークの手順

第六章　臨床心理学の新たな展開　　343

第 1 節　臨床心理学における身体性の再考　　344

第 2 節　日本の臨床心理学に求められること　350

第 3 節　日本の臨床心理学の「これから」を探る　355
　　1　エビデンス・ベイストの「これから」
　　2　三大流派の「これから」

コラム
column1　タラソフの判決　30
column2　教育領域における事件　214
column3　福祉領域における事件　223
column4　医療少年院と少年事件　253
column5　産業領域における安全配慮義務　278
column6　精神疾患と事件　302

臨床心理学キーワード集（50 音順）　365

1　人名・実験編　366

2　疾患編　384

3　心理療法と技法編　388

4　その他　393

索　引　399

第一章
臨床心理学とは何か

第1節　臨床心理学の歴史

1　臨床心理学の始まり

　臨床心理学（Clinical Psychology）は臨床心理実践を土台かつ軸とする学問であり、臨床心理的実践のニーズに合わせて発展してきた学問であることから、その始まりはいくつかの視点で整理することができる。

　まず、その名称の始まりとしては、アメリカの心理学者であるウィトマー（Lightner Witmer）がペンシルベニア大学に「心理クリニック」（Psychological Clinic）を創設し、アメリカ心理学会（1896年）で初めて「Clinical Psychology」（臨床心理学）という言葉を用いて講演したことがしばしば挙げられる。ただし、ウィトマーの心理クリニックは主に知的障害児や学習障害児の心理測定と教育支援を目的にした施設で、ウィトマーがいう「臨床心理学」は現在の臨床心理実践の視点からみると性格が異なるものであるといえる。

　次に、臨床心理学の根幹である心理療法の理論と技法の発展に大きな影響を与えたものとして、フロイト（Sigmund Freud）の「無意識」の発見に基づいた「精神分析」理論と技法の確立が挙げられる。それまで人間の精神活動に対する一般的な理解は私たちの意識に上っているもの、すなわち、私たちが客観的に記述し説明できるものに限られていた。しかし、フロイトは神経症の事例を丹念に追いながら分析する中で、耐え難い不安や葛藤を引き起こす本能的欲求をあたかも存在しないかのように、本人が自覚できない意識の下に閉じ込めること、すなわち、「抑圧」が様々な神経症の動因であることを証明した。1895年にブロイアー（Josef Breuer）と共著した『ヒステリー研究』を発表し、翌年にフロイト独自の理論および技法を「精神分析」（Psychoanalysis）と命名した。フロイトの画期的な理論と技法を学ぶために集まった弟子の中には、後に「無意識」の概念から発展した「集合的無意識」を提唱し、「分析心理学」（Analytical Psychology）を確立したユング（Carl Gustav Jung）、「共同体感覚」をキーワードに「個人心理学」（Individual Psychology）を提唱したアドラー

(Alfred Adler)、など、現在も臨床心理学において大きな影響を与えている人たちがいる。

一方、フロイトから始まって第二次世界大戦まで臨床心理学の確立と発展に大きく寄与した巨匠たちは、大半が自然科学や精神医学を基盤としており、彼らの学問的特徴を自然科学、あるいは臨床心理学として一義的に定義することは難しい。しかし、臨床心理学の大きな柱の一つである心理療法の理論と技法の展開において彼らの貢献は計り知れない。

2 臨床心理学の発展

臨床心理学が学問として急激な発展を見せた大きな転機としては、第二次世界大戦（1939-1945年）が挙げられる。軍人徴兵においてその能力を選別するために初めてオーティス（Otis, A. S.）の研究チームは「陸軍心理検査」（Army Mental Test）と呼ばれる集団知能検査を実施した。このような大規模の集団心理テストが行なわれることによって心理テストに関する社会的認知と開発が加速化されるきっかけになった。さらに、戦後のPTSD（心的外傷後ストレス障害）や社会復帰支援のために専門的な臨床心理学的支援が可能な専門家や職業カウンセラーが大勢必要になったことが社会的認識とニーズの高まりとともに教育制度や学会の創設などの研究組織の確立に大きく影響したといえる。

一方、1960年代に自然科学や精神医学に基盤を置くフロイトの力動心理学や行動主義心理学に一線を画すものとして人間性心理学（Humanistic Psychology）が台頭した。世界大戦という人類にとって未曾有の悲劇を体験し、従来の価値観が問われ、哲学、社会、経済、文化など社会のあらゆる面において大きな変革が起きた。その中で、マズロー（Abraham Maslow）はそれまで主な流れであった力動的心理学を第一勢力、それに続く行動主義心理学を第二勢力とし、人間性心理学を「第三勢力」と称し、当時の心理学分野を中心とした「人間性回復運動」（Human Potential Movement）の原動力となった。

人間を分化せず全体的かつ有機的に機能する存在として捉え、個々の独自性に基づいた潜在能力と自己成長能力を重視した人間性心理学の登場は、心の病いの治療や心理的不適応の改善に留まらず、人間の自己成長や自己実現を促進する、より包括的な意味での臨床心理学および臨床心理実践への道を切り開い

たといえる。

3　日本における臨床心理学の歴史

　明治36（1903）年、佐々木政直が『哲学雑誌』に「ステーリング氏の心理学に関する精神病理学」を寄稿することによって初めてフロイトの学説が紹介されて以来、哲学分野、医学分野を中心に精神分析への関心が拡がり始めた。精神科医である古澤平作は1932年にウィーン精神分析研究所に留学、その後日本における精神分析の基礎を築いた。一方、「森田療法」の創始者である森田正馬は神経症の概念と治療法がまだ定着していなかった1920年代に森田理論に基づく独自の治療法を開発した。実験心理学分野でも臨床心理学的実践が始まり、当時催眠研究の第一人者であった成瀬悟策は1960年代に、催眠研究の中で、人の身体運動は「意図」という心理的要素と関連した一連の心理的プロセスの結果であることを定式化し、身体アプローチ型心理療法である「動作法」を確立した。このように臨床心理学的実践が拡がり始める時期に、河合隼雄は1965年に日本人として初めてユング研究所にてユング派分析家の資格を取得し、ユングの分析心理学と箱庭療法を日本に紹介した。

　このようなパイオニアたちの努力による、1960年代から1970年代にわたる臨床心理学の研究と実践の実績に基づき、京都大学教育学部付属心理教育相談室が1980年に文部省（現文部科学省）より有料相談機関として認可を得たのは臨床心理家の養成とその教育システムの確立に大きな意味をもつ出来事といえよう。その後、臨床心理学をオリエンテーションとする「臨床心理士」という高度専門職業人の資格制度の確立を目標の一つとして1982年に「日本心理臨床学会」が設立され、1988年には日本心理臨床学会を含め関連学会16団体が協賛し、文部省、厚生省、日本精神病院協会等の協力を得て、日本臨床心理士資格認定協会が設立された。さらに、1996年度から、同協会により一定の要件を備えている大学院修士課程を臨床心理士養成のための教育課程として指定する「指定大学院制度」が導入された。これによって臨床心理学の実践の専門性を保証する臨床心理士の資格制度の充実化が図られ、現在3万人以上の臨床心理士が現場で活躍するに至った。

　このような実績から、1995年に文部科学省が立ち上げたスクールカウンセ

ラー活用事業に臨床心理士が任用され、6年間の調査・研究期間を経て、2001年からは全国的なスクールカウンセラー事業において臨床心理士が活躍するようになった。これによる臨床心理士の社会的周知とともに、従来の保健医療分野に限らず、教育・福祉・産業・司法など、様々な分野における臨床心理実践が展開されるようになった。

文献
・大塚義孝編（2004）「臨床心理学原論」大塚義孝、岡堂哲雄、東山紘久、下山晴彦監修『臨床心理学全書1』誠信書房
・氏原寛、亀口憲治、成田善弘、山中康裕共編（2008）『心理臨床大辞典［改訂版］』培風館

第 2 節　臨床心理学の目的

　臨床心理学は実践によって導かれた学問である。臨床心理学的実践とは、唯一無二の存在である一人の主体者の心の世界を全体的に、多面的に理解した上で、その人の生きる力の回復または促進を助長し、その人にとって幸いといえる人生を全うできるよう援助する諸々の働きかけである。前者は広い意味での心理アセスメント、後者は個人または集団を対象にした心理療法を始め、個人を取り巻く環境・資源・状況などを踏まえた多様な心理支援として理解することができる。

　臨床心理学の成り立ちからみることができる学問としての境界の曖昧さや心理学における位置づけの多様性から、臨床心理学の独自性を明確化することは現在進行形の課題といえる。しかし、実践学として精錬されてきたその専門性について説明することは可能である。臨床心理学の専門性には、臨床心理面接、臨床心理査定、臨床心理的地域援助、臨床心理学的実践活動に関する調査・研究といった四つの柱が挙げられる。

1　臨床心理面接

　心理療法に加え、臨床心理の専門性を必要とする個別対応の場面および集団

場面に設定された心理相談を臨床心理面接として位置付けている。臨床心理面接は臨床心理学の理論を導き出すルーツであり、臨床心理学の専門性が人の生きる場において具現される最も重要な臨床心理実践領域である。臨床心理面接の技法の開発と従来の技法の精査および発展の試みは実践の中で絶えず検証され、精錬させていく努力を要する。その努力において、個人としては臨床心理事例をもとに、緻密なスーパービジョンを受けることが必須である。また、専門家集団としては、実践を概念化し、複数で共有できる様式で多面的な視点での討論と考察を重ね、理論的精度を高めるとともに、その成果を臨床心理面接に還元するようなサイクルを活性化させることによって、心理的支援を必要とする人々に質の高い臨床心理学的支援を提供することを目指す。

2　臨床心理査定

臨床心理査定とは、心理テストなどを行なってクライエントの心理特性を理解することである。臨床心理実践においては、客体および主体としての対象の理解が優先されなければならない。個人のパーソナリティは固有かつ独自のもので、全人格としての対象のあり方とその形成に影響する人的・物理的環境および関係やその時系列的な体験と文脈を含めて捉えることが必要である。それによって今現在当人が体験する問題や葛藤のメカニズムを読み解き、当人が望む解決の糸口をつかむことが可能になる。これらの作業において得られた推論や感触を客観的に裏付けるものとして心理テストが必要となる。

したがって心理テストにおいては、いくつもの検証を通して精査された心理テストに関する専門的知識と実施可能な技能の修練が必要である一方、臨床心理実践によって練磨された、テスト対象の心に対する豊かな感性や鋭い洞察力が求められる。このようなことから、臨床心理査定は臨床心理面接と密接に関連するものであり、同様にその適切性と理論的精度を高め、発展させることで心理的支援を必要とする人々に質の高い臨床心理学的支援を提供することを目指す。

3　臨床心理的地域援助

臨床心理面接および臨床心理査定の実践において得られた個々の心の理解と

支援の視点を、生活者である個人が生きる地域や学校または職場といったコミュニティの活性化や回復または再生に応用することで、個人の生きやすさや回復を支援するだけでなく、地域およびコミュニティ自体の課題や問題の解決に資する働きを目指す。その中には、地域およびコミュニティの主たる構成員、またはキー・パーソンの支援、すなわち、コンサルテーション（consultation）や地域およびコミュニティの心の健康のための情報提供や環境調整などの予防的心理教育の働きが含まれる。それによって、臨床心理学的知と技能が社会的に貢献することを目指す。

4　臨床心理調査・研究

　臨床心理面接、臨床心理査定、臨床心理的地域援助など、臨床心理学に基づいた全ての実践は、人の心のあり方および働きの普遍性と個別性の両面をもって説明できるように、常に十分な検証と精査が必要である。一定の普遍性を求めて多数または集団に共通する一定の法則やメカニズムを究明することによって蓄積された臨床心理学的集合知は心のメカニズム解明への指標になる。
　一方、個別の臨床心理面接を通して、個人に生起する心の働きに参与しながら観察し、深い省察を踏まえながら個性を記述することによって心のあり方の豊かさに接近する臨床心理事例研究は臨床心理学的実践の本質といえよう。このように臨床心理学的問題意識を研究としてまとめ、研究者間でその知見を共有し、臨床心理学体系に統合し、社会への還元を図る。

5　おわりに

　ところで、昨今、EBA（Evidence-Based Approach）またはEBM（Evidence-Based Method）という用語が盛んに用いられるようになり、その延長線で、「エビデンスに基づく臨床心理学／臨床心理実践」について考えさせられる。心理支援を要する人の利益に帰すためのアプローチや技法が適切であるか、弊害はないかを検証することは重要なことであるが、そもそもエビデンスとは何かについて明確にする必要がある。
　アメリカ精神医学会（APA：American Psychological Association）では、「EBPP

(Evidence-based Practice in Psychology）とは、患者（patient）の特徴、文化、志向という文脈において、その時点で手に入る最良の研究成果を、臨床の専門知識・技能に統合することである」と定義している。なお、APAに拠れば、ここにおける「patient」とは、心理支援を受けるあらゆる世代の個人、集団、組織、地域、その他の群を意味するもので、クライエントに代用できる意味合いをもっているとしている。すなわち、エビデンスとは、心理支援を必要とするあらゆる対象の臨床に有益なものとして帰することができる研究成果であり、研究の方法の問題でもなければ、受益者当人以外の人たちの納得や理解が優先する問題でもない。

　言い換えれば、臨床心理実践と研究におけるエビデンスとは、メタ解析やランダム化比較試験（RCT：Randomized Controlled Trial）の方法だけでなく、事例研究に代表される質的研究など、多様な方法によって導かれうるものであり、日々の臨床心理実践において自己を回復し、心の力を取り戻しているクライエントが臨床心理学のエビデンスの根幹であるといえよう。一人一人のクライエントに対して最良な臨床心理実践を目指すことがエビデンスの蓄積であり、同時に実践に伴ったそれらの成果を発信することによって社会に還元することは臨床心理学の大きな使命でもある。

文献

・APA. Presidential Task Force on Evidence-Based Practice（2006）Evidence-based practice in psychology. *American Psychologist*, 61（4），271-285.
・日本臨床心理士資格認定協会監修（2017）『新・臨床心理士になるために［平成29年版］』誠信書房
・氏原寛、小川捷之、近藤邦夫、鑪幹八郎、東山紘久、村山正治、山中康裕編（1999）『カウンセリング辞典』ミネルヴァ書房

第3節　臨床心理学と法律
——公認心理師法の基礎知識

　公認心理師は日本で初めての心理職の国家資格である。国家資格である以上、法律により、その業務でやらなければならないこと、やってはならないことが決められている。したがって、この資格を得るためには、法律に基づく公認心理師の業務と義務を学ぶ必要がある。

　本節では最も基本的な公認心理師法の法的規定を説明する。最も基本的な法的規定とは「公認心理師の四つの業務と四つの義務」である。また本節は公認心理師試験では頻出の領域なので、この分野が実際の試験ではどのように出題されるのかについても紹介する。

1　公認心理師法の成立と目的

　公認心理師法は2015年（平成27年）9月9日に成立し、同年9月16日に公布され、2017年（平成29年）9月15日に全面施行された。「公布」とは、新しい法令を社会に向けて発表することで、「施行」とは、実際にその法律が効力を発することを言う。つまり、2015年に公認心理師法という法律ができたことが公表され、その後、約2年の間に様々な準備期間を経て、2017年から公認心理師法が実施されたわけである。なお、この法律は文部科学省と厚生労働省の共管である。

　2017年の全面施行に基づいて、2018年に初めて公認心理師の国家試験が実施されている。試験の合否は試験の6割以上の得点が基準となり、第1回の試験では受験生の約8割が合格している。

　公認心理師法の第1条は「この法律は公認心理師の資格を定めて、その業務の適正を図り、もって**国民の心の健康の保持増進に寄与する**ことを目的とする」と定められた。第1条を理解するポイントは「国民」である。

　公認心理師と比較されることも多い国家資格に精神保健福祉士がある。精神保健福祉士の根拠となる精神保健福祉法の場合、その目的は「**精神障害者の福**

祉の増進及び国民の精神保健の向上を図る」(第1条) と規定されており、国民と並んで特に精神障害のある者が強調されている。

これに対して公認心理師法の心の健康の保持増進の対象は「国民」全体である。国民の中には精神障害のある者も存在するが、公認心理師法はある特定の対象を強調した法律(資格)ではない。公認心理師の場合、「要心理支援者」とその「関係者」がまずもってその対象となるが、大前提として広く国民一般の心の健康の保持増進の役割も期待されている。

したがって、公認心理師法の対象は、要心理支援者とその関係者および国民全体である。公認心理師は法に定められた業務と義務を国民から負託された(国民から任された)という点を強調したい。

2　公認心理師の定義と四つの業務

公認心理師とはどういう人なのだろうか。そして、何をする人なのだろうか。このことを説明するために、公認心理師法第2条では公認心理師の定義と業務内容が定められている。

「公認心理師とは、(中略)**公認心理師の名称を用いて**、(中略)心理学に関する専門的知識及び技術をもって、次に掲げる行為を行うことを業とする者」(第2条前文。太字は筆者)とあり、四つの業務が示されている。

まず、「公認心理師の名称を用いて」とあるように、**公認心理師は名称独占の資格である**。名称独占とは、資格を持っていない者がその名称を使用してはならないというものである。これに対して、医師や看護師のような業務独占の資格も存在する。業務独占の場合、その資格を持っている者以外がその業務を行なってはならない。例えば診断などの診療行為や死亡診断書の作成は医師免許がない者が行なってはならない。

★名称独占と業務独占の違い
名称独占→資格がなければその名称を名乗れないが、資格がなくても業務を行なうことはできる。公認心理師、作業療法士、社会福祉士など。
業務独占→資格がなければその業務を行なえない。医師、看護師など。

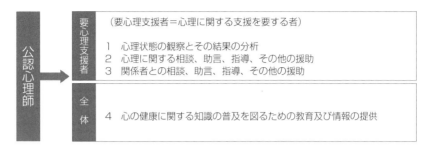

図 1-1　公認心理師の四つの業務
〔日本心理研修センター(2018)『公認心理師現任者講習会テキスト　2018年版』金剛出版、p.5 を元に作成〕

　公認心理師は名称独占の資格であるため、公認心理師試験に合格し登録を受けていない者が、公認心理師または名称の中に「心理師」を使用した場合は、30万円以下の罰金刑となる（第49条）。しかし、業務独占ではないので、公認心理師の資格を持っていなくても、カウンセリングや心理療法を行なうことはできる点に注意したい。

　次に、公認心理師の「四つの業務」について説明する。四つの業務とは「心理状態の観察とその結果の分析」（第2条第1号）、「要心理支援者の相談を通じた助言、指導、その他の援助」（第2条第2号）、「要心理支援者の関係者への相談を通じた助言・指導、その他の援助」（第2条第3号）、「心の健康に関する知識の普及を図るための教育及び情報の提供」（第2条第4号）である（図1-1）。

　これらをよく見ると、「心理状態の観察と結果の分析」は、従来、「心理アセスメント」と呼ばれた領域にほぼ等しい。同様に、「要心理支援者の相談を通じた助言、指導、その他の援助」は「カウンセリング」または「心理療法」の領域である。この二つの柱に、クライエントの関係者への支援（従来で言えば「コンサルテーション」の領域）が「要心理支援者の関係者への相談を通じた助言・指導、その他の援助」として加わっている。

　公認心理師の特徴は「心の健康に関する知識の普及を図るための教育と情報の提供」（第2条第4号）である。公認心理師は、学校や企業、病院、基礎自治体（市区町村など）を通じて、集団に対して心の健康の保持増進に関する情報をわかりやすく普及するという業務がある。公認心理師には、要心理支援者とその関係者への業務だけではなく、国民を対象とする業務があることをこの条文は

> 問　心理に関する支援を要する者に対して、公認心理師が行なう行為として公認心理師法に規定されていないものを一つ選べ。
> ① 観察
> ② 教育
> ③ 指導
> ④ 助言
> ⑤ 診断
> 〔2018年公認心理師試験問題より〕　　　　　　　　正答（　⑤　）

示している。

　心理職は面接室で面接をすることだけが業務ではなく、学校や会社、地域に出向き、広く心の健康の普及に力を尽くすことが求められる。この「心理教育と情報の提供」は従来の心理資格ではあまり強調されてこなかったので、公認心理師の特徴的な業務と言われている。

3　四つの業務のポイント

　四つの業務を詳しく説明する前に、公認心理師の業務の前提を述べる。それは、「心理しか考えない公認心理師にはなってはいけない」ということである。**公認心理師は多職種連携を前提とするので、心理だけに注目した活動を避ける。**この原則は事例問題などを解く際の前提となる。組織に属している公認心理師が一人で活動するような選択肢はたいてい誤りである。

　例えば、公認心理師の現任者講習会では「生物-心理-社会モデル」が繰り返し強調されている。「生物-心理-社会モデル」とは、要心理支援者を生物学的・心理的・社会的存在として把握するモデルである。これは、関連分野の専門家（例えば、医師、教員、社会福祉士など）の背景にある最低限の知識と法律を知っておく必要性を訴えている。さらに、医学的な要因への配慮を怠ることや、法的には通報義務があるのに守秘義務を理由に通報しない危険性を避ける意味もある（図1-2）。

　また、公認心理師関連のテキストの中には、とても強い調子でエビデンスを重視しているものがあり、そこに違和感を持つ読者もいるだろう。しかし、エ

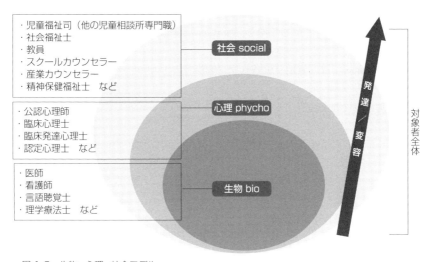

図1-2 生物-心理-社会モデル
〔日本心理研修センター（2018）『公認心理師現任者講習会テキスト 2018年版』金剛出版、p.12を元に作成〕

ビデンスの強調は「他の専門家と話すときの共通言語としてエビデンスを活用するべき」という意味合いが強い。多職種の理解を深める学びと自身の専門性を高める学びは決して矛盾しない。

　四つの業務の前提には「公認心理師は、他の法律、他の専門職への理解を深めながら、自身の専門性を高め、円滑な多職種連携・地域連携を行なう」という方向性がある点に留意したい。

1）「心理状態の観察とその結果の分析」について（第2条第1号）

　ここで述べられている「心理状態の観察」では面接中の観察が中心となる。そこで、精神分析家のサリバン（Sullivan, H. S.）による「関与しながらの観察」が重要となる。

★関与しながらの観察
他者の行動を理解するためには、面接に参加している自己を道具として利用する必要があるということ。精神科医のH. S. サリバンにより唱えられた。

　「心理状態の観察と結果の分析」においては、**生物‒心理‒社会モデル**と、要

> 問　H. S. Sullivan による「関与しながらの観察」という概念について、最も適切なものを一つ選べ。
> ① 治療面接では、感情を流されずに客観性及び中立性を維持することが重要である。
> ② 他者の行動を理解するには、面接に参加している自己を道具として利用する必要がある。
> ③ 面接外のクライエントの行動に関する情報も、面接中に得られる情報と同様に重要である。
> ④ クライエントとのコミュニケーションを正しく理解するためには、現象のみに目をむけるべきである。
> 〔2018 年公認心理師試験問題より〕　　　　　　　　　　　正答（　②　）

心理支援者のウェル・ビーイングに基づいて、要心理支援者の安全な状態と、要心理支援者またはケースの法的な位置づけを確認することが重要である。

公認心理師は、他の専門家と連携する義務がある。連携の際は、専門的な心理アセスメントを多職種の専門家に伝わるように表現できる力量も求められる。

以上の点に注意して、公認心理師は心理支援者をアセスメントし、必要に応じて多職種と情報を共有していく。

2）「要心理支援者の相談を通じた助言、指導その他の援助」について（第2条第2号）

公認心理師による相談活動は心理学の専門性に基づいていなければならない。思いつきの助言ではなく、心理学のエビデンスと多職種連携・地域連携を踏まえて、ケース・フォーミュレーションに基づき行なわれる助言・指導が「専門性に基づく助言・指導」である。

★ケース・フォーミュレーション

なぜ症状が生じ、維持されているのか、心理的要因、環境的要因、人間関係的要因、個人的要因がどのような影響を与えているのか、そして、表面上は関係ないように見える症状と要因の間にどのような関係があるかなど、ケースの全体像を説明する仮説をつくること。診断や心理アセスメントの結果はケース・フォーミュレーショ

> 問　ケース・フォーミュレーションについて、正しいものを一つ選べ。
> ①　一度定式化したものは修正しない。
> ②　できるだけ複雑な形に定式化する。
> ③　全体的かつ安定的な心理的要因を重視する。
> ④　クライエントと心理職の共同作業を重視する。
> ⑤　症状を維持するメカニズムや診断名を考慮しない。
> 〔2018年公認心理師試験問題より〕　　　　　　正答（　④　）

ンの一部を構成する。

　要心理支援者の個別の事情を無視して、「エビデンスに基づき、この症状にはこの手法がスタンダードとされているから、この方法を選択しなさい」と強制してはならない。エビデンスに基づきながらも、要心理支援者と協力してケースの全体像を理解し、ケースの事情に合わせて介入方法を定めていく。このプロセスを通じて、要心理支援者が**自己理解**を深め、**自己決定**を促進できる援助を行なう。

　通常、ケース・フォーミュレーションはクライエントと共同で作成する。またケースの進展に際して、適時、修正を行なう。ケース・フォーミュレーションに際しては、単純な定式化を行なうことが望ましい。介入方法の選択はケース・フォーミュレーションに基づき行なわれる。

　公認心理師による相談は、どの流派に属するにせよ、倫理性が求められる。金沢（2006）はこの倫理を公認心理師の**職業倫理の七つの原則**としてまとめている。

　第1原則　相手を傷つけない・傷つけるような恐れのあることはしない。
　特に他機関へ紹介する際に、見捨てられたような印象を与えないことは重要である。
　第2原則　十分な教育・訓練によって身につけた専門的な行動の範囲内で、相手の健康と福祉に寄与する。
　公認心理師は自身の面接のスキルを向上させ、治療的なガイドライン等を熟知するように努める。なお、その時点でのその職業における水準を満たすこと

を「注意の標準」と呼ぶ。

　自分の専門外または必要とされるスキルを持っていないケースが来たら、適切に他機関へ紹介する。心理検査はマニュアルから逸脱した方法をとってはならない。

　第3原則　相手を利己的に利用しない。

　中立性・客観性が損なわれるため、クライエントとの多重関係は禁止されている。多重関係とは「要心理支援者と相談者という関係以外の関係」である。例えば、クライエントとカウンセラーでもあり、上司と部下でもあるというような、複数の関係を結んではならない。特にクライエントとの性的な多重関係はクライエントに精神医学的な問題を引き起こす可能性が指摘されており（Disch & Avery 2001）、厳に戒められている。その他、営利目的で特定の施設（病院、施設など）を紹介したり、物品を買わせようとするなどの行為は反倫理的な行為といえる。

　実際のケースでは、例えばクライエントの子どもが面接室で折った折り紙作品をカウンセラーにプレゼントするなどは、ケースの進展に関係することが多く、妥当かもしれない。しかし、スクールカウンセラーがクライエントの保護者から高価な贈り物をもらったりする等はクライエントの利益と無関係なことであり、避けるべきである。基本的に、クライエントからの贈り物は断るべきであろう。

　なお、多重関係は避けるべきだが、それは「クライエントに人間的な魅力を感じてはならない」という意味ではない。クライエントに人間的な魅力を感じることがあっても、それに基づき、多重関係に陥ったり、ケースの進展に関係ない行為を取らないという意味である。

　第4原則　一人の人間として尊重する。

　クライエントを冷たくあしらったり、心理師が全く感情を表出しなかったり、相手を欺いたりという行為をしない。

　第5原則　秘密を守る。

　公認心理師は秘密保持の義務を負う。これは公認心理師法第41条に定められた義務でもある。

　公認心理師は正当な理由なく、その業務に関して知り得た人の秘密を漏らしてはいけない。業務をやめたあとも同様とする。これを破った場合、1年以下

> **問** 心理職の行動として、不適切なものを一つ選べ。
> ① クライエントからの贈り物を断る。
> ② 部下の家族をカウンセリングする。
> ③ クライエントに人間的な魅力を感じる。
> ④ クライエントからのデートの誘いを断る。
> ⑤ 自身の生徒のカウンセリングを断り、他の専門家を紹介する。
> 〔2018年公認心理師試験問題より〕　　　　　正答（　②　）

の懲役または30万円以下の罰金刑もあり得る（第46条）。

なお、「死刑、懲役、禁固、罰金、拘留及び科料を主刑とし、没収を付加刑とする」（刑法9条）とあるように、刑罰には死刑、懲役、禁固、罰金、拘留、科料、没収の7種類がある。この内、懲役刑は刑務作業が強制されるが、禁固刑には刑務作業はない。刑法では、道義的に批難するべき犯罪（破廉恥犯）は懲役で、そうでないものは禁固で対応する。第46条では懲役が規定されているので、**秘密保持義務違反は道義的に批難される犯罪（破廉恥犯）であることを示している**。

一方、明確な自傷（自殺）や他害の可能性がある場合など、秘密保持の例外規定も存在する。要心理支援者の情報を他者に伝えても良い正当な理由とは、表1-1 秘密保持の例外状況にある8点である。この規定の前提となった**タラソフの判決**についてはコラムを参照してほしい。

「秘密を他者に伝える際はクライエントの同意を取ること」が大原則である。いかなる領域でもこの原則は「正当な理由」の基礎であり、これを完全に無視できる領域はない。さらに、クライエントが面接中の秘密を話して良いと意思表示をしても、情報が伝わる範囲や影響力を熟慮して行なうことが必要である。

第6原則　インフォームドコンセントを得、相手の自己決定権を尊重する。

要心理支援者が同意していないことや、合意形成が不十分な行為を行なうことは避けるべきである。また、本人の自己決定権を無視した介入は、どのようなエビデンスがあろうとも、避けなければならない。自己決定権には「カウンセリングや心理療法を拒否したい」という意思も含まれている。

第7原則　すべての人を公平に扱い、社会的な正義と公平・平等の精神を具現する。

表1-1　秘密保持の例外状況

1　明確で差し迫った生命の危険があり、攻撃される相手が特定されている場合
2　自殺等、自分自身に対して深刻な危害を加えるおそれのある緊急事態
3　虐待が疑われる場合
4　そのクライエントのケア等に直接かかわっている専門家同士で話し合う場合（相談室内のケース・カンファレンス等）
5　法による定めがある場合
6　医療保険による支払いが行なわれる場合
7　クライエントが、自分自身の精神状態や心理的な問題に関する訴えを裁判等によって提起した場合
8　クライエントによる明示的な意思表示がある場合

問　公認心理師が他の職種と連携して業務を行なう際の秘密保持の留意点として、不適切なものを一つ選べ。
① 教育分野では、相談内容を担任教師に報告する場合、クライエントである児童生徒の同意が必要である。
② 医療分野では、全職種が守秘義務を有しているため、クライエントの秘密の扱いについては本人の同意を得る必要はない。
③ 産業分野では、うつに悩むクライエントから許可を得れば、クライエントの上司に対して業務量の調整をしてよい。
④ 犯罪被害者のカウンセリングで得られた犯人に関する情報の提供を求められても、正当な理由がなく警察官に伝えてはならない。
〔2018年公認心理師試験問題より〕　　　　　　　　正答（　②　）

差別や嫌がらせを行なわないのは当然として、経済的理由により援助を拒否してはならない。また、精神衛生上ネガティブな影響を及ぼすような社会問題に対して意見を表明するなどの行為はあってよい。

3)「要心理支援者の関係者への相談を通じた助言、指導、その他の援助」について（第2条第3号）

公認心理師は、要心理支援者の家族や周囲の関係者と面接し、要心理支援者の環境を調整したり、コンサルテーションを行なう。

コンサルテーションとは「2人の専門家（一方をコンサルタントと呼び、他方をコンサルティと呼ぶ）の間の相互作用の一つの過程」（山本 1986）という定義が有名である。コンサルテーションは「コンサルタントがコンサルティに、コ

ンサルティの仕事の中で悩んでいる精神衛生上の問題をより効果的に解決できるように援助する関係」（山本 1986）である。コンサルテーションの形式は、仕事の合間を利用して行なうようなインフォーマルな形式から、ケース会議での助言や指導のようなフォーマルな形式まで考えられる。またその内容は個別対応から集団対応、心理教育、関係機関の情報提供など精神衛生に関わるものならば、特に制限はない。

　コンサルティとコンサルタントの関係は対等であり、問題の結果の責任はコンサルティが負う。例えば、担任教師（コンサルティ）が不登校の児童の対応をスクールカウンセラー（コンサルタント）にコンサルテーションをしたとする。上司と部下のような関係ではないので、スクールカウンセラーの助言を行なうか否かは、コンサルティである担任教師が判断する。同時に、コンサルテーションの結果として行なう実践の責任は担任にある。コンサルテーションでは「行為を行なう主体はコンサルティ」であり、コンサルティの代わりにコンサルタントが何かを実践することはない。

4）国民への心の健康教育と情報提供について（第２条第４号）

　これまでの臨床心理学は、悩みを抱えた要心理支援者とカウンセラーやセラピストの一対一の個人面接を重視してきた。このことは臨床心理学の中核であり、今後も変わることはない。しかし、近年の心の健康問題を背景に公認心理師法はつくられたことを忘れてはならない。例えば、自殺者は約２万人、うつ病患者は約100万人、いじめの認知件数は約32万4千件、児童虐待相談件数は約12万件と近年の国民全体の心の健康は決して楽観できない状況にある。ここで、公認心理師法案の提出理由（第一八九回　衆第三八号公認心理師法案）を引用すると、この資格がいかに国民全体の心の健康を重視して作られたかが理解できる。

　「近時の国民が抱える心の健康の問題等をめぐる状況に鑑み、心理に関する支援を要する者等の心理に関する相談、援助等の業務に従事する者の資質の向上及びその業務の適正を図るため、公認心理師の資格を定める必要がある。これが、この法律案を提出する理由である」。

〔第一八九回　衆第三八号公認心理師法案「理由」より引用〕

　公認心理師は多職種と連携し、国民の心の健康の維持増進のために、心の健

> 問　学校における教職員へのコンサルテーションに含まれるものとして、誤っているものを一つ選べ。
> ① 児童生徒への個別及び集団対応に関する助言や指導。
> ② 児童生徒への心理教育的活動の実施に関する助言や援助。
> ③ ケース会議などの教育相談に関する会議における助言や指導。
> ④ 困難な問題に直面している教職員に代わる保護者などとの面談の実施。
> 〔2018年公認心理師試験問題より〕　　　　　　　　　　正答（　④　）

康教育とその情報提供に努めなければならない。

4　公認心理師の四つの法的義務と罰則規定

　公認心理師の四つの業務について説明してきた。ここではさらに、公認心理師の四つの法的義務を説明する。四つの法的義務とは、①信用失墜行為の禁止（第40条）、②秘密保持義務（第41条）、③連携等（多職種連携・地域連携）（第42条）、④資質向上の責務（第43条）である。なお、**信用失墜行為とは違法行為に限らず、「公認心理師の社会的な信用を傷つける行為」を意味し**、職務上の行為だけでなく、私生活上の行為も含まれる（表1-2）。

　このうち、特に注目すべきは第42条第2項の医師の指示である。「公認心理師はその業務を行なうに当たって心理に関する支援を要する者に当該支援に係る主治の医師があるときは、その指示を受けなければならない」と定められている点である。

　次に、罰則規定と登録取消しについて述べる。公認心理師は四つの業務と、四つの義務を**国民から負託**されている。公認心理師の名称は、これらの業務と義務を基盤にした名称独占であり、違反した者には1年以下の懲役または30万以下の罰金という（第32条）罰則規定がある（第49条）。また、正当な理由なく秘密保持の義務を破った場合、同様の罰則規定がある（第46条）。

　公認心理師には表1-3に示すように登録を取り消される場合がある。特に第32条第2項に注目すると、信用失墜行為が認定された場合、正当な理由なく秘密保持の責務を破った場合、ケースに関わる主治医の指示を受けない（従わない）場合のいずれかが生じた際、**文部科学大臣および厚生労働大臣に**

表 1-2　公認心理師の法的義務

	条文
第 40 条 （信用失墜行為の禁止）	公認心理師は、公認心理師の信用を傷つけるような行為をしてはならない。
第 41 条 （秘密保持義務）	公認心理師は、正当な理由がなく、その業務に関して知り得た人の秘密を漏らしてはならない。公認心理師でなくなった後においても、同様とする。
第 42 条 （連携等）	公認心理師は、その業務を行なうに当たっては、その担当する者に対し、保健医療、福祉、教育等が密接な連携の下で総合的かつ適切に提供されるよう、これらを提供する者その他の関係者等との連携を保たなければならない。 2　公認心理師は、その業務を行なうに当たって心理に関する支援を要する者に当該支援に係る主治の医師があるときは、その指示を受けなければならない。
第 43 条 （資質向上の責務）	公認心理師は、国民の心の健康を取り巻く環境の変化による業務の内容の変化に適応するため、第 2 条各号に掲げる行為に関する知識及び技能の向上に努めなければならない。

表 1-3　公認心理師の登録取消し等について

第 32 条　第 1 項	一　第 3 条（欠格事由）各号（第 4 号を除く。）のいずれかに該当するに至った場合
	二　虚偽又は不正の事実に基づいて登録を受けた場合
第 32 条　第 2 項	第 40 条、第 41 条又は第 42 条第 2 項の規定に違反したとき

問　公認心理師法に定める内容について、誤っているものを一つ選べ。
① 公認心理師は名称独占の資格である。
② 秘密保持義務に違反したものは禁固刑の対象となる。
③ 公認心理師は、公認心理師の信用を傷つけるような行為をしてはならない。
④ クライエントについての秘密を他者に伝えるには、正当な理由が必要である。
⑤ 秘密保持義務に違反した者は、公認心理師の登録を取り消されることがある。
〔2018 年公認心理師試験問題より〕　　　　　　　　　正答（　②　）

より、公認心理師の登録は取り消されるか、または一定期間、公認心理師の名称の使用停止が命じられることがある。

★代表的な登録取消しの理由（第 32 条第 2 項）
①信用を失墜する行為を行なったとき、②正当な理由なく、秘密保持義務を破った

とき、③ケースに係る主治医の指示を受けないとき。

注
*1 本節は法律を扱うので、本来「クライエント」と表記するところを、公認心理師法について記述している箇所は「要心理支援者」と表記する。
*2 禁固刑では労務作業は強制されないが、実際には多くの禁固刑受刑者は自ら作業を申し出ることが多い（請願作業）。

文献

・Disch, E. & Avery, N. (2001) Sex in the Consulting Room, the Examining Room, and the Sacristy: Survivors of Sexual Abuse by Professionals. *American Journal of Orthopsychiatry*, 71(2), 2014-2017.
・日本心理臨床センター監修 (2018)『公認心理師現任者講習会テキスト　2018年版』金剛出版
・金沢吉展 (2006)『臨床心理学の倫理を学ぶ』東京大学出版会

第4節　臨床心理学の活動領域

1　臨床心理学の主要4領域

　臨床心理学科は1990年代より各大学に設置されはじめた。それ以前の心理職の職種はかなり限られた領域に限定されていたが、日本臨床心理士認定協会が認定する臨床心理士の活躍により徐々にその領域は拡大し、主要な4領域（医療、教育、福祉、産業）だけでなく、複合的な領域で活動するNPO法人にも活動の幅を広げている。もちろん、個人開業も多様な展開を見せている。公認心理師という国家資格ができたことによりますます活動領域は拡大すると思われるが、それは、まだ心理の資格がない時代に地道に心理職の信用を高めていた世代と、実質的に現在の心理職の基盤を確立した臨床心理士の努力の上に成り立っている。

　日本臨床心理士会 (2016) によると、臨床心理士の勤務人数を見ると、最も多かった領域は、保健・医療領域の4,322人 (41.9%) であり、次いで、教育領域の3,712人 (36.0%)、大学・研究所領域2,615人 (25.3%) であった（勤務形態は問わない）（図1-3）。

　臨床心理士の活動領域は保健・医療が第1位で、2位が教育、3位が大学・研究所、4位が福祉、5位が産業・労働、6位が私設心理相談（個人開業）とい

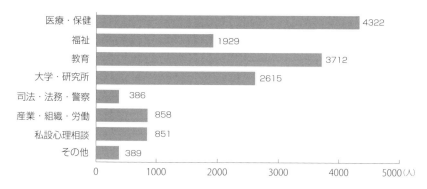

図 1-3 臨床心理士の職域と勤務領域の内訳
〔一般社団法人日本臨床心理士会（2016）「第 7 回臨床心理士の動向調査」を元に作成〕

う順番になっている。本節では特に保健・医療、教育、福祉、産業の 4 領域として、それぞれの基本的事項を説明する。それぞれの領域の詳しい説明は第四章に譲る。

2 保健・医療領域の基礎知識

保健・医療領域の心理師の活動で多いのは精神科での勤務である。医師の指示に従い、チーム医療を前提にして、①臨床心理アセスメント、②臨床心理面接、③集団精神療法、④精神科リハビリテーション、⑤地域援助活動、⑥教育活動・研究活動・職員メンタルヘルス支援が主な業務となる。

近年、精神科や心療内科では認知行動療法が重視されるケースが多い。動機付け面接法と認知行動療法を組み合わせた立場も多い。統合失調症の社会復帰にSST、軽度のうつには**認知療法**、境界性パーソナリティ障害には**弁証法的行動療法**、性加害者への**グッドライフモデル**など、認知行動療法の適応範囲は広がっている。認知行動療法以外では、近年、統合失調症への**オープン・ダイアローグ**が注目されている。

保健・医療領域では精神科と心療内科、神経内科の違いが問われることがある。図 1-4 に示すように、精神科は精神科医が精神疾患全般を治療するものである。心療内科はあくまでも身体症状が出ている内科の疾患症状を治療の対象としている。発症に心理社会的要因が関係する身体疾患を**心身症**という。心療

精神科	心療内科	神経内科
〈対象〉精神疾患	〈対象〉心身症	〈対象〉脳、脊髄、神経などの病気
・うつ病 ・統合失調症 ・パニック障害　など	・ストレス（心理社会的要因） ・心理的影響による身体症状	・パーキンソン病 ・神経痛など
精神科医が診る	**精神科医／内科医**が診る	**内科医**が診る

図1-4　精神科・心療内科・神経内科の違い

問　心身症について、正しいものを二つ選べ。
① 社会的に不適応を起こすことが多い。
② リラクセーション法の有効性が高い。
③ 発症に心理社会的要因が関与する身体疾患のことである。
④ 発症の機序が明らかになると、改善の方法も明らかになることが多い。
⑤ 病気の症状と心理社会的要因との間には象徴的な関連が認められることが多い。
〔2018年公認心理師試験問題より〕　　　　　　正答（　②　③　）

問　かかりつけの内科医に通院して薬物療法を受けているうつ病患者を精神科医へ紹介すべき症状として、適切なものを二つ選べ。
① 不眠
② 自殺念慮
③ 体重減少
④ 改善しない抑うつ症状
⑤ 心理的原因による抑うつ症状
〔2018年公認心理師試験問題より〕　　　　　　正答（　②　④　）

内科はこの心身症の治療にあたる内科である。

　心身症には、**自律訓練法**などのリラクセーション法の効果が高い。心身症患者は社会的に過剰適応の傾向がある。これは社会不適応を起こしがちな神経症患者とは対照的である。なお、心療内科ではうつ症状も扱うが、自殺念慮が強く、通院による薬物療法だけでは改善しない抑うつ症状は精神科に紹介するべきである。

神経内科では認知症など脳、脊髄、末梢神経などの障害を内科的に扱うものであり、うつ病などの精神疾患は扱わない。

3 教育領域

教育領域では、文部科学省の活用事業であるスクールカウンセラー、基礎自治体設置の教育相談センターならびに発達支援センターに従事する者が多い。そこではチーム学校を前提にして、①臨床心理アセスメント、②臨床心理面接、③個別と

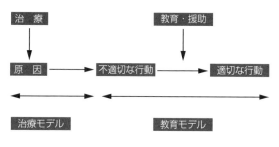

図1-5 治療モデルと教育モデル
〔田上不二夫（1999）『実践スクールカウンセリング』金子書房を元に作成〕

集団への発達支援、④地域への心理教育、⑤教育活動・研修・コンサルテーションなどが主な業務となる。

なお、スクールカウンセリングは、原因を追及し病気を治療する治療モデルではなく、問題を抱えている児童生徒と関わり、児童生徒の問題を解決する力を引き出すことを援助する教育モデルによる活動である（図1-5）。

教育モデルにたつスクールカウンセリングは開発的カウンセリング、予防的カウンセリング、問題解決的カウンセリングに分類される（表1-4）。

学校における心理アセスメントの注意事項として、スクールカウンセラーであっても、**学校内では心理テストや知能検査をとることができない**。医療機関以外で心理アセスメントをとるには、児童相談所か基礎自治体に設置されている教育相談センターが代表的である。

教育領域では、クライエント中心療法、力動的心理学、折衷的カウンセリング、表現療法、遊戯療法、箱庭療法などが盛んであり、また、認知行動カウンセリングも注目されているが、とりわけ、発達障害への応用行動分析やTEACCH（キーワード集参照）の効果は特別支援教育の普及と共に浸透している。

表1-4 スクールカウンリングの分類

① 開発的カウンセリング
将来、児童生徒が自立して豊かな社会生活が送れるように、児童生徒の心身の発達を促進し、社会生活で必要なライフスキルを育てるなどの人間教育活動を行なう。全ての児童生徒を対象とし、教科学習や特別活動、総合的な学習など、学級、学校全体の教育活動を通して、児童生徒の成長を促進する。
② 予防的カウンセリング
児童生徒一人一人について、性格、現在の状況、ストレス、悩み、問題などを把握し、問題が発生しそうな児童生徒に予防的に働きかけ、本人が主体的に自らの力で解決できるよう支援する活動を行なう。
③ 問題解決的カウンセリング
問題の発生は、開発的、予防的カウンセリングを行なうことで低減されることになるが、人生を生きていく上では、さまざまな問題に直面する。このような問題については、カウンセリング的アプローチにより問題の解決や不適応状態からの回復を援助する。

〔文部科学省(2003)「在外教育施設安全対策資料」【心のケア編】第3章スクールカウンセリングを元に作成〕

問 学校における心理教育的アセスメントについて、誤っているものを一つ選べ。
① 一定のバッテリーからなる心理検査の実施が必須である。
② 学校生活における子どもの観察が重要な要素の一つである。
③ 心理教育的援助サービスの方針や計画を立てるためのプロセスである。
④ 担任の教師、保護者、スクールカウンセラーなどによるチームで行なわれることが望ましい。
〔2018年公認心理師試験問題より〕　　　　　　　　　正答（　①　）

教育領域では、心理教育として学級単位や学年単位の介入が重視されている点に特徴がある。文部科学省（2010）が「生徒指導提要」で紹介する心理教育的アプローチを紹介する（表1-5）。教育領域で活動する心理師は学級や学年、あるいは学校をとりまく地域に対して集団介入する技法のニーズが今後も高まることだろう。

4　福祉領域

福祉領域の活動は多様だが、児童・障害者（児）・高齢者に分類すると、児童相談所、児童福祉施設、デイサービスや老人ホームなどの高齢者福祉施設などに従事する者が多い。①臨床心理アセスメント、②臨床心理面接、③個別と

表1-5 教育相談で活用できる心理教育的アプローチ

技法	内容
グループエンカウンター	一般的には、人間関係づくりや相互理解などを目的に行なわれ、学級作りや保護者会などで用いられることが多い。
ピアサポート活動	「ピア」とは「同士」や「仲間」のことであり、児童生徒の社会性を段階的に育成し、児童生徒同士がお互いに支えあう関係を作るためのプログラム。「ウォーミングアップ」「主活動」「振り返り」という流れを一単位として、段階的に積み重ねる。
ソーシャルスキルトレーニング	社会生活で必要なスキルの向上を目的に行なわれる。個人を対象に行なわれるものから集団を対象に行なわれるものもある。具体的なスキルとしては、「自分の考えていることを適切に伝えるスキル」「上手に断るスキル」などがある。
アサーショントレーニング	「主張訓練」とも訳されるが、対人関係場面で自分の思いや考えていることを適切な形で主張する方法をトレーニングするもの。
アンガーマネジメント	怒りの対処法を段階的に学ぶ方法で、怒りなどの否定的な感情をコントロール可能な形に変える。「身体感覚に焦点をあてる」「身体感覚を外在化してコントロールの対象とする」「感情のコントロールについて話をする」などの段階を経て行なわれる。「呼吸法」や「動作法」なども取り入れられる。
ストレスマネジメント教育	ストレスに対する対処方法を学ぶもので、ストレスの発生メカニズムや、「リラクセーション」や「コーピング」など具体的な対処方法について学習する。
ライフスキルトレーニング	自分の身体や心を守り、健康に生きるためのトレーニングである。「自尊心の維持」「意思決定」「自己主張コミュニケーション」「目標設定スキル」などの獲得を目指すトレーニングである。
キャリアカウンセリング	職業生活に焦点を当てて、自己理解、将来の生き方、自分の目標に必要な力の育て方などをカウンセリング的なかかわりを通して明確にしていく。

〔文部科学省（2010）『生徒指導提要』p. 116 を元に一部改変〕

集団への発達支援、④集団心理療法、⑤家族支援、⑥地域への心理教育、⑦教育活動・研修・コンサルテーションがある。

　福祉領域では多業種連携のもと、クライエント中心療法やキャリアカウンセリング、認知行動療法が盛んである。認知行動療法では児童虐待への**TF-CBT**（Trauma-focused Cognitive Behavioral Therapy：トラウマに焦点を当てた認知行動療法）、PTSDへの**EMDR**などがある。また、高齢者への**回想法**や脳性マヒのリハビリテーション心理学として発展し、その対象を拡大している**臨床動作法**も特筆すべき技法である。

5　産業領域

　産業領域の臨床心理学の基本的な活動は、職場でのメンタルヘルスの維持、増進である。近年では、職場復帰支援、過重労働対策、過労死対策、ハラスメント対策、自殺防止対策、障害者の雇用促進、精神障害者への支援制度などが注目されている。

　産業領域の臨床心理学の法的な枠組みは**労働安全衛生法**（以下、安衛法）により定められている。安衛法は職場における労働者の安全と健康を守り、労働災害を防止することを目的とする法律である。これに基づき、厚生労働省は「快適職場指針」（1992）、「THP指針（トータルヘルス・プロモーション指針）」（1988）、「職場における心の健康の保持増進のための指針」（2000；2006）などを展開している。

　2018年に社会問題となったのは、障害者雇用促進法を推進するべき立場の中央省庁が障害者雇用を水増ししていた問題である。障害者雇用促進法とは、障害を持っている方を企業側が積極的に採用することで、雇用促進につなげることを目的とした法律である1960年に最初の法律が制定されたあと何度かの改正があり、2018年4月1日にも改正された。

　障害者雇用促進法に基づくと、企業の法定雇用率は2.2％であり、46人の従業員に1人の割合で障害者を雇用する義務が企業に発生する。国の法定雇用率は2.5％で、企業よりも高い雇用率が求められている。

　障害者雇用推進法における障害者とは、「身体障害、知的障害、精神障害（発達障害を含む）その他の心身の機能の障害があるため、長期にわたり、職業生活に相当の制限を受け、又は職業生活を営むことが著しく困難な者」である。障害者の認定には、身体障害者手帳、療育手帳または知的障害者判定機関が発行する判定書、精神障害者福祉保健手帳、医師の診断書などが必要となる。

　社会問題となった障害者雇用水増し問題とは、障害者雇用を促進するべき中央省庁が各種の手帳の有無を確認せず、独自の基準で「障害者を雇用していた」と報告していた問題である。手帳を持っている障害者に限定すると、中央省庁の障害者の雇用率は大きく減少し、公表していた2.49％から1.19％に落ち込んだ。これは、就業できるはずだった障害者の雇用機会を奪っていた可能性

がある。公認心理師は障害者の範囲と各種の手帳の取得に関する知識を知っておく必要がある。

近年の産業領域の社会問題に過労死対策がある。**過労死**とは、過度な長時間労働や残業を強いられた結果、「脳疾患」や「心不全」などによる急激な体調の悪化に伴う突然死のことである。過労死等防止対策推進法第2条では、**業務上における脳血管疾患・心臓疾患による死亡、精神障害を原因とする自殺、死亡には至らないが、脳血管疾患・心臓疾患、精神障害**と定義されている。

月80時間の時間外労働時間は一般的に**過労死ライン**と呼ばれている。このラインを超えた就労が認められる場合に、労働者が何らかの脳血管や心血管の疾病を発症した場合、労働時間と発病との因果関係が認められやすくなる。

公認心理師は産業医や人事部と連携し、就労者の心理的な健康の保持増進に努め、過重労働やハラスメントなどのストレスフルな事態を予防し、職場における障害者の人権を守るために活動する存在であることを自覚しなければならない。

文献

・一般社団法人日本臨床心理士会（2016）「第7回　臨床心理士の動向調査」
・文部科学省（2010）『生徒指導提要』
・文部科学省初等中等教育局国際教育課（2003）「在外教育施設安全対策資料【心のケア編】第3章スクールカウンセリング」
・田上不二夫（1999）『実践スクール・カウンセリング――学級担任ができる不登校児童・生徒への援助』金子書房

column 1 | タラソフの判決
(Tarasoff v. The Regents of the University of California, 1976)

切迫した自傷他害状況への対応について司法の判決が下された点で注目された事件である。

〈事件の概要〉

1969年にカリフォルニア大学バークリー校内の学生保健サービスセンターにおいて、サイコロジストのムーアにカウンセリングを受けていたポダーという男性が、ある女性を殺害するつもりであることをムーアに伝えた。ムーアはそのターゲットがタラソフという女性であることを特定、最終的にポダーは危険であり、精神病院に入院させるべきであると判断し、ポダーが殺人を犯す危険があることを大学当局に電話で伝えた。取り調べのためにポダーの身柄は拘束されたが、ポダーが「タラソフに近づかない」と約束したため、釈放された。ムーアは、大学の公安責任者に支援を仰ぐための正式な手紙を書いたが、ムーアのスーパーヴァイザーが手紙の返却を求め、その手紙とポダーのケース記録の破棄を命じると共に、これ以上このケースについて行動を起こさないようにと、ムーアに要求した。その結果、タラソフおよびその家族は、彼女に危険が及ぶことについて何も知らされず、タラソフは、ブラジルから帰国してまもなくポダーに殺害された。タラソフの両親は訴訟を起こし、最終的に1976年、カリフォルニア州最高裁判所は両親の訴えを認める判決を下し、**予定被害者に警告を怠るのは専門家として無責任であるとした。**

〔武井ら（2014）より引用。太字は筆者〕

タラソフ判決は全ての州で採用されたわけではないが、自傷他害の可能性が高い状況で心理師が果たすべき警告義務（表）や保護義務に一定の判

表 警告義務

① 犠牲者となり得る人に対してその危険について警告する。
② 犠牲者となり得る人に対して危険を知らせる可能性のある人たち（家族や親しい友人など）に警告する。
③ 警察に通告する。
④ 他に、その状況下で合理的に必要と判断される方法をどのような方法であっても実行する。

〔Tarasoff v. (1976) The Regents of the University of California, 17 cal. 3d 425 を元に作成〕

断を下した。

　現在、警告義務からさらに進んで、（自殺も含め）被害者が出る可能性が高いと判断された場合、**被害者を積極的に保護する「保護義務」**という考えが主流になっている。

　保護義務の発生する状況は、**当事者間に特別の信頼に裏付けられた関係が在する状況において、犠牲者となり得る人が特定できること、かつ、明確で切迫した危険が存在する、また、その危険が予測できる場合**とされている。

文献

・飯塚和之（1984）「〈研究ノート〉精神障害者の加害行為と精神科医の任：タラソフ判決の検討」『商學討究』35（1）、107-120.
・武井祐子、中村有里、水子学、奥村由美子、山田了士（2014）「医療機関の実習での患者の自己開示に対する大学生の態度」『川崎医療福祉学会誌』24（1）、21-31.

第二章
臨床心理学の方法

第1節　臨床心理アセスメント

1　心理検査法

1）代表的な心理検査法

なんらかの心理的な要因を測定することを**心理アセスメント**という。主な心理アセスメントには心理検査法、面接法、行動観察法がある。心理検査の種類を図2-1に示す。

心理検査法は能力検査（表2-1）とパーソナリティ検査（および心理特性に関する検査、表2-2）に分けられる。代表的な心理検査法を挙げる。

代表的な能力検査であるウェクスラー式知能検査だが、成人用の知能検査はWAIS（ウェイス）、児童用はWISC（ウィスク）、幼児用はWPPSI（ウィプシー）である点に注意したい。それぞれの適用年齢は表2-1に示す。

近年、発達障害を査定するニーズが高まっている。この点で、1983年にカウフマン夫妻によって開発された**K-ABC**は発達上の能力の査定に有効である。K-ABCは認知処理の過程を同時処理と継次処理で評価する検査である。2004年には改訂版のKABC-Ⅱが作られている。

K-ABCの適用年齢は2歳6ヶ月から12歳11ヶ月までである。2013年に刊行された**日本版KABC-Ⅱ**は、同時処理と継次処理に加えて学習能力と計画能力の四つが測定でき、適用年齢は2歳6ヶ月から18歳11ヶ月となっている。

心理検査
- 知能検査（全般的な知的発達の理解）
- 発達検査（行動面を中心とした発達の理解）
- 適性検査（進学や就職など適した進路の理解）
- 質問紙法（質問紙を用いて、考え方、特性、行動パターンなどを理解）
- 作業検査法（作業を通して、性格傾向を理解）
- 描画法（描いた絵から、発達段階、性格傾向、現在の状態を理解）
- 投影法（曖昧な刺激に対する反応パターンから、性格傾向を理解）

図2-1　心理検査の分類〔羽田紘一編著（2014）『新・教職課程シリーズ　教育相談』一藝社、p.64を元に作成〕

表2-1 代表的な能力検査

知能検査	ウェクスラー式知能検査	現在、日本でもっともよく用いられている知能検査。幼児用のWPPSI-Ⅲ（2歳6ヶ月から7歳3ヶ月）、児童用のWISC-Ⅳ（5歳から16歳11ヶ月）、成人用のWAIS-Ⅳ（16歳から90歳11ヶ月）の3種類がある。知能は複数の要素から構成されていると考えており、第3版までは、知能を「言語性知能指数」と「動作性知能指数」に分け、二つの知能指数とともに、両者を総合した「全検査知能指数」の合計三つの知能指数が算出されていたが、第4版では言語性知能と動作性知能の概念は放棄されている。また、「言語理解」「ワーキングメモリ」「知覚推理」「処理速度」の四つの群指数と呼ばれる概念も導入され、知能をより細かく分析できるようになっている。
	ビネー式知能検査	知能は要素に分析できるものではなく、統一体としての一般知能が基礎にあると想定している。知能検査により、「生活年齢」と「精神年齢」が算出され、これによって「知能指数」が算出される（知能指数＝精神年齢÷生活年齢×100）。日本には、いくつかのビネー式知能検査があるが、「田中ビネー式知能検査」が広く用いられており、2005年に「田中ビネー知能検査Ⅴ」が発表された。
	K-ABCとKABC-Ⅱ（日本版KABC-Ⅱ）	カウフマン夫妻によって開発された知能検査であり、ルリアの神経心理学モデルを基礎にして作成された検査である。認知処理の過程を同時処理と継次処理の二つの点から評価する日本版KABC-Ⅱは、ルリアのモデルとCHC理論の両方のモデルに基づいており、同時処理と継次処理に加えて学習能力（算数や言語、読み書きの力）と計画能力の四つが測定される。海外のKABC-Ⅱの適用年齢は2歳6ヶ月から12歳11ヶ月だが、日本版は18歳11ヶ月を上限としている。
	ITPA言語学習能力診断検査	カークを中心に開発された検査で、子どもの知的能力と言語学習能力を測定する検査である。言語学習能力を「回路」「過程」「水準」の三つの次元から説明している。特にLDや言葉の発達の遅れのある子どものアセスメントに使用されることが多い。適用年齢は3歳から9歳11ヶ月である。
発達検査	津守・稲毛式乳幼児精神発達診断検査	乳幼児の日常生活場面の観察に基づいて発達のアセスメントを行なう検査である。養育者への面接を通して評価を行い、発達的な側面だけでなく、養育環境の情報も得られるなど幅広い情報を得ることができる。「運動」「探索」「社会」「生活習慣」「言語」の5領域のアセスメントが行なわれる。適用年齢は0歳から7歳であり、質問票はそれぞれ1〜12ヶ月、1〜3歳、3〜7歳に分かれている。
	新版K式発達検査	京都市児童院（現・京都市児童福祉センター）で開発された乳児や児童の発達の状態を測定する検査であり、「姿勢・運動」「認知・適応」「言語・社会」の3領域について評価を行なう。新版K式発達検査では、「DQ」（Developmental Quotient）と呼ばれる「発達指数」が算出される。適用年齢は、生後100日頃から成人までである。
	遠城寺式乳幼児分析的発達検査法	九州大学の医学部小児科において作成された検査で、「移動運動」「手の運動」「基本的習慣」「対人関係」「発語」「言語理解」の6領域から評価が行なわれる。適用年齢は0ヶ月から4歳7ヶ月。
適性検査	SG式進路適性検査（DSCP）	進路選択において必要な「興味」「性格」「能力」を測定するとともに、進路希望、進路への悩みなどを明確にする検査から構成されている。11の職業分野、11の専門学校分野、13の大学・短大分野についての進路適性を評価する検査である。適用年齢は高1〜高3。
	職業レディネス・テスト	中高生用と大学生用の2種がある。「職業興味」「基礎的志向性」「職務遂行の自信度」の三つの検査から構成されている。「職業興味」と「職務遂行の自信度」は、ホランド理論に基づく六つの興味領域（現実的、研究的、芸術的、社会的、企業的、慣習的）から評価され、「基礎的志向性」は、3領域「対情報志向」「対人志向」「対物志向」から評価される。

表2-2 代表的なパーソナリティ検査

分類	検査名	説明
質問紙法	YG性格検査	矢田部ギルフォード性格検査。特性論に基づくパーソナリティ検査。「はい」「いいえ」「どちらでもない」の3件法で回答する方法であり、12の尺度からパーソナリティの12の特性を測定する。項目数は120項目である。また、結果のプロフィールのパターンからA型、B型、C型、D型、E型の五つの類型論的な解釈もできる。
質問紙法	ビッグ・ファイブ	「5因子モデル」と呼ばれるパーソナリティに関する仮説から作成されたパーソナリティ検査である。村上・村上（1997, 1999）は、性格の基本次元として「外向性」「協調性」「良識性」「情緒安定性」「知的好奇心」の五つの次元を仮説として「主要5因子性格検査」を作成している。その他、日本版NEO-PI-R、その短縮版NEO-FFIなども5因子モデルを基に作成された質問紙である。
作業検査法	内田・クレペリン精神作業検査	検査用紙に印字された数字を連続加算し、その結果を表す曲線（作業曲線）のパターンに基づいてパーソナリティを評価する検査である。前半15分、休憩5分、後半15分で実施され、作業量、曲線の定型特徴、非定型特徴の組み合わせから24パターンに分類して意思緊張などが評価される。
描画法	バウムテスト	コッホによって考案された検査で、「一本の実のなる木」を自由に描いてもらうことによって知能やパーソナリティ、精神力動をアセスメントする検査である。描かれた樹木を基に「形態分析」「動態分析」「空間分析」の三つの視点から分析を行なう。
描画法	風景構成法	日本の精神科医である中井久夫によって考案された検査である。川、山、田、道、家、木、人、花、動物、石の10個の構成要素を一つの風景になるように描いてもらうことでパーソナリティを分析する検査である。彩色はクレヨンで行い、描いた絵を自由連想してもらい、その内容からパーソナリティや精神力動を分析する。
投影法	ロールシャッハテスト	ロールシャッハによって考案された投影法検査で、左右対称からなるインクの図版10枚を提示し、その反応によってパーソナリティを評価する検査である。具体的には、「何が見えるか」「なぜそう見えるのか」を説明してもらい、その回答に基づいて知的活動、衝動性、情緒的反応性、対人関係の特徴などが評定される。日本においてもっとも使用されている投影法検査である。
投影法	主題統覚検査（TAT）	マレーによって考案されたパーソナリティ検査で、曖昧な状況を表わす絵画を提示して、その反応からパーソナリティを評価する検査である。具体的には、30枚の図版の中から20枚を選択して提示し、絵画の人物の性格や感情、時間的な経過を含んだ物語を作ってもらう。そしてその反応結果を逐語的に記録し、動機感情、コンプレックス、葛藤などが分析される。児童版にCATがある。
投影法	P-Fスタディ（絵画欲求不満テスト）	ローゼンツァイクによって考案された検査で、日常的な欲求不満場面の描かれたカードを提示して、それに対する反応から攻撃性の型と方向性を分析する検査である。攻撃性の型は、「障害優位型」「要求固執型」「自己防衛型」の三つに分類され、攻撃性の方向性は、「自罰型」「他罰型」「無罰型」の三つに分類される。
投影法	文章完成法（SCT）	「子どもの頃私は…」「私が嫌いなのは…」などの未完成の刺激文に対して、その続きを思うがままに記述してもらうことで、その人の自己概念、対人関係、家族関係などをアセスメントする検査である。もともとは19世紀のエビングハウスの研究に始まり、戦後はサックスやフォーラーなどにより開発が進められた。日本のSCTには精研式、法務省式など複数の種類がある。精研式SCTは小学生用から成人用までが開発されている。

日本版KABC-Ⅱの学習能力には認知だけでなく、算数や言語、読み書きの力の測定も含まれている。

　発達障害は、二次障害も含め、複雑な症状であらわれてくる。発達障害の重複もありえる。その場合は、複数の尺度による多角的なアセスメントが求められる。

2）質問紙法

　心理検査法の中でも現在、質問紙の開発は特に発展している領域である。その中でも **MMPI**（Minnesota Multiphasic Personality Inventory：ミネソタ多面的人格目録）は550の項目からなる代表的な質問紙（適用年齢は15歳以上）である。MMPIは四つの基礎尺度と10の臨床尺度を測定できる。MMPIは550項目と項目数が多いので、クライエントの負担を考慮して使用しなければならない（表2-3）。MMPIの質問項目は患者群と非患者群との間の統計的有意差を基につくられている。

　なんらかの心理的要因を持っている人を選び出す作業を**スクリーニング**という。**CMI**（Cornell Medical Index：コーネル・メディカル・インデックス）は産業メンタルヘルス領域の代表的なスクリーニング検査である。CMIを使用することによって、14歳以上の心身の自覚的な健康リスクが高い人たちを選び出

表2-3　MMPIが測定できる尺度

基礎尺度	妥当性尺度
？尺度	（疑問尺度）
L尺度	（虚偽尺度）
F尺度	（頻度尺度）
K尺度	（修正尺度、対処尺度）

臨床尺度	
第1尺度：Hs（心気症）	第6尺度：Pa（パラノイア）
第2尺度：D（抑うつ）	第7尺度：Pt（精神衰弱、強迫神経症）
第3尺度：Hy（ヒステリー）	第8尺度：Sc（精神分裂病）
第4尺度：Pd（精神病質的偏倚、精神病質）	第9尺度：Ma（軽躁病）
第5尺度：Mf（男性性・女性性）	第0尺度：Si（社会的内向性）

〔日本臨床MMPI協会HPを元に作成〕

表2-4 CMIが測定できる尺度

12区分の身体的項目と6区分の精神的項目を測定できる（適用年齢は14歳以上）。
〈身体的項目〉
・目と耳 ・呼吸器系 ・心臓脈管系 ・消化器系 ・筋肉骨格系 ・皮膚 ・神経系
・泌尿生殖器系 ・疲労度 ・疾病頻度 ・既往症 ・習慣
〈精神的項目〉
・不適応 ・抑うつ ・不安 ・過敏 ・怒り ・緊張

表2-5 標準化された質問紙法

検査	作成者	目的・症状	適用年齢
BDI： Beck Depression Inventory	A.ベック	抑うつ傾向	13歳以上～50歳
ハミルトンうつ病評価尺度 Hamilton Rating Scale for Depression	M.ハミルトン	うつ病の状態	成人
STAI： State-Trait Anxiety Inventory	スピルバーガー	状態・特性不安尺度	中学生以上
MAS： Manifest Anxiety Scale	テイラー	顕在性不安尺度	16歳以上
Y-BOCS： Yale-Brown Obsessive-Compulsive	グッドマン	強迫観念・強迫行為	成人
FNE Fear of Negative Evaluation Scale SADS 社交不安障害検査 Social Avoidance and Distress Scale	ワトソンとフレンド	社会不安	15歳以上
IES-R 改訂出来事インパクト尺度 Impact of Event Scale-Revised	ウェイスら	心的外傷後ストレス症状	原則として12歳以上
モーズレイ性格検査（MPI） Maudsley Personality Inventory	アイゼンク	外向性、内向性、神経症の傾向	16歳以上

すことができる。選ばれた人たちの中には実際に会ってみると、それほどリスクが高くない人もいれば、実際はCMIの得点以上にリスクが高い人もいる。このように、CMIを使って広くリスクが高い人たちを選び出し、さらにその人たちに細かく対応することで、合理的に素早くリスクの高い人たちにアプローチすることができる（表2-4）。

　その他、エビデンス・ベイストなアプローチで使用されている質問紙法を表2-5に示す。

　BDIは信頼性と妥当性にやや難点があったが、近年は改訂が進み、DSM-Ⅳに依拠したBDI-Ⅱが完成している。MPIはアイゼンクにより開発されたパーソナリティ検査で、内向と外向、神経症傾向が測定できる。MPIは16歳から

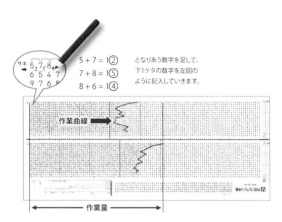

図 2-2 ロールシャッハテストの
インクブロットの私作
〔神田久男編著（1998）『心理臨床の基礎と実践』樹村房〕

図 2-3 内田・クレペリン精神作業検査
〔日本・精神技術研究所の HP より転載〕

使用できる点に注意が必要である。

　MAS の A はアングザイティ（Anxiety：不安）で、不安を測定する尺度である。MAS は、総合的なパーソナリティ検査である MMPI の項目から不安に関する項目を抜いて作られている点も特徴である。

　質問紙法は比較的簡便に、また数量的にクライエントの心理特性を測定できる利点がある。しかし、①回答者の言語的理解力に依存する、②無意図的・意図的な回答の歪曲がありうる、③回答者が意識していないことは測定できないといった課題も存在する。特に②の中でも、クライエントが調査者の意図をくんで答えてしまう傾向は**要求特性**といわれ、結果の扱い方には注意が必要である。

3）投影法

　投影法検査とは、不明確で多義的な刺激を見せ、それに対する被験者の反応を分析・解釈する。代表的なものに、ロールシャッハテスト（図 2-2）、P-F スタディ、風景構成法などがある。投影法検査の長所は、①パーソナリティの全体性や力動性が把握可能、②反応を歪曲されることが少ない。一方、短所としては、①検査の結果が検査者の力量による、②実施に時間と労力が必要となる、などがあげられる。

4）作業検査法

作業検査法とは、単純な作業検査課題を実施し、その反応結果からパーソナリティを把握する方法である。限られた時間内に隣にある数字を足しあわせ、作業曲線を分析する内田・クレペリン精神作業検査が例に挙げられる（前頁、図2-3）。作業検査法の長所は実施が容易であり、言語能力に頼らないため、様々な対象に検査が可能である。ただし、パーソナリティの一部の特徴しか評価できない短所がある。

一部の心理検査法には、保険が適用されている。厚生労働省「平成28年度診療報酬改定について」によると、現在の保険点数は、YG性格検査は80点、内田・クレペリン精神作業検査やMMPIは280点、ロールシャッハ検査やWISC知能検査、WAIS知能検査は450点となっている。

2 面接法

面接法は研究上の目的のもと、面接者が被面接者と会話を通じて量的または質的データを収集する方法である。面接では被面接者が語った言葉だけでなく、非言語情報（表情や声色、仕草、話すテンポなど）も面接の目的にあわせて考慮する。

面接の際、仮説に従いあらかじめ尋ねる項目を決めておき、それ以外は尋ねない方法は**構造化面接法**と呼ぶ。あらかじめ尋ねる項目を決めておくが、それ以外の自由な質問も認める方法は**半構造化面接法**である。面接法は研究上の目的で使用されることも多いが、SCID-5-PD（パーソナリティ障害のための構造化面接）のように、各疾患の症状および診療場面でも使用されている。

3 行動観察法

行動観察（観察法）法とは、人間の行動を注意深く観察し、観察した内容を記録・分析しながら、行動の特徴や法則性を明らかにする研究方法である。例えば「幼児が絵を描く時どこから書き始めるのか」といった疑問や「小学生の喧嘩はどのように始まってどのように終わっていくのか」といった疑問は観察

法を用いて明らかにできる。

　観察法は「**自然的観察法**」と「**実験的観察法**」の二つに大別できる。自然的観察法は、人間の行動を自然な状況下で観察する。一方、実験的観察法は、ある行動が生起しやすい状況をあらかじめ設定して、人間の行動を観察する。

　実際に観察する際は、研究の目的に従って、**時間見本法、場面見本法、事象見本法**のいずれかが採用される事が多い。時間見本法は観察単位を時間とする観察法である。「10分おきに教室や病室を観察する」などは時間見本法である。場面見本法は観察単位を観察場面とする観察法である。病室や教室、保育室などのクライエントの行動を観察する際は場面観察法が用いられる。事象見本法とは、観察したい標的行動を時系列や場面変化によって数量的・質的に測定する観察法である。「1時間の授業で立ち歩きという行動が何回起きるか」とか「就寝後、乳児は何回夜泣きするか」などは事象見本法による観察である。また、観察対象者に起こりそうな行動の一覧表を用意し、観察結果を記録する方法は**行動目録法**という。

　観察法は、非常に使いやすく、言葉が未発達な乳幼児なども対象にできる。その一方で、注目する行動に観察者の主観が入りやすいといった問題もある。そこで、研究をする際には観察する行動をしっかりと定義づける必要がある。また、複数で観察する際には観察する行動を共有し、観察のレベルをある程度一致させるためのトレーニングが必要になる。

　特にトレーニングを必要とする観察法に、行動分析学の機能分析があげられる。機能分析とは問題行動の維持要因を明らかにすることである。行動の連鎖を観察することによって、①どんな方法で、②どんな行動が起きるのか、③その結果何が起きているのかを検証する。

　心理検査法、面接法、行動観察法の三つを説明してきたが、いずれの場合でも、臨床心理学的アセスメントでは倫理的な配慮を欠かしてはならない。倫理的配慮はクライエントに負担をかけないように配慮したアセスメントを計画することと、**インフォームド・コンセント**（アセスメントの内容の説明と同意）をきちんととることが基本となる。また、研究の目的を偽って研究を行ない、研究終了後に本来の目的を説明することを**デブリーフィング**という。デブリーフィングも倫理的配慮として欠かすことはできない。

インフォームド・コンセントでは、心理アセスメントの結果は厳重に管理されること、その情報がどのような目的で使用されるのか、また研究結果が公表される時の条件はなにか、アセスメントに疑問がある時はどこに連絡すれば良いのかなどが重要な項目となる。近年、大学などの研究機関で心理アセスメントを行なう際は大学が設置する倫理委員会の承認が必要となる場合が多い。

第2節　発達のアセスメント

1　知能検査

知能については多くの定義が議論されてきたが、「知能とは推論し、計画をたて、問題を解決し、抽象的に考え、複雑な考えを理解し、すばやく学習する、あるいは経験から学習するための能力を含む一般的な知的能力である。われわれの環境を理解するためのものごとを理解し、それに意味を与え、何をするか見抜くためのより深い能力である」という見解が広く支持されている。

知能検査は知的発達に遅れがあるかどうかを判別するために考案されたもので、知的な発達水準を精神年齢（MA：Mental Age）と知能指数（IQ：Intelligence Quotient）で表わす。我が国では一般的な知能を図る知能検査として「田中ビネー知能検査Ⅴ」が広く使われている。全般的な学習の遅れや生活上の困難さなどの課題について、病院、児童相談所、教育相談センター、発達相談機関等においてアセスメントとして活用されている。

IQ の値の範囲は、一般的に平均値を 100 として比較可能な分類がされている（表2-6）。

ところで、2003 年の文部科学省による調査で、通常学級の小・中学生の 6.3％（男子 8.9％、女子 3.7％）に発達障害の行動特徴がみられることがわかった。また、

表2-6　IQ値の正規分布

IQ	分類	理論上の割合
130 以上	非常に優れている	2.2%
120 ～ 129	優れている	6.7%
110 ～ 119	平均の上	16.1%
90 ～ 109	平均	50.0%
80 ～ 89	平均の下	16.1%
70 ～ 79	境界線	6.7%
69 以下	知的障害	2.2%

2005年4月施行の**発達障害者支援法**では、発達障害者の心理機能の適切な発達および円滑な社会生活の促進のために、発達障害の早期発見、早期の発達支援の提供、学校教育における発達障害者への支援、発達障害者の就労支援などについて定められた。さらに、2007年、教育現場では、「特別支援教育」という新しい概念が生まれ、発達障害を持つ子どもにも積極的に教育的支援を行なっていこうと、様々な取り組みが始まっていた。

このような流れの中、発達障害などを抱える者に対し適切な支援を提供するためには、彼らの特徴を把握し、それをもとに彼らの能力や特性に応じた具体的指導を明らかにし、個別の支援計画などを作成して効果的に教師や支援者らが彼らにかかわる一連のプロセスが必要となる。そこで、彼らの発達状況を把握するとともに、彼らの様々な能力のバランスを分析する、そのニーズに応えるものがウェクスラー式知能検査と総称される検査である。

ウェクスラー式知能検査は、幼児から高齢者まで知的な発達過程を測定でき、日本でもまた世界的にも代表的な知能検査となっており、医療、教育、福祉、司法分野などでも広く活用されている。

以下では、田中ビネー知能検査Vおよび、ウェクスラー式知能検査の中でもより活用される頻度が高いWISC-IV知能検査、発達のアンバランスを分析し教育・学習支援に役立てる日本版KABC-II心理・教育アセスメントバッテリーについて説明する。

1）田中ビネー知能検査V

【目的】一般知能の発達水準をアセスメントする。
【適用】2歳0ヶ月〜成人
【所要時間】30〜60分程度（被検査者により変動あり）
【結果】精神年齢、知能指数（IQ）、行動観察から評価

田中寛一により日本人向けに再標準化された。初版は1947年で最新版が2005年発行の「田中ビネー知能検査V」である。この検査の最大の特徴は、一般的、総合的な知能が図れること、問題が年齢尺度により構成されているため、通常の発達レベルと比較しやすいことである。そのため、子どもをケアする上で年齢的な基準が示され、実生活に即した具体的ケアのイメージがつかみやすい。一方、成人は、年齢の枠組みで知的発達をとらえることが難しいため、

4領域（結晶性、流動性、記憶、論理推理）の観点から知的機能を診断する。

2）WISC-Ⅳ知能検査
【目的】知的機能を多面的に把握し、知能構造を明らかにする。
【適用】5歳0ヶ月〜16歳11ヶ月
【所要時間】65〜80分（被検査者により変動あり）
【結果】全体的な知的能力（全検査IQ/FSIQ）が測定できるほか、下位の合成尺度として言語理解指標（VCI）、知覚推理指標（PRI）、ワーキングメモリー指標（WMI）、処理速度指標（PSI）に関する能力も評価。さらに、この4種の指標の下に15の下位検査があり、細かく知的能力の特徴を把握することができる。

　アメリカのウェクスラー（Wechsler, D.）により1949年に発表。改訂を重ね、日本では2010年にWISC-Ⅳ（Wechsler Intelligence Scale for Children Ⅳ）が刊行された。WISC-Ⅳで測る知能は「目的的に行動し、合理的に思考し、能率的にその環境を処理しうる総合的、全体的能力」と定義され、個人の知的発達の状態をプロフィールで表わし、個人内差（能力のバランス）という観点から分析的に知能を診断する優れたアセスメントツールで、とりわけ発達障害を抱える子どもの特徴を理解する上で、教育、心理の分野で活用されている。なお、この成人版がWAIS-Ⅳ（Wechsler Adult Intelligence Scale Ⅳ）、適用16〜90歳11ヶ月、幼児版がWPPSI（Wechsler Preschool and Primary Scale of Intelligence）、適用3歳10ヶ月〜7歳1ヶ月となっている。

　WAIS-Ⅳは、全検査IQ、言語理解、知覚推理、ワーキングメモリー、処理速度の五つの合成得点が算出できる。

3）日本版KABC-Ⅱ心理・教育アセスメントバッテリー
【目的】認知尺度と習得尺度から得意な能力を明らかにする。
【適用】2歳6ヶ月〜18歳11ヶ月
【所要時間】年齢により30〜120分程度
【結果】得意な認知・知的特性を明らかにし、学習指導計画を立てる。

　カウフマン夫妻（Kaufman, A. S. & Kaufman, N. L.）により1983年に開発され、日本では1993年に標準化、改訂版は2013年に日本版KABC-Ⅱが刊行された。

得点は、下位検査それぞれの評価点と呼ばれる得点を算出し、これらをまとめて標準得点を算出する。解釈の枠組みは二つある。カウフマンモデルによる解釈は、標準得点が認知総合尺度（継次、同時、計画、学習）と習得総合尺度（語彙、算数、読み、書き）に二分され、それぞれ4領域別の標準得点を含んでいる。CHCモデルによる解釈は、全体をまとめたCHC総合尺度の標準得点と七つの領域別標準得点（短期記憶、視覚処理、流動性推理、長期記憶と検索、結晶性能力、量的知識、読み書き）がある。

4）実施上の留意点

適切に訓練を受けた有資格者が、被検者の知的な状態像の把握に適切な心理検査を選択し、熟練の技術をもって実施する。さらに、被検者の状態像を多面的に把握するため、必要に応じて知能検査を組み合わせて使用するテストバッテリーを行なう場合もある。その際は、被検者の負担には十分考慮する。なお、検査中の被検者の態度、検査者とのやりとりの特徴など行動観察も鑑みて結果の解釈に生かしていく。

5）検査結果の解釈

知能検査の結果は、検査に取り組んだ被検者への適切な支援に繋げ、被検者の生活上の困り感が改善されるように還元されなくてはならない。検査結果が被検者の生活や学習の課題とどのように関連しているかを把握し、これにより、予防策を立て、具体的な支援を講じ、学校、職場、家庭等の間での対応法についての統一、連携を図っていく。

また、結果のIQだけに注目することも厳に慎む。なぜなら、IQは、検査時の被検者の体調、検査者との関係性、直近で同じ検査をしたなどの学習効果、不安と緊張で検査に集中できなかったなどの心理的影響など、様々な要因で結果のIQは±10の誤差はあるとも言われているからである。

したがって、検査結果の解釈にあたっては、被検者の成育歴、教育歴、家族状況、普段の性格、学校や職場での様子、家庭生活の様子、検査時の被検者の状況と体調、潜在的な心身の疾病の有無などが検査結果に影響を与えていないかなど、様々な視点から検討する。

> 問　認知および言語の発達の遅れが疑われる3歳の幼児に用いるアセスメントツールとして、最も適切なものを一つ選べ。
> ① BDI
> ② CMI
> ③ KABC-Ⅱ
> ④ MPI
> ⑤ WISC-Ⅳ
> 〔2018年公認心理師試験問題より〕　　　　　　　　　正答（　③　）

6）検査結果のフィードバック

　検査結果のフィードバックは、被検者、被検者が子どもの場合には保護者にも実施する。被検者自身が苦手部分をコントロールできるよう支援したり、被検者が子どもの場合は保護者に子どもの特性を踏まえた適切なかかわり方を提示したりして親子の相互理解を図る。

　フィードバックは被検者の年齢、理解力に合わせた言葉で説明する。なお、知能指数（IQ）を被検者に伝えるかについては、慎重に判断する。検査結果の意味するところを正しく理解しないまま数値だけが独り歩きをし、被検者が自信をつけるどころか、数値にとらわれて「落ちこぼれ」の烙印を押されたかのように感じて自尊心を低めることは想像に難くない。被検者の価値観、物事のとらえ方、性格など十分に検討して判断する。

文献

・上野一彦、服部美佳子、海津亜希子編（2005）『軽度発達障害の心理アセスメント―― WISC-Ⅲの上手な利用と事例』日本文化科学社
・斎藤富由起、守谷賢二編著（2016）『教育相談の最前線　歴史・理論・実践』八千代出版
・上野一彦、松田修、小林玄、木下智子（2015）『日本版WISC-Ⅳによる発達障害のアセスメント――代表的な指標パターンの解釈と事例紹介』日本文化科学社

2　発達検査

　近年、育児や子どもの成長に関する情報はインターネットなどのツールにより簡単に入手できるようになった。その半面、情報が氾濫しすぎていることに

より適切な情報を取捨選択することが難しく、偏った情報の選択から子どもの成長や発達に過度に不安を抱いたり、子どもの状態像を適切に把握できず、不適切なかかわりをしてしまったりすることも少なくない。その結果、子どもの問題が複雑化したり、必要かつ適切な対策を講じることが遅れてしまうこともある。また、発達障害に関する理解が広がり、早期発見、早期療育という動きが医療、保健分野でも促進されていることなどからも、特に乳幼児の発達を適切に把握することが求められている。

しかし、とりわけ乳幼児は心理的・社会的側面、身体・運動的側面の発達は未分化、認知的側面および言語的発達面は未熟であり、問題解決力を中心とする知能のみを単独に測定することは困難である。そこで、多面的な発達を全体的、総合的に把握し、各月齢、年齢における定型発達にみられる反応や行動を基準に、対象となる子どもがそれに合致するかに注目する。そうして発達に関する課題と対処法が明確化され、発達を促進するための具体的な支援の提供ができるようになる。そのため、発達検査は、運動、言語、認知、生活習慣などの発達を多面的に盛り込んでいる。

1）発達検査を実施する際の留意点

検査の方法は養育者から聴取するものと、子どもに課題を実施する個別検査がある。養育者から聴取するものは子どもの家庭での様子が把握できるという利点はあるが、養育者の主観が入りやすいため、客観的評価のためには行動観察から得られる情報も十分に鑑みる、個別検査を組み合わせるなどの配慮が求められる。個別検査は、子どもが落ち着け、粗大運動の評価も適切に行なえるよう一定の広さのある部屋での実施が望まれる。また、検査者は子どもと十分なラポールを形成した状態で検査を実施する。

乳幼児は発達的に未分化であり、心身の全体状況が大きく結果に影響を与える、課題意識に乏しい、集中力に乏しく、人見知りもあるなどの特性があるため、検査者は乳幼児のかかわりに熟練すること、検査施行時の子どものコンディション、検査施行時の全体の文脈を考慮するなどが求められる。

発達検査は、発達年齢（DA：developmental age）や発達指数（DQ：developmental quotient）が総合的な目安として用いられる。これは知能検査における精神年齢（MA）、知能指数（IQ）と同様、概括的なものにすぎない。つ

まり、どのような側面の発達に遅滞がみられるか、その原因、対策を明らかにすることが最も重要なことである。また、一回の検査結果だけで全てを判断せず、発達のプロセスを断続的に検討する。発達は全ての側面で同じ速度で進むものではなく、その速度も個人差が大きい。初期に認められた発達の遅れも、3歳頃までに平均に追いつく（catch up）こともしばしば見られる。乳幼児の発達は可塑性に富んでいる。そのため、発達検査の結果だけでなく、成育歴、行動観察、身体所見、家庭環境、親子の関係性などの要因を総合的に考慮する。

2）代表的な発達検査
a 遠城寺式乳幼児分析的発達検査
【対象】0歳〜4歳7ヶ月
【領域】運動（移動運動・手の運動）、社会性（基本的習慣・対人関係）、言語（発語・言語理解）の3領域、6項目

　養育者からの聴取と子どもの直接行動観察で実施。所要時間10分程度。基本的に子どもの生活年齢相当の問題から開始し、合格すれば上の問題に進み、不合格が三つ続いたところで中止する。合格が三つ続いたらそれ以下の問題は通過していると判断し行なわなくてよい。結果は発達プロフィール表で示され、その形、生活年齢との相対関係を見ながら分析し、発達の偏りも把握することができる。合格の一つ上の不合格の問題が、その子どもの次の発達課題と考えることができる。同一の検査用紙に何回でも結果を記入でき、以前の検査結果を比較して発達状況を継続的に検討することもできる。なお、注意点は、標準化の時期が古い、発達指数は算出されない等である。

b 津守・稲毛式乳幼児精神発達診断検査
【対象】0〜7歳（1ヶ月〜12ヶ月、1〜3歳、3〜7歳に適用可能な3種類の発達検査が作成されている）
【領域】運動、探索、社会（大人との関係、子どもとの関係）、生活習慣（食事、排泄、生活習慣）、言語の5領域。

　養育者からの聴取により実施。実施時間約20分。生活年齢相応の問題項目から開始、どの項目もできないという年齢のところまで尋ねていく。下の月齢段階についてはまとまりのある項目群が全て○になるまで尋ねていく。検査結果は「確実にできる」を○、「時々できる」を△、「できない・経験がない」を

×とし、それぞれ点数化し、得点から発達年齢に換算する。また、各領域の結果が折れ線グラフで表わされる「発達輪郭表」から領域間の差を把握することができる。質問項目をもとにしてまとめられた発達段階は、子どもの理解および指導に役立てることができる。なお、注意点は標準化の時期が古い、発達指数は算出されないことである。

　c　KIDS 乳幼児発達スケール

【対象】0歳1ヶ月～6歳11ヶ月

【領域】運動、操作、理解言語、表出言語、概念、対子ども社会性、対成人社会性、しつけ、食事の9領域

　保護者の記入により実施。検査時間は約15分。検査紙本体は、TYPE A：0歳1ヶ月～0歳11ヶ月、TYPE B：1歳0ヶ月～2歳11ヶ月、TYPE C：3歳0ヶ月～6歳11ヶ月、発達遅滞傾向児向けの TYPE T：0歳1ヶ月～6歳11ヶ月で構成されている。集団検査法に適しており1歳児健診や3歳児健診などで用いられているが、保護者の主観的評定に偏りがちなところもあり、信頼性にやや乏しい部分もみられる。検査は発達領域別に約130項目の質問からなる。採点は、各発達領域別に○印を得点化し、発達プロフィール欄に転記して発達プロフィールを描き、かつ、領域別の得点を合計して総合得点を算出する。さらに、領域別の得点から領域別の発達年齢へ、総合得点から総合発達年齢へ変換し、総合発達指数（DQ）を算出する。保護者の評定は甘めに出る傾向も考慮して解釈すること、また、より正確な乳幼児の発達の把握のため、知能検査などとテストバッテリーを組むことも望まれる。

　d　新版K式発達検査2001

【対象】生後100日～成人

【領域】姿勢・運動、認知・適応、言語・社会の3領域

　個別検査で実施。所要時間30～50分程度。検査用紙は年齢により第1葉から第6葉で構成されている。定型発達児の50%が通過する検査項目が年齢帯に分けて配置されている。検査用紙に通過項目（+）と不通過項目（-）を記録し、その境目を線でつなぎプロフィールを作成する。これにより個人内の発達の偏り、相対的な発達の進みや遅れを視覚的に把握できる。領域別の得点と全領域の得点を算出し、得点について換算表を用いて発達年齢を求める。さらに発達年齢に基づき発達指数を算出する。結果の合否にのみ注目するのではな

く、子どもが課題をどのように理解し、どのように対処しようとしたのかを観察し、発達的理解や療育方針の具体化に役立てていくことが重要である。

3）結果解釈の際の留意点

　発達検査は単に発達指数や発達年齢に注目するものではない。発達領域間の差、偏りに注目し子どもの現在の状態像を正しく把握し、それが日常生活の行動や課題とどのように関連しているのか、遅れがある発達領域をどう指導して発達を促すのかを理解・解釈するために活用することが重要である。なお、注意、多動、こだわり、柔軟性、ストレス耐性、感情のコントロール、要求の方略など検査中の子どもの行動観察も十分踏まえ、総合的に解釈する。

　しかし、発達早期における子どもの状態像の変化は大きく、1回の検査結果のみで数年先の状態像を予測することは慎まねばならない。半年～1年のスパンで発達検査を実施し、子どもの発達状況を適切に把握し、発達促進のための指導内容が子どもの状態像にマッチしたものであるかどうかを丁寧に確認することが望まれる。

文献

・上里一郎監修（2001）『心理アセスメントハンドブック　第2版』西村書店
・遠城寺宗徳（1977）『遠城寺式　乳幼児分析的発達検査法　解説書』慶應義塾大学出版局
・杉原一昭、大川一郎、藤岡久美子、桜井茂男、藤生英行編（2006）『発達臨床教育相談マニュアル——アセスメントと支援の実際』川島書店

第3節　臨床心理学の基礎理論

1　面接の基礎

　『精神医学、心理学、精神分析事典』（The Encyclopedia of Psychiatry, Psychology, and Psychoanalysis）によると、**臨床心理学**とは「心理・行動的問題をアセスメントし、介入し、コンサルテーションを行ない、問題の解決を目指す心理学」と定義される。**カウンセリング**とは「人間の健康的なパーソナリ

ティをターゲットに、心理的安定と成長を促す援助をすること」である。また、**心理療法**とは「心理的問題や苦しみの軽減を目指した、カウンセラーとクライエントとの専門的関係の下で行われる支援」を指す（Wolman 1996）。

　カウンセリングにせよ、心理療法にせよ、アセスメントをし、ケース・フォーミュレーションを作り、実際に介入し、何らかの技法を適用するなどして、終結が訪れる。この全ての過程で、心理師とクライエントは面接を行なっている。つまり、臨床心理学は理論や知識を学ぶだけでなく、実学として面接の訓練が求められる領域である。

1）基本的な態度

　一般的に、クライエントは心理療法を受けることにためらいを感じ、緊張を覚える傾向がある（Komiya, Good & Sherrod 2000）。そうしたこともあり、心理療法が必要な人々の大半が、心理療法を受けていないことも明らかになっている（Komiya 1997）。面接初期のクライエントは待合室の時点で不安を感じているものであり、入室時は緊張していると考えられる。つまり、カウンセリングや心理療法を実際に受けに来るだけでも、クライエントは相当高いハードルを乗り越えてきている。

　したがって、心理師はクライエントの不安と緊張を可能な限り取り去ることに努める必要がある。クライエントが来てくれたことへのねぎらいや、受容的で温かい対応が求められる。

　自分自身のどのような態度（姿勢、声色、話すスピード、表情など）がクライエントに受容的で温かい印象を与えるのかは、それぞれの心理師が個性的に鍛えるべき必須事項である。心理師は言語的な技術と同時に非認知的能力を訓練するべきである。

　時々、顔をややふせて、絞り出すような声で、ぽつりぽつりと話す心理師がいる。クライエントに精神疾患がある可能性を踏まえた中立的な聴き方ではあるが、初対面のクライエントには奇異な印象を与えるかもしれず、初心者は避けた方が良い。

　入室時にクライエントはどのような態度だったのか。早足で入ってきていきなり主訴を話したのか、誰かに連れられて不機嫌そうに入ってきたのかなどをよく観察し、クライエントが話しやすいように心理師が態度を調整していく。

図2-4 心理面接室の一例

これをジョイニングという。ジョイニングは、訪問支援で行なう家族へのケアにおいて、特に初期に活用できる。ジョイニングは家族療法で使われる概念であり、訓練することができる。

心理師には、一般的な社会常識も必要である。年上のクライエントが座るより先に自分がソファーに座ってしまうことや、「おかけください」と声をかけないことは非常識である。敬語の使用、上座や下座の意識、最低限の身だしなみなど、一般的に必要とされる社会常識は心理師にも求められる。そして、こうした社会常識を前提に、「相手に関心を持つ」、「相手と適度に目を合わせ、相づちをうつ」、「相手にあわせたスピードで話す」などの基本的なかかわり技法が生きてくる（図2-4）。

2) インテーク面接

初回の面接を**インテーク面接**という。インテーク面接の目的は、①クライエントの主訴、家族背景、社会的背景等を聞き、面接を受けるか、断るかを判断する、②クライエントとの信頼関係を築く、③インフォームド・コンセントを行ない、面接の契約を共有するなどである。なお、ケースによっては、インテーク面接は複数回行なわれることもある。

インテーク面接では、主訴、現病歴（通院歴）、生育歴、教育歴、職歴などを押さえる。また、家族関係やきょうだい関係の良好さや、ケースに関わる重要人物との関係の性質も把握する。このような聞き取りはプライバシーに踏み込んだことを尋ねることから、先に指摘した心理師の態度が重要になる。面接の受理を契約する時には、この面接で心理師が提供できること、料金、時間、予約方法、面接時の禁止事項、守秘義務と情報の管理などがクライエントと共有されなければならない。

インテーク面接の結果、継続的な面接を行なわない場合でも、クライエントに担当の心理師から見捨てられたという印象を与えず、適切な他機関にリ

ファーすることが重要である。

3）面接の構造

インテーク面接では、カウンセリングの時間と面接回数について決定する。面接時間は30分〜1時間程度が標準的だろう。また面接回数は週に1回または2週間に1回程度である。

面接内の時間配分は一定の理論があるわけではない。入室時のクライエントの様子を見て、徐々に話を深め、主訴についてのカウンセリングを行なう。そして、面接時間の終了の際には、意識水準や気分状態を平常に戻してセッションを終える。

面接終了時に平常に戻っているかを確認するのはクライエントの安全を保証するために必要である。クライエントが泣き出したまま面接時間が終了してしまったら、とても危険な状態で帰宅させることになる。スクールカウンセリングの場合、興奮してリストカットをしたいと訴える状態で児童生徒を教室に戻すわけにはいかない。

面接は最低限、来室時程度には意識水準と気分が回復していなければならない。換言すれば、心理師はクライエントを平常な状態に戻せる範囲で面接を行なう。心理師がクライエントを平常な状態に戻せる範囲はスーパーバイズによって学習する。心理師は面接の退出時にはクライエントの安全な状態を確認する必要がある。

4）面接の終結

面接の終結が近づくにつれ、クライエントの自立を促すため、傾聴技法が多く使用される（Bedrosian & Bozicas 1994）。徐々に面接回数を減らしていく方法がとられる場合もある。古宮（2001）は終結期に心理師がクライエントと確認するべき内容を表2-7のようにまとめている。

5）基礎的な会話の技法

面接では感情反射のような言語的な技法もあれば、姿勢やうなずきのような非言語的な技法もある。ここでは基本的な会話の技法を確認したい。

臨床心理学で最も有名な基礎技法は**感情反射**である。感情反射とは、クライ

表2-7 面接の終結時にセラピストがクライエントに確認しておくこと

(1) 治療によって何を得たか。
(2) それらの成果をどのようにして得たのか。
(3) 治療が終わる事実についてどう感じるか。
(4) 今後、どのような困難や問題に直面すると予想されるか。それらの問題にあったとき、どのように対処していくか。
(5) 何が治療では得られずに心残りか。
(6) それを得るために今後何をするか。
(7) 治療関係の中から、来談者が心にもっていくものはなにか。
(8) 今後治療で得たものをどう維持し、さらに成長を続けるか。
(9) 来談者にとって納得のいく形で、互いにきちんと「さよなら」を言う。

〔古宮昇（2001）『心理療法入門』創元社〕

エントが話した内容を要約し、それはどういう気持ちだったのかを返答するものである。感情反射を行なうことでクライエントは心理師に対して話を理解し、気持ちに共感してもらえていると認識できる。また、心理師からあらためて自分の認識を聞くと、認識を客観的に捉えることができ、クライエントに新たな洞察が生まれやすくなる。

感情反射にもレベルがある。例えば、「親友だと思っていた友だちに裏切られて、とてもつらい」と小学生のクライエントが話したとしよう。「親友に裏切られて、とてもつらいんですね」と返すのは最も素朴な感情反射である。ただ、この種のオウム返しは、面接の最初のうちは通用しても、やがて機械的に反応しているだけのような印象をクライエントに与えてしまい、クライエントは不満を抱くようになる。

感情反射はとても効果的な会話の技法だが、感情反射をする際は心理師の情動も何らか動いていなければ、クライエントの言うことを機械的に繰り返しているに過ぎなくなる。機械的な反応ではないことを示すためには、「親友だと思っていた友だちに裏切られて、とてもつらい」という言葉を聞いた際、心理師の中にいくぶんかでも情動が動き、その情動の動きをもって返答する感情反射でなければならない。

アイビィ（1985）の**マイクロ・カウンセリング**では質問技法に位置づけられる**オープン・クエスチョン**も流派を問わず使用される会話の技法である。イエスかノーか、あるいは具体的な物事を返答すれば足りる質問をクローズド・クエスチョンという。「朝、何を食べたの？」「担任の先生のことが好き？嫌い？」

などの質問はクローズド・クエスチョンである。オープン・クエスチョンとは択一的な回答ができず、答える側がどのように答えても良い質問である。「最近、調子はどう？」「担任の先生をどう思う？」などはオープン・クエスチョンである。オープン・クエスチョンとクローズド・クエスチョンを上手に組み合わせると、話を深めることができる。

　学生のクライエントにスクールカウンセラーが「趣味は何？」と尋ねるのはクローズド・クエスチョンである。これに対してクライエントが「アニメを見ること」と答えたとする。そこで、「最近見た好きなアニメはなに？」と聞くのはクローズド・クエスチョンである。そこでクライエントが何かの作品名を答えたとしよう。このとき、「そのアニメのどういう所が好きなの？」という質問をしたとしよう。この質問はオープン・クエスチョンである。この「そのアニメを好きな理由」には、そのクライエントらしさが含まれている。ここから話を深めると、話題はアニメだが、その話題を通じてクライエントのパーソナリティや現在の葛藤が検討できる。

　リフレーミングはネガティブな認知をポジティブな認知に変化させる技術である。例えば「あと10分しかない」と考えるのに対して「まだ10分もある」と考え、クライエントに返答する。「私は気が小さくて、他人がどう思うか気になる」と話すクライエントに「繊細で、他人の気持ちがわかる」と切り返すのはリフレーミングである。

★マイクロ・カウンセリング

マイクロ・カウンセリングとは、A. E. アイビィ（1985）により開発されたカウンセリングの訓練プログラムである。カウンセリングの流派にこだわらず、カウンセラーとして必要とされる基礎技法を体系的に実習させる。アイビィによればカウンセラーに必要な技法は「かかわり技法」「焦点の当て方」「積極技法」「対決技法」の4種類である。このうち、特にかかわり技法は面接の初期に必要な技法である。

6）心理師の訓練

　臨床心理学では単に知識をつけるだけではなく、相当な訓練が必要なことがわかる。心理師の訓練には、①学会や大学が主催する研修会に参加する、②スーパービジョンを受ける、③教育分析を受ける、④個人的な勉強会を継続す

> 問 公認心理師であるスーパーバイザーが、クライエントとの間に行き詰まりを経験しているスーパーバイジーに対応するにあたって、不適切なものを一つ選べ。
> ① 1回のみの指導はスーパービジョンに該当しない。
> ② スーパーバイジーが抱える個人的な問題に対して心理療法を用いて援助を行なう。
> ③ 心理療法のセッションをリアルタイムで観察しながら介入を指示する方法をライブ・スーパービジョンと呼ぶ。
> ④ スーパーバイザーとの間においてもクライエントに対するものと同様の行き詰まりが見られることを並行プロセスと呼ぶ。
> 〔2018年公認心理師試験問題より〕　　　　　　　　　　　　正答（ ② ）

るなどの方法がある。

　スーパービジョンは経験豊富なスーパーバイザーから自身のケースの全体的な指導を受けることである。ケースの指導をする者をスーパーバイザー、ケースの指導を受ける者をスーパーバイジーと呼ぶ。授業で行なう以外、スーパービジョンは原則的に有料である。スーパービジョンはあくまでも指導であり、何らかの心理療法をスーパーバイジーに施すわけではない。

　スーパービジョンは継続的に受けることが前提となっている。グループでスーパービジョンを受ける場合は、グループ・スーパービジョンと呼ぶ。また、仲間同士で行なうのはピア・スーパービジョンという。スーパーバイザーが心理療法やカウンセリングの実際のセッションを見ながら、介入を指示する方法は**ライブ・スーパービジョン**と呼ばれる。

　クライエントとのケースの行き詰まりと同様の行き詰まりがスーパーバイザーとの間で生じることを**並行プロセス**と呼ぶ。このとき、スーパーバイザーがどのようにスーパーバイジーと接し、どのように行き詰まりを解消するのかが、スーパーバイジーの抱えるケースの行き詰まりの解消に示唆を与えてくれる。

　教育分析とは、心理師の個人的な葛藤が面接の妨げにならないように、心理師は個人的な問題に対して心理療法を受け、ある程度自分の問題を解消し、さらに心理師自身の心理的特徴について理解する心理師の教育方法である。教育分析は力動的心理学派では重要な心理師の教育方法とされている。

表 2-8　ロネスタッドらによる 6 期発達モデル

各期の特徴
第 1 期　素人援助者期
心理援助の訓練を受ける前の状態。親、子ども、友人、同僚、などの相談相手になり、アドバイスをする。問題を素早く同定し、強い感情的サポートを与える。アドバイスは自分の過去の傷つき体験などをもとにされる。相談相手の悩みに深入りしたり、過剰に同一視して気持ちの落ち着きを失いがちになる。成功体験や失敗体験が心理職に関心をもつきっかけとなる。
第 2 期　初学者期
専門的な訓練を受けることへの熱意は強いが、自信に乏しく不安が強い。新たな理論を学ぶたびに、自分の援助に対する考え方が大きく影響を受ける。できるだけ簡単に学べ、すぐに使える理論やスキルを求めて躍起になる。しかし、現実の状況ではそううまくいかず、情報量に圧倒され、学習がうまくいかないことに苦しむ傾向が強い。
第 3 期　上級生期（博士後期過程にあたる）
一人前の専門家として機能することを目標とするため、間違いを恐れ、完璧主義的になりがちであり、何でも教科書通りにこなそうとする。訓練の効果を感じる一方で、経験豊富な臨床家を理想として学びたいという気持ちが強い。このため、特定の臨床家の理論モデルに固執し、それに厳格になりすぎることもある。また、臨床家としての自己に注意を向け始める。
第 4 期　初心者専門家期（博士過程修了から臨床経験 5 年程度）
専門家として職に就いたあと、訓練において体得したことを何度となく見直す。理論アプローチだけでなく、一人の個人としての自分が臨床活動に大きく影響していることを認め、臨床家としての自己と統合しようと試みる。一つの理論モデルに忠実であることよりも、一人一人のクライエントとの最適な治療関係を築くことに注意を向けるようになる。
第 5 期　経験を積んだ専門家期（臨床経験 15 年程度）
様々な現場で数多くのクライエントとの臨床経験を積み、自分の価値観・世界観・パーソナリティを反映させていく。もう一方で、臨床家としての自分と一個人としての自分の境界も明確に引き、双方の肯定的な側面が相乗的に働く。治療関係の重要性を深く認め、理論や技法を柔軟に使いこなし、単純な答えを求めず、困難な状況に遭遇しても、落ち着いて対処できるようになる。専門的文献だけでなく、自分自身の経験を振り返ることから多くを学ぶ。
第 6 期　熟練した専門家期（臨床経験 20 年〜 25 年）
職業的人生を振り返り、自身の臨床家としての力を現実的に認識し、もう一方で自身の限界も謙虚に受け入れる。自身の職業的発展に満足を感じる一方で、様々な理論やモデルの発展と変化を長い間見てきたことから、専門的知識の真の発展に関して冷めた見方をすることも少なくない。また、自分の人生においてすでに繰り返し体験し、今後起こることが予期される喪失に対する意識が強まり、職業に対する関心が薄れることもある。

〔Rønnestad & Skovholt（2003）、岩壁（2018）を元に作成〕

　同時に、心理師は、今自分の力量がどの程度なのかを把握する必要がある。表 2-8 はロネスタッドら（Rønnestad & Skovholt 2003）による臨床家の 6 期発達モデルを岩壁（2018）がまとめたものである。このような表を参考にして、自身の現在の実力を確認しながら効果的な研鑽していくべきである。

　他人の意見を聞かないで自身の職業的発達を評価し、自己納得して完結する

のではなく、クライエントはもちろん、スーパーバイザーや同僚との対人関係に開かれた態度を維持し、学び続けることで臨床家の成長が促進されるのだろう。

文献

・アイビィ, A. E.（1985）福原真知子訳『マイクロカウンセリング――"学ぶ-使う-教える"技法の統合：その理論と実際』川島書店
・Bedrosian R. C. & Bozicas, G. D.（1994）*Treating Family of Origin Problems：A Cognitive Approach*. The Guilford Press
・岩壁茂（2018）『カウンセリングテクニック入門――プロカウンセラーの技法30』金剛出版
・Komiya, N.（1997）*The role of emotional openness as a contributing factor to reluctance to seek counseling among college students*. Masters Theis. University of Missouri-Columbia. Columbia, MO.
・古宮昇（2001）『心理療法入門』創元社
・Komiya, N., Good, E. G. & Sherrod, N.（2000）Emotional openness as predictor of college students attitudes toward seeking psychological help. *Journal of Counseling Psychology*, 47, 138-143.
・Rønnestad, M. H., & Skovholt, T. M.（2003）The journey of the counselor and therapist：Research findings and perspectives on professional development. *Journal of Career Development*, 30（1）, 5-44.
・Wolman, B. B.（1996）*The encyclopedia of psychiatry, psychology and psychoanalysis*. A Henry Holt Reference Book

2　ケース・フォーミュレーション

1）ケース・フォーミュレーションとは

　ケース・フォーミュレーションとは「クライエントの生物的・心理的・社会的背景を踏まえ、介入の対象となるケースの成り立ちを説明する作業仮説」である。一般に、ケース・フォーミュレーションの作成には**クライエントとその関係者の意見も反映させる**。心理師はケース・フォーミュレーションの作成を通じてクライエントと問題の理解を共通し、介入方針に合意をとり協働的な関係を強化する。

　DSMやICDのような操作的診断は**症状の原因は問わず**、症状の種類や強度、頻度から疾患を分類する。しかし、ケース・フォーミュレーションは**主訴や症状を成り立たせている原因や構造を含んだケース全体の作業仮説である**。医師による診断名はケース・フォーミュレーションの一部を構成する位置づけである。

　作業仮説とは、さしあたりのモデルという意味であり、ケースが展開したり、新たな要因が加われば、ケース・フォーミュレーションは修正される。通常、

> 問 ケース・フォーミュレーションについて、正しいものを一つ選べ。
> ① 一度定式化したものは修正しない。
> ② できるだけ複雑な形に定式化する。
> ③ 全体的かつ安定した心理要因を検討する。
> ④ クライエントと心理職の共同作業を重視する。
> ⑤ 症状を維持するメカニズムや診断名を考慮しない。
> 〔2018年公認心理師試験問題より〕　　　　　　　　　正答（ ④ ）

　ケース・フォーミュレーションは、複数回の修正を経る。複数の要因を整理し、さしあたりケースの全体像を把握するケース・フォーミュレーションでは、あまり複雑なモデルを作るのではなく、単純なモデルが望ましいとされている（Friedberg, et al. 2002）。

2）ケース・フォーミュレーションの変数

　臨床心理学の流派がなんであれ、ケース・フォーミュレーションは立てるべきものである。ただし、実際にどのような要因をケース・フォーミュレーションに使用するかは、流派によって若干の違いがみられる。ここでは認知療法のフリードバーグら（2002）によるケース・フォーミュレーションの要因を示したい。

　認知療法においては、ケース・フォーミュレーションを行なう際、変数間に関係があると想定する。認知行動療法の中の認知モデルによると、行動パターンは、環境的要因、対人関係的要因、個人的要因、そして生物学的要因の相互作用によって学習された反応と考えられる。さらに行動は文化的文脈や発達的文脈の影響を受ける。ケース・フォーミュレーションは、これらの全ての側面を扱う。

　さまざまな要素を全体像にまとめることは、ただでさえ容易ではない。そこでそれぞれの要素とそれらの関係を示す（図2-5）。この図では「現在の問題」が概念化の中心となる。

　認知モデルは五つの要因（生理学的症状、気分、行動、認知、対人関係）を検討することによって現在の問題を理解する。中心にある「現在の問題」は四つ

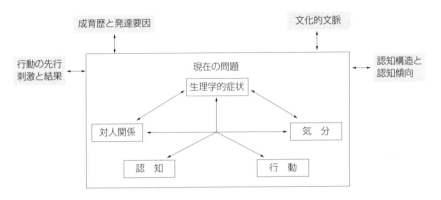

図2-5 ケースの概念化における構成要素間の関係

〔Friedberg, et al.（2002）を元に作成〕

の変数（成育歴／発達要因、文化的文脈、認知構造と認知傾向、行動の先行刺激とその結果）と相互に関係し、お互いに影響を及ぼしあっている。これらを整理する際、心理アセスメントのデータも加えられる。

3）ケース・フォーミュレーションの例

ケース・フォーミュレーションは実例をみなければ判然としないものである。そこでフリードバーグら（2002）によるテッサというアフリカ系アメリカ人の少女のケースを紹介する。

a ケース

テッサは9歳のアフリカ系アメリカ人の女の子で、母親と叔母に育てられている。彼女は、行儀が良く、怖がりでおとなしいパーソナリティである。学校の成績は一貫してAかBである。しかし、担任の先生は、テッサは、課題を終えるのが遅く、配慮する必要性がかなり高い子だと話す。彼女は、新しい課題やグループ課題の最中に、教室で泣いてしまうことがよくある。昼休みや休み時間のときは、たいてい友だちと遊ぶよりは、校庭をぶらぶらと歩き回ったり、一人で座っていたり、あるいは教室で先生と本を読んで過ごしている。生理学的な問題として、胃痛、発汗、頭痛を抱えている。気分の症状としては、恐怖、不安、悲しみが目立ち、行動的には、泣くことが多く、落ち着きがなく、課題の提出も遅く、保健室に行くことが多い。対人関係は、恥ずかしがり屋で引っ込み思案な様子が観察できる。認知的には、「失敗するかもしれないし、

みんなにその失敗が気づかれてしまう」「全員が私に失敗してもらいたいと思っている」「お母さんがいないと学校でちゃんと生活できない」「クラスメイトは私のような子を好きになってはくれない」といった自動思考（不快なことがあったとき、すぐに思い浮かぶ思考）を持っている。

　b　ケース・フォーミュレーション
　テッサのケースに対して心理師は、心理アセスメントと本人および関係者との面接に基づいて、さしあたり以下のようなケース・フォーミュレーションを立てた。
　【ケース・フォーミュレーション】
　テッサは、アフリカ系アメリカ人の女の子で、主に不安と抑うつの症状を示している。認知は、否定的な評価と自己批判の恐怖というテーマが特徴である。行動的には、過剰な警戒による恐れ、承認／保護の要求、引っ込み思案という反応を示す。心理学的な症状の多くは、身体症状として現れている。テッサは、行儀が悪いと他の人から否定的に評価されることを恐れている。
　環境的要因が、問題の生起、維持、悪化に関与している。テッサも母親も、クラスメイトとの人種的な違いを意識していた。テッサは、母親の言う「白人の友だちよりも2倍がんばりなさい」というしつけを内在化している。そのため、行動したり、競争したり、適応する際に困難が生じると考えられる。さらに、「全員が私の失敗を待っている」という思考が、自意識過剰な感覚を生じさせ、彼女の社会不安を悪化させている。不安な状況でプレッシャーを感じると子どもは保護を求めるが、実際、どれだけ保護を受けられるかがテッサの行動基準になっている。
　テッサは、怖いものがたくさんある世界の中で、自分のことを傷つきやすいと認識している。傷つかないようにするために、彼女は引きこもり、極度の警戒心を持って生活している。実際、近所やクラスメイトと過ごすとき、過剰に警戒した行動が観察できる。しかし、とても強い警戒心が原因で、かえってクラスメイトからからかわれたり、いじめられたりしている。母親のしつけには過剰防衛の傾向があり、過剰な防衛と仲間からのからかいの悪循環が彼女の否定的な自己認知をさらに強化している。

表2-9 ケース・フォーミュレーションに基づいた介入計画

(1) 身体的不調が強いため、リラクセーション・トレーニングを行なう。
(2) 正の強化子のレベルを上げるために、楽しいイベントを予定に入れる。
(3) 否定的な評価を恐れる点を改善するための認知的介入を自己教示によるアプローチから開始して、合理性の判断を行なう技法へと進める。
(4) テッサとクラスメイトによる人種の違いに関する認知を帰属の観点から検討する。テッサが自己被害的な帰属をしていたら、再帰属といった認知的技法を行なう。
(5) 治療プロセスを通して、問題解決方略を教える必要がある。
(6) 自分が弱い人間であるという認知の変容を目的とした認知的技法を行なう。
(7) 治療的なホームワーク課題をうまく実施するために、子ども中心のペアレント・トレーニングに母親を参加させる。母親に対しては、過剰防衛の減少とテッサの要求に一貫した態度を取れるように援助する。テッサの保護者間（母親と叔母）のしつけの一貫性と、二人のコミュニケーションを増やすようにする。
(8) テッサのソーシャル・スキルのレベルを確認し、友達からからかわれた時の反応に関するソーシャル・スキルの妥当性を検討する。
(9) テッサが、効果的にスキルを獲得し、実践し、適用できた後は、テッサと話し合った上で、新たな状況でスキルが般化できるか、実験する。
(10) 担任を中心に学校との継続的な連携を行なう。

c ケース・フォーミュレーションに基づく介入計画

ケース・フォーミュレーションは効果的な介入のためにつくられる。上述のケース・フォーミュレーションからは表2-9のような介入計画が立てられる。

テッサは関係者との話し合いを経て、表2-9の介入計画がどういう順番で、またどのくらいの期間行なわれるかが決定される。

d 予想される障害

ケース・フォーミュレーションを作成すると、介入計画だけでなく、介入を行なった後に生じる可能性のある障害要因についても考察することができる。以下にテッサのケースにおける「予想される障害」を述べる。

テッサは頑張り屋で、動機づけの高いクライエントである。そのため、治療に必要な努力は惜しまないだろう。しかし、何事も「やりすぎる」傾向がある。そのため、ホームワークをやる際に完璧主義的に取り組ませないように注意する必要がある。

テッサは気に入られることを望み、否定的な評価を恐れている。したがって、症状を最小限に抑えたり、治療への不満を隠したりするサインを見逃さないよう注意しなければならない。また、書くスキルと話すスキルが高いため、感情的な反応よりも知的な反応をする可能性が高いことにも注意する。

人種の違いに関する帰属の問題を取り扱うのは、きわめて重要だが、この点に焦点を当てると、テッサの社会不安は一時的に悪化するかもしれない。相談の内容やプロセスは（例えば、どんな思考や感情について話したいと思っているか？　このことに関する思考や感情を話しあうと、どんなリスクがあるか？など）は、テッサの状態をよく検討して、慎重に行なうべきである。

　このケースでは保護者への支援も欠かせない。母親の抑うつのレベルは知っておく必要がある。必要であれば、母親にセラピーを勧めることもありえるであろう。こうした場合、治療の費用が大きな問題になってくるので、その対策を考慮する必要がある。

　子どものために母親がペアレント・トレーニングを受ける際は、母親の抑うつの度合いに注意する。母親の抑うつが高い時期にテッサとの楽しいイベントに参加するのは難しいだろう。また、母親は抑うつ的なので、テッサの気質的な脆弱性に目が行き過ぎるかもしれない。「テッサを育てるための心理的エネルギーを蓄えることができない」と考えた母親が最終的に叔母に頼る可能性もある。

　学校へのコンサルテーションにもいくつかの障害が考えられる。しかし、テッサの担任の教師とは連携するべきだろう。テッサの保護要求行動と回避行動を減少させる方法について、教師とともに考えれば、より効果的である。テッサの不安への対応には、今とは異なるより適切な方法が必要だという共通認識を担任の教師と得る必要がある。

　これまでフリードバーグら（Fridberg, et al. 2002）によるケース・フォーミュレーションの実例を紹介してきた。実際のフリードバーグら（2002）のケース・フォーミュレーションの作成方法の記述はより詳細である。関心のある読者は『児童期・思春期の認知行動療法』（フリードバーグら2019）を参照してほしい。テッサのケース・フォーミュレーションも、なぜ上記のようにまとめられるかが詳細に書かれている。

　本項では認知行動療法による介入計画を紹介した。どの流派であってもケース・フォーミュレーションは作成するが、実際の介入方法は、精神分析や人間性心理学、家族療法など、心理療法の流派によって異なるだろう。そこで、次項より、心理療法の代表的な流派を紹介する。

文献
・Friedberg, R. D. & McClure, J. M. (2002) *Clinical Practice of Cognitive Therapy with Children and Adolescents : The Nuts and Bolts.* The Guilford Press.〔斎藤富由起監訳・監修(2019)『児童期・思春期の認知行動療法』星和書店〕

3 精神分析

1)精神分析とは

　精神分析とは、ジグムント・フロイト(1856-1939)が創り上げた心理療法の技法であると同時に、人の心の構造とその発達過程についての仮説を含む理論体系でもある。精神分析理論の全貌を見渡し理解することは容易ではない。フロイトの著作が膨大な量に及ぶだけでなく、フロイト以後の著名な分析家がそれぞれ学派を形成し、フロイトの正当な後継者であることを自負している。二大潮流としてフロイトの娘であるアンナ・フロイトが発展させた自我心理学派、フロイトの後期理論の中核にある「死の欲動」(攻撃本能と理解して良い)を重視した対象関係学派(創始者の名を取りクライン派とも呼ばれる)があり、現代は対象関係学派が主流となっている。さらに「自己愛」の発達とその病理を理論の中心に据えるコフートを始祖とする自己心理学派などもある。また、フロイトから早々に離反したユングの流れを汲む学派も「分析心理学」と呼ばれ日本では大きな影響力を有している。
　ここではフロイトの理論を中心にかみ砕いて述べていくこととする。

2)精神分析＝転移の扱い

　人の心には、自覚することのできない願望や感情、何らかの理由で想起することが妨げられている記憶などが集積しており、その総体が「無意識」とされる。フロイトは無意識を意識化することがヒステリーすなわち神経症の治療の本質であると考えた。しかし、「ドラ」と呼ばれる少女の治療で無意識を強引に意識化するやり方が失敗に終わったのを機に、転移という現象に気づき、これを扱うことが神経症の治療過程には必須であるという考えにたどり着いた。以後今日に至るまで、方法としての精神分析のミニマムな定義は「転移の扱いを心理療法の根幹に据えた技法」である。無意識をただ意識化することが精神分析なのではない。

転移とは、過去の重要な人物に向けられた感情が、内容はそのままに別な対象に向け換えられる現象をいう。転移された感情は過去の反復であり、現在の対象に向けることは適切とは言えないものである。転移という現象自体はあらゆる人間関係に生じているものである。セラピストとクライエントの間に何が起きているのかを理解することは心理療法における必須の視点であるが、そこに転移という現象が生じていることを重視するのが精神分析的な視点である。

3）心の構造に関する理論としての精神分析

フロイトは、人の無意識に隠された願望は睡眠中の夢に表われやすく、夢を分析すればその人の無意識的な願望に迫れると考えた。しかし、覚醒後に言語化できる夢の内容（顕在夢）は、真の内容（潜在夢）が変形されたものにすぎない。なぜそのような変形（歪曲）が生じるかといえば、例えば性的な願望があったとしても、その願望を「意識したくない」という相反する願望も心の中には存在し、意識したくない側が夢の内容を「検閲」する結果、想起される内容が無害なものに置き換えられるからである。この「検閲」を受け持つ心の領域とその機能について、フロイトは後に「超自我」という概念に集約させていった。

そもそも人間は欲望の塊として生まれてくる。生後しばらくは、赤ちゃんは泣けば全ての欲望が即時に叶えられる。しかしその状態はそう長くは続かない。親も疲れて自分の睡眠を優先したくなるし、躾け（「待って」や「ダメ」）も始まってくる。そうなると、赤ちゃんも「どうすれば親が自分をかまってくれるか」赤ちゃんなりに試行錯誤するようになる。自己主張を押し通すのではなく、時には親の都合に合わせた方が、結局は美味しいご褒美にありつけるものである。欲望はあくまでも欲望として充足を欲するのであるが、欲望と外界との仲立ちをして、より安全に（親の愛を得ながら）効率よく欲望を満たす方法を考える機能を担うのが芽生え始めた「自我」である。成長するに従って欲望は複雑化・抽象化し時には矛盾を抱える。「恋人とセックスするためには慎重に振る舞う必要がある」「性欲と名誉、どちらを優先するか」、こんな場合は自我の出番である。このように、心の中には「欲望」「自我」「超自我」という領域（「装置」と呼んでも良い）があってそれぞれが牽制し合っており、装置内の葛藤（欲望同士が矛盾している場合など）や装置間の葛藤（欲望の充足を超自我が禁

止している場合など）が神経症の症状形成に関わる、という考えが「構造論」である。

4）発達理論としての精神分析

　心には最初から自我や超自我が存在するわけではない。生まれたての赤ちゃんに対し、母親は（父親も）「生まれてくれてありがとう」という視線を注ぐ。その視線を取り込むことで、子どもの心の中に基本的な信頼感や自己肯定感の源基が作られる。生後しばらく、赤ちゃんは全ての欲望を即時に叶えられるが、排泄欲もそのひとつであり、おむつの中にウンチをしても喜んでもらえる時代が続く。やがてトイレット・トレーニングが始まると、それまで好き放題に排泄できたのが、特定の条件を満たさないと母親の笑顔（これが赤ちゃんにとって最も欲しいもの）が得られなくなる。幼児は自分のやりたいようにやるか、親の笑顔を得ることを優先するか葛藤した末に、親の要求に従うようになる（従わざるを得ない）。この過程で、上手にやれることに誇りを持つか屈辱感を強く持つかは、後の性格形成に大きく関わるポイントである。また、「大好き」だった自分のウンチを「ばっちいもの」にするためには、隔離・否認・反動形成といった心のメカニズムを使う必要があり、それらは成長後も心に残り「自我の防衛機制」と呼ばれるようになる。防衛機制には発達段階ごとにさまざまなものがあり、自我の一部となりほとんど意識されること無く機能し続ける。排泄に関するモラルそのものはオートマチックに作用する（失敗したら無条件に「恥ずかしい」ものである）。つまり超自我の作用は無意識的なものであり、作用の結果だけが自覚されるのである。

　ここまでは基本的に母子の二者関係の話であるが、通常であれば子どもには父親があり、父親もまた独自の関わりを子どもと持とうとする。子どもには母親との関係に加え、父親との関係という2種類の二者関係が存在することになる。さらに、子どもの認知能力が発達してくると、父親と母親の間にも特別な二者関係（結婚）が存在することが見えてくる。異性の親を独占したいという欲求は、同性の親に邪魔されているわけである。男の子を例に取れば、母親を独占したい時に父親は邪魔だが元々父親のことは大好きでもある。ここに三者関係の葛藤が生じる。この葛藤（エディプス葛藤と呼ばれる）とその元になる欲望などの総体を「エディプス・コンプレックス」といい、精神分析的な発達論

では特に重視される。この時期子どもは「大きくなったらママと結婚する」と口にしたりするが、この言葉は発達上大変重要なものである。「大きくなったら」という言葉は、「今はまだそうではない」という含意があり、自分が父親に負けているということを認めることすなわち子どもの傷つきを表わす言葉である。同時に「自分は大きくなれる」のであるし、「いずれ父親のように立派な男になって（父との同一化）、母親のような世界一素敵な女性と一緒になる」という子どもなりの夢と希望（「自我理想」という）の表現でもある。こうして子どもはエディプス葛藤を乗り越え、成長の軌道に乗っていく。これが小学校入学前の幼児の発達である。

　母子関係を通した躾やエディプス葛藤を解決する過程で身についたモラルや理想の総体が「超自我」であり、これはその後の学校教育や対人関係を通してバージョンアップされていくものである。超自我はある願望や思考や自分そのものをオートマチックかつシンプルに判断し、自我を介して自身の思考や行動をコントロールするのである。未熟な超自我はしばしば過酷で非現実的であるが、発達と共により柔らかいものとなる。

　思春期は、幼児期に未解決だった問題がもう一度形を変えて蘇る時期である。幼児期の母子関係理論でマーラーの「分離‐個体化理論」と呼ばれるものがあるが、思春期はしばしば「第二の分離‐個体化期」と言われる。親から右へ行けと言われると左に行きたくなるのが思春期の子にはありがちなことであるが、この気持ちの起源がトイレット・トレーニングにあると言われたら驚くであろうか。思春期には、性欲と、性器を中心とした自身の身体との折り合いをつける必要もある。フロイトはこのことを「性器統裁」と呼び、精神・性的発達上のゴールとした。しかし発達はその後も続くのであり、生涯発達の心理学を打ち立てたのが自我同一性理論で有名なエリクソンである。エリクソンはアンナ・フロイトの最も高名な2人の弟子の一人である（もう一人は思春期論で有名なピーター・ブロス）。

5）精神分析の知識の応用

　分析の技法そのものに習熟するのは容易なことではない。もし技法としての精神分析をマスターしたければ、専門家を目指す人のための系統的な講義に出席し、実際の面接をスーパービジョンを受けながら行ない、症例検討会に事例

を提示し、学会で事例報告する、という密度の濃いトレーニングが数年間にわたって必要である。しかし、精神分析の専門家にならない人であっても、精神分析理論の基本を学ぶ意義は大きい。心理師はクライエントに向き合う際にロジャーズのように聴き、フロイトのように考え、時にはベックのように認知的介入を行なう、という臨床家を目指すのが良いように思われる。

　精神分析の学びは臨床現場では以下のような場面で活用される。例えばパーソナリティや病理の見立ての際、クライエントの示す異常心理や異常行動がどれほどの重みを持つのか、パーソナリティ全体に及ぶものか部分的なものに留まるのか、という判断をする場面である。その人の対象関係（親やその置き換えである重要な人物との関係性）の質、主要な防衛機制、退行（子ども返り）の程度、といった分析的な知の枠組みの応用性は高い。

　思春期臨床でも分析的な知識は必要である。思春期は幼児期に未解決だった問題が顕わになる時期であり、親子関係（二者関係・三者関係が入り交じったもの）の病理が凝縮されて現れる時期である。父親の悪口を言う女子の母子関係の質を疑い、摂食障害に陥っている女子の三者関係の葛藤を考慮するのが、分析的な視点である。クライエントの語らないものが時には病理の核心であったりするものであるが、分析的な視点を持つと隠れている本質が見えてくる場合がしばしばある。また、家族全体の力関係を分析的な観点から見立てて、それに基づいて介入を行なうことも可能になる。

6）精神分析理論の学び方

　フロイトの『精神分析入門』は優れた書であるがけっして易しい入門書ではなく、1915年頃までのフロイト理論の集大成のような著作である。構造論の導入以前に書かれたものだが、精神分析理論の骨格が凝縮されている。できれば精神分析の専門家による解説授業を受けて欲しいところであるが、自習するのであれば、ぜひ『精神分析入門を読む』を隣に置いて平行して読み進めていただきたい。一気にフロイト理論が身近に感じられるようになるであろう。馬場禮子『精神分析的人格理論の基礎』は題名どおりの内容であり、心理臨床を学ぶ人には必読書の一つである。フロイトの論文を何か一つということであれば、構造論が完成した「自我とエス」（1923）がお勧めである。

文献

・馬場禮子（2016）『改訂 精神分析的人格理論の基礎——心理療法を始める前に』岩崎学術出版社
・フロイト，S.（2007）「自我とエス」本間直樹他訳『フロイト全集〈18〉1922-24年——自我とエス・みずからを語る』岩波書店
・鈴木晶（2000）『精神分析入門を読む』日本放送出版協会

4 認知行動療法

1）認知行動療法とは

　認知行動療法とは、健康の維持増進と疾患の治療のために、行動理論の応用科学としての行動療法と、実証的な認知療法、さらにストレス科学の成果が加わった認知と行動変容のための心理療法である。認知行動療法はエビデンス・ベイスト・アプローチを重視しており、現在、多くの精神疾患のガイドラインに第一選択肢の治療法として選定されている。ここで述べる実証的な認知療法群とはA.ベックの認知療法、A.エリスの理性情動行動療法、D.マイケンバウムの自己教示訓練などがある。

　多くの理論と実証的な技法群が認知行動療法としてまとめられた背景には、A.バンデューラ（1977）による**相互決定論**の提唱が大きな役割を果たしている。相互決定論（Bandura 1977）では、人間の行動を決定する要因には先行要因、行動要因、認知要因の三つがあるという。これらの要因が絡み合い、環境、行動、個人要因の三者間の相互作用が形成されるという枠組みが相互決定論である（坂野 1995）。

　その後、先行要因に注目したバンデューラ（1997）は**自己効力感**（self-efficacy：セルフ・エフィカシー）という効力予期を重視して、多くの認知行動変容を実証し、認知行動療法の確立に大きな影響を及ぼした（表2-10）。

2）認知行動療法の哲学

　認知行動療法はあくまで実践的な心理療法だが、前提となっている哲学（価値観）もある。それは認知行動療法の特徴を形成している。

a　後天的な学習の重視

　認知行動療法は、行動療法から発展してきたが、その行動療法の背景となっている考え方は行動主義と呼ばれる。行動主義では、どのような人間になるか

表2-10　自己効力感（self-efficacy）

自分が行為の主体であり、自分が行為を統制しており、外部からの要請に対応できるという確信。自己効力感は以下の四つの要因により獲得される。
(1) 自分で実際に行ない、成功体験を持つ。（遂行体験の達成）
(2) うまくやっている他人の行動の観察をする。（代理経験）
(3) 自己強化や他者からの説得的な暗示を受ける。（言語的説得）
(4) 生理的な反応の変化を体験してみる。（情動的喚起）

〔坂野（1995）『認知行動療法』日本評論社を元に作成〕

> 問　自分の特定の行動を成功裏に遂行できるという感覚や信念を表す用語として、最も適切なものを一つ選べ。
> ① 自己効力
> ② 自己調整
> ③ 自尊感情
> ④ コンピテンス
> ⑤ ポジティブ感情
> 〔2018年公認心理師試験問題より〕　　　　　　　　　　正答（　①　）

は、生まれてから経験する後天的な条件付け（学習）によって決まってくるという立場をとる。そのため、いわゆる「問題行動」や「異常な行動」と呼ばれるものも、後天的な条件付け（学習）によって獲得されたものであり、「正常な行動」とされるものと質的に異なるものではないという立場に立っている（坂野1995）。

「遺伝的にこうだから」とか「先天的にこういうものだから」というように、先天性を重視する考え方や哲学もある。認知行動療法は遺伝や先天性という生物学的要因を否定はしない。しかし、それ以上に後天的な要因が果たす役割の大きさに注目し、後天的に成長できる可能性を認知行動療法は主張する。例えば、認知行動療法家がパーソナリティという言葉を避け、行動特性という表現を選択する背景にはそうした理由がある。認知行動療法家は、「遺伝だから変化しない」と言われていた疾患や障害の変容に取り組み、いくつもの疾患と障害に対して効果的な治療プログラムを提供してきた。

b　プラグマティズム

認知行動療法は複雑な思弁よりも「現場で役に立つ」ことを重視する。それ

は治療やカウンセリングの場面で役立つかを現実的に考える態度にも通じる。これは思弁的なアプローチを無価値といっているのではない。そういうアプローチも認めるが、認知行動療法としてはプラグマティズム（実利主義）を基本に研究と実践を進める。

　c　科学性の重視

　認知行動療法は科学性を重視する。ここでの科学性とは予測性、再現性、客観性、実証性などから構成される。実験計画と統計的手法を重視し、治療成果のエビデンスを基本に介入計画を考える。エビデンスのない見解や治療法がクライエントの不利益になり、一部では差別を助長する事実があったことを認知行動療法家は指摘する。

　科学には限界はあり、認知行動療法も決して万能ではない。自らの限界も認識しつつ、変容可能なところから、スモールステップの原則を踏まえ、クライエントのペースを尊重しつつ、確実に取り組んでいく心理療法が認知行動療法である。認知行動療法はクライエントへの説明責任を果たすためにも科学的なエビデンスを大切にしている。

3）認知行動療法の原理

　認知行動療法の基礎になっている行動理論にはいくつかの原理が前提とされている。その一部を紹介する。

　(1)　快不快の原理：人間に限らず、多くの動物は不快を避け、快を求める。何が快となるのかは当人でしか決められない。人間は動物の中でも極めて複雑な快を持つ。

　(2)　拮抗反応の原理：矛盾する反応は両立しない。例えば、不安が強い時に弛緩はできない。換言すれば、強い不安時に弛緩をすれば、不安は弱まる。

　(3)　スモールステップの原理：変化しやすいところから、少しずつ変化を促す。望ましい変化を一気に起こそうとするのではなく、変化しやすいところを見定めて、変わりやすいところから段階的に変化を起こしていく。

4）基礎理論

　認知行動療法は、行動変容を目的とした各種の行動療法と、認知の変容を目的とした「認知療法」や「論理情動行動療法」などがある。行動療法における

問題発生の考え方は行動理論に基づいている。行動理論における学習とは「訓練や経験による比較的永続的な行動の変容過程」である。

(1) **古典的条件づけ**：学習理論の一つで、「パブロフの犬」で有名な条件反射理論である。無条件刺激と中性刺激を対提示することで、無条件刺激によって生じていた無条件反応が、中性刺激によっても生じるようになる過程をいう。このとき、中性刺激は条件刺激となり、条件刺激によって生じるようになった無条件反応は条件反応と呼ばれるようになる。

(2) **オペラント条件づけ**：能動的な行動の学習を説明する理論で、スキナーが提唱した学習理論である。「刺激‐反応‐強化子」という三項随伴性から行動を説明する学習理論である。反応はその後の強化子のあり方によって変わるとされており、ある反応の後に良いことが起これば、その反応は増大あるいは維持され、ある反応の後に不快なこと、あるいは何も良いことが起こらなければその反応は減少していくというのが基本的な考え方である。

オペラント条件づけを利用した方法に**トークン・エコノミー法**がある。トークンとは代理通貨のことで、一定数を集めると様々な価値と交換することができる。代理通貨を正の強化として、狙いとする行動の変容や習慣の形成・維持を行なう（鈴木 2005）。

オペラント条件づけの基礎実験を行なう分野を行動分析と呼び、実験結果を臨床現場に役立てる立場を応用行動分析と呼ぶ。

(3) **社会的学習理論**：バンデューラの提唱した認知的な側面を取り入れた学習理論である。有名なものが観察学習（モデリング）である。古典的条件づけやオペラント条件づけが「直接経験」を前提とした学習であったのに対し、観察学習（モデリング）では、クライエント自身が直接経験しなくても、他者（モデル）の行動を観察することで新しい行動の学習が成立する。なお、社会的学習理論は、現在、社会的認知理論に発展している。

(4) **不合理な信念**：実証的な認知療法では、前向きな生活を妨害する非機能的な思考や非合理的な信念から問題が生じると考える。例えばテストで悪い点数を取った際、「今回はたまたま点数が悪かったけど、次回のテストでよい点数を取れば大丈夫だ」と考える場合と、「こんな点数を取ってしまう自分は本当にだめな奴だ」と考える場合では、後者の方がひどく落ち込んでしまうだろう。こうした後者の考え方が不合理な信念である。事実に基づかない過剰な思

い込みやあまりにも柔軟性を欠いた思考などは不合理な信念の可能性がある。

　以上が認知行動療法の背景となる考え方であり、認知行動療法では問題行動が生じるプロセスを主にこれらの理論を使って理解する。特に学習理論では、問題行動とされるものは、間違って学習してしまった（**誤学習**）、あるいはまだ学習できていない（**未学習**）という視点から問題行動を理解する。

　例えば、先生からの関心を得たいと思っている児童生徒が、授業中に席を立つと先生が注目してくれるので授業中に席を立つようになってしまうというのは、オペラント条件づけによる誤学習として理解できる。一方、授業がわからないので立ち歩いて他の生徒の所に行っても良いと考えてしまうのは未学習である。

　不合理な信念はなかなか気づきづらいので、**セルフ・モニタリング**という手法で、クライエントが自らの行動、思考、感情などの側面を観察し、報告を行なうことが多い。

5）認知行動療法家の態度

　力動的心理療法の心理師の態度が基本的に中立的、人間性心理学ならば受容的とした場合、認知行動療法の心理師の態度は積極的で、クライエントと相互作用を持とうとする（坂野 1995）。心理師とクライエントは一つのチームで協働して問題に取り組む。これは**協働的経験主義**と呼ばれる認知行動療法の基本的態度である。協働的経験主義はクライエントとその関係者の自己決定権を尊重することにつながる。

　心理師の態度が積極的であったとしても、それは高圧的な態度でクライエントに指示をするようなものではない。認知行動療法家のもう一つの態度の原則は**誘導的発見**である。認知行動療法ではクライエントが自発的に問題に気づき、最終的には自ら問題に対処できるように支援する。

6）認知行動療法の基本セッション

　認知行動療法では一つのセッションが六つの要素で構成されている。ただし、この六つは固定したものではなく、柔軟に修正される。

★認知行動療法のセッションにおける六つの要素
「心的状態のチェック」「ホームワークの振り返り」「アジェンダの設定」「セッショ

ン内容」「ホームワークの割り当て」「フィードバック（クライエントのフィードバックを引き出すこと）」

　最初に、「心的状態のチェック」を行ない、その日のクライエントの状態を確認する。次に「ホームワークの振り返り」を行ない、前回までの復習と、ホームワークの感想をまとめる。そして、今回のセッションのテーマを決めるため「アジェンダの設定」を取り決める。アジェンダとはその日話し合うテーマである。
　その後、アジェンダに従い決定された「セッション内容」が遂行され、今回のセッションのホームワークを決める「ホームワークの割り当て」があり、最後に、クライエントの意見をまとめる「フィードバック」が行なわれる。
　ホームワークには様々な内容があるが、**行動実験**は特に認知行動療法に特徴的なものである。行動実験とは不安や恐怖感じる行動をあえて行ない、どのようなことが起きるかを検証するものである。多くの場合、クライエントは苦手な行動をしたら破滅的な事が起きると考え、強い不安や恐怖を感じているが、行動実験によりクライエントは、実際には破滅的なことは起きないことを経験的に学習する。

7) 認知行動療法への誤解
　認知行動療法はいくつかの誤解も生んできた心理療法である。最も大きい誤解は、行動療法はラットやハトの動物実験の心理学であるという点である。確かにオペラント条件づけの時代までは動物実験も多かったが、相互決定論の提唱以降、1980年代からは動物実験から人間を対象とした実験に移行し始め、2000年代以降ではラットやハトを触ったことがない認知行動療法家の方が多いかもしれない。行動療法が動物実験から生まれたのは事実だが、現在も動物実験しかしていないという認識は誤解である。
　次に大きい誤解は、応用行動分析の管理主義と罰に対するものだろう。大前提として、応用行動分析は認知行動療法の一つであり、全てではない。またかつて精神病棟で行なわれた厳しい管理主義は応用行動分析の影響ではなく、当時の精神科治療の考え方であり、両者を混同してはならない。また、言うまでもなく痛みを与えるような罰は、現在、使用されない。
　ところで、もう一つの論点が応用行動分析にはある。それは「人間に自由意

志はあるか」という問題である。さまざまな読み方ができる行動分析だが、ともすると、人間には自由意志はなく、外的な強化随伴性の赴くままに生きているようにも読めてしまう。人間性心理学と行動分析の間の論争には自由の有無という論点もあった。

　人間に自由があるのか、ないのかは思弁的な論争である。しかし行動主義は思弁よりも実利と実証の中で論争を行なう。人間には自由があるかという論争も同様である。

　実証科学の中で自由を問い返そうとした者たちが、行動療法の中の認知主義派であり、具体的にはマイケンバウム（Meichenbaum 1974）であり、バンデューラ（Bandura 1977）であり、日本では制御行動の理論を提唱した春木豊（1978）などであった。彼らが等しく主張するのは、自らが自らに与える強化が、外的強化よりも強い影響を与えるならば人間には自由があるという主張である。マイケンバウムの自己教示訓練（1985）や、春木豊のうけとめ・みとめ強化（1978）などはこの点を問題にしている。認知行動療法は自由がない管理主義で、動物実験と同じ視線で人間を見ているというのは誤解である。認知行動療法家は自由意志の存在を訴え、人間を対象として多くの疾患に対し優れた治療成果を見いだしている。

文献

・Bandura, A.（1977）Self-efficacy: Toward a unifying theory of behavioral change. *Psychological Review*, 84（2）, 191-215.
・春木豊（1978）「制御行動の理論――教育・治療の基礎としての行動理論」『早稲田大学大学院文学研究科紀要』24, 1-15.
・Meichenbaum, D.（1974）Self-Instructional Strategy Training: A Cognitive Prothesis for the Aged. *Human Develop.*（17）273-280.
・坂野雄二（1995）『認知行動療法』日本評論社
・坂野雄二（1996）「第1章　臨床心理学の発想　行動論的立場」坂野雄二他編『臨床心理学』ベーシック現代心理学8, 有斐閣, 16-26.
・鈴木伸一（2005）「第1章　望ましくない癖を減らし、望まれる習慣を形成維持するテクニック」坂野雄二監修『実践家のための認知行動療法ガイドブック――行動変容と認知変容のためのキーポイント』北大路書房, 50-53.

5 人間性心理学

1）人間性回復運動と人間性心理学

　人間性心理学を理解する鍵は 1960 年代の**人間性回復運動（ヒューマン・ポテンシャル運動）**である。1950 年代は米ソ冷戦が深刻となり、1950 年から 1953 年までは朝鮮戦争、1954 年はビキニ沖で水爆実験の時代であった。1960 年代は、米ソ冷戦の象徴とも言えるキューバ危機が 1962 年に起こり、核戦争の危機が実際のものになる。ここで重要なことは科学技術と軍事開発の関連性が強まった点である。

　1961 年にアメリカ合衆国がベトナム戦争（1955-1975）に参戦し、世界的に平和運動が強まる。ベトナム戦争では、南ベトナムとアメリカ合衆国で約 20 万人が戦争に参加したが、アメリカ合衆国では傷ついた帰還兵を背景に、当時の政治体制への不満や疑問から、**カウンター・カルチャー**が勃興する。カウンター・カルチャーとは、社会のメイン・ストリームを形成する支配的な文化に対置される反権威的な文化の総称を指す。このベトナム戦争は心理学にも大きな影響を与えた。例えば PTSD（心的外傷後ストレス障害）はベトナム戦争の影響で研究が発展した経緯がある（Friedman 2014）。

　この時代は、社会の価値観も大きく揺さぶられた。大学を卒業し、就職して、エリートを目指すといった世俗的な出世や国家への奉仕が疑問視され（Mills 1959）、自身の人間性を陶冶し、潜在能力や精神性を高めることによって、相互理解と平和な生活（世界）を求める動きが社会全体として強まる。その方法として人間性回復運動が生じた。

　人間性回復運動では、人間性の開発と回復のために、瞑想法や呼吸法、ボディワークなどが開発され、**エサレン研究所**のように中心的な役割を果たす施設も創設された（Kripal & Shuck 2005）。この時期に開発された**エンカウンター・グループ**の背景には、平和と相互理解を希求する人間性回復運動の影響がみられる。人間性心理学は、この人間性回復運動から生じた心理学である。晩年のロジャーズがクライエント中心療法を**人間中心アプローチ**（PCA：Person Centered Approach）へと変貌させ、エンカウンター・グループによって、北アイルランド紛争などの対立融和を試みたのも、あるいは価値観として

平和を重視するのも、この時代の精神が反映されている。

★人間性回復運動
　1960年代から1970年代にかけて、冷戦体制と朝鮮戦争・ベトナム戦争などを背景に、人間同士の相互理解と人間らしい生き方を求める社会運動が起きた。その中で、人間性の潜在能力や精神性を高めることによって、相互理解と平和な生活（世界）を求める運動を人間性回復運動という。

2）人間性心理学の誕生

　力動的心理療法は科学性に問題があり、病理法（病者を母集団として心のモデルを考えること）を使っている点も疑問視された。人間には確かに無意識の暗い一面もあるが、健康的で創造的な一面もある。しかし精神分析は健康的で創造的な面には触れようとしない。この点を人間性心理学者は批判した。

　行動療法は認知を扱わない点で「人間らしさ」（高次認知）を組み込んでいないモデルではないかという批判は1950年代から存在していた。科学性にこだわるあまり、実際には存在する「心」という現象を、ないもののようにモデル化して、行動だけを分析するのは、人間の主体性を無視した科学主義ではないかという疑問である。さらに、医学が人間の心と身体を分離して（心身二元論）、人間全体を見ずに心を脳の機能に還元してしまうこと、あるいは身体の一部の器官に疾患の原因を還元してしまうことを疑問視し、人間はなににも還元できない全体的な存在であることを主張した。

　ここで1960年代の人間性回復運動（ヒューマンポテンシャル運動）を背景に、人間性心理学が誕生した。1962年、人間性主義的な考え方をもつ心理学者が集い、人間性心理学会が設立された。集会の呼びかけ人であったマズローは、人間性心理学を精神分析（第一勢力）、行動療法（第二勢力）につぐ第三勢力と位置づけた。

　人間性心理学の主張は①最大の関心は体験主体である人間であること、②人間は性欲求や攻撃欲求または生理的欲求に還元できない選択性、創造性、自己実現によって動機付けられること、③研究のテーマの選択は価値観が優先されること、④人間は善であり、心理学の目的は予測や制御ではなく、人間を理解することという四つの原則に示されている。

★人間性心理学

人間を無意識に支配されているとする精神分析や、外的環境に支配されているとする行動主義に対して、人間は自由意志をもつ主体的な存在としてとらえる立場を人間性心理学という。A.マズローは、精神分析と行動主義の二大勢力に対して、人間性心理学を第三勢力の心理学と呼んだ。人間性や心理現象を要素に還元して理解するのではなく、全体性（holistic）な存在として把握するアプローチを志向する。人間性心理学が提唱された背景には1960年代の人間性回復運動がある。

3）人間性心理学の理論家

人間性心理学の代表的な学者には、クライエント中心療法のC.ロジャーズ、欲求階層論のA.マズロー、ゲシュタルト療法のF.パールズなどがいる。このうち、最も大きな影響力を誇ったのがC.ロジャーズである。ロジャーズは「最も影響力のある10人の心理療法家」（APA 1982）で第一位に選ばれている。

★カール・ロジャーズ

「いま、ここで」を重視する非指示的なアプローチとしてのクライエント中心療法（来談者中心療法）を創始した。クライエント中心療法では、セラピストに求められる必要十分条件である態度が三つある。「無条件の肯定的配慮（受容）」「共感的理解」「自己一致」である。また、実際のカウンセリングにおいては、積極的な傾聴を行なう。クライエント中心療法は、のちにパーソン・センタード・アプローチへと発展した。

ロジャーズの**自己理論**は現在でもカウンセリングの基礎として最も浸透しているモデルである。人間は自分を維持し、強化し、実現する傾向と力を生得的に持っている。この傾向は**実現傾向**（actualizing tendency）と呼ばれる。実現傾向により、人間は、その人らしく「**十分に機能する人間**」（fully functioning person）になろうとしている。

人間は、（客観的事実よりも本人が現実をどう受け止めているかという）経験の質が実現傾向を促進したり、押しとどめたりする。このメカニズムは自己と経験の一致の度合いにある。

人間は経験を通じて、「自分とはこういう人物だ」という自己概念を持って

自己理論の図式的説明

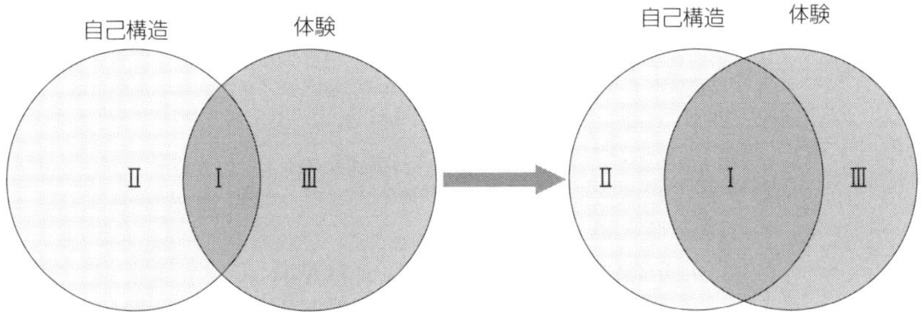

第Ⅰ領域：自己概念は体験から共有される根拠と調和、一致している。
第Ⅱ領域：体験が歪曲されて象徴化されている。
第Ⅲ領域：体験が自己の構造と一致しないために意識化が否認されている。
＊第一領域の拡大（右の図）が、カウンセリングによって達成される心理的適応の状態

図2-6　自己概念と経験の一致
〔杉渓ら（2007）『産業カウンセリング入門』改訂第6版、p.81を元に作成〕

いる。経験が自己概念を支持しているときは、図2-6のⅠの領域が大きい。Ⅰの領域が大きいほど人間は矛盾なく自分を受け入れている。一方、自己概念が経験に支持されなければ、Ⅰの大きさは小さくなる。Ⅰの領域が小さくなるほど、自己不一致の状態が深まり、人は不安や混乱に陥る。

　クライエント中心療法では、セラピストはクライエントの自己不一致の状態を共感的理解と無条件の肯定的配慮をもって受けとめる。このとき、セラピストはクライエント以上に自己一致の状態でなければならない。クライエントは自身の混乱を受容された経験を通じて、新しい自己概念を創造し、より十分に機能しはじめる。クライエント中心療法がアドバイスや直面化を早急におこなわないのは、クライエントのペースを尊重しつつ、自己概念と経験の一致を促進するいう考え方があるからである。

　ロジャーズは「セラピーによるパーソナリティ変化の必要にして十分な条件」として六つの条件をあげている。このうち、特に「共感的理解」「無条件の肯定的配慮」「自己一致」はカウンセリングや心理療法の基礎として重視されている（表2-11）。

　共感的理解とはクライエントになりきることではなく、クライエントの経験をあたかも自分のことのように感じる能力である。そこでは自分とクライエントが別人であるという距離感も必要とされる。

表2-11　セラピストの三条件

共感的理解	クライエントの内的世界をあたかも自分自身のものであるかのように感じ取り、クライエントに正確に伝える。この「あたかも〜のように（as if）」という性格を失うと同一視（治療者が自分の体験とクライエントの体験が同じだと思い込むこと）や同情におちいってしまう。
無条件の肯定的配慮	治療者はクライエントを自己成長の潜在能力をもった人間として尊重し、無条件に（たとえ自分とは価値感が異なっていようとも）あるがままを受け入れ、彼と向かい合う。
自己一致（真実性）	治療者は防衛的にとりつくろったり専門的権威に隠れたりせず、正直な自分を出すべきである。そのためには治験者自らが自分の感情と意識、そして話す言葉とが自己一致していなければならない。

〔菅野純（1996）『人間性心理学の「立場」』坂野雄二他『臨床心理学』有斐閣を元に作成〕

　またクライエントの感じ方や考え方が自分と違うからといって、それを非難してはならない。「そのように感じるのは変だ」とか「そんな考え方ではダメだ」と否定したり、すぐに解決策を与えるのではなく、意見が違っていても、クライエントの意見を傾聴し（**無条件の肯定的配慮**）、クライエントの中に問題を解決する力が育つのを待たなければならない（非指示的姿勢）。面接ではクライエントの回答を長時間待つこともあり、沈黙が生じることもあるが、発言を急かすことはない。沈黙はクライエントが心の整理を行なう貴重な時間として尊重される。

　会話の中では「はい」や「いいえ」では答えられない、クライエントの独自の感じ方、物の見方を尋ねる「オープン・クエスチョン」（開かれた質問）が重視される。カウンセラーは適切な範囲で自己開示を行ない、意見を述べるが、そこに嘘やお世辞やおもねりがあってはならない（**自己一致**）。このような会話を続けていると、クライエントとセラピストとの間に「心理療法やカウンセリングを行なう上で、意味のある信頼関係」を築くことができる。この信頼関係をラポールと呼ぶ。

　人間性心理学はロジャーズの弟子であるジェンドリンがフォーカシングを提唱した。ジェンドリンは、ロジャーズ以降、最も影響力のある人間性心理学者の一人である。

　A. マズローは、人間性心理学の基盤となる理論を提唱したことから「人間性心理学の父」と呼ばれている。彼が提唱した**欲求階層説**とは、人間が自己実

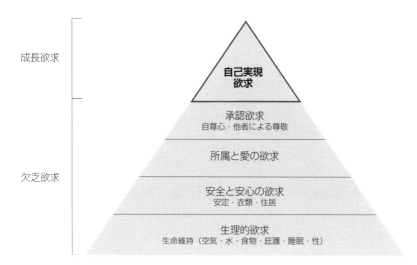

図 2-7　マズローの欲求階層説

アブラハム・マズロー

現に向かって成長し続けると仮定し、人間の欲求を5段階のピラミッドによって表わしたものである。下位から、生理的欲求、安全欲求、所属と愛の欲求、承認の欲求、自己実現欲求となっており、下位の欲求が満たされることで上位の欲求が生じる。生理的欲求から承認欲求までは「欠乏欲求」であり、自己実現欲求は「成長欲求」に属する。欠乏欲求は「それが足りない」という経験となり、外部から満たされる。他方、「成長欲求」とは他の何者にも還元できないその人の内発的な欲求といえる（図 2-7）。

　マズローは晩年、自己実現欲求を至高体験の有無で分類した。至高体験とは「高揚感をともないながら興味深い事柄に魅惑させられ、熱中し夢中になる個人的な体験」である。至高体験のある自己実現欲求を超越論的自己実現欲求と呼ぶ。これがどのような自己実現なのかという問いはトランスパーソナル心理学に受け継がれた。人間性心理学以上に**スピリチュアル**なトランスパーソナル心理学は、個人を超えた意識を追究している。トランスパーソナル心理学は第四勢力とも呼ばれている。

★トランスパーソナル心理学

　心理学の一分野として、1960年代に創始され、行動主義、精神分析、人間性心理学につぐ第四の勢力とみなされる。人間のより健康な側面を追求する人間性心理学と東洋思想・神秘主義・シャーマニズムの普遍的な意味を統合することを意図している。トランスパーソナルとは、文字どおり個々の精神を越えることであり、通常の自我境界を越えた意識の広がり、さらには至高体験、宇宙意識のような体験領域をも含まれる。

　マズローの至高体験は**チクセントミハイ**により**フロー体験**として理論的に捉えなおされた。チクセントミハイの**フロー体験**は**ポジティブ心理学**として現在注目されている。

　マズローの欲求段階説は、自己実現欲求の実証性と現実性をめぐり、批判も多い。「自己実現した人などありえるのか」「実証的に証明できないのではないか」などの問いがマズロー説の限界として指摘されている。したがってポジティブ心理学以降、あまり聞かれなくなっているが、ここでマズロー説を重視しているコミュニティ・アプローチがあることを指摘しておきたい。

　子どもたちのいじめ事件が続いた1990年代、兵庫県川西市において日本初の公的第三者機関である「**子ども人権オンブズパーソン制度**」が1998年に誕生した。これは臨床心理、社会福祉、法律の専門家がチームとして子どもの人権救済にあたる、自治体の長の直属の機関である。今でこそいじめ事件が起きたときに第三者機関が設立されることは珍しくないが、日本で最初のモデルは川西市子ども人権オンブズパーソンである。

　子ども人権オンブズパーソンの設立にあたっては、多くの論争があった。そのとき、冒頭に役立てられたのはマズローの欲求階層説であった（吉永2003）。さらに、子どもオンブズパーソンが重篤な人権侵害をチームで救済しようとするとき、ロジャーズのクライエント中心療法の考え方が自然発生的に生まれてきたことは注目に値する。トランスパーソナル心理学やポジティブ心理学など、海外で注目されているマズローの心理学だが、日本のコミュニティ・アプローチの中でも再発見されていることに注意したい。

　F. パールズは、フロイトの弟子であったライヒの元で学び、ゲシュタルト療

法を創始した。そのため、パールズの技法には身体に焦点をあてたものがしばしばみられる。特に、過去の体験や生育歴の探索ではなく、患者の「いま・ここで」の体験と関係の全体性に重点が置かれている。個人でも集団でも適用され、代表的な技法には**「エンプティ・チェア」**（空の椅子）などがある。

★ゲシュタルト療法

　ゲシュタルト療法はF・パールズにより提唱された。「ゲシュタルト」とはドイツ語で「形」「全体」「統合」などを意味しており、人格の統合を目指す心理療法である。ゲシュタルト心理学では「図と地」で欲求をとらえる。図と地を見ると知覚されるものは通常一つであるが、健康でない場合に二つ知覚されることがある。「いま、ここで」図がたちのぼってくる過程が、気づきである。統合されている場合には図地反転がスムーズに進むという。

　ゲシュタルト療法は**ハコミセラピー**などソマティックなアプローチに影響を与えている。

文献

・Friedman, M. J., et al.（2014）PTSD from DSM-III to DSM-5. Friedman, M. J., et al.（ed）*Handbook of PTSD Science and Practice*（2nd. ed.）, Guilford Press, 3-20.
・Mills, C. W.（1959）*The Sociological Imagination*. Oxford University Press.
・Kripal, J. J. & Shuck, G. W.（2005）*On the Edge of the Future : Esalen and the Evolution of American Culture*.（Religion in North America）Indiana University Press.
・菅野純（1996）「人間性心理学の立場」坂野雄二他『臨床心理学』有斐閣
・杉渓一言他（2007）『産業カウンセリング』改訂第6版、日本文化科学社
・吉永省三（2003）『子どものエンパワメントと子どもオンブズパーソン』明石書店

第4節　臨床心理学の流派

1　家族療法

1）公認心理師・臨床心理士と家族療法

　近年、我が国では社会の変化と共に家族のありようも急速に大きく変化してきている。その中で、虐待、DV（ドメスティック・バイオレンス）、介護、認知症、発達障害、うつ、自殺、不妊治療、離婚、再婚など、家族の中でさまざまな課題が生じている。そのため、保健医療、教育、福祉、司法・犯罪、産業・労働の全ての領域において、公認心理師や臨床心理士は直接的間接的に家族の問題や支援に関わることになる。

　心理療法の歴史は百年以上に及び、その理論や学派は数百を超えると言われているが、その多くは個人心理療法である。しかし、1950年代に欧米では個人を取り巻く家族全体を理解し介入していく家族療法が誕生し、日本にも1980年代半ばに導入された。家族療法のものの見方や援助の仕方は、個人心理療法と共通する点もあれば大きく異なる点もあり、公認心理師や臨床心理士を志す者が学ぶことによって、より多角的な援助が可能になる。

2）家族療法のものの見方

　クライエントとセラピストとの一対一の関係からなる個人心理療法に対して、家族療法とは複数の家族メンバーを対象にした合同面接のことだと思われているが、厳密に言えばそうではない。もちろん、家族療法では多くの場合に合同面接の形態が取られるが、それ以上に重要で個人心理療法と異なるのは、症状や問題をどのように理解するかという点である。

　(1) 環境（文脈）との関係から理解する視点とIP（Identified Patient）：一般的に、個人に何か症状や問題行動が生じた場合、原因はその個人の中にあると見なされ、その人の病理や問題が探求され、本人自身が変化することが求められる。例えば、不登校の子どもがいた場合、その子の分離不安の強さや自尊

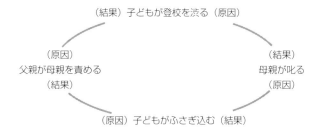

図 2-8　循環的因果律による悪循環

心の低さ、過剰適応傾向やパーソナリティの問題などに焦点が当てられ、子ども自身の問題が解決されることが重視される。あるいは、子どもにとって一番身近な母親が問題視され、子どもはその被害者のように見なされる。

　一方、家族療法では、その子どもにも何らかの問題や病理はあるかもしれないが、それ以上に子どもを取り巻く環境（家族・学校・親の職場・地域社会など）との関係を重視する。例えば、クラスでの友人関係、教師との関係、家庭での両親との関係や両親の夫婦関係などである。とりわけ子どもにとって家族は重要な存在であり、時に最も大きなストレス源になり得るし、同時にその同じ家族がサポート源にもなり得る。家族療法では、個人・家族・家族を取り巻くより大きな社会（学校・親族・職場・地域社会など）の相互影響関係に着目し、主として家族に働きかけて家族の関係性に変化をもたらすことで、個人の症状や問題行動を解決しようとするのである。また、症状や問題行動を呈している個人を IP（Identified Patient：患者と見なされた人）と呼び、家族に何らかの変化が必要なことを示唆していると理解される。

　(2) **循環的因果律（circular epistemology）と悪循環**：私たちは、原因と結果という枠組みで物事を理解することに慣れている。例えば、先の不登校を例に取れば、母親の育て方が悪かったから（原因）、子どもが学校に行けなくなった（結果）という見方である。このように、ある原因がある結果をもたらしたとする見方を直線的因果律（liner epistemology）という。この場合、原因（母親の育て方）に焦点が当てられ、援助者はその原因（母親）を治そうとするだろう。しかし、この見方は時に原因と見なした母親を悪者にして責め、苦しめることになりかねない（図 2-8）。

　しかし家族療法では、一見原因と見えるものがある結果をもたらすが、その

結果が原因となって別の結果をもたらす、というようにぐるぐる循環しているという見方、すなわち循環的因果律で物事を理解する。例えば、子どもが登校を渋ることが原因となって、母親が子どもを叱るという結果をもたらし、それが原因となって子どもがふさぎ込むという結果となり、さらにそれが原因となって父親が母親を責めるという結果が生じ、それが原因となってさらに子どもが登校を渋るという結果をもたらす、といった具合である。これがいつの間にか繰り返され、家族が自力では抜けることが難しい悪循環に発展してしまう。

このようなとき、母親が子どもを叱ったり父親が母親を責めたりするのは、決して問題をこじらせようとしているわけではなく、子どもの登校渋りという問題を解決しようとしているのである。この解決の試み（attempted solution）が、皮肉なことに悪循環を生み出してしまう。家族療法家は、このような中で誰かが悪いとかこの人が問題だというような犯人捜しはせず、家族の中で起こっているこの悪循環そのものをいかに変化させるか、つまり家族の関係性がどう変わると良いかを考えるのである。

(3) **家族療法におけるさまざまなアプローチ**：この悪循環のとらえ方や解決法は、家族療法の中でもいくつかの異なる立場がある。MRI（Mental Research Institute）が生み出したブリーフ・セラピーは別名コミュニケーション派と呼ばれ、悪循環を生んでいるコミュニケーションにもっぱら焦点を当てる。ミニューチン（Minuchin, S.）が開発した構造派家族療法は、悪循環の背景にある家族の構造（誰と誰の距離が近いか遠いか、誰の影響力が強いか弱いかなど）に焦点を当て、その構造を変化させることによって問題解決を図る。ボーエン（Bowen, M.）やボスゾルメニイ・ナージ（Boszormenyi-Nagy, I.）などの多世代家族療法では、たとえ核家族であっても三世代以上の家族の心理プロセスを視野に入れ、過去の未解決な葛藤やパターンがどのように現在の問題に影響を与えているかに焦点を当てる。

3）家族療法におけるセラピストの関わり方

家族療法では、個人の心理的世界だけでなく、誰と誰がどのように関わるかという関係性の問題を扱っていく。そして、複数の家族メンバーが同席する家族合同面接では、家族の葛藤や問題がその場で再演されるため、セラピストは積極的に能動的に関わり、共感的に理解して受容しつつ、面接場面をリードしな

ければならない。そのような家族療法におけるセラピストの関わり方として、以下の二つが重視されている。

（1）**ジョイニング（joining）**：セラピストは、まず家族の中に違和感なく溶け込み、家族から受け容れられ信頼されなければならない。そのためには、初めから家族を変化させようとするのではなく、これまでの家族の有り様や価値観や交流のパターンを尊重し、まずは受容することが大切である。そのために、傾聴する態度、適切な質問、繰り返し、明確化と要約など、基本的な面接技法が重要である。

（2）**多方向への肩入れ（multidirected partiality）**：セラピストは客観的中立的に家族と関わるというよりも、家族メンバー一人一人に対して積極的な関心を向け、それぞれの気持ちや考えに対して共感的な応答をしていく。とりわけ、傷ついたメンバーや理解されていない人にはより積極的に肩入れし、家族の関係をより公平なものにしていく。それによって、葛藤状態にあった家族は、お互いに他の家族の気持ちや考えを冷静に聴いて理解することが出来、次第に対話が可能になっていく。

文献

・中釜洋子、野末武義、布柴靖枝、無藤清子（2008）『家族心理学——家族システムの発達と臨床的援助』有斐閣
・野末武義（2015）「心理臨床実践にいかに夫婦・家族面接を取り入れるか」日本家族心理学会編集『家族心理学年報33　個と家族を支える心理臨床実践——個人療法に活かす家族面接』金子書房、13-21.
・遊佐安一郎（1984）『家族療法入門——システムズ・アプローチの理論と実際』星和書店

2　ブリーフセラピー

　ブリーフセラピーとは、心理臨床場面に持ち込まれる問題やその解決に対して、効果的、効率的な観点からアプローチするカウンセリングや心理療法の一つである。このセラピーは、短期療法と訳されるように、短期という期間を強調した理解がなされることもあるが、短期間であることや時間制限を設けることがこのセラピーの本質ではない。本節では、米国パロアルトに位置するMRI（Mental Research Institute）研究所内に、1967年に開設されたブリーフセラピー・センターをその出自として展開するブリーフセラピーを説明する。

ブリーフセラピーは、個人のものの見方や考え方、そしてどうありたいかという指向性を含め、個人の存在を尊重しつつ、システム理論やコミュニケーション理論といった相互作用論を背景とするアプローチである。よって、問題の所在を成育歴やパーソナリティに見出し、個人の精神世界の探求や洞察を主たるセラピーの目的とするのではなく、今、まさに展開している、問題を解消、あるいは解決しようとする個人の思考や取り組み、そして問題を取り巻く人々とのやりとりに着目し、実用的観点から見立てや介入を行なうことを特徴とする。それ故、ブリーフセラピーは、システミック・アプローチや家族療法として分類されることもあるが、適用する対象を何らかの問題や特定の対象に限定しないため、非常に汎用性の高いアプローチである。

ブリーフセラピーの依拠する理論には、システム理論とコミュニケーション理論があり、心理臨床場面で扱われる問題とその解決に関するパターンや言動の内容と背景（文脈）との関連、そしてそれらによって構成される意味に関心をもつ。

システム理論は、個人という単位を超えた生命システムの諸原理を紐解く理論であり、全体性と自己制御性、変換性という三つの特徴による理解が有用である。システムの特徴である全体性とは、システムを構成する諸要素は、個々に切り離せず、要素間の相互作用により一つのまとまりをもった全体として機能することを意味する。自己制御性とは、システム内外の変化と連動して、システム内の逸脱を抑え、形態の維持に寄与する求心的な力であり、その逆の力を意味する変換性はシステムの変化を増幅するよう遠心的に働く力を意味する。例えば、ブリーフセラピーを学ぶという目的で構成された研究会があり、全員で上記の目的に向かって進行する。しかし、メンバーのいずれかが異なるセラピーを学ぶことを提案したとする。別のメンバーが、その提案を「この勉強会の趣旨ではない」として却下し、本来の目標に修正される。一方、異なるセラピーを学ぶ提案に対して次々にメンバーが同意し、各自の興味で発表がなされたとする。そうすると当初の目的から離れ、さまざまなセラピーを学ぶという目的に変換される。前者は第一次変化と呼ばれ既存の目的やルールによって（自己制御性によって）なされる問題解決の在り方であり、後者は第二次変化と呼ばれ目的やルールの変更（変換性）によるものと説明される。とりわけ、自己制御の観点は、心理臨床場面で対象となる問題がどのように維持しているか

という説明や面接場面におけるセラピストのマネジメント（舵取り）の在り方を説明する重要な概念である。

　次に、コミュニケーション理論は、ベイトソン（Bateson）の研究グループによる統合失調症の患者とその家族を対象とした研究により導かれた二重拘束理論（double bind theory）の提示に始まり、人間のコミュニケーションの複雑性とメッセージの意味理解と創出のプロセス、そしてコミュニケーションが人間の思考や感情、行動に及ぼす影響の体系の理解に使用される。ブリーフセラピーで参照されるコミュニケーション理論とは、人間の行為はその人間を取り巻く環境と不可分な関係にあり、こころを個々の人間を結びつけるパターンにより説明するベイトソンの認識論を参考にした人間コミュニケーションの語用論（pragmatics of human communication）を意味する。ここでは、言葉だけでなく身振りや沈黙といった行動を含めた全ての行為がメッセージとして機能すること、メッセージは受け取る相手の反応の幅を制限（拘束）するため、コミュニケーションは相互拘束の過程であること、コミュニケーションは絶え間ないメッセージの交換過程であり、原因と結果、刺激と反応といった理解はどこをどのように区切るかによって異なることなどが提案されている。これらは、対人関係で取り交わされる複雑なやりとりをその複雑さを失わずに理解する見方を示している。例えば、母子分離の問題において、母親が過保護だから子どもが自立できないといった原因と結果の一元的な説明が用いられることがある。しかし、相互拘束の過程としてこの問題を捉えれば、繊細な子どもだからこそ母親が丁寧に関わらざるを得ないとも説明できる。このような循環的な過程としてやりとりを捉えることにより、原因追究、つまり悪者探しから逃れることができる。

　さらに、ブリーフセラピーは、エリクソン（Erickson, M. H.）の技法や発想から多くの影響を受けた。言動の意味を解釈するコンテクスト（文脈）の重視、原因志向から現在、未来志向への転換、そして利用（utilization）の原則などがそれにあたる。とりわけ、利用という考え方はブリーフセラピーの性格を表わし、何らかの症状や問題行動、ものの見方などを含め、クライエントによって心理臨床場面に持ち込まれたものは何でも利用するという考えである。したがって、ブリーフセラピーでは、ないものに付け加えるのではなく、クライエントの今ある資源やできることといった可能性を見出し、ときには何かに向か

う力を止めるのではなくその力を活かし方向を変えるという立場をとる。このように、ブリーフセラピーは、一人の人物によって作られたものではなく、多様な人物の発想や学問領域が交差することによって成立した。しかし、その根底には人間への深い観察と実用的であるという一貫した哲学が存在する。

　ブリーフセラピーのモデルはきわめてシンプルである。多くの情報を有することと問題解決は必ずしも同義ではないと考える。多くの情報があってもブリーフセラピーにとって必要な情報が含まれているか否かがカギとなる。その情報とは、何が問題として認識され、その問題を解こうとして行なわれている解決努力に関する情報と、その問題が生起しないときや少しでも落ち着いているとき（エスカレーションを起こさないとき）に関する二つの情報が必要である。前者は悪循環パターン、後者は例外（exception）と呼ばれる良循環パターンに関する情報である。前者を中心的な見立てに用いるのが MRI モデルであり、これまでの対処行動と異なる行動をとること、あるいは行動の前提となる認知的枠組みに働きかけるリフレーミングによりこのパターンを切断する。一方、例外を見出し、それを拡張し、解決を構成することを強調したものが解決志向ブリーフセラピー（Solution Focused Brief Therapy）である。問題よりも解決についての会話を中心に、解決像のイメージや目標の設定、例外を探索する、あるいは問題場面との差異に気付くための様々な質問法が考案されている。さらに、悪循環と良循環パターンを表裏として捉え、これらを同時に記述し、二重に重なるところ、すなわち悪循環の切断と良循環の拡張を見立てと介入の判断基準とする二重記述モデル（Double Description Model）が展開されている。

　ブリーフセラピーでは、人間はこうあるべきという価値観に基づく理想的、適応的な人間像をもたず、系統的に手順がパターン化されていないため、クライエントの望む現実や未来という目標を軸にオーダーメイドで方向性を描いていく。また、一時点の問題の解消にとどまらず、人間が生きていくことに根差した問題の理解が必要となる。実践者はクライエントへの積極的な関心とセラピーの進行とともに起こる状況の変化を敏感に捉え、良し悪しにとらわれない柔軟な振る舞いや思考が必要となる。

文献

・長谷川啓三、若島孔文（2000）『短期療法ガイドブック』金剛出版

・日本ブリーフセラピー協会編（2016）『Interactional Mind Ⅷ 2015　特集ブリーフセラピーテキスト＆ワーク』北樹出版
・若島孔文（2011）『ブリーフセラピー講義――太陽の法則が照らすクライアントの「輝く側面」』金剛出版

3　遊戯療法

1）遊戯療法とは

　遊戯療法（プレイセラピー）は子どもを対象とした心理療法である。心理療法はセラピストとクライエントの心理的人間関係を基板にして行なわれる、内的世界の再統合の過程である。遊戯療法では遊びを通じてクライエントの心の内容が表出され、遊びを通じて主訴の解消が行なわれる。遊戯療法はカタルシス（感情の解放）、洞察、遊びに反映された転移関係の解釈などが治療機序として挙げられている（東山 2012）。

　高野（1988）によると、遊戯療法の適応年齢は、遊具の種類を工夫した上で、2〜3歳から12〜13歳までである。知的な遅れがある場合は、5歳以上から15〜16歳までが適用範囲となる。

　遊戯療法の対象は、心因性の障害（器質的な原因がない障害）、すなわち情緒的不適応の問題をもった子どもに有効である。発達障害や知的障害の子どもたちの場合も、二次障害を改善し、パーソナリティの発達を促進するのに有効という指摘もある（東山 2012）。

　二次障害とは、発達障害や知的障害そのものではなく、それによって二次的に被るネガティブな心理的影響を指す。発達障害があっても、クラスで個性として受け止められていれば、学校生活の中で二次障害は生じない。しかし、発達障害の特徴をクラスでからかわれたり、非難されたりすれば、自尊心が傷つき、二次的に心理的な不適応が生じる。遊戯療法は基礎自治体の教育相談センターなどで、不登校における不適応状態や発達障害の二次障害などに適用されている。一方、器質的障害そのものへの治療効果はないので、その治療を目的として遊戯療法を適用してはならない。

　遊戯療法は面接への動機が低い子どもも安心して取り組むことができ、心理師と良好な関係を築きやすいことと、言語能力が低い子どもにも適用できる点が長所といえる。

2) 遊戯療法の理論

　遊戯療法の理論について、古くは1926年頃から**アンナ・フロイト**と**メラニー・クライン**の間で論争が行なわれている。これは遊戯療法にとどまらず、「子どもに精神分析は可能か」「子どもへの精神分析はどのような方法で可能となるのか」という児童精神分析の根本的な論点を含んでいた。

　アンナ・フロイトは子どもへの精神分析はおとなと異なり、受け身の姿勢をやめることや、心理療法に協力してもらうように、親へのカウンセリングの必要性を重視した。一方、メラニー・クラインは子どもに対してもおとなと同じような心理療法が可能であり、遊びや空想の物語、描画に子どもの心理を投影されるので、それを介して、力動的な心理療法ができることを主張した。アンナ・フロイトの立場はアメリカ合衆国で、メラニー・クラインの立場はイギリスで、それぞれ発展した。特にメラニー・クラインの立場は**対象関係論**と呼ばれる。

　マーガレット・ローエンフェルトは児童精神分析とは異なる立場で、遊戯療法の重要性を主張した。アンナ・フロイトやメラニー・クラインが子どもの精神分析の解釈をどう行なうかについて議論を深めていたのに対し、ローエンフェルトは面接中、どんな遊びを行なうのかという「遊び方」を重要視した。例えば、箱庭療法の基礎となったサンドプレイ（sand play）は、ローエンフェルトが考案したものである。これは、砂遊びという遊び方を重視した遊戯療法の一つであった（高野 1988）。現在でも砂や粘土、描画、トランポリンのような遊具など、さまざまな遊びがプレイルームで行なわれている。それぞれの遊びにはそれぞれ特徴がある。こうした遊びの形式に初めて目を向けたのがローエンフェルトであった。

　このように、遊戯療法にはさまざまな理論があるが、子どもを対象に遊びを媒体にして行なわれるものなので、特定の理論によって実施の仕方が決まっているわけではない。しかし、遊戯療法の関わり方はどの理論を用いても温かく受容的な姿勢を基本としている。その具体的な内容は**アクスライン**の「八つの基本原理」（Axline 1947）に集約されている。ケース・フォーミュレーションが作られ、遊戯療法が選択された後は、基本的にアクスライン（1947）の八つの原則を遵守して遊戯療法が開始される。

　アクスラインの「八つの原理」を以下に示す。

(1) 子どもとセラピストの間によい治療関係を成立させる。
(2) 子どもがどのような状態であってもあるがままの受容を行なう。
(3) 子どもが自分の気持ちを自由に表現しても良い許容的な雰囲気を作る。
(4) 子どもの感情を敏感に察知し、適切な情緒的反射を行なう。
(5) 子どもは自分で自分の問題を解決できる能力を持っていることを信じて、子どもに自信と責任をもたせる。
(6) 非指示的態度をとり、子どもがプレイをリードしていく。
(7) 早く治療しようとするのではなく、治療はゆっくり進む過程であるからじっくり待つ。
(8) 子どもが現実から著しく逸脱することを防ぐために必要な、またセラピストの関係に対して持つべき責任を自覚するために必要な制限を与える。

以上の八つの原理は、子どもがもっている問題が何かではなく、その子自身に焦点を当ててアプローチする（毛利 2016）。

3）プレイルームの構成

プレイルームの広さは子どもがどのような遊びをするかによっても変わるが、広さよりも、子どもが安心して遊べるようにすることが第一条件である。そのためには、プレイルーム専用に使える部屋が望ましいといえる。窓が多く外部から簡単に見える部屋や、ドアがなく誰が入ってくるかわからない共用の

図2-9　プレイルームの例
〔福岡女学院大学提供〕

部屋をプレイルームとしてしまうと、遊びが途中で中断したり、子どもが自由に遊べなかったり、自分を十分に表現できない可能性が出てくるからである。また、遊びを媒体とした心理療法であるため、玩具・遊具が重要になる。

玩具・遊具は、壊れにくく、子どもの遊びを引き出すことができそうなものを一通りそろえておきたい（図2-9）。定番のものとして、人形、ぬいぐるみ、

ままごとセット、積木、ミニカー、キャラクター玩具、ごっこ遊びができるものから、トランプやボードゲームなどを用いていることも多い。また、絵を描いたり、粘土遊びをしたりするための道具も必要である。プレイルームによっては、箱庭やボールプール、ブランコ、サンドバック、滑り台、平均台、砂場や水遊びができる場所が準備されているプレイルームもある（毛利2016）。

文献

・Axline, V. M.（1947）*Play therapy*. Churchill Livingstone.
・東山弘子（2012）「遊戯療法」　氏家寛他編『心理臨床学大辞典』（改訂版）培風館、384-386.
・毛利泰剛（2016）「遊戯療法」斎藤富由起、守谷賢二編『教育相談の最前線——歴史・理論・実践』八千代出版、136-141.
・高野清純（1988）『プレイセラピー』日本文化科学社

4　箱庭療法

1）箱庭療法とは

　精神科医のマーガレット・ローエンフェルトが、砂の入った砂箱とミニチュアを用意し、子どもたちに自由に遊んでもらう治療技法として「世界技法」を考案したことが箱庭療法の起源である（1929）。ローエンフェルトの教えを受けたカルフは、分析心理学の立場から制作者と治療者との関係性を世界技法に反映させて、「箱庭療法」を提唱した。当初、カルフは分析心理学の知見をベースとした作品解釈を積極的に行なう治療をしていた。しかし、箱庭療法を日本へ紹介した河合隼雄を中心とする日本の治療者と議論を重ねる中で、解釈よりもその制作プロセスの変化に焦点をあてるようになった。このようにして、箱庭療法は特に日本において大きな発展を遂げることになった（花形2016）。

2）箱庭療法用具

　花形（2016）に学びながら箱庭の用具を説明する。

a　砂箱

　通常用いられる砂箱は57×72×7cmの内側が水色に塗られた木製で、少量の水を入れても外に漏れ出さないような加工が施されている。内側が水色に塗ってあるのは、砂を端に寄せれば海のイメージにも空のイメージにもなる仕

掛けのためである。

b　砂

砂はサラサラとした手触りの良いものが用いられる。綺麗な砂浜の砂をイメージすると良いだろう。箱庭療法用に販売されている砂は、色や手触りが異なる数種類の砂があり、多くの人は指の間を通るサラサラした感触に心地良さを覚える。

図2-10　箱庭療法のある臨床心理センター
〔福岡女学院大学提供〕

c　ミニチュア

箱庭療法においてどのような種類のミニチュアを用意すれば良いのかは、特に決まっていない。何をどれだけ用意するのか正確な基準はないが、経験的にある程度の種類と数量が必要である。実際は、制作者が自らのイメージに似通ったミニチュアに見立てたり、イメージを変更したりする。つまり、制作者とミニチュアとの間でイメージの相互作用が生じ、新たなイメージが生成されていく。

3）箱庭療法の進め方

箱庭療法の進め方について、村上（2012）に学びながら、概説する。

箱庭作品を制作する部屋の設定としては、ミニチュアを壁面の棚に並べ、腰の高さに砂箱を置く。子ども用には子どもの腰のあたりに砂箱がくるように配慮する。

導入段階では、特別な説明がなくても自発的に関心が示され、つくりはじめられることが多い。時にはセラピストが「ここにあるもので、何かこの砂箱の中につくってみませんか」と誘うこともある。セラピストはクライエントといっしょに箱庭の過程を味わうような姿勢で寄り添う。時には作品について話してもらったり、セラピストの側から質問をしたりもするが、原則的には干渉せずに鑑賞する姿勢で臨む。

導入後、箱庭の中で一定の流れが生じ、ドラマが展開されることが多い。しかし、箱庭はある程度結実した表現を要求するため、毎回つくり続けるのは難しい。箱庭をつくらない間は話をしたり、子どもだと他の遊びをしたりしてい

る。箱庭療法の際にも全体の流れに沿った過程が表われる。

4）箱庭療法の特徴

村上（2012）は箱庭療法の特徴を、①非言語性、②簡便性、③触覚性、④視覚性、⑤クライエントの世界であること、⑥実験可能性、⑦セラピストの参加可能性、⑧ドラマ性という8点にまとめている。このうち、実験可能性とはセラピストの心の世界である箱庭の作品をクライエント自身が動かすことができるので、こうなったらどのように作品が展開するだろうという実験を行なうことができるという意味である。

ドラマ性については、作品は動物・植物的段階、闘争段階、集団への適応の段階を経るという指摘があるものの、実際の箱庭療法では、一つ一つの作品に個性的なドラマ性が存在することが多い。

箱庭療法はエビデンスの点で批判もされている（原田 2015）。これはこれとして答えていく必要がある。と同時に、箱庭療法のような非因果的芸術療法にエビデンスを求めても、得られない方が道理ではないかという疑問もある。箱庭療法が何らかの治癒力を発揮するときには、クライエントの内面の動きが箱庭に反映されている。その箱庭作品の作成プロセスに寄り添うセラピストは、作品を作るクライエントの心理的な動きに触発されて、セラピストにも心理的な動きが生じる。この心的相互作用の中で、結果としてクライエントが抱えていた主訴の解消が生じる。このようなモデルは、「箱庭作品をつくることによって、〜という効果が生じ、主訴が解消した」という因果モデルとは異なる非因果モデルを前提としている。河合（1992）はそれを**自然モデル**（じねん）と呼んだ。

心理療法は多元的であり、どの心理療法を選択するかは最終的にはクライエントの意思による。クライエントとその関係者へのインフォームド・コンセントを前提に、親しみやすく、豊かな解釈を生成する箱庭療法は今後も発展していくだろう。

文献

・村上慶子（2012）「箱庭療法」氏原寛他編『心理臨床学大辞典』（改訂版）培風館、387-391.
・花形武（2016）「箱庭療法」斎藤富由起・守谷賢二編『教育相談の最前線——歴史・理論・実践』八千代出版、125-129.
・原田隆之（2015）『心理職のためのエビデンス・ベイスト・プラクティス入門——エビデンスを「ま

なぶ」「つくる」「つかう」』金剛出版
・河合隼雄（1992）『心理療法序説』岩波書店

5　フォーカシング

1）心理療法から生まれたフォーカシング

　フォーカシング（focusing）というプロセスを発見し、名付けたのは、ユージン・ジェンドリン（Eugene T. Gendlin：1926-2017）という哲学者・心理療法家である。ジェンドリンはオーストリアに生まれ、アメリカに移住し、シカゴ大学のロジャーズのもとで学んだ。ロジャーズのチームでは1960年代に、カウンセリングがうまくいくための要因を探る研究を行なっていた。その結果、心理療法がうまくいくかどうかは、クライエントの話の内容（深い話をするかどうか、これまで誰にも言わなかった過去の体験が語られるかどうかなど）とは無関係であり、それよりもどのような「話し方」をするかが直接の変数であることが判明した。

　それは、その時の自分の気持ちに注意を向け、それに丁寧に触れながら、その気持ちや感じを表現する言葉を探していく、という探索的な話し方である。このような自分の内面との関わり方のプロセスを、ジェンドリンは「フォーカシング」と名付けた（Gendlin 1981）。例えば、なかなか仕事が進められないことについて、「やる気にならないんです」というだけでなく、「やる気にならないっていうか、こう……なんていうか……イライラするっていうのか……なんだかすごく重たい感じがしてきて……なにかが引っかかってる感じなんですよ……」というような話し方である。その時の自分の内側にある感覚や感じを、ぱっと一言で（「やる気にならない」）決めつけるのではなく、その「全体」を眺めたり、感じたりしながら、よりピッタリする正確な表現で描写しようとする関わり方である。

　このような自分の内側の感覚への触れ方・確かめ方は、例えばワインをテイスティングする時に似ている（森川 2015）。ただ「おいしいね」だけでなく、そのワインが「どんな味」なのかを伝えようとするなら、香りや温度、口に含んでからの味わいの変化などの「全体」に注意を向けなければならない。すると「ふかふかした春の土みたいな香り……チョコレートっぽい感じもある……

晴れやかに笑うひとみたい」というように、より精密にその味わいを描写することができるだろう。丁寧に感じて描写することでワインの味わいが深くなるように、自分の内側の感じも、「まさにそういう感じ」とぴったりの表現で「言い表す」ことができれば、自分に対する理解が深まったり、「そうそう」と一歩進んだ感じや「すっきりした」という解放感がもたらされたりする。このような気持ちへの関わり方・展開のプロセスがフォーカシングである。

2) フェルトセンスとは

　フォーカシングでこのように表現される「感じ」のことを、フェルトセンス (felt sense) という (Gendlin 1981)。フェルトセンスは、「まだうまく言葉にならないけれど、確かにある"感じ"」「からだの感覚を伴って感じられる曖昧だけれど意味のある"感じ"」などと表現される。フェルトセンスに触れ続けると、そこから新しい「何か」（＝気づき）が開けてくる。カウンセリングがうまくいくクライエントは、フェルトセンスに触れながら探索的に自分を見つめることのできるクライエントであった。自分の気持ちに触れることなく、状況説明に終始しているだけでは、そこから何か新しい展開がもたらされることはない。

　このような自分への関わり方が自然にできるクライエントと、そうでないクライエントがいたため、ジェンドリンは、この「フォーカシング」という気持ちへの関わり方を教えるための方法も開発した。6ステップや簡便法（Short Form）と呼ばれる方法である（Gendlin 1981）。現在ではフォーカシングの教え方は世界各国で様々に工夫され、開発されている（Cornell 1996；Simon 2014他）。心理療法へのフォーカシングの活用については、フォーカシング指向心理療法（Gendlin 1996）として体系化されている。

　フェルトセンスは、私たちが次に進むべきステップを教えてくれる。「なにか忘れているのでは？」という感じにつきまとわれることはないだろうか。なにかしないといけないことがあったのに、それがなんだったのか思い出せない感じ。その「気になる感じ」（＝未解決の状況についてのフェルトセンス）について、「なにを忘れているんだろう？」とあれだろうか、これだろうかと当てはめてみる。不思議なことに、それがなんなのかはすぐに思い出せないのに、それが「Aさんにメールすること」とは「違う」ということははっきり分かる。

そしてその確認と照合を続けていると、突然「そうだ！ あのことだ！（Bさんに借りていた本を返すこと）」と的中することがある。私たちがなにを忘れたのか、それが概念化（＝言語化）される前に、すでに「からだ」は感覚としてそれを知っている。フェルトセンスは、私たちの「からだ」からのメッセージである。からだは常に、私たちの「アタマ」よりも賢いのである（Gendlin 1981）。

3）フォーカシングを日常使いに

　日常場面でもフォーカシングは役立つ。なにかスッキリしないとき、これからどう生きていきたいのかを考えたいとき、フォーカシングで内側に問うことで、自分の気持ちを整理することができる。またなにかを決断するときに自分が心から納得できる選択をすることもできる。私たちは自分がどの方向に向かうべきなのかをすでに知っている（Rogers 1961）のだが、フォーカシングはその方向を見つけるための手助けとなる。フォーカシングを通じて、私たちは自分の人生をどう生きていきたいのか、自分に確かめながら進むことができる。また、慌ただしい日常の中で、ちょっと立ち止まって自分の感覚や気持ちを確認するということそのものが、自分の心を丁寧に扱う「お手入れ（セルフケア）」にもなる。

4）なにを「聴く」べきなのか

　ひとが新しく何かに気づくときには、「フォーカシング」のプロセスが起こっている。だからカウンセラーは、クライエントに「フォーカシング」という過程が起こるように援助する必要がある。そのためには、クライエントが「気持ち」に注意を向けられるように促し、「気持ち」についての発言に注目し、フェルトセンスが表現されれば、そこについていく必要がある。「気持ち」の伝え返し（リフレクション）を行なったり、その気持ちをより詳細に描写するよう促したり、ピッタリの表現を探すのを手伝ったりする。またその「感じ」からの連想を聞いたり、「感じ」が伝えたがっていることは何なのかを自分の内側に聞いてみるよう問いかけたりすることも役立つ。

　どのような心理療法においても、最も基本となるのは聴き手（カウンセラーや治療者）と話し手（クライエント）との関係性である。そしてその関係性を支えるのが聴き手の「聴く」という行為である。しかし、語りの「何を」聴くべ

きなのかは長く明示されてこなかった。ロジャーズは「中核条件」(core conditions) (Rogers 1957) として「受容・共感・自己一致」という「態度条件」を示したが、ではそのような「態度」さえ維持できていればよいのだろうか。そんな「心がけ」のようなことだけを言われても困る、というのが実践する側の実感ではないだろうか。フォーカシングを学ぶことで私たちは、クライエントの「気持ち」や「感じ」こそが注意を向けるべき手がかりであることを知ることができる。フォーカシングはロジャーズ理論の発展系であり、カウンセリングの基本なのである。

文献

- Cornell, A. W. (1996) *The Power of Focusing*. New Harbinger Publications.〔大澤美枝子、日笠摩子訳 (1999)『やさしいフォーカシング──自分でできるこころの処方』コスモス・ライブラリー〕
- Gendlin, E. T. (1981) *Focusing*. Bantam Books.〔村山正治、都留春夫、村瀬孝雄訳 (1982)『フォーカシング』福村出版〕
- Gendlin, E. T. (1996) *Focusing-Oriented Psychotherapy*. Guilford Press.〔村瀬孝雄、池見陽、日笠摩子監訳 (1998、1999)『フォーカシング指向心理療法』(上)(下) 金剛出版〕
- 池見陽編著 (2016)『傾聴・心理臨床学アップデートとフォーカシング──感じる・話す・聴くの基本』ナカニシヤ出版
- 森川友子 (2015)「フォーカシングって?」森川友子編著『フォーカシング健康法』誠信書房、第1章、1-17.
- Rogers, C. R. (1957) The Necessary and Sufficient Conditions of Therapeutic Personality Change. *Journal of Counseling Psychology*, 21, 95-103.〔伊東博訳 (2001)「セラピーによるパーソナリティ変化の必要にして十分な条件」伊東博、村山正治監訳『ロジャーズ選集』(上) 誠信書房、第Ⅳ部、16、265-283〕
- Rogers, C. R. (1961) *On Becoming A Person*. Houghton Mifflin.〔諸富祥彦、保坂亨、末武康弘訳 (2005)『自己実現への道』岩崎学術出版社〕
- 坂中正義編著 (2017)『傾聴の心理学──PCA の基本』創元社
- Simon, B. (2014) *How I Teach Focusing*. Mill City Press.〔日笠摩子監訳 (2016)『フォーカシングの心得──内なる知恵の発見法』創元社〕

6　臨床動作法と SART

「臨床動作法」は、1965 (昭和40) 年に九州大学教育学部の成瀬悟策教授の研究室で考案・開発された「動作訓練」にその基礎を置いている。脳性マヒの動作改善のための技法として開発された「動作訓練」は『心理リハビリテイション』(成瀬 1973) において理論と技法が体系化され、1976 年に設立された「日本リハビリテイション心理学会」を中心に、今日に至るまで研究と実践が

活発に行なわれている。その中で発達障害児や神経症者、パフォーマンス向上や健康増進を目的とした人へと対象の広がりをみせる中、教育や福祉、医療などさまざまな領域で実践されるようになり、「動作法」という用語が広く使われるようになった。

その流れに沿う動作法の展開過程では初期の頃から統合失調症や神経症などを主な対象とする心理臨床の場においても関心が持たれ、その実績に基づいた成果が社会的に認められてきた。1993年には「臨床動作学会」が設立され、人間関係に基づく心理療法ではなく、動作の遂行過程に焦点をあてた心理療法として臨床心理学における一領域を築いてきた。

本書では、このような歴史的な流れを包括し、「動作法」という名称を用いて説明する。動作法は動作課題を介して当人が抱えている心理的問題を解決する心理学的方法である。「動作」とは、「意図 - 努力 - 身体運動」の一連のプロセスと定義され、我々の生きる活動において表われる身体運動はまず「意図」という心理的要素から始まることを示している。「動作訓練」が開発される当初、当時には最先端である筋電図を用いた科学的検証をもって「動作」における心理的要素を示すことによって、肢体不自由による日常動作不全を心理学的アプローチによって改善する画期的な道を開いたのである。

その中で、このような「動作」の概念のもと、具体的にどのような「動作」を取り上げ、技法として体系化し、心理臨床の場面で適用可能にするかという課題が残された。なぜなら、「動作」とは当人の生きる活動＝主体的活動そのものであり、したがって人の生きる活動のあらゆる瞬間に常に顕れるものであることから、無限に広がるものだからである。心理臨床に適用できる技法としては、このような「動作」の概念に基づきながら一定の手続きが可能な理論と方法を定めることが必要になってくる。そこで、成瀬（1985）は「タテ系動作訓練」を定立し、この「タテ系動作課題」が動作法の基本課題として定着した。「タテ系動作課題」とは、「坐位 - 膝立ち - 立位 - 歩行」という重力に対応してタテ方向に自分の動作をコントロールすることを目指すものである。もちろん、「タテ系動作課題」を軸にして、リラクセイションのほか、「動作」を行なう当人に合わせたさまざまな動作課題の工夫がなされるが、これらは「補助課題」として位置付けられるようになった。これらを全て含めて「動作課題」といい、動作法による心理的援助のアプローチは「動作課題」を通して展開される。

さらに「動作課題」は、「動作」を通したコミュニケーションや「体験」に力点を置き、動作を通してクライエントの生活体験の仕方の治療的変化を説明することが可能であり、「動作課題」とは固定的なものではなく、クライエント自身の心理的課題やあり方と連動し、豊かに生き生きと広がっていくものであり、創造的に展開しうるものとして理解することができる。

一方、主動型リラクセイション療法（SART：Self-Active Relaxation Therapy）は、動作法から出発し、リラクセイションに焦点を当てた心理療法である。SARTを提唱した大野（2005）は、当時成瀬悟策教授研究室の一員として1960年代における「動作訓練」の開発から関わった。特に、彼は「筋電図法による心的緊張と弛緩に関する研究」（修士論文、1965）において、慢性緊張の著しい脳性マヒ児に対して催眠性弛緩と弛緩（リラクセイション）訓練後の筋緊張の状態を比較し、動作遂行に直接関与する意図的緊張とそうではない非意図的緊張の違いを明確にした。つまり、弛緩訓練後の意図的緊張は主動感を伴う努力の仕方で身体運動に結びつけられたのに対し、催眠中の当人の意図が関与しないで非意図的緊張状態での主動感を伴わない身体運動はスムースに遂行されたものの、催眠前と催眠後の条件での慢性緊張状態は変化しなかった。以降、彼は動作法の理論と技法の確立に一助しながら実践を続けてきた。

「動作」に対する理解と動作法の実践に誰より近い彼がSARTを提唱したのは、「動作訓練」が行なわれる草創期からリラクセイションは重要な方法として用いられているものであり、「動作」という概念そのものにリラクセイションの意味づけが積極的になされることは「動作」を用いた心理療法、すなわち、動作法の更なる発展に資すると考えたためである。

動作法はそもそも当人の動き＝主体の活動が強調され、「主動」（＝自分が動かす、動く）を中心に動作課題を設定、進める。「主動」と反対の概念として「他動」（＝他者によって動かされる、動く）がある。主動には「主動感」が伴うことが重要で、他動ではないのに当人が「他動感」として受け止めるのであれば、主動的とはいえない。

SARTでは、この「主動感」の伴う「主動」を中心とした課題の工夫において、従来から行なわれていたリラクセイションを主軸に置き、当人が動く・動かすことを活かす「主動型リラクセイション」の技法と手続きを提示した。SARTでいうリラクセイションとは、「適度緊張-適度弛緩」のバランスのと

れた状態、または動きであり、緊張から弛緩への一方方向とは違う捉え方をしている。そもそも動作法におけるリラクセイションは当人が自分で自分のからだの慢性緊張に気づき、それを弛めるという自己弛緩を図るということを狙いとしている。ただ、当人が慢性緊張をコントロールすることは難しいので、しばしば援助者による他動的働きかけを必要とし、そのための手続きが取られることが多い。

それに対して、SARTは肢体不自由があろうとなかろうと、0歳だろうと高齢者だろうと、誰しも自分を動かしていることは事実であり、リラクセイションにはコインの裏表のように「動かすこと」と「弛緩すること」の二重過程があることから、当人の動ける範囲で、すなわち、当人の主動が活きる範囲で「弛めながら動かす」、そして「動かしながら弛める」という「主動型リラクセイション」の動作課題を設定している。

これらの原理をもとに、SART技法の特徴は、全ての動作課題をセット（上・下／前・後／左・右／伸ばし・縮め／開き・閉じなど）で行なうこと、原則として系統Ⅰ（上体の動き）から系統Ⅱ（下体の動き）、それから系統Ⅲ（全体－上体と下体）へ進めることが挙げられる。さらに、それぞれの課題遂行においてもっとも主動的に取り組むことが可能になるよう、姿勢のコントロールのための負荷を減らす一方、一定の緊張を要する側臥位を基本姿勢にして行なうようにしている。もちろん、基本原則をベースに、動作課題は当人に合わせて創造的に、豊かに応用され、広がっていって良いものである。

SARTのメリットとしては、分かりやすくシンプルで、当人の動きに基づくため安全であることである。さらに、一定の学習をしたら、援助者を必要とせず、日常的に行なえる「ひとりSART」につなげることが狙いであるため、一定の回数で面接終了を計画しても当人の意思に基づいた関わりであれば、十分に成果を挙げることも可能である。

文献

・成瀬悟策（1973）『心理リハビリテイション――脳性マヒの動作と訓練』誠信書房
・成瀬悟策（1985）『動作訓練の理論』誠信書房
・大野博之編著（2005）『SART――主動型リラクセイション療法』九州大学出版会

> 問　森田療法について、正しいものを一つ選べ。
> ① 精神交互作用の過程を重視する。
> ② 創設時に多く適用された対象は統合失調症であった。
> ③ あるがままに受け入れるアプローチは「身調べ」に由来する。
> ④ 原法の絶対臥褥（がじょく）期では、読書は行なってもよいとされる。
> ⑤ 「ヒポコンドリー性基調」とは、注意が外界に向けられ、他者に敏感である状態をいう。
> 〔2018年公認心理師試験問題より〕　　　　　　　　　　　　正答（　①　）

7　森田療法

　森田療法とは1920年頃に精神科医、森田正馬（もりたまさたけ）によって創始された神経症に対する精神療法である。森田療法では**ヒポコンドリー性基調**という「自分の心身の病苦を気にする素因」を重視する。また、何らかの感覚に注意が向いてしまうと、その注意が感覚を強化し、さらにまた注意が向きやすくなるような循環を**精神交互作用**と呼ぶ。初期の森田療法では、これに何らかの環境因子が加わり、神経症が発症すると考える。ヒポコンドリー性基調のある者が、ストレスフルな環境で、何らかの感覚に注意が向きやすくなる。すると、さらに注意と感覚の悪循環が始まり、神経症的な症状が発生するというものである。

　例えば、他人の視線を気にしやすい者（ヒポコンドリー性基調）が、人前に出る職業に就き（ストレスフルな環境）、人前に出るたびに他人の視線に注意を向けてしまう。すると、さらに見られているという感覚が強くなり、他人の視線に注意が向いてしまう循環（精神交互作用）が生じ、赤面症のような症状がでるというものである。

　その後、森田療法では**神経質性格**という概念を提出している。神経質性格とは弱力性（内向性・心配性・過敏症・心気症・受動的）と強力性（完全欲・優越欲求・自尊欲求・健康欲求・支配欲求）を併せ持つ矛盾した性格を指す。

　神経質性格者は心配症な反面、支配欲求も併せ持っている。何かをやろうとすると、心配で仕方がないが、その反面、完璧にこなして、他者にすごいと思われたい気持ちも強い。心配で不安な気持ちと、完璧にこなして、優越感を覚

> 問　日本で開発された心理療法について、正しいものを二つ選べ。
> ①　森田療法における入院療法では、最初の一週間は終日横になったままで過ごす。
> ②　森田療法では、不安を「あるがままに」受け止めた上で、不安が引き起こす症状の意味や内容を探求していく。
> ③　内観療法における集中内観では、指導者を含め、他人と一切話をしてはならない。
> ④　内観療法では、「してもらったこと」「して返したこと」「迷惑をかけたこと」及び「して返したいこと」という４項目のテーマが設定されている。
> ⑤　動作法では、心理的な問題の内容や意味を心理療法の展開の主な要因としては扱わない。
> 〔2018年公認心理師試験問題より〕　　　　　　　　　　正答（　①　⑤　）

えたい気持ちの悪循環が生まれる（精神交互作用）。これは現実には「**思想の矛盾**」（理想と現実のギャップ）として現れ、神経症的な症状が発生するというものである。

　例えば、神経質性格の者が、重大な仕事を任されたとする。完璧にやってのけたい気持ちと、不安が交錯し（精神交互作用）、結局、仕事に手をつけられず、周囲からの評価も下がる（思想の矛盾）。こうして神経症的な症状が現れる。

　森田療法では、人はより健康で、充実した人生を送りたいという「生の欲望」を持っていると考える。そこで無意識などの解釈はせず、不安を「あるがまま」に受け入れて「生の欲望」にしたがって行動することという**目的本位**の生活態度を身につけることで神経症は治ると森田療法では考える。

　森田療法では入院治療と通院治療がある。「原法」（森田正馬自身が施行した森田療法）の入院治療では、森田正馬の自宅に患者が住み込むという形式がとられた。入院治療は体系化されており、次の４期に分けられる。入院治療では、食事、洗面、トイレ以外の活動はせず、ほとんど寝たままの**絶対臥褥期**、外を眺めたり、簡単な作業をする**軽作業期**、徐々に重作業を行なう**作業期**、退院し生活の訓練をする**社会生活準備期**である。

表2-12　集中内観の治療構造と治療技法

A　治療構造	B　治療技法
1　基本構造 　　内観3項目（お世話になったこと、お返しし 　　たこと、ご迷惑をかけたこと）、年代区分ご 　　とに回想 2　集中性を高める構造 　　時間的条件：15〜16時間/1日、約7日間、 　　　　　　　　1〜2時間おきに面接 　　空間的条件：入院、屏風またはカーテンで遮 　　　　　　　　閉、行動・対人接触の制限	1　謙虚で厳格な対応（父性的構え） 　　礼儀正しく、いたわり・慈しみの態度（母性的 　　構え） 2　症状・病理に触れない（不問） 3　治療の場 - 個別性と集団性

〔川原隆造（2002）「内観療法の原理と応用」『心身医学』42（6）を元に作成〕

8　内観療法

　吉本伊信が浄土真宗の「見調べ」をもとに開発した修養法であり、心理療法としての効用も認められる。内観道場に一週間泊まり実施する集中内観と、一人で日常生活の中で行なう日常内観がある。

　集中内観では、屏風に囲まれた狭い空間で、①してもらったこと、②して返したこと、③迷惑をかけたことについて具体的事実を思い出し、面接者に報告する。集中内観法では、最初の一週間は、指導者の面接を一日に数回受けながら一日中、内観を行なう。面接では、内観中に、"誰に対しての""いつ頃の"どんなできごとを思い出したのか、それに対してなにを感じたのか、について話しあう。集中内観の詳細な治療構造と治療技法を表2-12に記す。

　内観療法では、①してもらったこと、②して返したこと、③迷惑をかけたことの三つのテーマが設定されている。入院患者を対象にした集中内観、外来患者を対象とした日常内観がある。竹本（2003）は日常内観を「一日30分〜1時間程度、自分で年代区分をし、対象人物を決めて、少しずつ行なう内観である」としている。他方、集中内観では、内観のあと指導者と面接を行なう。

文献

・川原隆造（2002）「内観療法の原理と応用」『心身医学』42（6）、355-362.
・竹元隆洋（2003）「心身医学と内観療法」『心身医学』43（6）、333-340.

9 応用行動分析

1) ABAの発想

　ギリシャの哲学者は、人の心や精神はどこにあり、そしてどう作用するのかを考えていた。「心理学」と名を変えた現代でもその謎は解明されず、「心の問題」は謎が深まるばかりである。対象としての「心」を「はっきりとは判っていない」ものとして、まずは見ることの可能な「心の周辺」を考えることで、問題解決のために心をどう変化させるべきかを考え始めた人が登場したのである。

　応用行動分析（ABA：Applied Behavior Analysis）もその一つである。この立場は、「心の周辺」にあるであろう「行動」に着目しようという考え方をもつ。こうした考え方に対して、「心を無視している」との誤解を受けやすいが、「心」は括弧にくくって棚上げし、心の周辺である「行動」を対象にするからである。

　私たちには「心」が見える訳ではない。実際に人の心を捉える際には、その人の動きを見たり、ことば遣いに注目したりする中で、その人の心を判断している。しかし、人の一つ一つの行動を見てその人を判断することは、情報量が多すぎて普通では処理ができない。この人はこういう性格だ、と言ってしまうのは、一つの基準を設けることといえる。一つ一つの行動をいちいち分析せずとも、性格からスタートするのはとてもわかりやすいものである。私たちが相手の「心」や「性格」を決定することは、社会の中で気分良く生活ができるための必需品なのかもしれない。

　応用行動分析は、行動の観察に焦点を当てて、ちょっと変わった行動の見方をする。では、応用行動分析はどのようにして人間の行動を見ていくのだろうか。

2) オペラント条件づけ

　20世紀の中頃に、スキナーという有名な心理学者がいた。彼は一つの実験から、行動には一定の法則性があることを見出した。その実験とは、次のような流れで行なわれる。まず、カゴの中にハトを入れる。中にレバーがあり、レバーをついばむと、エサが入ったトレーが出てくる。カゴの中に入っているハ

トが偶然か、興味を持つかして、レバーを押すとエサが出てきて、ハトはエサを食べる。何回か繰り返すと、ハトはエサが欲しい時にレバーを押すようになる。こうしてハトはエサによってレバーを押す行動を「学習」したといえる。

　この法則は、人間を含んだ、ほぼ生きとし生けるもの（生活体）に当てはまると考えられる。この生活体（ハト）が、「自分自ら、自発的に」環境（レバー）に働きかけて、何か変化をさせる（エサが出てくる）ことで、ハトの行動が変化する（レバーを押す行動が増える）ことを、スキナーは「オペラント条件づけ」と呼んだ。このオペラント条件づけを中心とした考え方を「行動分析」と呼び、それを人間に活用したのが「応用行動分析」と言われている。私たちも、このハトと同じように、「エサとなり得るもの」からさまざまな行動を形作っている。人間ともなると、食べ物、お金や他人の称賛など、さまざまな影響を受け、沢山のものから行動を強められているのである。

3) 強化の原理

　応用行動分析で代表的な理論の一つが「強化の原理」である。例えば、ある子どもがたまたま「挨拶」の行動をしたとする。その挨拶をしている子どもを見た大人が「いつも挨拶をして偉いね」と言って「褒めた」とする。その後、その子どもはたまにではなく毎日挨拶をするようになった。このように、何かしらのアプローチをした際（この場合、「子どもを褒める」）に、行動が増えた（この場合は「挨拶行動が増える」）ことを、「挨拶行動を強化した」と言う。

★挨拶の行動　→褒められる→挨拶の行動が増える（強化される）→「褒められる」＝強化子

　行動が増えたり、続いたりすることを「強化」、その行動を強めているものを「強化子」と言う。行動は、行動を強めるもの（強化するもの）があるために、行動が起こる。

　反対に、授業中、「騒がしい」子どもがいたとする。その子どもに「うるさい」と先生が注意した。その後、子どもの「騒がしい行動」が減って、静かに授業を受けるようになった（授業を楽しんで受けているかどうかはまた別である）。この場合、アプローチをした際（先生の「うるさい」という注意）に、行動が

減った（「騒がしい行動が減る」）ことを「騒がしい行動を罰した」と言う。

★騒がしい行動　→うるさいと言われる→騒がしい行動が減る（罰を受ける）→「うるさいと言われる」＝罰子

　このように、応用行動分析では、人の行動の「頻度・強さ・持続時間」が「強まったり弱まったりすること」に着目する。これを「強化の原理」という。
　この場合、「良い行動が出たらとにかく褒めるもの」と応用行動分析のことを見る人がいるが、それは誤解である。「褒める」と、行動が減る場合も結構ある。例えば思春期の子どもに、挨拶をしたときに、「すごいね！」と褒めたらどうだろうか。挨拶の行動が増えるどころか、恥ずかしがって挨拶をしなくなったり、気分を損ねて口を聞いてくれなくなるかもしれない。単に褒めることが良いと言う訳ではない。また、頭を打ち付けるなど、自傷行動がひどい発達障害のある子どもに対して、「そんなことはやめなさい」と叱責を繰り返しても、全くやめる気配がないという例などもある。「やめなさい」が行動を減らすことに結びついて（機能して）いないのだ。応用行動分析は行動にアプローチを行ない、その結果、行動が減っているか、増えているかを客観的に判断し、再度同じことを繰り返すか、別のアプローチに切り替えるかを決定する。
　また同じ動物を対象の実験心理学の分野でわかったことの一つに、「罰」と言われるものの効率はあまり良くないということがわかってきた。「罰」はすぐに効果が現れるが、持続することが困難で、すぐに復活をしてしまう。さらに「罰」ばかりを与えてしまうと、学習効率が低下し、攻撃性が増加する。果ては「学習性無力感」という無気力状態、人間で言う「うつ」に近い状態になることがある。
　スキナーは、来日した際に、罰ではなく強化が大切であるという「罰なき社会」という講演を行なっている。動物実験を元とする基礎心理学の分野から、スキナーはそのような見地を持っていたのである。もちろん、日常生活の中で「罰」をなくすことはほぼ不可能に近いものがある。しかし、罰中心ではなく、褒めたり、称賛したりすることも含めた「強化」が一番大切であるということを、応用行動分析はうたっているのである。

4) ABC分析

応用行動分析は、「行動」(behavior) を見る際に、「行動の前後」を見ることを重要視する。行動の前後をそれぞれ「事前の出来事」(antecedent event)、「結果」(consequence) と呼ぶ。「事前の出来事」はその行動を起こす前に、行動を引き起こす出来事のことを言う。例えば、知っている人が身近にいれば、人は「話す行動」をする。しかし、誰もいなかったり、人がいても知らない人であったりすれば「話す行動を起こさない」かもしれない。人が「話す行動」をするには、「知っている人がいるという事前の出来事」が「話す行動を引き出す」と考える。

また行動の後には、その行動を行なった後の「結果」が待っている。知り合いがいて（事前の出来事）、話をしたら（行動）、返事があった（結果）というように、「返事がある」または「返事がなかった」という結果から、話をする行動が強められるか、弱められるかという影響を受ける。このように、行動を行なった後の結果によって、行動が増えたり、減ったりするなどの影響がある。こうして行動というものは、事前の出来事と、後の結果に影響されて作られている。英語の頭文字を取ってこれをABC分析と言う。また、行動によって何がどう機能しているのかを考えるために「機能分析」「機能的アセスメント」と呼ぶ場合もある。

また、もう少し別な言い方をすると、Aのことを、自らが区別した刺激「弁別刺激」(discriminative stimulus)、Bを行動としての「オペラント反応」(operant response)、Cを強化をする「強化子」(reinforcer) と呼び、別称として「三項随伴性」(Three-term Contingency) と呼ぶこともある（図2-11）。

知っている人が身近にいても、話さない人がいるかもしれない。また、返事がなくても話し続けるかもしれない。応用行動分析で面白いところは、もし事前の出来事や結果が行動に結びついていないのであれば、その事前や結果は、行動とはほとんど関係がないと考えると

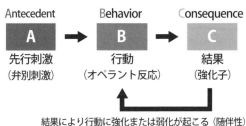

図2-11　ABC分析・三項随伴性

ころである。事前の出来事があり、それが刺激となって何度も同じ行動を起こすのであれば、それは行動とつながっていると考える。そして、結果があり、それによって行動が維持されたり増えたりすることで、はじめて行動とつながっていると見なすのである。

5）問題解決を中心におく療法

　人は、問題のあることに関して「なぜ」「どうして」と問題の原因を突き止めようとする。人間は好奇心や探究心が旺盛な動物で「なに」「なぜ」を繰り返して、進歩している。しかし、応用行動分析においては「心」の「なに」「なぜ」を取り敢えず置いておく作業を行なう。まずは眼の前に見える「行動」の「改善」を目指すわけである。とにかく問題となる行動やことばの変化（行動変容）を目指して、問題の行動の解決につなげていく。「行動」が変われば、「心」の方も変化していくからである。

　私たちが日常使っている「心」とはまた違った「行動」を見るアプローチは、日常とは全く違った物の見方や捉え方となり、今までとは違った世界を見ることにもつながるだろう。

文献

・日本行動分析学会編（1990）スキナー, B. F. 講演「罰なき社会」『行動分析学研究』第 5 巻第 2 号
・メイザー, J. E.（2008）磯博行、坂上貴之、川合伸幸訳『メイザーの学習と行動　日本版第 3 版』二瓶社
・オドノニュー, W. T.、ファーガソン, K. E.（2005）佐久間徹監訳『スキナーの心理学——応用行動分析学（ABA）の誕生』二瓶社
・坂上貴之、井上雅彦（2018）『行動分析学』有斐閣アルマ
・今田寛著（1996）『学習の心理学』培風館
・佐藤方哉（1976）『行動理論への招待』大修館書店
・小野浩一（2005）『行動の基礎豊かな人間理解のために』培風館
・アルバート, P. A.、トルートマン, A. C.（2004）佐久間徹、谷晋二、大野裕史訳『はじめての応用行動分析　日本版第 2 版』二瓶社
・久保田新、鎌倉やよい、岡西哲夫、桐谷佳恵、江藤真紀（2003）『臨床行動心理学の基礎——医と心を考える　人はなぜ心を求めるのか』丸善
・伊藤正人（2005）『行動と学習の心理学——日常生活を理解する』昭和堂
・マロット, R. W.、マロット, M. E.、杉山尚子、島宗理、佐藤方哉（1998）『行動分析学入門』産業図書

第三章
臨床心理学の対象

第1節　基礎理論

1　ストレス理論

1）ストレスとは何か

　1914年、生理学者の**ウォルター・キャノン**は今日的な意味に近いストレス概念を述べているが、一般には1936年の**ハンス・セリエ**による「各種有害作因によって引き起こされる症候群」の発表がストレス学説の起源と見なされている。

　セリエは様々な疾患に共通する症状を「**汎適応症候群**」（general adaptation syndrome）と呼んだ。つまり、障害や疾患の種類は多様だが、それにより表われる反応はおおよそ共通している。これを**非特異的反応**と表現する。非特異的反応とは頭痛や胃痛、不眠、過眠などである。そして非特異的反応の集合体（症候群）が汎適応症候群である。

★セリエによる汎適応症候群
有害物質に対する生体の防御反応として生じる身体のあらゆる非特異的反応。

　では、なぜ汎適応症候群が現れるのか。セリエはそれを「有害物質に対する生体の防御反応」と考えた。さらに、「歪み」を表わす工学用語を参考にして、この汎適応症候群がみられる状態を「**ストレス**」（stress[*]）と名付けた。

　ストレスとは「生理的または心理的な負荷がかかり、生体に防御反応が生じるほど心身が緊張した状態」といえる。心身に負荷を与える有害な刺激は「**ストレッサー**」（stressor）と呼ばれる。またそれにより現れる反応はストレス反応という。

　身体には**ホメオスタシス**と呼ばれる「不快な刺激が与えられても正常な状態を保持しようとする働き」（内部の恒常性の維持機能）がある。ストレッサーが加えられ、一時的に生理的な歪みが生じても、ホメオスタシスが働き、身体の

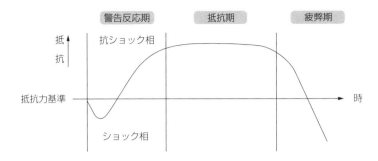

図 3-1 ストレス反応の3相期の変化
〔ハンス・セリエ（1988）『現代社会とストレス』法政大学出版局を元に作成〕

正常な状態は維持される。しかし、強すぎるストレッサーや長期的にストレッサーが加わるとストレス反応がホメオスタシスの調整を阻害し、体調を崩したり、場合によっては疾患や死に至ることがある。

ストレッサーに対する反応（ストレス反応）については、時期の区分と急性と慢性の反応の違いが重要である。まず、時期の区分について述べると、ストレス反応は「**警告反応期**」「**抵抗期**」「**疲憊期（疲弊期）**」に区別される。また、**警告反応期はショック相と抗ショック相（反ショック相）から成り立つ**（図3-1）。

不快なストレッサーを受けたとき、人は警告反応期に入り、一時的に発汗したり、血圧が上がる、あるいは血の気が引き、体温が下がり、めまいが生じるなどのショック反応が表われる（ショック相）。このショック反応は生体が有害な刺激を受けたことを警告する意味がある。しばらくすると、ショックが回復し、血圧や体温などは平常に戻り始める（抗ショック相）。ショックから立ち直り、生体の抵抗力が持続している期間は**抵抗期**と呼ばれる。この期間内に何らかの形でストレッサーが解消されればよいが、ストレッサーが持続し、抵抗力が低下すると、**疲憊期**が訪れる。疲憊期には免疫力の低下や体重減少などがみられ、時には死に至ることもある。

ストレス反応には急性反応と慢性反応の2種類がある。急性反応とは、ストレッサーが加えられてすぐに出てくる反応である。慢性反応とは長期的にストレッサーが加えられた結果として表われる反応である（表3-1）。疾患としての急性ストレス障害は後述する。

表3-1 ストレスの反応

	身体面	行動面	心理面
急性反応	動悸・発汗・顔面紅潮・胃痛・下痢・振戦・筋緊張	回避・逃避・エラー・事故・口論・喧嘩	不安・緊張・怒り・興奮・混乱・落胆
慢性反応	疲労・不眠・循環器系症状・消化器系症状・神経筋肉系症状	遅刻・欠勤・作業能率の低下・大酒・喫煙・やけ食い・生活の乱れ	不安・短気・抑うつ・無気力・不満・退職願望

2) 人間のストレス理論──認知的ストレスモデル

特に人間の場合、ストレスは必ずしも取り除くべき悪玉ばかりではない。例えばスポーツの試合で、多少のストレスを感じた方が優れたパフォーマンス（生産性）ができることも事実である。適度なストレスが良いパフォーマンスを生む現象は**ヤーキズ・ドットソン曲線**といわれる。全くストレスがない状況下や強すぎるストレス状況下では良いパフォーマンスができないが、適度なストレス状況下の方が良いパフォーマンスができる（図3-2）。

ストレッサーは、騒音や暑さ、寒さ、湿度のような「**物理的ストレッサー**」と、睡眠不足や過労、栄養不足のように、生理的な心身の歪みを生む「**生理的ストレッサー**」、そして、人間関係のトラブルや怒りや緊張など、認知的機能により評価された「**心理的ストレッサー**」に分けられる。また震災や戦争体験、性的被害、家族や親友の自殺など、その人の生命や存在に強い影響を及ぼすストレッサーを**外傷性ストレッサー**と呼ぶ。外傷性ストレッサーはPTSDにつながる可能性もあり、その対応は専門家との連携が必要になる（表3-2）。

動物実験で作られたストレスモデルはストレス反応の共通性を上手に説明しているが、人間の特徴である認知機能を含んでいない点に問題がある。人間の特徴である認知を組み入れたストレスモデルを認知的ストレスモデルと呼ぶ。代表的な認知的ストレスモデルとしてホームズとラーエ（Holmes & Rahe 1967）によるストレスフルな

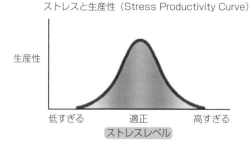

図3-2 ヤーキズ・ドットソン曲線

表3-2　ストレッサーの種類

物理的ストレッサー	騒音、寒さ、暑さ、湿度など
生理的ストレッサー	睡眠不足、栄養不足、身体疲労など
心理的ストレッサー	人間関係のトラブル、離婚、結婚、左遷、昇進、いじめなど
外傷性ストレッサー	性被害、虐待、事件、災害、戦争など

　ライフイベント論とラザルスら（Lazarus 1984）による認知的評価対処理論を紹介する。

　アメリカの社会学者の**ホームズ**と内科医の**ラーエ**は「人々に共通する心理的ストレッサーはどのようなものか」を検討し、**社会的再適応評価尺度**を作成した（表3-3）。この尺度の特徴は、ストレスフルなライフイベントを抽出しただけではなく、ストレッサーの強度を点数化し、心理的な要因による健康被害を予測できる点である。

　ホームズとラーエによると、1年間に体験した生活上の変化の評点の合計点から、翌年深刻な健康障害の起きる確率は159～199点なら37%、200～299点なら51%、300点以上なら79%に及ぶことを報告している。例えば、1年以内に、転居（20点）し、労働時間が変化（20点）し、上司とのトラブル（23点）が発生して、夫婦げんか（35点）が絶えなかったとしよう。その結果、退職（45点）、離婚（73点）となった場合、合計は216点となり、200～299点の範囲に入る。したがって、その翌年は51%以上の確率で深刻な健康被害が発症する可能性がある。

　ラザルスとフォルクマン（1984）も認知機能を重視したストレスモデルを打ち立てた。ホームズたちとの違いは、大きなイベントとしてのストレスを重視するか、日常的なストレス（daily hassles）を重視するかの違いである。ラザルスら（1984）は、滅多にないライフイベントではなく、「誰しもが日常的に経験するストレッサーをどう解釈するか」という認知プロセスの機能を重視した。これを**認知的評価対処理論**という。

　ラザルスら（1984）によると、人間は不快な出来事が起こった時、認知プロセスにおいて、その出来事を二つの観点から評価する。第一は、「その不快な出来事はどれくらい自分を傷つけるか」（**自己脅威性**）である。このプロセス

表3-3 社会的再適応評価尺度

順位	出来事	ストレス値	順位	出来事	ストレス値
1	配偶者の死	100	22	子どもの独立	29
2	離婚	73	22	親戚とのトラブル	29
3	夫婦別居	65	25	自分の輝かしい成功	28
4	留置所などへの拘留	63	26	妻の転職や離職	26
4	家族の死	63	26	入学・卒業・退学	26
6	けがや病気	53	28	生活の変化	25
7	結婚	50	29	習慣の変化	24
8	失業	47	30	上司とのトラブル	23
9	夫婦の和解	45	31	労働時間や労働条件の変化	20
9	退職	45	31	転居	20
11	家族の病気	44	31	転校	20
12	妊娠	40	34	趣味やレジャーの変化	19
13	性の悩み	39	34	宗教活動の変化	19
13	新しい家族が増える	39	36	社会活動の変化	18
13	転職	39	37	1万ドル以下の借金	17
16	経済状態の変化	38	38	睡眠習慣の変化	16
17	親友の死	37	39	家族だんらんの変化	15
18	職場の配置転換	36	39	食習慣の変化	15
19	夫婦げんか	35	41	長期休暇	13
20	1万ドル以上の借金	31	42	クリスマス	12
21	担保・貸付金の損失	30	43	軽度な法律違反	11
22	職場での責任の変化	29			

は**一次的評価**と呼ばれる。第二は、「その不快な出来事に対処できるか」（**対処可能性**）である。このプロセスは**二次的評価**と呼ばれる（図3-3）。

「自分を大きく傷つけることが起き、それに対して自分ではどうすることもできない」事態が起きたとき、生体に大きな歪みが生じ、ストレス反応が現れる。認知的評価対処理論における「**ストレス**」とは、上記のようなメカニズムを経て「ストレッサーからストレス反応が生じるシステム全体」を指す（図3-4）。

ストレス反応は単なる思い込みではなく、ホメオスタシスを揺るがす生理的な歪みを実際に生じさせる。ストレス反応は、中枢神経系（主に脳）から①自律神経系、②内分泌系、③免疫系の三つのシステムに作用して表れる。

自律神経系は肺、心臓、血管、消化器、膀胱、子宮、内分泌などの各器官を支配している。自律神経系を構成するのは交感神経系と副交感神経系であり、

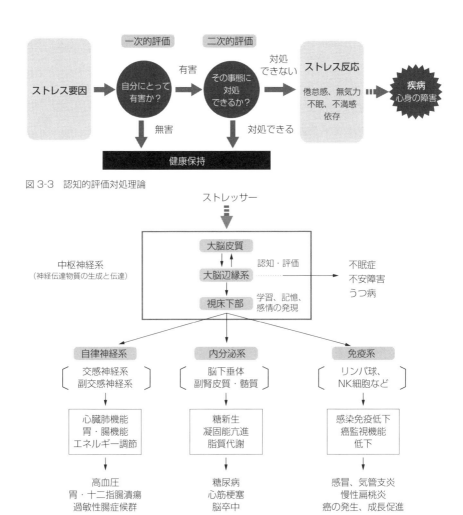

図 3-3 認知的評価対処理論

図 3-4 ストレッサーからストレス反応が生じるシステム
〔『メンタルヘルス・マネジメント検定試験公式テキスト』（2006 年度）中央経済社を元に作成〕

それぞれ相反する機能を持っている。交感神経の活動が亢進すると、標的器官は興奮する。例えば、気道は拡大し、心拍数は増加し、瞳孔は拡大する。また、血圧は上昇し、発汗も増大する。副交感神経系の活動が亢進すると、標的器官は抑制される。例えば、気道は収縮し、瞳孔は縮小し、心拍数は減少する。また、血圧は低下する（副交感神経系には汗腺への作用はない）。ストレスが加わると亢進するのは交感神経系の活動である。

問　自律神経系について、正しいものを一つ選べ。
① 交感神経系の活動が亢進すると、気道が収縮する。
② 交感神経系の活動が亢進すると、血圧が上昇する。
③ 副交感神経系の活動が亢進すると、瞳孔が散大する。
④ 副交感神経系の活動が亢進すると、発汗が減少する。
⑤ ストレスが加わると、副交感神経系の活動が亢進する。
〔2018年公認心理師試験問題より〕　　　　　　　　　　正答（　②　）

3）ストレスを軽くする要因

　ストレス軽減の基本は、①休息・睡眠、②運動・食事、③リラクセーションの3点である。第四章の産業領域の臨床心理学で紹介する自律訓練法は代表的なリラクセーション法である。これら以外にストレスを軽くする要因としては**コーピング**と**ソーシャルサポート**がある。

　コーピングとはストレス低減を目的としてなされる認知的または行動的な対処方略である。不快なことがあったとき、気分転換にカラオケに行ったり、スポーツに没頭したり、誰かと話してすっきりしたりするのは行動的コーピングである。一方、苦しい体験を「今はつらいが、後々、よい経験になる」と考えるような対処は認知的コーピングである。

　コーピングは状況に応じて適切なコーピングを選択する方が良い。かつて成功したコーピングが現在の状況でも適切とは限らない。また、ストレッサーに対してはなるべく多くのコーピングがあることが望ましい。

　コーピングには**問題焦点型コーピング**（積極型コーピング）と**情動焦点型コーピング**の二種類がある。問題焦点型コーピングはストレスの原因や状況そのものを積極的に改善または解消しようとする対処法である。入学試験というストレスフルな状況に対して個人的に猛勉強したり、友人と一緒に問題を出し合い、勉強をすることは問題焦点型コーピングである。情動焦点型コーピングはストレッサーによって生じた不快な感情を低減したり、コントロールしたりするコーピングである。入試に不安を感じ、友人に電話をして気を紛らわすことや「入試で落ちても人生勉強だ」と考えるのは情動焦点型コーピングである。

　問題焦点型コーピングはストレス反応の低減に効果をもつことが指摘されている（Penley, et al. 2002）。ただし、問題焦点型コーピングを継続的に続けてい

> 問　ストレスコーピングについて正しいものを一つ選べ。
> ①　状況が変わっても、以前成功したコーピングを実行したほうが良い。
> ②　ストレッサーに対して多くの種類のコーピングをもちいない方がよい。
> ③　コーピングを続けているうちに疲労が蓄積することを、コーピングコストという。
> ④　コーピングの結果は、二次的評価というプロセスによって、それ以降の状況の評価に影響を与える。
> ⑤　一時的に生じたネガティブな感情を改善するコーピングは、慢性的なストレス反応の改善には効果がない。
> 〔2018年公認心理師試験問題より〕　　　　　　　　　　　　正答（　③　）

ると蓄積疲労が生じる。これは**コーピングコスト**と呼ばれる現象である。他方、ストレッサーに対する統制可能性が低い状況（問題がすぐに解決できないような状況）では情動焦点型コーピングの有効性が示されている（Chan & Hui 1995；Holmes & Stevenson 1990）。

　コーピングは「対処」または「対処方略」と訳されることが多い。この「対処」という表現をネガティブにとらえて、「認知行動療法ではストレスを取ってしまえば良いと考えているのか」という質問を受けることがある。しかし、臨床心理学で言う「対処」とは「排除」（取り除いてしまうこと）や「抑制」（無理矢理、押さえ込むこと）ではない。

　認知行動療法に限らず、一般に心理療法では、いろいろな意味が含まれているストレッサーを単純に悪玉ストレッサーとだけ見なして、消してしまえばよいという発想はない。現実のストレッサーはネガティブな面もあれば、ポジティブな面も含んでいる。このことを慎重にアセスメントして、ケース・フォーミュレーションを行なうことは全ての心理療法の前提である。ストレスの持つ意味を熟慮して、その上で、どういう対処をするかは、「対処をしないこと」も含めて、クライエントとの**協働的経験主義**によって決定される。

　ストレス緩衝（軽減）効果のもう一つの要因は**ソーシャルサポート**である。クライエントの関係する人物から受ける心理的・物理的支援の総称をソーシャルサポートという。「どのような関係の人から、何人くらいから、どのくらい

の頻度でサポートを受けるか」は**構造的サポート**といい、「どのようなサポートを受けるか」を**機能的サポート**という。

機能的サポートは**道具的サポート**と**情緒的サポート**そして**情報的サポート**に分けられる。道具的サポートは個人が直面している問題を、直接的・間接的に解決しようとするサポートである。お金がないときにお金を貸してもらうのは道具的サポートである。情緒的サポートとは個人の心理的負担を軽減したり、自尊心の回復に役立つサポートである。つらいときに友人に慰めてもらうなどは情緒的サポートである。情報的サポートとは問題解決に役立つ情報による支援である。苦手な科目の勉強で悩んでいるときに、良い参考書を教えてもらうなどは情報的サポートである。

★ソーシャルサポートの分類①
- 構造的サポート：どういう関係の人から、何人くらいから、何回くらいサポートを受けるか。
- 機能的サポート：どんな性質のサポートを受けるか（道具的、情緒的、情報的）。

ソーシャルサポートには「**実行サポート**」「**知覚サポート**」「**サポート・ネットワーク**」という分類もある。

実行サポート（受領サポート）とは「具体的に受けたサポート」のことである。「人手が足りないときに、引っ越しの手伝いをしてくれた」などは実行サポートである。一方、実際に助けてくれるかはわからないが、「助けてくれそうだ」という期待が持てる存在がいることもソーシャルサポートと言える。これは知覚サポートと呼ばれる。不登校だった子どもが久しぶりにクラスに復帰する際は不安が高まるものである。そんなとき、「嫌な状況になっても、担任の○○先生がいてくれるから、大丈夫だろう」とその子が考えていたとしよう。この場合、担任はその子どもの知覚サポートである。サポート・ネットワーク（ソーシャルサポート・ネットワーク）とは、過去にサポートが得られた、あるいは将来サポートが得られると予期される対人関係の存在を指す。これらの中でストレス緩衝効果が高いことで知られているのは**知覚サポート**である（福岡 2010）。

★ソーシャルサポートの分類②
●実行サポート：過去の一定期間内でサポートが他者から実際に得られた経験
●知覚サポート：必要なときにサポートが得られるという利用可能性の知覚
●サポート・ネットワーク：過去にサポートが得られた、あるいは将来サポートが得られると予期される対人関係の存在

　ソーシャルサポートが心理的な苦痛を軽減するメカニズムには二つのモデルがある。一つは**ストレス緩衝効果モデル**である。心理的苦痛が低いときにはソーシャルサポートの量の差はみられないが、心理的苦痛が高いときにはソーシャルサポートの量が多いほうが心理的苦痛を軽減するというモデルである。これに対して**直接効果モデル**は、ストレスの高低にかかわらず、ソーシャルサポートが多いほど、心理的苦痛の程度が軽減されるというモデルである。ただし、どちらにしても、**ストレッサーの強度が非常に強い場合にはソーシャルサポートの効果は発揮されない**。このように、ソーシャルサポートのストレス軽減効果には限界がある。

4）ストレス関連の症状と疾患
a　燃え尽き症候群
　ストレスの代表的な症状に**燃え尽き症候群**（バーンアウト）がある。これは「強いストレッサーが加わった状況下で長時間従事することによって起こる身体的、感情的、精神的疲労のプロセス」である。高い理想を持つ対人援助職の従事者がなりやすいと言われる。中心症状は「情緒的消耗感」「達成感の減退」「脱人格化」の3点である。

★燃え尽き症候群（バーンアウト）
①情緒的消耗感、②達成感の減退、③脱人格化
※燃え尽き症候群は疾患ではない。人を相手とする仕事を行なう人々に生じる情緒的消耗感、達成感の減退の症候群である（Maslash & Jackson 1986）

　情緒的消耗感とは心身共に疲労し、モチベーションが低下することである。達成感の減退は、仕事の満足感の低下であると同時に、理想や目標の低下とも

表 3-4　ストレス関連性障害の相違点

	急性ストレス障害	外傷後ストレス障害（PTSD）	適応障害
発症	ストレス体験直後 （4週間以内）	ストレス体験後 （4週間以降）3ヶ月以内	ストレス体験後 3ヶ月以内
経過	3日間〜4週間	1ヶ月以上 多くの場合1年以上	ストレス終結後の 6ヶ月以内
ストレスの 性質	極度のストレス	極度のストレス	いかなるストレスでも
判断基準 となる症状	解離性症状、再体験、外傷を想起させる刺激の著しい回避、強い不安症状または覚醒亢進	再体験、外傷と関連した刺激の持続的回避と、全般的反応の麻痺、持続的な覚醒亢進状態	抑うつ、不安、行為の障害

関連する。脱人格化とは同僚や家族またはクライエントに対して無関心になり、支援的な対応がとれなくなることである。なお、燃え尽き症候群はDSMやICDに記載されているような精神疾患ではない点に注意したい。

　b　急性ストレス障害・PTSD・適応障害

　ストレスにより生じる代表的な疾患に急性ストレス障害、PTSD、適応障害がある。このうち、PTSDについては第三章第2節5項を参照してほしい。三者の相違を表3-4に示す。

　極端に強いストレッサーが加わることでDSM-5に定義されるような症状が現れるのが**急性ストレス障害**である（表3-5）。急性ストレス障害は外傷性の出来事が生じてから3日後から診断が可能となり、1ヶ月以内に寛解する。1ヶ月後にPTSDに進行する場合もある。

　明確なストレッサーが原因で生じる代表的な疾患に**適応障害**がある。適応障害の定義を表3-6に示す。急性ストレス障害やPTSDのように外傷性ストレッサーである必要はなく、ストレスの内容も幅広い。発症はストレス体験後、3ヶ月以内である。

　c　HSPとレジリエンス

　強いストレッサーが加えられた時、それを跳ね返す力が弱い人もいれば、強い人もいる。ストレスに弱い理由には後天的要因（成育環境の劣悪さ、コーピングやソーシャルサポートの不足など）が原因になる場合もあれば、生得的にストレスを感じやすい場合もある。

　アロンら（Aron & Aron 1997）は**刺激を感じる閾値が生得的に低く、環境や物**

表3-5 急性ストレス障害

診断基準
A. 実際にまたは危うく死ぬ、重傷を負う、性的暴力を受ける出来事への、以下のいずれかの一つ（またはそれ以上）の形による暴露：
  (1) 心的外傷的出来事を直接体験する。
  (2) 他人に起こった出来事を直接目撃する。
  (3) 近親者または親しい友人に起こった出来事を耳にする。
  注　家族又は友人が実際に死んだ出来事または危うく死にそうになった出来事の場合、それは暴力的なものまたは偶発的なものでなくてはならない。
  (4) 心的外傷的出来事の強い不快感をいだく細部に、繰り返しまたは極端に暴露される体験をする（例：遺体を収集する緊急対応要員、児童虐待の詳細を繰り返し暴露される警官）
  注：仕事に関連するものでない限り、電子媒体、テレビ、映像、または写真による暴露には適応されない。
B. 心的外傷的出来事の後に発言または悪化している。侵入症状、陰性気分、解離症状、回避症状、覚醒症状の5領域のいずれかの、以下の症状のうち九つ（またはそれ以上）の存在。

侵入症状
  (1) 心的外傷的出来事の反復的、不随意的、および侵入的で苦痛な記憶
  (2) 夢の内容と情動またはそのいずれかの心的外傷的出来事に関連している、反復的で苦痛な夢。
  注：子どもの場合、内容のはっきりしない恐ろしい夢のことである。
  (3) 心的外傷的出来事が再び起こっているように感じる、またはそのように行動する解離症状（例：フラッシュバック）（このような反応は一つの連続体として生じ、非常に極端な場合は現実の状況への認識を完全に喪失するという形で現れる）
  注：子どもの場合、心的外傷に特異的な再演が遊びの中で起こることがある。
  (4) 心的外傷的出来事の側面を象徴するまたはそれに類似する、内的または外的なきっかけに反応して起こる、強烈なまたは遷延する心理的苦痛または顕著な生理的反応。

陰性気分
  (5) 陽性の情動を体験することの持続的な不能（例：幸福、満足、または愛情を感じることができない）

解離症状
  (6) 周囲または自分自身の現実が変容した感覚（例：他者の視点から自分自身を見ている、ぼーっとしている、時間の流れが遅い）
  (7) 心的外傷的出来事の重要な側面の想起不能（通常は解離性健忘によるものであり、頭部外傷やアルコール、または薬物などの他の要因によるものではない）

回避症状
  (8) 心的外傷的出来事についての、または密接に関連する苦痛な記憶、思考、または感情を回避しようとする努力。
  (9) 心的外傷的出来事についての、または密接に関連する苦痛な記憶、思考、又は感情を呼び起こすことに結びつくもの（人、場所、会話、行動、物、状況）

覚醒症状
  (10) 睡眠障害（例：入眠や睡眠維持の困難、または浅い眠り）
  (11) 人や物に対する言語的または肉体的な攻撃性で通常示される、（ほとんど挑発なしでの）いらだたしさと激しい怒り。
  (12) 過度の警戒心
  (13) 集中困難
  (14) 過剰な驚愕反応
C. 障害（基準Bの症状）の持続は心的外傷への暴露後に5日～1ヶ月
  注：通常は心的外傷後すぐに症状が出現するが、診断基準を満たすには持続が最短でも3日、および最長でも1ヶ月の必要がある。
D. その障害は臨床的に意味のある苦痛、または社会的、職業的、または他の重要な領域における機能の障害を引き起こしている。
E. その障害は、物質（例：アルコール）または他の医学的疾患（例：軽度外傷性脳挫傷）の生理学的作用によるものではなく、短期精神病障害ではうまく説明されない。

〔日本精神神経学会（日本語版用語監修）(2014)『DSM-5 精神疾患の診断・統計マニュアル』高橋三郎・大野裕監訳、医学書院、pp. 278-279〕

表3-6　DSM-5による適応障害の定義

A	はっきりと確認できるストレス因子に反応して、そのストレス因子の始まりから3ヶ月以内に情緒面または行動面の症状が出現。
B	これらの症状や行動は臨床的に意味のあるもので、それは以下のうち一つまたは両方の証拠がある。 ①そのストレス因子に暴露されたときに予想されるものをはるかに超えた苦痛、② 社会的または職業的（学業上の）機能の著しい障害。
C	ストレス関連性障害は他の精神疾患の基準を満たしていないこと。すでに精神疾患を患っている場合には、それが悪化した状態ではない。
D	症状は、死別反応を示すものではない。
E	そのストレス因子（またはその結果）がひとたび終結すると、症状がその後さらに6ヶ月以上持続することはない。

事を敏感に感じ、ストレス反応が出やすい人をHSP（Highly Sensitive Person：ハイリー・センシティブ・パーソン）と名付けた。HSPの人々は乳幼児期からノルアドレナリンの分泌量が多いことや、慢性的にコルチゾールが多い等の特徴がある。刺激の感じやすさは心理的苦痛の感じやすさとなる。HSPの人々は抑うつ気分を抱きやすく、自尊心が低い傾向がある（Atras 1994）。HSPの人々は全人口の約20%である（平野 2012）。

一方、多くの人が急性ストレス障害を発症してしまうような状況で、発症しない人が何割かは必ずいる。心理的な傷つきや落ち込みから立ち直る力は**レジリエンス**（精神的回復力）と呼ばれる。レジリエンスを構成する要因には様々な説があるが、平野（2010）はレジリエンスを先天的な**資質的レジリエンス要因**と後天的に獲得する**獲得的レジリエンス要因**の2要因にわけている。資質的レジリエンス要因には楽観性、統御力、社交力、行動力であり、獲得的レジリエンスは問題解決志向、自己理解、他者心理の理解である（平野 2010）。

注
*1　工学的なストレスと区別する意味で「生物学的ストレス」ともいわれる。
*2　厚労省の分類では「物理的ストレッサー」「化学的ストレッサー」「心理・社会的ストレッサー」となる。

2　生物心理社会モデル

「生物心理社会モデル」とは、クライエントを生物的・心理的・社会的存在として把握するモデルである。1970年代にジョージ・エンゲルによって提唱さ

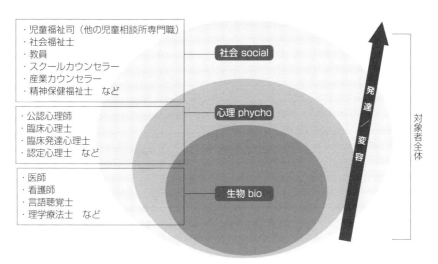

図 3-5　生物心理社会モデル
〔日本心理研修センター監修（2019）『2019年度公認心理師現任者講習会テキスト』金剛出版、p.12 を元に作成〕

れた。クライエントの主訴に関係する要因は生物的・心理的・社会的次元でそれぞれ把握されなければならない（図3-5）。

　公認心理師は生物心理社会モデルにたってケース・フォーミュレーションを作っていく。心理療法の流派は様々だが、どの立場であっても生物的・心理的・社会的次元でケースを把握する必要がある。

　その理由として第一に、心理だけを重視してケースを見るリスクを避けるためである。本当は重篤な医学的な疾患があったのに、その点を確認せずに受容的対応をとり続けた結果、重篤な結果を招いた事例が公認心理師現任者講習で提出されていた。また、本当は児童虐待として通報義務が生じるのに、守秘義務の元で通報しないケースも考えられる。前者は医学的検討をしなかったことから生じ、後者は社会的（法的）検討をしないことから生じた失敗である。生物心理社会モデルはこうしたリスクを避けるために有効である。

　第二は公認心理師の多職種連携の義務である。公認心理師の業務を行なう際は、異なる職種の人たちと連携しながら仕事を行なう義務がある。図3-5は連携するべき職種を示してもいる。リスクを避けること、そして多職種と連携することを併せて考えるならば、生物心理社会モデルは**リスク・アセスメント**と表裏の関係にある。

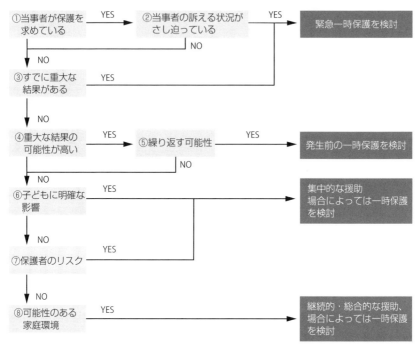

図3-6 一時保護に向けてのフローチャート
〔厚生労働省（別添5）「一時保護決定に向けてのアセスメントシート」を元に作成〕

　リスク・アセスメントは重大なリスクが生じた際の手続きと併せて覚える必要がある。

★リスク・アセスメント
クライエントの生命や社会的生活に対する、または、人権を著しく損ねるリスクについてのアセスメント。

★措置入院
精神障害のある人が自分や他人を傷つける恐れがある場合、本人や家族の同意がなくても、精神科病院に入院させることができる制度。精神保健福祉法29条で定められており、精神保健指定医（2名）の診察結果を踏まえ、都道府県知事または政令指定都市の市長らが決定する。

> 問　3歳の男児。3日前に階段から落ち元気がないため見てほしいと母親に連れてこられて来院した。担当医師の診察結果では、頭部に裂傷と血腫、胸部に紫斑を認めた。胸部エックス線写真では肋骨に受傷時期の異なる複数の骨折を認めた。公認心理師は担当医から対応を相談された。ソーシャルワーカーからは、男児の家族は1ヶ月前にこの病院のあるA市に転居してきたと伝えられた。診療録によると、最近1ヶ月の間に、小児科で脱水、皮膚科で熱湯による熱傷、外科では外傷による爪剥離と転倒による肋骨骨折の治療歴がある。
> このとき、公認心理師が提案する対応として、最も適切なものを一つ選べ。
> ① 児童相談所へ通報する。
> ② 母親と夫との関係について聴く。
> ③ 母親に子育て支援団体を紹介する。
> ④ 引き続き小児科外来での診療を勧める。
> ⑤ 母親に今回と過去の受傷機転の詳細について問いただす。
> 〔2018年公認心理師試験問題より〕　　　　　正答（　①　）

　心理面接の中で児童虐待の可能性がある訴えを聞くことがあるだろう。その際、どのような手順で一時保護を検討するのかを知らなければ、一時保護の判断に躊躇が生まれてしまうかもしれない（図3-6）。また、医療現場では措置入院が検討されることもある。このように、リスク・アセスメントは生物心理社会モデルに基づいてリスク回避のためにどのような連携が必要かを知っておく必要がある。

　心理だけの知見でケースを判断するリスクを避ける。そして多職種とつながりながら、リスク・アセスメントを行ない、リスクが高い際の対応について熟知しておくことが望まれる。

3　発達の理論

1）発達とは何か

　私たちは生を受けてから死に至るまで心身のあらゆる面で変化し続けている。そうした変化を**発達**ないしは**生涯発達**という。かつては「子ども」と「大人」の区分くらいしかなく、また発達といえば大概は子どもの「成長」を意味した。

現在では生涯を大まかに、**胎児期・乳児期・幼児期・児童期・青年期・成人期・老年期**と区分してとらえるのが一般的であり、成人期以降の発達も重視する。なお、青年期の中でも特に生理・身体的変化の著しい初期を思春期、成人期の後半を**中年期**などと、さらに区別して呼ぶことも多い。寿命の延びや社会の変化に応じて細分化される傾向にある。また移行の年齢的な目安も変わる。

a 生涯発達の視点

エリクソンの発達段階や**ハヴィガースト**の発達課題（後述）の考えには、比較的古くから、生涯発達の視点、つまりライフサイクル全体を見渡す視点が示されている。

たとえば、エリクソンは生涯にわたる心理社会的発達（パーソナリティの発達）を図3-7のような8段階にまとめた。各段階には「〜対〜」という形でその時期の核心となる危機（葛藤）が示されている。エリクソンが重視した青年期についていうと、危機は「アイデンティティ vs アイデンティティ拡散」であるが、この段階のもっとも重要な課題は、自らの**アイデンティティ**を、拡散（社会的役割の混乱）を乗り越えて統合に至らせることである（ただしアイデンティティに関する課題は青年期に開始されたわけでも、また終結するわけでもない）。

b 発達を規定する要因：遺伝－環境論争

発達のあり方を規定するのは**遺伝**（成熟）か**環境**（経験）か。むろん、いずれも必須であるが、遺伝（成熟）をより重視する考え方を**成熟優位説**、そして環境（経験）重視の考え方を**経験優位説**という。両者の間には古くから論争があった。

しかし現在では基本的に、「遺伝と環境は単なる加算的関係を超えて、相互に作用しながら発達を規定していく」という**相互作用説**が浸透しており、さらに、その考え方自体にも進展がみられる。

c 臨界期と敏感期

マガモやハイイロガンなど（鳥類）のヒナは生まれてすぐ目にした動くもの（刺激）を「親」として追いかけるようになる。**ローレンツ**によって確認された、この**インプリンティング（刻印づけ）**と呼ばれる現象は生後ごくわずかな期間にしか成立しない。このように、それを過ぎればある行動の獲得が不可能になるという限られた時期を**臨界期**という。

私たち人間の発達に関しては、厳格な臨界期の存在はほとんど示されていな

	1	2	3	4	5	6	7	8
Ⅷ 成熟期（老年期）								統合性 対 嫌悪・絶望
Ⅶ 成人期（中年期）							生殖性 対 自己吸収	
Ⅵ 初期成人期（成人期）					連帯感 対 孤立	親密さ 対 孤立		
Ⅴ 青年期	時間的展望 対 時間的展望の拡散	自己確信 対 自己意識過剰	役割実験 対 否定的同一性	達成期待 対 労働麻痺	アイデンティティ 対 アイデンティティ拡散	性的同一性 対 両性的拡散	指導性の分極化 対 権威の拡散	イデオロギーの分極化 対 理想の拡散
Ⅳ 学童期				生産性 対 劣等感	労働アイデンティティ 対 アイデンティティ喪失			
Ⅲ 遊戯期（幼児期後期）			主導性 対 罪悪感		遊戯アイデンティティ 対 アイデンティティ空想			
Ⅱ 早期幼児期（幼児期前期）		自律性 対 恥・疑惑			両極性 対 自閉			
Ⅰ 乳児期	信頼 対 不信				一極性 対 早熟な自己分化			

図 3-7　エリクソンの心理社会的発達段階

[西平 1979 を基に一部改変]

いものの、ある特定の経験（学習）をしておくのに適切な時期という意味での**敏感期**の存在は示唆されている。しかし同時に、たとえ初期に適切な養育環境が剥奪されて発達に遅れや問題が生じても、その後、環境が適切に整えられればかなりの程度、回復可能であることを示した事例もあり、特に人間の発達においては可塑性が大きいこともうかがえる。

d　生理的早産

概して高等哺乳類は妊娠期間が長く、成熟した状態の子を少数、産む。そのぶん子は早く巣立つ（離巣性）。一方、より下等な哺乳類は妊娠期間が短く、未熟な子を多数、産んで育てる（就巣性）。ポルトマンによれば、進化によって脳が巨大化したヒトの繁殖（出産・子育て）戦略は、本来の離巣性に加え、就巣性の特徴を併せもつようになった。本来より一年程度（生後、歩行開始くらいまでの間）早く、身体的に未熟な状態で生まれてくることを余儀なくされたのだという。このことを**生理的早産**と呼ぶ。

しかし乳児は、大人にただ世話を「される」だけの受動的な存在ではない。生まれてすぐから自らの生存に不可欠な行動へとつながるさまざまな不随意運動（身体内・外部の特定の刺激に対して、意思とは無関係に生じる反応）を起こす。優れた感覚能力も備えており、それらを介して（他者を含む）環境に自らも働きかけている。

2）乳児の運動（行動）・感覚（知覚）能力

原始反射（**新生児反射**）は乳児が示す不随意運動の一種で、たとえば**吸啜反射**（口に含ませたものを吸う）、（手掌）**把握反射**（手のひらを押すと全指をおり曲げる）、**モロー反射**（頭の支えをとると抱きつく）がある。その多くは**新生児期**（乳児期の初めの生後4週間）をピークにその後は急激に減少、生後2、3ヶ月でほとんど消失する。代わって、意図・目的をもった行動をとるようになる。**自発的微笑**（**新生児微笑**）も不随意運動の一種である。生後3ヶ月もたてば他者への応答としての社会的微笑がみられるようになり、そのころまでに自発的微笑の方は消失してしまう。

また、乳児（新生児）に顔の前でゆっくり口の開閉や舌出し、しかめ面をして見せると、彼らはそれらと同じ表情をする。これも、**新生児模倣**と呼ばれる不随意運動で、やはり生後2ヶ月ほどで消失する。なお、通常の意味での**模倣**、

> 問　生後 6 ヶ月頃までの乳児が示す発達的特徴について、不適切なものを一つ選べ。
> ① 対面する他者の視線方向を目で追う傾向がある。
> ② 目鼻口が正しい配置にある顔図形を選考する傾向がある。
> ③ 他児の泣き声を聞くと、つられるように泣き出すことがある。
> ④ 曖昧な状況で養育者の表情を見てからその後の行動を開始するようになる。
> ⑤ 目の前で舌を出す動作を繰り返し見せると、同じような顔をすることがある。
> 〔2018 年公認心理師試験問題より〕　　　　　　　　　　　正答（　④　）

つまり新たな行動の獲得（学習）につながる意図的な模倣を示すのはおよそ生後 8 ヶ月以降である。他にも、大人の動作に自らの動きを同調させたりもする（共鳴動作）。

　そもそも原始模倣が可能なのも乳児（新生児）に優れた感覚能力があるからだが、彼らは生後まもなくから、とくに「人の顔」のような刺激を選択的に注視したり、「人の声」、なかでも胎児期から聞きなじみのある「母親の声」に注意を向けやすいことがわかっている。また、ハイハイでの移動が可能になる 6 ヶ月頃からは**奥行き知覚**も可能である。これは**視覚的断崖（ビジュアル・クリフ）**と呼ばれる実験装置（床に 1m の段差をつけた「断崖」の上に強化ガラスを渡したもの）を用いた研究で明らかになった。6 ヶ月を超えた乳児は、「断崖」の上を、その先に立っている母親へ向かって進んで行かないのである。しかし 12 ヶ月児ともなると、視覚的断崖（ただし段差は 30cm）の上を進むかどうかを、母親の表情を手がかりに判断することができる。「断崖」の先に魅力的なおもちゃが置かれていて、母親が「喜び」の表情をしていると進んで行くが、「恐れ」の表情をしていると行かない。このように、1 歳前後からは、重要な他者の感情・意図をそのシグナルから読みとったうえで、あいまいな状況を判断し、自身の行動を調整することができるようになる。これを**社会的参照**という。

3）認知・言語の発達

a　ピアジェの理論

　ピアジェは子どもの認知（思考）発達の過程を、シェマ（認識の枠組み）の同

化と調節という原理によって説明し、大まかに、**感覚運動期・前操作期・具体的操作期・形式的操作期**という4段階からなるとした。人はシェマをとおして環境（外界）と関わりながら、新たな対象を取り込むが（同化）、既存のシェマではうまく取り込めない場合は、シェマの方を変容させる（調節）。認知発達はそうした環境との相互作用により進んでいくという。

　感覚運動期（〜2歳） には、運動（初期は反射）と感覚、つまり物を吸ったり、つかんだり、といった身体的活動をとおして外界を認識する。したがって、はじめは自分の感覚、運動の対象とならないものは認識できず、たとえばおもちゃを覆い隠されると、その存在がなくなったかのようにふるまう。しかし運動と感覚の間を反復する活動（たとえば、ガラガラを振るとそれが鳴る、など）を繰り返しながら、活動と環境の変化との関係を学習していき、対象の永続性も理解できるようになっていく（おもちゃを隠されても覆いの下を探そうとする）。

　1歳頃からは試行錯誤、またその後は洞察（活動を起こす前に状況を考える）による問題解決が可能になる。

　前操作期（2〜7、8歳） には、感覚運動的シェマが内在化され、表象が可能になる。イメージや言語を用いてあるものを別のものに置き換える「見立て」や「ふり」遊びが出現する。しかし思考はまだ**自己中心的**で、自分とは異なる他者の視点をなかなか理解することができない。たとえば**三つ山課題**（図3-8）では、自分と異なる位置（向き）の人形から山がどう見えているかを写真群から選ぶように教示されるが、**自己中心性**を脱していない子ども（4-6歳）は、彼ら自身の見え方にとらわれてしまい、人形から見える景色にうまくたどりつけない。またピアジェは、この段階の子ども（幼児）に観察される**アニミズム**（無生物にも生命があると信じること）やひとりごとも彼らの自己中心性の表れであるとした。したがって、たとえばひとりごと（自己中心語）は、彼らの言語の社会化（本来の機能である社会的伝達のための言葉に移行する）とともにみられなくなると考えた。

　物事のある面に注意を向けるとその他の面を無視してしまうため（**中心化**）、**保存**が理解できない。さまざまな保存課

図3-8　三つ山課題
〔Butterworth & Harris（1994）を元に作成〕

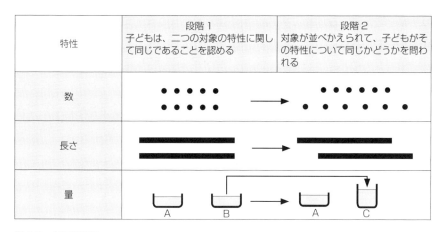

図 3-9 保存の課題
〔バターワースとハリス（1997）『発達心理学の基本を学ぶ』村井潤一監訳、ミネルヴァ書房を元に作成〕

題（図 3-9）があるが、ある面の見かけが変化（変形）すると、それにつられて、実際には何も付け加えたり取り去ったりしていないのに、**直観的に「増えた」**などと思ってしまう（「同じ」とはなかなか思えない）。

具体的操作期（7、8～11、12歳）には、それまで主観的、直観的だった思考が、具体的な事柄に限れば客観的、論理的になる。すなわち、頭のなかで思考を元に戻したり（**可逆性**）、自分の視点・立場を離れて複数の面から物事を捉えたりすること（**脱中心化**）が可能になる。保存概念も順次、獲得していく。

そして最終段階である**形式的操作期（11、12歳～）**では、抽象的な事柄についても論理的思考が可能になる。

b　**ヴィゴツキーの理論**

ピアジェが基本的に認知発達を個人内の機序にしたがって発現する過程ととらえたのに対して、ヴィゴツキーはすべて「言語」を媒介した文化（歴史）的な過程ととらえた。

ヴィゴツキーによれば、子どもの知的発達の水準は二つにわけられる。子どもが独力で到達可能な水準と、大人の援助（教師の教授）があれば到達可能な水準である。そしてこの二つの水準間の領域を**最近接領域**と呼んだ。教育は、この最近接領域に働きかけていくべきだということになる。あらゆる知的活動（高次精神機能）について、まず大人とのコミュニケーション（**精神間機能**）が

あり、それを内在化することによって独力で行うことが可能（**精神内機能**）となるわけである。

ヴィゴツキーの考えにしたがうと、ピアジェの**自己中心語**は**外言**（社会的伝達のための言葉）から**内言**（思考の道具としての言葉）が分化・発展していく過渡期にみられる**外内言**（外言の性質を残した内言）であり、就学を境にそれがみられなくなるのは、（外言ではなく）内言へと発展したからだ、つまり精神間機能から精神内機能への展開（内在化）による。

　c　**言語の獲得**

子どもは幼児期に入る1歳頃から本格的に言語を獲得していく。**初語**（意味のある最初の言葉）を話すのはおおむね1歳前後である。その後、語彙数は50〜100語くらいまでは比較的ゆっくりと増えていき、1歳代後半から2歳前後で**ボキャブラリー・スパート**（**語彙爆発**）と呼ばれる時期を迎えると、急速に増加する。と同時に、二語文を話すようになり、3歳ごろまでに多語文（三語文以上）や助詞の使用がみられるようになる。そして4歳頃までには基本的な文法が習得されるが、もちろんまだ誤用も多い。

初語が出現するずっと以前から、子どもは**クーイング**（2ヶ月）や**喃語**（3ヶ月）といった、いわば発声練習をしているし、親も抑揚が大きくピッチの高い声で子どもに話しかけること（**マザリーズ**）で、盛んに前言語的コミュニケーションがとられている。さらに、およそ9ヶ月以降の子どもは、親（他者）が注意（視線や指さし）を向ける対象に自分も興味を向けたり（**共同注意**）、子ども自身も**指さし**によって自分の注意や興味を他者と共有しようとするようになるが、こうした「モノ（事象）」を挟んだ「子」と「親」（**三項関係**）のやりとりが、子どもの言語獲得・発達にとって非常に重要だとされている。

読み書きについては、児童期への移行（就学）を境に、学校教育をとおしてその習得が本格的に促されはじめるが、実際には、小学校入学までにかなり多くの子どもがひらがなを読めるようになっている。読みの習得にはまず**音韻意識**が重要となる。幼児の遊びには、しりとりをはじめ、音韻意識を高めるようなものが多い。なお、日本語の「かな」に関しては、音と文字の対応関係が単純であるため、それが複雑である英語などに比べると、読みの困難は小さい。また、書くことは読むことよりも負荷が大きい。就学前には（書けたとしても）まだ**鏡文字**が多くみられたり、**外言**を伴わなければ難しかったりする。一般に、

> 問　コミュニケーションと言語の発達について、正しいものを一つ選べ。
> ① 発達初期に出現する語彙は、動詞や形容詞が名詞よりも多い。
> ② 語彙の増加は、初語の出現から就学まで概ね均質なスピードで進む。
> ③ 指さし、リーチングなどとともに生後6ヶ月頃から頻繁に観察されるようになる。
> ④ 生後9～10ヶ月頃からみられる、対象に対する注意を他者と共有する行動を共同注意と呼ぶ。
> ⑤ クーイングとは、乳幼児の後半からみられる「ババババ」などの同じ音を繰り返し発声することをいう。
> 〔2018年公認心理師試験問題より〕　　　　　　　　　　　正答（　④　）

児童期をとおして急速に子どもたちは書くことにも習熟していく。それでも、「漢字」を含む日本語の場合、書くことの困難は比較的大きい。

d　心の理論

心の理論（theory of mind）とは、行動の背景にある心の状態（知識・信念・欲求など）を理解、推測する能力を指す。私たちは自分の心も含めて、心の状態を直接観察することはできないわけだが、それを理解するための、いわば理論をもつことで、自身や他者の行動を予測したり、解釈したりすることが可能になる。そうした心の理論の発達を測定する**誤信念課題**の一つに**サリーとアンの課題**がある。サリーは「バスケット（カゴ）」の中にボールを入れて部屋を出ていく。その間にアンはボールを「箱」の中に入れ替える。部屋に戻ってきたサリーは、「バスケット」と「箱」のどちらを探すだろうか。3歳では、まだサリーの誤信念について正しく理解することが難しい。多くの子どもがこの課題をパスする、つまり「サリーは退室していて、アンがボールを箱に入れ替えたことを知らないのだから、誤ってバスケットの中を探すはずだ」ということがわかるのは4歳以降とされている。

前述のとおり、場面を共有している親しい他者（親）との間で感情・意図を読みとったり、そのうえで状況判断を行なったりすること（**共同注意、社会的参照**）が可能になるのはもっと早い。自分とは「異なる」他者の視点、心の状態を適切に推し量るのは難しいことがわかる。

4）自己の発達

　子どもの鼻の頭に気づかれないように口紅を塗り、鏡にその姿を映して、子どもが自分自身の鼻に触るかどうかをみる**口紅課題**がある。鏡像ではなく、それを見ている自分自身の鼻に触れば、その子は鏡の中の自己像（**客体的自己**）と、それをこちら側で見ている自分自身（**主体的自己**）を同一視できたことになる。多くの子どもでそれが可能になるのが1歳半から2歳くらいの間であることから、人間が自分で自分を意識できるようになるのはこの時期（幼児期）だと考えられる。ちょうどその頃の幼児は自分を名前で呼んだり、所有意識を表わしたりするようにもなる。ただし過去の自分の映像を見て同一視できたり、未来の自分を思い描いて「将来～になりたい」と述べたりするのは4、5歳以降となる。

　このような1歳半から2歳前後の自己意識の確立（いわゆる自我の芽生え）によって、またこの頃は身辺自立も進むために、自己主張や大人への反抗が顕著にみられるようになる（**第一次反抗期**）。しかしそれらは当然、大人から拒否されたり、仲間との衝突を招いたりすることもある。幼児はそのような中で、いつも自分の思いどおりにいくわけではないことや、他者には他者の意図があることを学びながら、**自己制御**の能力を発達させていく。なお、自己制御には自己主張・実現（たとえば、不当なことに抗議できる）の側面と、自己抑制（がまん、してはならないことをやめる）の側面があるが、自己主張・実現の力は3歳から4歳後半にかけて急激に伸びるのに対して、自己抑制の方は3歳から6歳後半（幼児期いっぱい）まで緩やかに伸びていく（柏木 1983）。

　次なる大きな転換期は青年期といえるだろう。特にその入り口である思春期には、**第2次性徴**にともなう急激な生理・身体的変化によって自己像が大きく揺らぎ、周囲の大人たちとの関係も変化して、多くは**第二次反抗期**を迎える。そして**エリクソン**によれば、**アイデンティティ（同一性）** の達成が青年期を通じた課題である。アイデンティティとは、内的な**斉一性**の感覚（「私は私という一個の存在である」）、**連続性**の感覚（「私はこれまでも、これからもずっと私である」）、そしてそれらが他者・社会からも（「職業」のような具体的な形で）認められるという自信からなる。またこの時期は性や恋愛への関心が高まることから、**ジェンダー・アイデンティティ（性同一性）** に関して深く考えたり、あらためて気づいたりするきっかけも多いだろう。ジェンダー・アイデンティ

> **問** 基本感情説における基本感情について、最も適切なものを一つ選べ。
> ① それぞれの感情が特異的な反応と結びついている。
> ② 大脳皮質を中心とする神経回路と結びついている。
> ③ 発達の過程を通して文化に固有のものとして獲得される。
> ④ 喜び、怒り及び悲しみといった感情概念の獲得に依存する。
> ⑤ 快 – 不快と覚醒 – 睡眠の二次元の感情空間によって定義される。
> 〔2018年公認心理師試験問題より〕　　　　　　　　正答（　①　）

ティとは一般に、**性自認**（たとえば「私は女性だ」）、**性役割観**（「料理は女性がすべきだ」）、性的指向（異性愛／同性愛／両性愛など）といった側面を含み、アイデンティティの一部をなすと考えられている（「私は料理上手な女性らしい女性なので、男性からモテる」というような自己認知・感覚）。性自認そのものは2、3歳頃すでにみられる。また性役割観の発達には、親をはじめ子どもを取り巻く大人たちの性役割期待やそれに基づく性別しつけの影響が大きいと考えられる。

★基本感情
エクマンは、独自の表出シグナルが文化に関係なく共通に認められる（種内普遍性）、高等哺乳類をはじめとした他の動物種にも類似の表出が認められる（種間普遍性）、など九つの条件を満たすものを基本感情と呼び、喜び、驚き、悲しみ、嫌悪、怒り、恐れ、を挙げた。イザードも類似の条件を述べ、さらに軽蔑などを基本感情として加えている。

5）愛着の発達

　子どもはおよそ6ヶ月にわたる持続的な相互作用を通じて親を特別な対象とみなし、近接を求めるようになる。**ボウルビィ**はこのような情緒的絆を**愛着（アタッチメント）** と呼び、これに関する理論化を行なった。乳児は大人の保護がなければ生き延びられない。愛着は子が親（をはじめとする特定の大人たち）にいざという時、効果的に守ってもらうためのシステムとして進化してきた。したがって、子どもは疲れや恐れ、不安を感じると、とりわけ強く親（愛着対象）への近接を求める。反対に、特に危機のない状況下では親から少し離

表3-7 ストレンジ・シチュエーション法による乳児の愛着パターン

A（回避）型 母親との分離に苦痛を示さず、再会場面では無視する、目を逸らすなど、顕著な回避がみられる。自ら母親に接近・接触を求めることはほとんどなく、ストレンジャーへの反応が母親へのものとあまり変わらない。全般に泣きが少なく、"探索"が活発。

B（安定）型 母親との分離に苦痛を示し、（ストレンジャーにいくらか慰められることはあっても）母親を求める。再会場面では母親との接近・接触を積極的に求め、それらで容易になだめられる。母親を（同室にいるときは）安全基地として活発に探索する。

C（両極／抵抗）型 分離前から泣きが多く、探索行動は乏しい。再会場面では母親に接近・接触を求める一方で、それに顕著な抵抗を示し、なかなかなだめられない。乳児によって、分離時に極端な苦痛を示し、再会時の抵抗や怒りがストレンジャーにまで向けられる場合もあれば、再会時の抵抗は強いものの、行動全般が受動的な場合もある。

D（非組織化／無指向）型 たとえば再会場面で親に顔を背けながら近づく、ストレンジャーとの分離に対して苦痛や後追いを示す、というように矛盾した行動や場面にそぐわない行動をとる。再会場面で"フリーズ"や異常なポーズ、親に対するより直接的な恐怖を表わすこともある。

れて環境探索を行なえる方が適応的だろう。親はその**安全基地**としての機能も有する。

　愛着には、満1歳の時点ですでに個人差がみられる。**エインズワース**らによる**ストレンジ・シチュエーション法**を用いた類型化でA、B、C型が、また後にメインらによってD型が同定された（表3-7）。これらの個人差は、それまでの親との相互作用の質を反映している。なお、ストレンジ・シチュエーション法は、乳児とその（母）親との2度の分離‐再会（母親が実験室を退室、3分後戻る）や、ストレンジャー（見知らぬ女性の実験協力者）の在室などの場面から構成される。見慣れぬ場所で母親との分離を経験することは、乳児にとってはいわば"危機的状況"であり、愛着が活性化する。また実験室には乳児にとって目新しいおもちゃを配置してあり、探索も活性化するようデザインされている。

　愛着は**内的作業モデル**（インターナル・ワーキング・モデル）を通じて**表象**レベルで生涯、機能し続ける。親（愛着対象）に関するモデルと自己に関するモデルが相補的に構築され、発達するため、初期の愛着の質は変わりにくいとされる。**成人愛着面接**（アダルト・アタッチメント・インタビュー）**法**によって親の愛着の個人差（乳児の愛着パターンに対応する4型）も測定され、**世代間伝達**の傾向が認められている。

> 問　J. Piaget の発達理論について、正しいものを一つ選べ。
> ① 外界に合わせてシェマを改変する過程を「異化」という。
> ② 「具体的操作期」になると、速度、距離、時間など変数間の数量的な関係が理解できるようになる。
> ③ 「自己中心性」とは、何事も自分中心に考える幼児期の利己的な心性を表わし、愛他心の弱さを特徴とする。
> ④ 積木をサンドイッチに見立てて食べるまねをするような「ふり遊び」は、表象の能力が発達する幼児期の後半から出現する。
> ⑤ 水を元のコップよりも細長いコップに入れ替えると液面が高くなるが、幼児期の子どもは水の量自体も変化したと考えてしまう。
> 〔2018 年公認心理師試験問題より〕　　　　　　　　　正答（　⑤　）

6）感情・社会性の発達

a　一次的感情と二次的感情

　ルイスによれば、**感情の発達にも自己意識が深くかかわる**。子どもは生後6ヶ月くらいまで（乳児期）に、喜び、驚き、悲しみ、嫌悪、怒り、恐れ、といった基本感情を表わすようになるが、それらを**一次的感情**と呼ぶ。なお、基本感情とは、それぞれ独自の表出シグナル（表情など）が通文化的（普遍的）にみられるとされる感情である（Ekman 1992）。対して、1歳半から2歳前後（幼児期）における自己意識の確立以降に出現する、照れ、共感、妬み、誇り、恥、罪悪感などを**二次的感情**と呼ぶ。なかでも誇りや恥・罪悪感は、周囲の大人の基準を内在化し、行動の良し悪しを自分自身でも評価できるようになる2歳から3歳にかけてようやく出現すると考えられる。また、共感や誇り、恥、罪悪感などは道徳的規範意識や向社会的行動と深く結びつく感情であり、**道徳的感情**といわれることもある。

　感情の調整・表出に関しては、3、4歳になると社会的な**表示規則**を理解しており、たとえプレゼントにがっかりしている場合でも、それをくれた相手の前では本当の気持ちを隠して微笑みを浮かべるといった反応も示せるようになる。

b　道徳性の発達段階

　困っている人を助けたり（**援助行動**）、他者の利益のために行動したり（利

表3-8 コールバーグの道徳性の発達段階

◎水準Ⅰ　慣習以前
段階1 - 罰と服従への志向　権威的人物が自分にもたらす物理的結果によって「善」「悪」が決まる。
段階2 - 道具・相対主義志向　自分の求めるものを結果的に満たすような行為が「正しい」。

◎水準Ⅱ　慣習的
段階3 - 対人関係の調和、「良い子」志向―　多数意見や紋切り型の行動に従う。人を喜ばせたり助けたりとする「良い子」の行動が「善」である。「善意」の動機が重視される。
段階4 -「法と秩序」志向　既存の社会秩序を秩序そのもののために維持することが「正しい」行動だと考える。

◎水準Ⅲ　慣習以後：自律的、原理的
段階5 - 社会契約的遵法主義志向　民主的に吟味、合意された「法」に従う。それを固定的なものとみなさず、社会的効用を合理的に勘案して変更する可能性を重視する。
段階6 - 普遍的な倫理的原理志向　「正しさ」は論理的包括性、普遍性、一貫性に訴えて自ら選択した「倫理的原理」すなわち「良心」によって規定される。

〔ローレンス゠コールバーグ（1987）『道徳性の発達と道徳教育――コールバーグ理論の開と実践』（付：アメリカの道徳教育）岩佐信道訳、広池学園出版部〕

他的行動）、といった**向社会的行動**をとるかどうかには、感情だけでなく、判断・推論といった認知的な側面が大きく関わる。

ピアジェは子どもの道徳判断の発達についても複数の研究を行ない、大まかにいえば、「他律」から「自律」へという方向性を示した。「他律」段階では、たとえばゲームの規則は大人による拘束そのもので、絶対的なものである。しかし児童期をとおして、規則とは仲間との協同（協力）のなかで守るものであり、互いの同意によって修正もありうるといった「自律」的な考え方ができるようになっていく。

コールバーグはこうしたピアジェの研究を発展させ、ジレンマ課題を用いた研究によって、青年期以降も視野に入れた道徳性の発達段階説を提唱した。これは表3-8のような3水準6段階からなるが、必ずしも認知発達に伴って進むわけではない。たとえば、形式的操作が可能でも第3水準の道徳判断を行なうとは限らない（とりわけ、最終段階のように普遍的原理に即した判断を行なう者は稀である）。道徳性の発達には、**道徳的ジレンマ**と**役割取得**（他者の立場に立ってみること）の「経験」が重要だとされる。

表 3-9 ハヴィガーストによる成熟期（老年期）の発達課題

成熟期（老年期：60 歳から後）
1. 体力や健康の衰えに適応していく。
2. 退職と収入の減少に適応する。
3. 配偶者の死に適応する。
4. 自分と同年齢の人々の集団にはっきりと仲間入りする。
5. 社会的役割を柔軟に受け入れて、それに適応する。
6. 物質的に満足できる生活環境をつくりあげる。

〔二宮克美・大野木裕明・宮沢秀次編（2012）『ガイドライン生涯発達心理学（第 2 版）』 ナカニシヤ出版、p.188 より一部抜粋〕

7）エイジング

　老年期の発達は必ずしも単純な衰退・喪失の過程ではない。たとえば、知能は一様に低下するわけではないことがわかっている。**流動性知能**（帰納・演繹的推論）は加齢にともない 70 歳ごろから急激に低下するが、**結晶性知能**（言語理解・一般的知識）の方は 20 代から 60 代まで上昇した後、70 歳ぐらいからゆっくり低下していき、80 代で 20 代と同水準になる。個人差もそれまで以上に大きい。

　しかしそのいっぽう、後期高齢期（75 歳～）に入るころには多くの人に自立度の低下が認められる（秋山 2010）。さまざまな機能低下や変化する状況（社会的関係の喪失など）を受け入れたうえでの再適応が、**サクセスフル・エイジング**の鍵となるだろう。ハヴィガーストの発達課題の中から、成熟期（老年期）のものを表 3-9 に示す。バルテスらは、発達の可能性が狭まる中で活動や目標を特定のものに絞って（**選択**）、最適と思われるやり方をとり（**最適化**）、喪失（**低下した機能**）を補う新たな工夫もする（**補償**）という、**選択・最適化・補償 (Selection, Optimization and Compensation) モデル**によってそうした再適応化過程を説明している。

文献

・秋山弘子（2010）「長寿時代の科学と社会の構想」『科学』80、59-64.
・Aron, E. & Aron, A. (1997) Sensory-processing sensitivity and its relation to introversion and emotionality. *Journal of Personality and Social Psychology,* 73, 345-368.
・Atras, G. D. (1994) Sensitivity to criticism : A new measure of responses to everyday criticisms. *Journal of Psychoeducational Assessment,* 12, 241-253.
・Benham, G. (2006) The highly sensitive person : Stress and physical symptom reports. *Personality and Individual Differences,* 40(7), 1433-1440.
・Butterworth, G. & Harris, M. (1994) *Principles of Developmental Psychology.* Psychology Press.

- Chan, D. W. & Hui, E. K. P.（1995）Burnout and coping among Chinese secondary school teachers in HongKong. British *Journal of Educational Psychology*, 65, 15-25.
- Ekman, P.（1992）An argument for basic emotions. *Cognition & Emotion*. 6, 169-200.
- 福岡欣治（2010）「日常ストレス状況体験における親しい友人からのソーシャル・サポート受容と気分状態の関連性」『川崎医療福祉学会誌』19, 319-328.
- 平野真理（2010）「レジリエンスの資質的要因・獲得的要因の分類の試み――二次元レジリエンス要因尺度（BRS）の作成」『パーソナリティ研究』19, 94-106.
- 平野真理（2012）「心理的敏感さに関するレジリエンスの緩衝効果の検討――もともとの「弱さ」を後天的に補えるか」『教育心理学研究』60, 343-358.
- Holmes, T. H. & Rahe, R. H.（1967）The social readjustment rating scale. *Journal of Psychosomatic Research*, 11, 213-218.
- Holmes, J. A. & Stevenson, C. A.（1990）Differential effects of avoidant and attentional coping strategies on adaptation to chronic and recent-onset pain. *Health Psychology*, 9(5), 577-584.
- 柏木惠子（1983）『子どもの「自己」の発達』東京大学出版会
- 厚生労働省（2019）「一時保護に向けてのフローチャート」（2019年5月13日最終閲覧）
- Lazarus, R. S. & Folkman, S.（1984）*Stress, Raisal, and Coping*. New York：Springer Publishing Company.
- Maslach, C. & Jackson, S. E（1986）*Maslach burnout inventory manual*（2nd ed.）. Palo Alto, CA: Consulting Psychologists Press.
- 本明寛、春木豊、織田正美監訳（1991）『ストレスの心理学――対人ストレス過程の検証評価と対処の研究』実務教育出版
- 西野直喜（1979）「青年期における発達の特徴と教育」『青年期　発達段階と教育3』岩波講座子どもの発達と教育6、岩波書店、13-22.
- Penley, J. A., Tomaka, J. & Wiebe, J. S.（2002）The association of coping to physical and psychological health outcomes：A meta-analytic review. *Journal of Behavioral Medicine*, 25, 551-603.
- 斎藤富由起、守谷憲二（2016）『教育相談の最前線――歴史・理論・実践』八千代出版
- 斎藤富由起、守谷賢二編著（2019）『教育心理学の最前線』八千代出版
- セリエ, H.（1988）『現代社会とストレス』杉靖三郎ほか訳、法政大学出版局

第2節　精神疾患

1　精神疾患とは

1）精神疾患と診断

　精神疾患（mental disease）とは、精神や行動に特定の症状が生じ、著しい苦痛や社会的な機能の低下を引き起こす病的状態である。代表的な精神疾患には

統合失調症、うつ病、パニック症、心的外傷後ストレス障害、適応障害、摂食障害などがある。

　精神疾患の診断は、症状を記述していく**状態像診断**と診断基準を検討する**操作的診断**がある。精神疾患は成因がわからない場合も多いため、どのような症状が出ているのかを中心にさしあたりの診断を行ない、治療的介入を行なうことが状態像診断の目的である。一方、操作的診断では、統計的なエビデンスに基づいて疾患についての診断基準を作成する。その基準は「〇という症状が×個以上見られ、△との合併がなければ～という診断とする」という形式で、症状の原因は問わずに作成されている。

　操作的診断に使用される代表的な診断基準にはDSM-5やICD-11（キーワード参照）がある。DSMやICDが普及する以前は、精神疾患の診断はバラツキが大きく、チーム医療の中で症状についての共通認識を得ることが難しかった。そこでDSMやICDのような操作的診断基準を使用することによって、流派や経験年数、職種をこえて、精神疾患の**共通言語**が得られるようになった。

　ただし、操作的診断は精神疾患の必要条件であっても十分条件ではない。診断基準以外にも、苦しさの自覚の程度や、生活上に支障の程度などを丁寧に聞き取る必要がある。最終的な診断は、操作的診断だけでなく、生理的診断や問診などの情報を加えて医師が行なう。

　なお、DSMやICDの診断基準であっても絶対的なものではない。その時代の社会的な事情の中でつくられるものであり、時代が変わり、研究が進めば改められる可能性がある（Frances 2013）。臨床心理学では、操作的定義だけで精神疾患を理解するのではなく、クライエントの生物的・心理的・社会的背景を含んだケース・フォーミュレーションを通じて、ケースの全体像を把握する（大野 2018）。

　精神疾患を病態の重症度に従って三つの水準に分けるという理解もしばしばみられる。カーンバーグ（1967；1985）によると、①自己の同一性の統合の程度、②常用される防衛機制、③現実見当能力の差によって、精神疾患の病態は「**精神疾患・境界例・神経症**」の３水準に分類できる（表3-10）。神経症とは「器質的な異常はないが、強い不安やうつなどにより、不適応症状があらわれている状態」といえる。神経症という診断は現在、ほとんどなされないが、臨

表3-10　カーンバーグによる3水準の相違

	神経症	境界例	精神病
同一性統合度	自己表象と他者表象は境界鮮明。		自他境界不鮮明で、どこかに妄想的同一性あり。
	統合同一性：自己および他者の矛盾するイメージは総合的概念の中で統合される。	同一性拡散：自他の矛盾する諸側面はうまく統合されず、分離したまま残存する。	
防衛操作	抑圧と高次の防衛：反動形成、隔離、取り消し、合理化、知性化。	主に分裂（スプリッティング）と低次の防衛：原始的理想化、投影的同一視、否認、万能感、卑下。	
	防衛は内的な葛藤から本人を守る。		防衛は本人を隔離、自他融合から守る。解釈は退行を招く。
現実吟味	現実吟味能力は維持されている：自己と非自己の分別、知覚および刺激の内的、外的刺激の分別がある。		現実吟味能力の欠如。
	自己評価や他者評価の能力は現実的でしかも深い。	現実と堅実感覚との関係が変転する。	

〔野沢栄治（1984）『青年期の心の病』星和書店を元に作成〕

床現場や病態水準の理解ではしばしば使用されている。**境界例**（Borderline Case）とは「神経症と精神疾患の中間に位置し、感情が不安定で、対人関係が安定せず、衝動的な行動が目立つパーソナリティ」である。ただし、3水準による分類には批判もあり、特に中間領域の境界例をめぐっては多くの論争がある。

精神疾患を**外因性・心因性・内因性**の三つの病因に分類するという伝統的な考え方もしばしばみられる。外因性とは「脳実質に物質的な故障が起きて生じる疾患」であり、心因性とは「環境との相互作用によって心理メカニズムに失調が起きて生じる疾患」である。また内因性とは「遺伝子に規定された素因が関与して生じる疾患」といえる（滝川 2017）。実際には明確に分類できないことも多いため、この分類法は現在ではあまり使用されていない。

最後に、**心身症**についても簡単に触れておく。心身症とは「心理社会的ストレッサーが密接な影響を与えて発症する身体疾患」である。特に言葉の発達が未成熟な子どものケースでは心身症の知識は必須である。

2014（平成26）年度の厚労省による患者調査を図3-10に示す。精神疾患の患者は増加傾向にある。精神疾患の内訳を見ると、気分障害が最も多く、統合失調症が第二位となっている。この二つの疾患にストレス性の疾患と認知症が

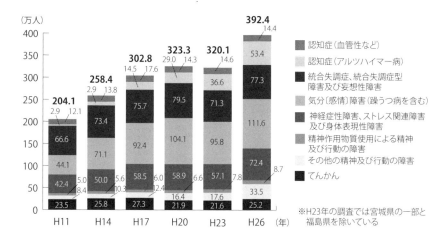

図 3-10　精神疾患を有する総患者数の推移（疾病別内訳）
〔厚生労働省（2014）「患者調査」厚生労働省障害保健福祉部を元に作成〕

加わり、日本の精神疾患の中心的な構造が成立している。

2）精神疾患の早期介入

多くの精神疾患はある日突然なるものではなく、診断基準を満たす前の移行期間がある。この期間に表れている症状は**精神病状態**（psychosis）と呼ばれる。この時期に適切な治療を行なうことで早期の介入ができる。

精神病状態の診断には、生涯ではじめて明らかな精神病があらわれた状態（初回発現）を診断する必要がある。明らかな精神病状態の初回発現を**初回エピソード精神病**という。初回エピソード精神病は、まだ特定の精神疾患の診断基準を満たしておらず、その病態は多様である。初回エピソード精神病から適切な治療が行なわれるまでの期間を**精神病未治療期間**（DUP：Duration of Untreated Psychosis）と呼ぶ。一般に、DUP が長いと治療予後が悪くなる（水野 2008）。

もう一つの精神疾患の早期介入のターゲットに ARMS がある。ARMS（At Risk Mental State：発病危険状態）とは精神病発病リスクが高い状態のことである（図3-11）。ARMS の中では精神疾患を発症する人もいれば、発症しない人もいるので、精神病の発症を前提とした前駆期とは区別される。ARMS の中でも、近い将来、高い確率で精神病にかかる可能性の高い群は Ultra High

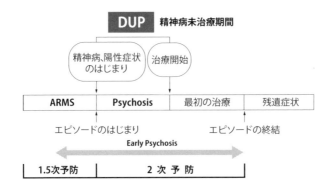

図3-11　ARMSと早期精神病への介入
〔水野雅文、山澤涼子（2003）「初回エピソード分裂病の未治療期間（DUP）と治療予後」『Schizophrenia Frontier』3：35-39を元に一部改変〕

Risk群（UHR）と呼ばれる。過去に精神病にかかったことがないことを前提に、①微弱な陽性症状がある場合、②短期間の間歇的な精神症状がある場合、③家族歴やパーソナリティ特性など、精神病になりやすい特性があり、社会的機能の低下がある場合のいずれかに該当するとき、UHRとみなされる（Yung, et al. 1996）。なお、DSM-5でARMSはAPS（Attenuated Psychosis Syndrome：減弱精神病症候群）として「今後の研究を要する病態」に位置づけられている。

2　統合失調症

1）統合失調症の主な症状

統合失調症とは、**陽性症状**と**陰性症状**を中心に、**病識障害**と**社会性の機能低下**が加わる内因性の精神疾患である。

陽性症状は幻覚と妄想が主症状となる。また、陰性症状は**不統合**（まとまりのない会話や行動を取り、目的に向けて思考や行動を統合できないこと）や**精神運動性貧困**（感情鈍麻、意欲低下、自発性低下など）が主症状となる。**病識障害**とは「自分が病気であると認識できない」または、「自分では病気に対処できないという確信」である。**社会性の機能低下**とは仕事や学業に上手に取り組めないことを意味する。統合失調症ではこれらの症状の全てが一度にあらわれるわけではなく、時期により主たる症状も変化する。

表3-11　日本精神神経学会による精神分裂病と統合失調症の相違

	精神分裂病（旧）	統合失調症
疾病概念	一疾患単位（早期痴呆が中核）	特有の症状群（多因子性）
指標	脳の発症脆弱性で規定	臨床症状群で規定
疾病と人格	不可分	別の次元
原因	不明	神経伝達系の異常 成因に異種性が存在
重症度	重症	軽症化
予後	不良	過半数が回復
病名告知/心理教育	困難	容易
治療	主に薬物療法	薬物療法と心理社会療法

★統合失調症とは
(1) あるはずのないものがあると思う陽性症状
(2) 感情表現が乏しくなり、意欲が低下する陰性症状
(3) 病識障害
(4) 社会性の機能の低下

　DSM-5の診断基準では、統合失調症は妄想、幻覚、支離滅裂な発語、一貫しない行動や突然興奮したり、無反応になる、緊張病性の行動を起こす、感情表現が乏しい、何もする気がなくなるといった症状が1ヶ月以上続くことである。DSM-IV-TRでは統合失調症の中核的存在とみなされていた自我障害は、DSM-5では妄想の一つとなった。
　歴史的にはドイツの医師、クレペリンが1899年に「早発性痴呆」という名前で統合失調症を報告した。また、1911年にスイスの医師、ブロイラーはこの精神疾患を「Schizophrenie」（スキゾフレニア）と命名した。スキゾフレニアとは、Schizo（引き裂かれた）phrenie（心）の意味である。日本では1937年からSchizophrenieの訳語として精神分裂病と呼ばれていたが、2002年より統合失調症に改められた。精神分裂病という訳語は「精神が分裂する病気」という、実態にそぐわない誤解を社会に与えてしまう。それは患者の不利益につながり、避けなければならない。また、精神分裂病が重篤な一疾病単位と考えられていたのに対し、統合失調症は多因子性の症候群であり、十分な回復と社会参加が可能な疾患であるという疾患理解の違いも訳語の変更の理由である（表3-11）。

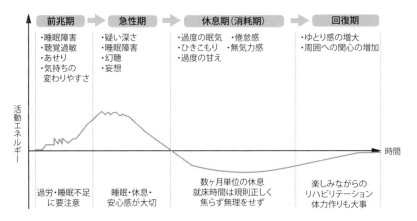

図 3-12　統合失調症の経過と症状
〔全国精神障害者家族会議連合会（2004）「統合失調症を知る心理教育テキスト当事者版」を元に作成〕

　統合失調症は病気の経過により、前兆期、急性期、休息期（消耗期）、回復期という流れで推移する。縦軸の活動エネルギーは上にいくほど陽性症状が、下に行くほど陰性症状があらわれやすくなる（図3-12）。
　統合失調症は日本の精神科入院患者の約6割、外来患者の約3割を占める。発症の要因については**脆弱ストレス仮説**が前提となる。脆弱ストレス仮説では、先天的な統合失調症のなりやすさ（脆弱性）と、後天的なストレスの負荷の相互作用が発症に関係すると考える。
　統合失調症の原因は不明だが、脳ドーパミン神経系の過剰反応を主とし、前頭前皮質における興奮性アミノ酸神経系の機能低下や視床・大脳辺縁系の病態を伴うことが明らかにされている。統合失調症にかかる人の割合は約100人に1人である。発症のピークは10代後半から30代半ば（男性が20代前半から20代半ば、女性が20代後半）である。

2）陽性症状と陰性症状

　統合失調症の基本症状は陽性症状と陰性症状である（表3-12）。
　陽性症状の中心である**妄想**とは、訂正不能で、了解できない考えである。ここで述べる妄想は、健常者も抱くことがある強い思い込みではない。陽性症状の妄想には合理的な説得が通用しない点に特徴がある。妄想にはなぜその妄想

表3-12 統合失調症の症状

陽性症状	陰性症状
・幻覚　・妄想	・情動の平板化
・興奮　・誇大性	・感情的引きこもり
・猜疑心　・敵意	・疎通性の障害
・まとまりのない話	・欲動性低下
・不自然な思考	・快楽消失　・自閉

表3-13 統合失調症の被害妄想の種類

迫害妄想：誰かに襲われる。
注察妄想：誰かに見られている。
被愛妄想：誰かに愛されている。
血統妄想：貴人の親族である。
被毒妄想：誰かに毒を盛られている。
追跡妄想：誰かにつけられている。

※誇大妄想は躁状態や妄想性障害でも生じるので、統合失調症特有の妄想とは言えない。

をいだいたのか、理由がわからない一次妄想と、内容は了解できないが、なぜそういう妄想を抱いたのかは理解できる二次妄想がある。**統合失調症の妄想は一次妄想である**。関係者は、患者がなぜそんなことを考えるようになったのか、了解できない。

統合失調症の妄想は被害妄想が中心となる。被害妄想には、すれ違う人が自分を襲おうとしているなどの**迫害妄想**、他者のしぐさが自分に向けられているなどの**注察妄想**、他の人が自分に恋愛感情を向けているなどの**被愛妄想**、皇室の親族であるなどの**血統妄想**、食事に毒を盛られているなどの**被毒妄想**、誰かに尾行されているなどの**追跡妄想**などがある（表3-13）。

その他、自分は天才であるとか、100億円の貯金があるなど、自身の現状や能力を実際よりも過剰に大きく評価してしまう**誇大妄想**、「考えていることが声になって聞こえてくる」という認識を持つ**考想化声**、「自分の考えが外の世界に漏れている」という認識を持つ**考想伝播**などがある。**世界没落体験**は急性期に多くみられる妄想である。世界没落体験では、患者は、理由がなんであれ、この世界が滅んでしまうような強い不安を感じており、その認識を改められない。

自我障害とは、自生思考、作為体験、自他の境界感の喪失などで構成される。自我障害の特徴は、自分の意思によらず、体験そのものが勝手に（あるいは誰かに操られるように）生じてくると認識する点である。**自生思考**とは、とりとめのない考えが次々と浮かんで、考えがまとまらなくなることである。作為体験には自分の考えが抜き取られてしまったように思う**思考奪取**、自分以外の人の考えが入ってしまったと考える**思考吹入**、誰か（なにか）に自分の行為をやらされていると認識する「**させられ体験**」（被影響妄想）などがある。**特にさせられ体験（被影響妄想）は統合失調症の特徴的な症状**と言える。

> 問　統合失調症の特徴的な症状として、最も適切なものを一つ選べ。
> ①　幻視
> ②　観念奔逸
> ③　情動麻痺
> ④　被影響妄想
> ⑤　誇大的な認知
> 〔2018年公認心理師試験問題より〕　　　　　　　　　　正答（　④　）

　幻覚とは実際に存在しないにもかかわらず、現実に起きていると感じてしまう体験である。実際にはない音や声が聞こえる**幻聴**、他者に見えないものが見える**幻視**、何かに触られたような感触が生じる**幻触**、におうはずのない匂いを嗅ぐ**幻臭**などがある。これらのうち、統合失調症の中心となっているのは幻聴である。幻聴は他者からの悪意のある声が聞こえることがあり、患者を苦しめる。なお、幻聴や幻視はうつ病でも生じる場合があるので、統合失調症の特徴的な症状とは言えない。

　陰性症状では、意欲や感情など本来備わっている精神の機能が阻害される。このうち、感情鈍麻あるいは感情の平板化と呼ばれている症状は、単に気分の浮き沈みがあることではない。感情そのものが乏しくなり、無表情が多くなり、外界への関心が失われる状態である。

　シュナイダーは統合失調症の症状を、統合失調症に特異的な一級症状と、非特異的で他の精神疾患にもみられる二級症状に分類した。反論も存在するが、**シュナイダーの一級症状は統合失調症の特徴的な症状といえる**。シュナイダーの一級症状は思考化声、作為体験、思考奪取などである。

3）統合失調症の回復

　一般に全罹患者の1/3が寛解に至り、1/3が専門家はわかるが一般にはわからないほどの回復に至る。残りの1/3が何らかの支援を必要とする不完全寛解状態に至る（日本心理研修センター 2018）。

　統合失調症の治療は、環境調整、薬理療法（抗精神薬）と心理社会的支援・治療である。心理社会的支援・治療だけでは効果は限定的であり、薬理療法と

の相互作用を目的としたチーム医療が必要になる。チーム医療の中で心理師は症状理解のための心理教育や社会復帰・社会参加のためのSST、家族支援などの心理社会的支援を受け持つことが多い。

★統合失調症の治癒
①環境調整、②抗精神薬による薬理療法（主にドーパミン系の調整）、③心理社会的支援と治療

3　うつ病

　DSM-5においてうつ病は**抑うつ障害群**に分類されている。抑うつ障害群とは、生活に支障が出るほどの重度または持続的な悲しみ、および興味または喜びが減退することが特徴である。うつ病の根本的な原因は不明だが、遺伝、神経伝達物質の変化、神経内分泌機能の変化、および心理社会的因子が関係している。
　うつ病の理解で重要なことは、本人の意志の強さとは無関係に抑うつ症状が生じる点である。時にうつ病患者に対して「意志が弱さをうつ病という言葉でごまかしているのではないか」という意見を聞くが、これは誤りである。うつ病には本人の意志と無関係に神経伝達物質の変化が関係しており、意志の強弱はうつ病の発生に無関係である。どんなに意志が強くてもうつ病に罹患すれば抑うつ状態が生じる点を理解しなければならない。
　DSM-5の抑うつ障害群はうつ病、持続性うつ病（気分変調症）、重篤気分変調症、他の特定される抑うつ障害または特定不能の抑うつ障害などに分類される。本項では、その中心であるうつ病と持続性うつ病（気分変調症）、重篤気分変調症を紹介する。

1）うつ病／大うつ病性障害（major depressive disorder）

　うつ病（大うつ病性障害）とはほとんど一日中、毎日の気持ちの落ち込み、楽しめていたことが楽しめなくなる、仕事や勉強に集中するのが難しい、体重が減る（または増える）、眠れない（寝すぎてしまう）、死にたい気持ちがあるなどの症状が2週間以上存在する精神疾患である（表3-14）。日本うつ病学会治

表 3-14　DSM-5 によるうつ病の診断基準

---

(1) その人自身の言葉（例：悲しみ、空虚感、または絶望を感じる）か、他者の観察により示される、ほとんど一日中、ほとんど毎日の抑うつ気分
(2) ほとんど一日中、ほとんど毎日の、すべてまたはほとんどすべての活動における興味または喜びの著しい減退（その人の説明、または他者の観察によって示される）
(3) 食事療法をしていないのに、有意の体重減少、または体重増加（例：1ヶ月で体重の5%以上の変化）、またはほとんど毎日の食欲の減退または増加
(4) ほとんど毎日の不眠または過眠
(5) ほとんど毎日の精神運動焦燥または制止
(6) ほとんど毎日の疲労感、または気力の減退
(7) ほとんど毎日の無価値観、または過剰であるか不適切な罪責感
(8) 思考力や集中力の減退、または決断困難がほとんど毎日認められる（その人自身の説明による、または他者によって観察される）
(9) 死についての反復思考（死の恐怖だけではない）、特別な計画はないが反復的な自殺念慮、または自殺企図、または自殺するためのはっきりとした計画

〔日本精神神経学会（日本語版用語監修）(2014)『DSM-5 精神疾患の診断・統計マニュアル』髙橋三郎・大野裕監訳、医学書院、pp.160-161 修正〕

療ガイドライン（2016）によれば、うつ病は幻聴や幻視あるいは妄想を伴うことがある。

　身体症状が前面に現れる**仮面うつ病**、冬にのみ発症し、春になると症状が消失する**季節性うつ病**、過食、過眠、うれしいことがあれば喜ぶなどの症状がある**非定型うつ病**なども報告されている。

　DSM-5 のうつ病の診断基準は、表 3-14 の症状のうち五つ以上が同じ 2 週間の間に存在し、病前と比較し機能的な変化が生じている。これらの症状のうち、少なくとも一つは、①ほとんど一日中、ほとんど毎日の抑うつ気分、②興味または喜びの喪失が含まれる。また、DSM-5 では症状を軽度、中等度、重度を特定するようにできている。

　うつ病は低迷期（急性期）から回復期を経て寛解後の再発予防期に至る。図 3-13 に示すように、回復期から寛解に至る過程と、継続治療の時期にうつ症状が再燃しやすい時期がある。伝統的に、うつ病の人は本当にうつが強いとき（低迷期）は自殺するエネルギーもないが、回復してくると、自殺するエネルギーも回復してくるのだから、注意が必要との指摘がある。これは回復期の終盤に来る再燃のリスクを指している。また再発予防のリハビリを行なっている再発予防期には再発の可能性がある点に注意が必要である（図 3-12）。

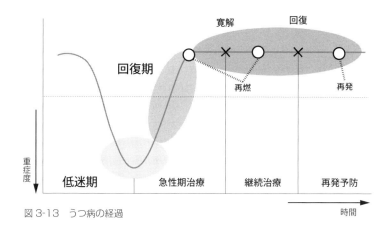

図3-13 うつ病の経過

　うつ病治療は基本は、薬物療法（抗うつ薬）、心理療法、環境調整（特に休養）の3本柱である。薬物療法はSSRI（選択的セロトニン再取り込み阻害薬）、SNRI（セロトニン・ノルアドレナリン再取り込み阻害薬）、NASSA（ノルアドレナリン作動性・特異的セロトニン作動性抗うつ薬）等が用いられる。

　心理療法では特に**認知行動療法**（第二章第3節）と**対人関係療法**が効果を上げている。中等症以上のうつ病で、日本では保険が適用される治療は、認知症、認知行動療法と精神分析療法だが、実証性の観点から認知行動療法が選択される。軽症うつ病もこれに準じる。

　対人関係療法は、対人問題がうつ病の発症と進行に関与するという理解のもとに抑うつ症状と現在の対人関係の問題に焦点を当てて、その問題を解決し治療することを目的とする。

　対人関係療法の治療では、患者と「重要な他者」（家族・恋人・親友など、その人の情緒に最も大きな影響を与える他者）との関係に注目し、患者が直面している現実の人間関係の問題に焦点を当て、最も影響が現れている領域を明らかにする。特に悲哀、対人関係上の役割をめぐる不和、役割の変化、対人関係の欠如の4点が重要視されている問題領域であり、その中から1つか2つの問題領域を選択して問題を解決していく（大野 2005）。

　a　**持続性抑うつ障害／気分変調症**（persistent depressive disorder〈Dysthymia〉）
　うつ病と聞くと、死にたいという気持ちが強く、非常に落ち込んでいる人物をイメージしがちだが、それはうつ病の正しい理解ではない。うつ病には死に

> 問 軽症うつ病エピソードに対する初期の短期間の心理療法として、最も適切なものを一つ選べ。
> ① 家族療法
> ② 自律訓練法
> ③ 認知行動療法
> ④ 来談者中心療法
> ⑤ 力動的心理療法
> 〔2018年公認心理師試験問題より〕　　　　　正答（　③　）

たくなったり、人生の楽しみや関心がなくなってしまうタイプと、軽いうつが長期間続くタイプの二つがある。前者は先述したうつ病であり、後者は**持続性うつ病**（気分変調症）である。

　DSM-5における持続性抑うつ病は、長期的に慢性的な抑うつ気分（大うつ病エピソードを満たさないレベル）が持続しているもので、DSM-Ⅳの気分変調性障害と慢性大うつ病性障害を統合した内容になっている。診断基準としては抑うつ症状がほぼ一日存在し、かつ症状が2年以上（小児や青年については1年間）続き、抑うつ状態の時に食欲の低下や増加、不眠または過眠、絶望感等が存在する。

　疫学は女性で約2～5%、男性で約1～2%とされている。極度のうつや希死念慮はないが、キャリアや対人関係における満足感が乏しいことなどから、治療が必要となる。

2）重篤気分調節症（DMDD：Disruptive Mood Dysregulation Disorder）

　子どものうつ病は**重篤気分調節症**として新たにDSM-5に加えられている。

　重篤気分調節症は6歳以上から主に12歳までの子どもに適用される（診断の上限は18歳未満）。重篤気分調節症の子どもは常に怒りやすく、何度も激しいかんしゃくを起こす（その行動をコントロールできない）。重篤気分調節症は他の疾患との並存が多い。特に多いのは**反抗挑発症**である（表3-15）。

★反抗挑発症（反抗挑戦性障害）
権威的人物に対して、怒りに基づいた不服従、反抗、挑戦的行動を6ヶ月以上持続

表3-15　DSM-5による重篤気分調節症の診断基準

A　言語的（例：激しい暴言）および／または行動的に（例：人物や器物に対する物理的攻撃）表出される、激しい繰り返しのかんしゃく発作があり、状況やきっかけに比べて、強さまたは持続時間が著しく逸脱している。
B　かんしゃく発作は発達の水準にそぐわない。
C　かんしゃく発作は、平均して週に3回以上起こる。
D　かんしゃく発作の間欠期の気分は、ほとんど一日中、ほとんど毎日にわたる、持続的な易怒性、または怒りであり、それは他者から観察可能である（例：両親、教師、友人）。
E　基準A～Dは12ヶ月以上持続している。その期間中、基準A～Dのすべての症状が存在しない期間が連続3ヶ月以上続くことはない。
F　基準AとDは、少なくとも三つの場面（すなわち、家庭、学校、友人関係）のうち二つ以上で存在し、少なくとも一つの場面で顕著である。
G　この診断は、**6歳以下または18歳以上で、初めて診断すべきではない**。
H　病歴または観察によれば、**基準A～Eの出現は10歳以前である**。
I　躁病または軽躁病エピソードの基準を持続期間を除いて完全に満たす、はっきりとした期間が一日以上続いたことがない。
注：非常に好ましい出来事またはその期待に際して生じるような、発達面からみてふさわしい気分の高揚は、躁病または軽躁病の症状とみなすべきではない。

〔日本精神神経学会（日本語版用語監修）（2014）『DSM-5 精神疾患の診断・統計マニュアル』髙橋三郎・大野裕監訳、医学書院、p.156／「K」省略、太字は筆者。〕

している児童期の精神疾患。反抗の度合いは通常の児童の範囲を越えており、対人関係や学業に著しい障害が生じている。

　非定型うつ病（atypical depression）とは、気分反応性と拒絶過敏性を特徴とするうつ病である。20代の女性に多く、嫌なことがあると激しく拒絶する一方で、好きなことには抑うつ症状が生じないので、「わがままなのではないか」と誤解されやすい。

　通常のうつ病は抑うつ気分が持続している。しかし、非定型うつ病は気分反応性が特徴なので、何をするかによって抑うつ症状が出たり、出なかったりする。コンサートやショッピングには行けても、苦手な先生の授業やトラブルを起こしたアルバイト先への連絡には病的な水準の抑うつ症状が発生する。

　拒絶過敏性とは、他者からの評価を過剰に気にし、「拒絶」に対して過剰な反応を示すことである。教員や上司から注意を受けると、「拒絶された」と感じて大きく落ち込み、授業や仕事を休んだり、リストカットなどの衝動的行動を見せる場合もある。

非定型うつ病の診断基準を個人的に当てはめると、診断基準に合致してしまう人もいるだろう。しかし実際の診断では鉛のように体が重くなる程度や、抑うつ状態の強さなど、いくつもの検査を重ねたうえで、最終的に非定型うつ病の診断はなされる。これは操作的診断の全てにおいていえることだが、DSMやICDを自己流に当てはめれば診断ができるわけではない。操作的診断は医師などの専門家の診断の一助であり、セルフチェックの質問紙とは異なる点に留意したい。

4　双極性障害

双極性障害とは、躁状態とうつ状態を繰り返す精神疾患である。躁状態とは気分が高揚し、向こう見ずな行動を取る状態である。双極性障害の患者は躁状態、うつ状態、そして寛解状態（躁でもうつでもない状態）という三つの気分状態を行き来している。双極性障害は気分の揺れ幅が大きいので、日常生活に齟齬が出ているケースが多い。

躁状態は、陽気な気分だけが高まるわけではない。場所をわきまえず気分が高揚し、多弁で、快活に行動する反面、突然不機嫌になったり、怒りっぽく、泣き出しそうになる面もある。青年期の軽度の躁状態では、例えば授業中に大声で騒ぎ、周囲に話しかけて、会話が止まらない反面、注意されたり、周囲が会話にのらないと机に伏せたり、不快感をあらわにして教室から出て行くなどの行動がみられる。寛解状態もあるので、静かに授業を受けている日もある。知的な学力には問題はなく、気分屋という評価を受けている学生の中に、しばしば後述する双極II型を持っている者がいる。

躁状態のうち、**観念奔逸**（かんねんほんいつ）とは、いろいろな観念が浮かび、多くを語るが、まとまった思考ができない状態である。**注意散漫**は話があちこちにとび、またその話の内容にもまとまりがない。気分の高揚は冷静な判断力の低下を招くので、休んではいけない会議や授業を欠席してしまったり、巨額の借金をしてリスクの高い投資をしてしまうことがあり、家族や周囲の関係者を巻き込むことがある。また、好きな人のために、収入に見合わない高額のプレゼントを買ってしまったり、払える算段もなくカードで大量の買い物をしてしまうなどの社会生活に支障が生じることもある。

DSM-5における双極性障害は躁病エピソードを伴う双極Ⅰ型障害と、軽躁病エピソードを伴う双極Ⅱ型障害とに分類される。躁病エピソードと軽躁病エピソードの違いは、躁状態が1週間以上持続するか（Ⅰ型）、4日間以上持続するか（Ⅱ型）、また、症状が重症か（Ⅰ型）、軽症か（Ⅱ型）という症状の期間や重症度の違いである。

DSM-5では、うつ病（単極性うつ病）と双極性障害（躁うつ病）を異なる別の精神疾患単位と見なしている。そのため、DSM-Ⅳにあったうつ病と双極性障害を一つにまとめた「気分障害」（mood disorder）という総称的な概念はなくなり、DSM-5では「双極性及び関連障害」（bipolar and related disorders）と「抑うつ障害・うつ病性障害」（depressive disorders）に明確に区別されている。

躁症状のアセスメントツールとしてはMDQ（Mood Disorder Questionnaire）やBSDS（Bipolar Spectrum Diagnostic Scale）が作成されている。

双極性障害の治療には主にリチウム等の気分安定薬が用いられるが、双極Ⅰ型と双極Ⅱ型では有効な薬理療法が異なる可能性があり、慎重なアセスメントが必要である。治療は薬物療法と心理社会的支援・治療が基本となる。心理社会的治療としては心理教育が再発予防に有効であることが示されている。

5　PTSD（心的外傷後ストレス障害）

PTSD（Post-Traumatic Stress Disorder）とは、自分または他者が死んでしまうほどの危険、性的暴力、災害といった出来事を直接、または間接的に体験することで起こる精神疾患である。PTSDの中心症状は**侵入症状（再体験）、回避、過覚醒**である。かつては戦争帰還兵の症状として注目されたが、現在は災害や虐待関連によるPTSDも注目されている。

侵入症状とは、気がつくと事件・事故のことを考えてしまうという症状である。トラウマ体験の悪夢を繰り返し見たり、その時の体験を生々しく再体験する**フラッシュバック**も侵入症状の一つである。フラッシュバックでは、実際にそのストレスフルな現場にいるような感覚に襲われる。トラウマ関連の場所や人を避ける**回避**症状もPTSDの特徴である。戦場で車に乗っている際に敵に襲われた体験によりPTSDになった患者が、帰国後、家族と車に乗って外出できなくなるなどは、回避の例である。また神経が高ぶり、いらいらしたり、

冷静さを失ったり、わざと危険な状況に身をおき破壊的な行動をとる**過覚醒**（覚醒度と反応性の変化）もPTSDの主な症状である。集中力が続かず仕事のミスが目立ち無力感に襲われるのは、「認知と気分の陰性変化」という。

つまり、PTSDに罹患すると、日常生活を送っていても、突然、最も恐怖を感じる現場に戻ってしまうような体験が繰り返される。また、現場か現場を想起させるような場所を回避するようになり、時にとても情緒不安定になり、パニックを起こしたり、不眠が生じたりする。

こうした主症状に加えて、トラウマ関連の物事に対して否定的な感情や認知、あるいは、楽しいといった感情が感じられなかったり、興味があったことに関心がなくなったりする反応性の低下なども生じる。

症状があらわれてから3日から1ヶ月の間はPTSDではなく**急性ストレス障害**（ASD：Acute Stress Disorder）の診断となる。急性ストレス障害とは、生死や人間の尊厳に関わるようなトラウマを経験した後、侵入症状、回避、過覚醒の主症状が3日から1ヶ月（4週間以内）にみられる精神疾患である。

PTSDの理解の仕方に単回性トラウマという考え方がある。これは戦争体験や災害経験など、ひとつのまとまった外傷体験により作られたPTSDのことである。他方、一つのまとまった強い外傷経験ではなく、持続的（長期的）な外傷経験によってPTSDとなる場合は**複雑性PTSD**と呼ばれる。例えば、長期的なグレーゾーンレベルのネグレクトを受けていて、学校ではいじめ被害を受けていて、症状としてはPTSDの主症状がみられる場合、複雑性PTSDという診断があり得る。ただし、複雑性PTSDは論争のある概念であり、DSM-5ではまだ認められていない。これを認めたのはICD-11である。ICD-11において複雑性PTSDはストレス関連症群に分類される。逃げることのできない持続的な出来事によって、侵入体験、回避、過覚醒の症状があり、さらに否定的な自己概念（慢性的な空虚感や無価値観等）、対人関係上の困難（不信感や孤立、ひきこもり等）感情制御の困難（怒りや暴力、自傷等）、対人関係の障害などの症状が生じる。境界性パーソナリティ障害（以下、BPD）との鑑別が問題となるが、複雑性PTSDでは、見捨てられ不安やアイデンティティの不安定、自殺関連行動は少ないことが特徴とされる。

PTSDの診断尺度にはPTSD臨床診断面接尺度（CAPS）、出来事インパクト尺度（IES-R）、周トラウマ期の苦痛に関する質問紙（PDI）などがある。治

> 問　28歳の女性A。会社員。Aは、3ヶ月前に夜遅く一人で歩いていたところ、強制性交等罪（強姦）の被害に遭った。その後、気がつくと事件のことを考えており、いらいらしてささいなことで怒るようになった。仕事にも集中できずミスが目立つようになり、上司から心配されるまでになった。「自分はどうして事件に巻き込まれたのか。こんな私だから事件に遭ったのだろう。後ろから足音が聞こえてくると怖くなる。上司も私を襲ってくるかもしれない」と思うようになった。
> Aに認められていない症状として、正しいものを一つ選べ。
> ① 侵入症状
> ② 回避症状
> ③ 覚醒度の反応性の変化
> ④ 認知と気分の陰性変化
> 〔2018年公認心理師試験問題より〕　　　　　　　　正答（　②　）

療法には薬理療法の他、認知行動療法、EMDR、長期暴露法などが代表的である。

6　パニック症／パニック障害

　パニック症／パニック障害（panic disorder）とは、予期しないパニック発作が繰り返し生じ、発作が起きるのではないかという心配もしくは発作を避けるような行動等をとることが1ヶ月以上持続する精神疾患である。
　パニック発作とは激しい恐怖とともに、動悸、発汗、息苦しさ、窒息感などが予期せずに生じる症状である。通常、パニック発作は10分ほどで急速に症状が増悪し、患者は「このまま死ぬかもしれない」という恐怖を体験することも多い。多くの場合、パニック発作は20〜30分以内に収まり1時間以上続くことはまれである。ただし、一日の中でパニック発作が複数回、生じることがある。
　パニック発作がいつ起きるかわからないという予期不安は外出を回避させる傾向を生む。家に家族がいればパニック発作が起きても助けが得られると考えたり、自宅に酸素ボンベなどの救助器具を置き、安心感を得る者も多い。パニック症が広場恐怖と合併しやすいのは、広場（公共の場）では助けを求めづ

> 問　パニック障害に最も伴いやすい症状として、正しいものを一つ選べ。
> ①　常同症
> ②　解離症状
> ③　疾病恐怖
> ④　社交恐怖
> ⑤　広場恐怖
> 〔2018年公認心理師試験問題より〕　　　　　　　　　　正答（　⑤　）

らいという不安が外出を回避させるためである。広場恐怖は最もパニック症の伴いやすい症状であり、DSM-Ⅳ-TRでは「広場恐怖を伴うパニック障害」という概念があったが、DSM-5では広場恐怖とパニック障害は別の疾患に区分されている。

　パニック症はうつ病やその他の不安症と併存しやすい。特にうつ病との併存はパニック症の半数程度にのぼる。パニック障害の治療はSSRIなどの選択型セロトニン再取り込み阻害薬と、長時間型抗不安薬による薬理療法および認知行動療法の組み合わせが標準的である。

7　摂食障害

　摂食障害（ED：Eating Disorder）とは食行動の異常に特徴づけられる精神疾患である。摂食障害は厚生労働省の難病にも指定されている。摂食障害には死亡例もあり、迅速な対応が求められる。

　摂食障害には多くの種類があるが、本項では中心となる**神経性無食欲症**（anorexia nervosa）と**神経性大食症**（bulimia nervosa）を説明する。

　神経性無食欲症とは、期待されている最低体重を下回っても食事を制限し、体重増加への強い恐怖を示す精神疾患である。神経症無食欲症には食事をとらない摂食制限型と、食事はとるが吐いてしまう過食・排出型がある。

　神経性無食欲症は1：10で女性に多く、児童期・思春期から青年期にかけて好発する。患者には自己像へのこだわり（太っているのではないかなど）が強く、他者評価へのとらわれ（太ったと笑われないかなど）も認められる。強迫傾向（完

> 問　神経性無食欲症について、正しいものを一つ選べ。
> ①　経過中の死亡はまれである。
> ②　通常、心理療法によって十分な治療効果が得られる。
> ③　入院治療では、心理療法は可能な限り早期に開始する。
> ④　経管栄養で体重を増やせば、その後も維持されることが多い。
> ⑤　患者自身は体重低下に困っていないため、治療関係を築くことが難しい。
> 〔2018年公認心理師試験問題より〕　　　　　　　　　　　正答（　⑤　）

壁主義で目標体重まで絶対に食べないなど）の認知的特徴もある。低栄養による衰弱死や自死に至るリスクもあるので、心理療法だけではなく、入院による経管栄養の処置が必要である。

　神経性無食欲症はうつ病と65％、社会不安と34％、強迫性障害と26％の合併がみられる（Kaplan 2003）。治療は①栄養状態の回復に関する治療（入院治療を含む）、②認知行動療法または対人関係療法、③衝動性のコントロールのための薬理療法（抗うつ薬または抗精神薬）である。衰弱のリスクがあるため、体重増加を目的とした治療と心理療法の組み合わせが必要であり、心理療法だけでは十分な効果は得られない。経管栄養による体重増加はふたたび低体重になることも多く、患者自身は体重低下に困っていないので治療関係を築くことが難しい。

　神経性大食症は大量の食事をとることのコントロールができない精神疾患である。大量の食事をしてしまった後、自ら嘔吐する場合や下剤などを利用することも多い。神経性大食症の治療は、①栄養管理のための通院、②認知行動療法、③薬理療法（抗うつ薬）が標準的である。

8　適応障害

　適応障害とはある特定の状況や出来事が、その人にとってとてもつらく耐えがたく感じられ、そのために気分や行動面にネガティブな症状があらわれる精神疾患である。

　適応障害はうつ病や不安症との鑑別が難しいが、基本的に、①症状の原因と

表3-16 スチューデント・アパシーと退却神経症

スチューデント・アパシー	男子学生に多くみられる現象で、本業である学業に対して意欲が減退していく症状をいう。性格特徴としては、強迫的、完全癖、きちょうめん、強情で頑固、受動的といった、どちらかというとまじめなタイプに多くみられる。学業以外の面では熱心で、アルバイトやクラブ活動には打ち込む場合も多い。
退却神経症	学業や仕事など、重要な社会的役割（本業）を避けるという行動面の問題を中心とする精神的障害。わが国において増加しつつある、従来の診断の枠組で捉えきれないタイプの神経症として、笠原嘉によって命名された。

表3-17 思春期から青年期に観察できる精神病理的不適応（グレーゾーン）

リストカット	カッターやシャープペンで手首を切るリストカットが代表的だが、二の腕を切るアームカットや足首や太もも裏を切るレッグカットもある。
オーバードーズ	適用量以上の薬をのみ、酩酊状態を味わう。
ゲーム依存	ICD-11 でゲーム症・障害（gaming disorder）が盛り込まれる。持続反復するゲーム行動であり、・ゲームをする衝動が抑えられない・ゲームを最優先する・個人や家族、社会、学習、仕事などに重大な問題が生じるほとんどの項目からなる。診断に必要な継続期間は 12 ヶ月である。

なるストレッサーが明確であること、②ストレス因子がなくなれば、6ヶ月以上慢性化しないことなどが鑑別の論点になる。ただし、うつ病患者でも最初のストレス因子のエピソードは明確な場合もあり、ケース・フォーミュレーションを丁寧につくる必要がある（大野 2018）。

9 その他

これまで操作的診断を中心に精神疾患を学んできたが、ここで問題になるのは、精神疾患が関係しているのか、していないのか不明確だが、不適応症状は観察できるというグレーゾーンへの対応である。本項ではそれを精神病理的不適応と呼ぶ。古くはスチューデント・アパシーや退却神経症が精神病理的不適応といえる（表3-16）。また、現在思春期から青年期に観察できる代表的な精神病理的不適応を挙げる（表3-17）。

これらは明白な精神疾患ではない（ゲーム依存も、ICD-11 の診断基準を満たしているのか、いないのか判断に迷うものは多い）。だが、精神疾患が背景にあるのかもしれない。多くの場合、当事者に病院に行くような動機は見受けられない。しかし、第三者的にみれば、やや病的である。特にスクールカウンセリングな

どでは明確に診断・判断できない精神病理的不適応への対応が現実にはある。
　動機の低い精神病理的不適応に対応する際は、ミラーら（1997）による変化モデルの理解が役立つ。

★ミラーらの変化モデル〔Miller, et al. 1997〕
熟慮前　⇒　熟慮　⇒　準備段階　⇒　行動　⇒　維持　⇒　終結

　熟慮前とはクライエントがまだ自分の問題に自覚がなく、心理的な支援を受けるモチベーションがない状態である。この段階で「病院に行った方がよい」とか「検査を受けるべきです」と勧めても拒絶されることが多いだろう。この段階では、クライエントを囲む関係者がよく話し合い、誰がどういう役割で何を言うかといった戦略的な対応が求められる。
　熟慮とは、クライエントが自身の問題に若干でも取り組もうとしている時期である。自身に問題があることに気づいているが、変化への不安もある。熟慮中では、クライエントのペースを尊重しつつ、変化した際の得るものと失うものの双方を吟味することが重要である。
　準備段階では、「ちょっと、試しに〜をやってみようかな」「嫌ならすぐに帰るから、〜に行ってみようかな」というように、クライエントが本格的な行動の前に、何かを試しにやってみる段階である。この時、「絶対に〜するべきだ」「これ以外の方法はない」という指導性の強い対応は望ましくない。
　この3段階の後にクライエントは行動の段階に至る。クライエントは診断や検査を受け、ケース・フォーミュレーションのもと何らかの介入が行なわれる。ケースが改善され、その効果の維持が確認されれば、ケースは終結へと向かう。
　多くの事例報告は行動から維持、終結までを扱っている。しかし、それは心理師が出会うケースの一部であり、診断を受けるという決断の前には熟慮前、熟慮中、準備段階のクライエントがいる。特にスクールカウンセリングでは、この段階のクライエントが多いだろう。心理師は様々な診断基準を正確に知るだけではなく、クライエントがどの段階にいるかを確認しつつ、精神疾患に関する知識を臨床的に活用できるように研鑽する必要がある。

注
*1　精神障害者とは、精神保健および精神障害者福祉法第5条において「統合失調症、精神作用物質による急性

またはその依存症、知的障害、精神病質、その他の精神疾患を有するもの」（精神保健及び精神障害者福祉に関する法律；以下精神保健福祉法、第5条）と定義される。抑うつ障害などは「その他の精神疾患」に含まれる。「その他の精神疾患」はICD-11やDSM-5において記載されている精神疾患と考えてよい。

文献

・American Psychiatric Association（2014）『DSM-5 精神疾患の診断マニュアル』日本精神神経学会監訳、医学書院
・Frances, A.（2013）*Saving normal: an insider's revolt against out-of-control psychiatric diagnosis, DSM-5, big pharma, and the medicalization of ordinary life*. New York, NY: Harper Collins.〔大野裕監修、青木創訳（2013）『正常を救え――精神医学を混乱させるDSM-5への警告』講談社〕
・Kernberg, O（1967）Borderline Personality Organization. *Journal of the American Psychoanalytic Association*, 15, 641-685.
・Kernberg, O.（1975, 1985）*Borderline Conditions and Pathological Narcissism*. New York：Aronson.
・Miller, S. D；Duncan, B. L；Hubble, M. A.（2017）*Escape from Babel: Toward a Unifying Language for Psychotherapy Practice*. Norton Inc.
・日本うつ病学会（2016）「うつ病（DSM-5）／大うつ病治療ガイドライン2016」
・大野裕（2018）「新しいうつ病診断」『産業保健と総合検診』45, 359-365.
・滝川一廣（2017）「内因・外因・心因」滝川一廣『子どものための精神医学』医学書院、173-180.
・Yung, A. R., Mcgorry, P. D., Farlance, C. S., et al.（1996）Monitoring and care of young people at incipient risk of psychosis. *Schizophr bull*, 22, 283-303.

第3節　発達障害

1　発達障害とは

1）判断・診断・法的定義

　発達障害とは、先天的な中枢神経系の機能障害ないしは機能不全が主たる原因として生じる障害である。かつてその原因は育て方などの後天的な原因が指摘されたが、現在では後天的な原因説は否定されている。厚生労働省は2018年、在宅の障害児の生活実態とニーズの把握を目的とした「平成28年生活のしづらさなどに関する調査」の結果を公表した。それによると、**医師から発達障害と診断された人は48万1千人**と推計されている。

　発達障害を詳細に定義する場合、「判断」と「診断」がある。教育領域での発達障害の把握は「診断」でなく「判断」と呼ばれる。また、これらの他に発

達障害者支援法などの法的定義も存在する。
　教育学的な判断は文部科学省による定義が基本になっている。医学的な診断はDSM-5やICD-10などの医学的な分類がある。このうちDSM-5において、発達障害は「神経発達障害」に相当している。なお、日本の教育界は「発達障害者支援法」施行通知の際、ICDに準拠するように次官通知で明記されている。
　法律による定義は発達障害者支援法が中心となっている。2005年に施行した発達障害者支援法における発達障害とは「自閉症、アスペルガー症候群その他の広汎性発達障害、学習障害、注意欠陥多動性障害その他これに類する脳機能の障害であってその症状が通常低年齢において発現するもの」（第2条第1項）である。

★発達障害者支援法による発達障害の定義
「自閉症、アスペルガー症候群その他の広汎性発達障害、学習障害、注意欠陥多動性障害その他これに類する脳機能の障害であってその症状が通常低年齢において発現するもの」

　医学的な診断カテゴリーが自閉症から自閉スペクトラム症に変化したことを受けて、アスペルガー症候群その他の広汎性発達障害は診断されなくなってきている。したがって、発達障害者支援法における発達障害とは、自閉スペクトラム症（通常学級に在籍している場合は高機能自閉症）、学習障害（限定学習症）、注意欠陥多動症の三つと考えてよい。
　2016年の発達障害者支援法の改正では、発達障害者（児）定義が次のように改められた。「『発達障害者』とは、発達障害がある者であって発達障害及び社会的障壁により日常生活又は社会生活に制限を受けるものをいい、『発達障害児』とは、発達障害者のうち十八歳未満のものをいう」（第2条第2項。太字は筆者）。つまり、発達障害者（児）とは、発達障害を持つだけでなく、それにより生活上の制限を受けている人である。社会的障壁を重視した障害理解の形式は「社会モデル」と呼ばれている。
　以上のように、発達障害は教育学的判断、医学的診断、法的定義という三つの領域に概念がまたがり、さらに現場では臨床の知というべき領域が広がっている。公認心理師はこの四つの領域を学ぶ必要がある。

2）発達障害の理解のための経験的留意点：変動性と蓄積疲労

　発達障害の症状には**変動性**があることが多い。課題への関心の度合いや課題の量、集中力や蓄積疲労、環境からの情報量などの影響を受け、「ある課題ができるときもあれば、できないときもある」という変動性が生まれる。変動が大きい人もいれば、小さい人もいる。しばしば「あの子は作文を書けるときもある（だから、書字障害ではない）」とか「あの子は〇〇先生のときは静かに座っていられる（だから AD/HD ではない）」という意見を聞く。しかし、「できるときもあるから発達障害ではない」という認識は必ずしも正しいとは言えない。アセスメントも診断も、実際には当人のその時のコンディションに左右される。

　特別支援教育の普及により社会的に注目されている発達障害だが、様々な定義では「文字が書けない」とか「対人関係が苦手だ」など、「何ができないか」が協調されている。しかし、「できたり、できなかったりの幅が大きい」（変動性が大きい）発達障害者もいることに留意したい。特にグレーゾーンと呼ばれる人にその傾向が強いだろう。

　また、発達障害は「できないこと」と「できること」の差が大きいという特徴のほかに、「**できはするが、疲労が激しい**」というものがある。例えば、自閉スペクトラム症で中学時代には不登校だった生徒が、少人数制の高校に行ったら友だちもでき、学業もつつがなくこなしていたとしよう。しかし、ある時期を境に不登校が再開した。家では、ひたすら寝ているか、ゲームをやっている。家族も原因がわからず、精神疾患とも言えず、なぜ突然そうなったか、よくわからない。このとき、配慮する要因の一つに、「**できてはいるが、実は疲労が激しい**」**という特徴**がある。その疲労感の原因は言葉では説明しづらい。うまくいっているように見えて、時にケースが急変するかのように見えるとき、言葉にできない疲労の蓄積が影響していることがある。

3）定型発達と発達障害

　発達段階の順序や時期が標準的で適応的な発達を**定型発達**（typical development）と呼ぶ。発達段階の時期や質が逸脱しており、その結果不適応的な発達を示すものを**非定型発達**（atypical development）と呼ぶ。発達障害は非定型発達に含まれる（日本心理研修センター 2018）。

　図 3-13 は滝川（2017）による精神発達のベクトルである。X 軸は関係性（社

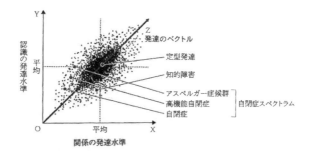

図 3-14　発達の分布と呼び名
〔滝川一廣（2017）『子どものための精神医学』医学書院を元に作成〕

会性）の発達で、「世界とのかかわりを広げ、かかわりを深めていく歩み」である。Y軸は認識（理解）の発達で「すでに人々が共有している意味や約束を通じてこの世界を理解すること」である。関係性の発達と認識の発達は互いに支えあっている。

　このことを滝川（2017）は以下のように表現する。「認識の発達と関係の発達とは（中略）実際にはそれぞれ独立したものではなく、お互いが支えあった構造をもっています。というのは、認識の発達とは世界を自己流に知っていく歩みではなく、その社会の中ですでに共有されている意味や約束に沿って世界を知っていく歩みだからです。そのため、すでにそうした意味や約束を通した認識を獲得している大人たちとのかかわりによって初めて十分な発達が可能となります。すなわち、認識の発達は関係の発達に支えられているのです」。

　多くの場合、Z方向に発達をしていくが、発達には個人差や障害があり、次の図3-14のように外れ値的な分布を示す子どももいる。例えば高機能自閉症の子どもは、Y軸の発達が進んでいても、X軸の発達が進んでおらず、そこに支援を必要としているのだろう。

　この図は、定型発達と非定型発達が決してクリアに分類できるものではないことを教えてくれる。自然の現象である発達は、自然な現象であるがゆえに自然なバラツキを生む。平均値付近は当然数が多くなり、その付近の発達が定型発達と呼ばれている。平均値から離れた人たちは非定型発達と分類されはする。しかしそれは定型発達と断絶しているのではなく、もともとある自然の発達のバラツキを認識や関係という軸で分類したときに生まれる、その時代の診断カテゴリーと

いう側面がある。定型と非定型発達は本来つながりあっている（滝川 2017）。

　なお、発達障害の療育の基本は早期介入と適切な療育法の選択である。しかし、「何がその人に効果的な手法か」という点は個人差が大きい。例えばTEACCHが効果的な人もいれば、あまり効果的でない人もいる。SSTが効果的な人もいれば、効果的でない人もいる。ABAによる随伴性マネジメントは療育の基本だとしても、現実にそれを行なうのは人間である以上、クライエントによっては随伴性マネジメントには苦痛を覚える人もいる。エビデンスに基づき、信頼すべき機関が作成したガイドラインで推奨されている方法を知っておくことはもちろん重要である。同時に、それらを知っているだけでは公認心理師として十分ではない。多職種連携の中でさまざまなアプローチを熟知し、クライエントが実際に利用できる関係施設とつながった上で、クライエントの自己決定を尊重した介入を行なう必要がある。

　また、療育の成果も個人差が大きい。指摘されなければ発達障害があるとわからないほど療育の効果が出る人もいれば、なかなか効果が出ない人もいる。いずれにしても、療育の効果の有無は、その人の存在の価値とは何の関係もない。クライエントは徹底受容されるべき存在である（Linehan 1993；斎藤 2013）。

2　発達障害の種類

1）発達障害の医学的定義：教育学的定義との比較

　本項では最初に知的障害について説明を行なう。これはDSM-5の神経発達障害の中に「知的能力障害群」が含まれるためである。日本の法的な意味での発達障害は知的障害と区別されている点に注意したい。

a　知的障害（知的能力障害）

　身体障害が身体障害福祉法第4条で定義されているのに対し、知的障害は知的障害者福祉法において定義がなされていない。したがって知的障害者の定義は法的定義ではなく、行政上の定義によっている。これは知的障害の大きな特徴である。

　文部科学省（2002）は「就学指導の手引き」では知的障害を「発達期に起こり、知的機能の発達に明らかな遅れがあり、適応行動の困難性を伴う状態」と定義している。また、厚生労働省（2005）による知的障害児（者）基礎調査で

表3-18　知的障害の重症度による分類表

分類	IQ	状態像
軽度	50～69	・おおよその身辺自立は達成可能。 ・言葉や抽象的な内容の理解において遅れが見られる。 ・10代後半までに、おおよそ小学校6年生程度の学業的技能の習得が可能。
中等度	35～49	・身辺自立においては、支援を必要とする面がある。 ・言葉の遅れは生じるが、言語的コミュニケーションは可能である。 ・小学校2年生程度までの学業的技能の習得が可能。
重度	34～20	・幼児期においては言語による会話は不可能。学童期に入り、言葉によるコミュニケーションが可能となる。 ・基本的な身辺自立（排泄や食事など）は、学童期に入り達成される。
最重度	20未満	・言葉を覚えることは、困難。 ・常に支援を必要とする。

は、①知的機能の障害（知能指数や発達指数が70以下）、②日常生活能力の障害、③上記のことが発達期（生活年齢18歳まで）に生じていることの三つの条件を挙げている。いずれにしても、**知的障害は、発達期（18歳未満）に起こるものなので、外傷による知的機能の低下は知的障害には含まれない**。

　発達の遅れを判断する際には、知能検査によって測定された知能指数（以下IQ）が判断基準の一つとして用いられる。IQは平均が100となるように設定されており、知的障害の基準となる値は「IQが70またはそれ以下」とされている。知的障害の重症度の分類にはIQが利用されている（表3-18）。ただし、知的障害にせよ、知的能力障害にせよ、**その診断にはIQだけでなく、生活全般への適応行動の評価が求められる**。

　IQによる重症度の分類は療育手帳の取得にも影響を与える。療育手帳とは**知的障害を伴う発達障害者がさまざまな援助サービスを受けるために必要な手帳**である。療育手帳制度は、法律で定められた制度ではなく、「療育手帳制度について（昭和48年9月27日厚生省発児第156号厚生事務次官通知）」というガイドラインに基づいた制度であり、都道府県・政令指定都市ごとに要綱が制定されている。各都道府県の独自発行のため、療育手帳の名称は統一されていない。

　療育手帳の交付の可否は、18歳未満の申請の場合は児童相談所で、18歳以上は知的障害者更生相談所で、**IQと日常動作などから総合的に判定**される。判定に疑問がある場合は再判定の申請も可能である。療育手帳における障害の重症度の等級は、基本的には**重度「A」と重度以外の中軽度「B」の二つの区分**にわけられるが、「重度」「中程度」「中程度の知的障害に身体障害の合併」「軽

表 3-19　DSM-5 による知能能力障害の診断基準

〈知的能力障害（知的発達症／知的発達障害）〉

知的能力障害（知的発達症）は、発達期に発症し、概念的、社会的、および実用的な領域における知的機能と適応機能両面の欠陥を含む障害である。以下の三つの基準を満たさなければならない。

A　標準化された知能検査によって知的機能の欠陥が確かめられる。
B　同年齢および同じ社会的文化背景をもつ人と比較して、個人的自立や社会的責任を満たすことができなくなるという適応機能の欠陥。
C　知的および適応の欠陥は、発達期の間に発症する。

〔日本精神神経学会（日本語版用語監修）（2014）『DSM-5 精神疾患の診断・統計マニュアル』髙橋三郎・大野裕監訳、医学書院、p. 33〕

問　知的障害について、正しいものを一つ選べ。
① 成人期に発症する場合もある。
② 療育手帳は法律に規定されていない。
③ 療育手帳は 18 歳未満に対して発行される。
④ DSM-5 では重症度を知能指数〈IQ〉で定めている。
⑤ 診断する際に生活全般への適応行動を評価する必要はない。
〔2018 年公認心理師試験問題より〕　　　　　　　　正答（　②　）

度」などのように詳しく分類している自治体もあり、分類の仕方とその表現は都道府県ごとに異なる。

　知的障害の程度は年齢により変化することがあるので、療育手帳には有効期限があり、再検査が行なわれる。有効期限の期間は都道府県ごとに異なる。再検査の結果、療育手帳の等級が変化することがある。

　都道府県によってサービスの内容と重症度の等級の区分けは異なるが、療育手帳を取得すると、手当の支給や税金の優遇、公共機関の利用に関するサービスなどが受けられる。なお、発達障害に知的障害が伴う場合は療育手帳を受けることができるが、知的障害を伴わない発達障害に独自の手帳制度はない。また療育手帳を持っていても学校の普通学級に通うことは可能である。

　DSM-5 による知的能力障害の診断基準を表 3-19 に示す。**DSM-5 でも重症度を特定するが、そのレベルは IQ の値ではなく、適応機能に基づいて定義される。**

　知的能力障害は精神疾患、脳性まひ、てんかんとの併発率が高い。また、

表 3-20 DSM-5 による限局性学習症の診断基準

〈限局性学習症／限局性学習障害〉

A 学習や学業的技能の使用に困難があり、その困難を対象とした介入が提供されているにもかかわらず、以下の症状の少なくとも一つが存在し、少なくとも 6 ヶ月間持続していることが明らかになる。
　(1) 不的確または速度が遅く、努力を要する読字
　(2) 読んでいるものの意味を理解することの困難さ
　(3) 綴字の困難さ
　(4) 書字表出の困難さ
　(5) 数字の概念、数値、または計算を習得することの困難さ
　(6) 数学的推論の困難さ
B 欠陥のある学業的技能は、その人の暦年齢に期待されるよりも、著明にかつ定量的に低く、学業または職業遂行能力または日常生活に障害を引き起こしており、個別施行の標準化された到達尺度および総合的な臨床評価で確認されている。
C 学習困難は学齢期に始まるが、欠陥のある学業的技能に対する要求が、その人の限られた能力を超えるまでは完全に明らかにならないかもしれない。

〔日本精神神経学会（日本語版用語監修）(2014)『DSM-5 精神疾患の診断・統計マニュアル』髙橋三郎・大野裕監訳、医学書院、pp. 65-66 ／「P」省略。〕

AD/HD、抑うつ症候群、双極性障害群、不安症候群、自閉スペクトラム症、常同運動症とも合併しやすい。

b 学習障害と限局性学習症

1999 年、文部科学省による「学習障害児に対する指導について（報告）」において学習障害は、「基本的には全般的な知的発達に遅れはないが、聞く、話す、読む、書く、計算する又は推論する能力のうち特定のものの習得と使用に著しい困難を示す様々な状態を指すものである。学習障害（LD：Learning Disabilities）は、その原因として、中枢神経系に何らかの機能障害があると推定されるが、視覚障害、聴覚障害、知的障害、情緒障害などの障害や、環境的な要因が直接の原因となるものではない」と定義されている。

DSM-5 の限局性学習症（LD：Learning Disorders または SLD：Specific Learning Disorder）は読字、書字表出、算数（計算、推論）の困難という構成になっている。DSM-5 によれば、限局性学習症は、障害の行動的特徴に関連する認知と関係する生物学的基盤になんらかの障害を持つ神経発達症である（表 3-20）。

DSM-5 の定義にある「困難さ」とは「完全にできないこと」ではない。例えば書字障害の診断がある人の中には文字が全く書けない人もいるが、文字を書く状況で強いストレッサーが負荷され、文字は書けるけれども、生活に支障が

表3-21 AD/HDのタイプ

分類タイプ	状態像
不注意優位型	不注意(忘れ物、紛失、集中が持続しない、など)が目立ち、多動性があまり見られない。話しかけても聞いていないようにみられたり、順序立てて物事を行なうことが困難であったりする。
多動性・衝動性優位型	落ち着きがなく、手遊びや、授業中の立ち歩きなどがみられる。また、衝動性が高いため、思いつきの行動や発言、感情的な行動を抑えることが難しい。
混合型	不注意優位型と多動性・衝動性優位型の双方の状態像を持つ。不注意・多動性・衝動性の内、どの度合いが強いかは個々人による。

出るほどの時間がかかるタイプの人もいる。「文字が書けるから書字障害ではない」「遅いけれど、文章が読めるから読字障害ではない」ということではない。

限局性学習症が並存しやすい障害は神経発達症(自閉スペクトラム症、AD/HD、コミュニケーション症群、発達性協調運動障害)または他の精神疾患(抑うつ障害群、双極性障害群、不安症群)である。

c 注意欠陥／多動性障害(AD/HD)

注意欠陥／多動性障害(**AD/HD：Attention-Deficit/Hyperactivity Disorder**)は、2003年の「今後の特別支援教育の在り方について(最終報告)」において「年齢あるいは発達に不釣り合いな注意力、及び／又は衝動性、多動性を特徴とする行動の障害で、社会的な活動や学業の機能に支障をきたすものである。また、7歳以前に現れ、その状態が継続し、中枢神経系に何らかの要因による機能不全があると推定される。」と定義されている。後述するように、この「7歳以前」の部分は医学的には12歳以前に変更されている。

AD/HDにはメチルフェニデート(商品名：コンサータ)や選択的ノルアドレナリン阻害薬(商品名：ストラテラ)などが使用されることがある。ただし、これらの薬物はAD/HDを治すものではなく、一時的に症状を緩和させるものである。こうした限界を前提に、AD/HDには環境調整と薬物療法をあわせて考慮する。

米国児童期思春期精神医学会では、AD/HDの治療教育に薬物療法と認知行動療法を推奨している。認知行動療法で推奨されている技法は随伴性マネジメント、ペアレント・トレーニング、ソーシャルスキル・トレーニングである。ただし、ソーシャルスキル・トレーニングでは日常生活でのスキルの維持と般化には課題も指摘されている。

表 3-22　DSM-5 による AD/HD 診断基準

注意欠如・多動症 / 注意欠如・多動性障害
A　(1) および / または (2) によって特徴づけられる、不注意および / または多動性 - 衝動性の持続的な様式で、機能または発達の妨げとなっているもの。

(1) **不注意**：以下の症状のうち六つ（またはそれ以上）が少なくとも 6 ヶ月持続したことがあり、その程度は発達の水準に不相応で、社会的および学業的 / 職業的活動に直接、悪影響を及ぼすほどである。
・細部を見過ごしたり、見逃してしまう。作業が不正確である。
・講義、会話、または長時間の読書に集中し続けることが難しい。
・直接話しかけられた時に、しばしば聞いていないように見える。
・課題に取り組むが、すぐに集中できなくなる。または容易に脱線する。
・課題や活動を順序立てることがしばしば困難。
・精神的努力の持続を要する課題（例：学業や宿題など）を避ける、嫌う、またはいやいや行なう。
・課題や活動に必要なものをしばしばなくす。
・しばしば外的な刺激によってすぐ気が散ってしまう。
・しばしば日々の活動で忘れっぽい。

(2) **多動性および衝動性**：
・しばしば手足を動かしたり、いすの上でもじもじする。
・席に座っていることを求められる場面で、しばしば席を離れる。
・不適切な状況でしばしば走り回ったり高い所へ登ったりする。
・静かに遊んだり余暇活動につくことがしばしばできない。
・しばしば"じっとしていない"。
・しばしばしゃべりすぎる。
・しばしば質問が終わる前に出し抜いて答えはじめてしまう。
・しばしば自分の順番を待つことが困難である。
・しばしば他人を妨害し、邪魔する。

B　不注意または多動性 - 衝動性の症状のうちいくつかが 12 歳以前から存在する。
C　不注意または多動性 - 衝動性のうちのいくつかが二つ以上の状況（例：家庭、学校、友人や親戚といるとき）において存在する。

〔日本精神神経学会（日本語版用語監修）(2014)『DSM-5 精神疾患の診断・統計マニュアル』髙橋三郎・大野裕監訳、医学書院、pp. 58-59 修正／「D」省略。〕

　AD/HD の理解において注意すべき点は、状態像の現れ方には「不注意優位型」「多動性・衝動性優位型」「混合型」の 3 類型がある（表 3-21）。このうち多動性と衝動性は男性に多く、不注意の行動特徴は女性に多い。

　DSM-5 における AD/HD 診断基準を表 3-22 に示す。DSM-5 における AD/HD は二つ以上の環境で不注意／衝動性の症状が存在する障害である。AD/HD は DSM-5 において多くの点で診断に変更があった。まず、症状の出現が「7 歳以前」が「12 歳以前」に変更された。この点は、文部科学省の定義との相違である。次に、**広汎性発達障害、特に自閉スペクトラム症／自閉症スペクトラム障害との併記を認めた**。また上位概念が「破壊的行動障害」から「神経発達障害」に移行している。さらに重症度の表記（軽症・中等症・重症）も変更

問　注意欠如多動症／注意欠如多動性障害（AD/HD）の併存障害について、正しいものを二つ選べ。
① 環境調整と薬物療法とを考慮する。
② 成人期にしばしばうつ病を併存する。
③ 養育環境は併存障害の発症に関係しない。
④ 自尊感情の高低は併存障害の発症に関係しない。
⑤ 児童期に反抗挑戦性障害を併存することはない。
〔2018年公認心理師試験問題より〕　　　　　正答（　①　②　）

問　注意欠如多動症／注意欠如多動性障害（AD/HD）の診断や行動特徴として、不適切なものを一つ選べ。
① 女性は男性よりも主に不注意の行動特徴を示す傾向がある。
② 診断には、複数の状況で症状が存在することが必要である。
③ 診断には、いくつかの症状が12歳になる以前から存在している必要がある。
④ 診断には、不注意、多動及び衝動性の三タイプの行動特徴を有することが必要である。
⑤ DSM-5では、自閉スペクトラム症／自閉症スペクトラム障害（ASD）の診断に併記することができる。
〔2018年公認心理師試験問題より〕　　　　　正答（　④　）

点の一つである。

　AD/HDには併存する障害もある。児童期においては反抗挑発症（反抗挑戦性障害）、成人期にはしばしばうつ病との併存が認められている。不適切な養育環境や低い自尊感情は二次障害として併存する障害の発症に影響を与える。

d　自閉スペクトラム症

　かつては自閉症または自閉性障害と呼ばれたが、DSM-5においては、アスペルガー障害がなくなり、名称も自閉スペクトラム症／自閉症スペクトラム障害で統一された。これは障害の症状もまた自閉症状の重篤度、発達段階、暦年齢によって大きく変化することを「スペクトラム」という表記で示すためである。またAD/HDとの重複診断が可能になった点など、診断基準に変化がみられる。

　自閉スペクトラム症（autism spectrum disorder）の基本的症状は、①社会的コミュニケーションの障害、②対人関係の障害、③著しい興味関心の限定と反

表 3-23　DSM-5 による自閉スペクトラム症／自閉症スペクトラム障害の診断基準

A　複数の状況で社会的コミュニケーションおよび対人的相互反応における持続的な欠陥があり、現時点または病歴によって、以下により明らかになる。
（1）相互の対人的 - 情緒的関係の欠落で、例えば、対人的に異常な近づき方や通常の会話のやりとりのできないことといったものから、興味、情動、または感情を共有することの少なさ、社会的相互反応を開始したり応じたりすることができないことに及ぶ。
（2）対人的相互反応で非言語的コミュニケーション行動を用いることの欠陥、例えば、まとまりの悪い言語的、非言語的コミュニケーションから、アイコンタクトと身振りの異常、または身振りの理解やその使用の欠陥、顔の表情や非言語的コミュニケーションの完全な欠陥に及ぶ。
（3）人間関係を発展させ、維持し、それを理解することの欠陥で、例えば、さまざまな社会的状況に合った行動に調整することの困難さから、想像上の遊びを他者と一緒にしたり、友人を作ることの困難さ、または仲間に対する興味の欠如に及ぶ。

B　行動、興味または活動の限定された様式。
・おもちゃを一列に並べる、物を叩くなどの単調な常同行動、反響言語（相手の言葉を繰り返す）、独特な言い回し、など。
・小さな変化に対する苦痛、儀式のような挨拶習慣、同じ食物を食べることへの要求、など。
・きわめて限定され執着する興味。
・感覚刺激への過敏または鈍感さ、並外れた興味（痛みや体温に無関心、特定の音や光に反応する、過度な接触を試みる、光などを熱中して見る、など）。

C　症状は発達早期に存在していなければならない。

〔日本精神神経学会（日本語版用語監修）（2014）『DSM-5 精神疾患の診断・統計マニュアル』髙橋三郎・大野裕監訳、医学書院、p.49〕

問　自閉スペクトラム症／自閉症スペクトラム障害〈ASD〉の基本的な特徴として、最も適切なものを一つ選べ。
① 場面緘黙
② ひきこもり
③ ディスレクシア
④ 言葉の発達の遅れ
⑤ 通常の会話のやりとりの困難
〔2018 年公認心理師試験問題より〕　　　　　　　正答（　⑤　）

復である。言語の発達の遅れを示す者もあり、3 歳児健診などで発見されるケースがある。ただし、言葉の発達の遅れは自閉スペクトラム症の一部にみられるものであり、必要条件ではない。基本的な症状は、社会的コミュニケーション（語用論）が困難である点に留意したい（表 3-23）。

なお、DSM-5 では重症度を「社会的コミュニケーションの障害」や「限定された反復的な行動様式」に対する支援の度合いで区分している。

自閉スペクトラム症の併存障害は知的能力障害と構造的言語症である。てんかん、睡眠障害、便秘、そして回避的‐限定的摂食障害とも併存しやすい。

特別支援教育の中で注目されているのは通常学級に在籍する自閉スペクトラム症の児童生徒である。彼らは知的障害を伴わないので高機能自閉症と呼ばれることもある。

2003年「今後の特別支援教育の在り方について（最終報告）」によれば、高機能自閉症は「3歳位までに現れ、①他人との社会的関係の形成の困難さ、②言葉の発達の遅れ、③興味や関心が狭く特定のものにこだわることを特徴とする行動の障害である自閉症のうち、知的発達の遅れを伴わないものをいう。また中枢神経系に何らかの要因による機能不全があると推定される」と定義されている。「状況理解の悪さ」やスケジュールなどへのこだわり行動、同時並行処理の不全、感覚の鋭敏性または鈍麻性など、そのあらわれ方は多様である。

注
*1 「通常の会話のやりとりの困難」を正答としたこの問題は発達障害当事者協会から意見書が提出されている。

文献

・American Psychiatric Association（2014）『DSM-5 精神疾患の診断マニュアル』日本精神神経学会監訳、医学書院
・厚生労働省（2005）「知的障害児（者）基礎調査」
・厚生労働省（2018）「平成28年生活のしづらさに関する調査」
・Linehan, M. M.（1993）*Cognitive-Behavioral Treatment of Borderline Personality Disorder.* Gilford Press.
・文部科学省（1999）「学習障害児に対する指導について（報告）」
・文部科学省特別支援教育課（2002）「平成14年度　就学指導の手引き」
・文部科学省（2003）「今後の特別支援教育の在り方について（最終通告）」
・日本心理研修センター（2018）『公認心理師現任者講習会テキスト』金剛出版
・斎藤富由起（2013）「児童期・思春期の特別支援教育とSSTの原理」斎藤富由起・守谷賢二編『児童期・思春期のSST—特別支援教育編』三恵社、12-31.
・滝川一廣（2017）「発達の分布図」滝川一廣『子どものための精神医学』医学書院、166-172.

第4節　パーソナリティ障害

1　パーソナリティ障害とはなにか

1）パーソナリティ障害の定義

　パーソナリティ障害（personality disorder）とは、所属する文化の標準的な認知と行動のパターンから著しく逸脱したパーソナリティである。主として青年期以降に顕著になり、その逸脱のために、対人関係および社会的・職業的な障害が出ている場合、パーソナリティ障害という診断がなされる。

　著しい逸脱の性質については、それを「ごく少数の例外」とみなす立場と「正常からの質的な逸脱」とみなす立場がある。古くは精神病質人格（psychopathic personalities）と呼ばれ、人権上の論点や治療可能性についての論点を含め、多くの議論がなされた。現在は幾つかのパーソナリティ障害には有効な心理療法があり、パーソナリティ障害への対応は心理療法を中心に発展している。なお、パーソナリティ障害は重篤な場合であっても法的な責任能力が認められる。

　しかし、こうしたパーソナリティ障害の定義にはいくつかの論点が含まれている。まず、パーソナリティが標準的でないからといって、障害だとか正常ではないなどと考えて良いのだろうか。これは人権上の論点（そもそもそういう見方で現象をとらえて良いのかという問題）である。また、パーソナリティ障害という概念を認めたとしても、それは生得的なもので、変容の可能性はないものならば、その概念は、診断される人を傷つけるだけではないかという議論もある。一部の人たちを危険視して、どこかに収容しようという思想に通じてないかという疑念も生じる。さらに、パーソナリティ障害の定義はどこか曖昧さを残している。これはDSMの時代になっても変わらない。DSM-5が従来の診断に「パーソナリティ障害の代替モデル」を加えるようになったのも、この概念の曖昧さに対応するためである。このように、パーソナリティ障害とは、曖昧な概念で個性的な人たちを精神病理と見なす危険な考え方という意見が存在

する。

　他方、自分のパーソナリティに疑問を感じて、なんとか変わることができないかと悩む人に対して、心理師は「それはパーソナリティですから変える必要はありません」と断ればよいのだろうか。パーソナリティの悩みを抱える人たちに対して、人権上の争点に答えを出し、有効な心理的支援を行おうと、パーソナリティ障害の研究者は努力を重ねてきた。

　現在、パーソナリティ障害の心理療法は、当人のパーソナリティを変えたい意思の確認が前提とされている。また、生得的で変化しないと言われたパーソナリティ障害も実際には変化するというエビデンスが示されてきた。そして、パーソナリティ障害の治療には社会参加が重要であり、社会的障壁をなくす必要性も主張されている。こうした現代のパーソナリティ障害の心理療法の代表例が**境界性パーソナリティ障害**に対する**弁証法的行動療法**（Linehan 1993a；1993b）である。

2) DSM-5 によるパーソナリティ障害

　DSM-5 ではパーソナリティ障害の診断は第Ⅱ部と第Ⅲ部に記載されている。ここでは基本となる DSM-5 の第Ⅱ部の診断基準を説明する（表 3-24）。

　DSM-5 の第Ⅱ部では、パーソナリティ障害は A 群（奇妙で風変わりな群）、B 群（演技的で感情的で移り気な群）、C 群（不安と恐怖が強い群）の三つの群に分類されている。A 群には猜疑性、シゾイド、統合失調症型の三つのパーソナリティ障害がある。A 群のパーソナリティ障害を持つ者は極端に人を疑ったり、理解しがたい認知や行動を見せる。対人関係でその関わり方が顕著に出てしまい、社会生活に問題が生じやすい。

　B 群には、反社会性、境界性、演技性、自己愛性の四つのパーソナリティ障害がある。この B 群のパーソナリティ障害を持つ者は、本人もその極端な情動の移り変わりに悩んでいるが、周囲の関係者もさまざまに巻き込まれ、ストレスフルな生活を送っているケースが多い。

　C 群には回避性、依存性、強迫性の三つのパーソナリティ障害がある。C 群のパーソナリティ障害を持つ者は、他者と適切な関係を求めているが、不安が高く依存してしまったり、人と交わることを避けてしまったり、強迫のために対人関係に不全感を覚えている。

表 3-24 DSM-5 の第Ⅱ部によるパーソナリティ障害

	名称	特徴
A	猜疑性パーソナリティ障害	他人の動機を悪意あるものとして解釈するといった、不信と疑い深さを示す様式のこと。
	シゾイドパーソナリティ障害	社会的関係からの離脱と感情表出の範囲が限定される様式のこと。
	統合失調型パーソナリティ障害	親密な関係において急に不快になることや、認知または知覚的歪曲、および行動の風変わりさを示す様式のこと。
B	反社会性パーソナリティ障害	他人の権利を無視する、そして侵害する様式のこと。
	境界性パーソナリティ障害	対人関係、自己像、および感情の不安定と、著しい衝動性を示す様式のこと。
	演技性パーソナリティ障害	過度な情動性を示し、人の注意を引こうとする様式のこと。
	自己愛性パーソナリティ障害	誇大性や賞賛されたいという欲求、共感の欠如を示す様式のこと。
C	回避性パーソナリティ障害	社会的抑制、不全感、および否定的評価に対する過敏性を示す様式のこと。
	依存性パーソナリティ障害	世話をされたいという過剰な欲求に関連する従属的でしがみつく行動をとる様式のこと。
	強迫性パーソナリティ障害	秩序、完璧主義、および統制にとらわれる様式のこと。

〔日本精神神経学会（日本語版用語監修）（2014）『DSM-5 精神疾患の診断・統計マニュアル』髙橋三郎・大野裕監訳、医学書院、p.635 を元に作成〕

DSM-5 では各パーソナリティ障害の重複は認められている。また、各群の有病率は A 群が 5.7%、B 群が 1.5%、C 群が 6.0%、なんらかのパーソナリティ障害を持つ人が 9.1% である（APA 2014）。

2 境界性パーソナリティ障害

境界性パーソナリティ障害（BPD：Borderline Personality Disorder）は、他者に対して素晴らしい人だと理想化したり、突然激しく非難したりなど、両極端な感情の間を行き来する特徴を持つ。また、他者から見捨てられることを極端に恐れ、見捨てられないようあらゆる手段を尽くす。リストカット等の自傷行為を繰り返すことも特徴であり、慢性的な空虚感（必要とされていない感覚）にさいなまれている。感情のコントロール、特に怒りのコントロールに不全感を抱えるなどが特徴とされる（表 3-25）。

DSM により境界性パーソナリティ障害の概念が提唱される以前、特に 1960 年代から 1970 年代にかけて、神経症と精神病の境界にある境界例（borderline

表 3-25　境界性パーソナリティ障害の診断基準

対人関係、自己像、情動などの不安定性および著しい衝動性の広範な様式で、成人期早期までに始まり、種々の状況で明らかになる。以下のうち五つ（またはそれ以上）によって示される。
(1) 現実に、または想像の中で、見捨てられることを避けようとするなりふりかまわない努力
(2) 理想化とこき下ろしとの両極端を揺れ動くことによって特徴づけられる、不安定で激しい対人関係の様式
(3) 同一性の混乱：著名で持続的に不安定な自己像または自己意識
(4) 自己を傷つける可能性のある衝動性で、少なくとも二つの領域にわたるもの（例：浪費、性行為、物質濫用、無謀な運転、過食）
(5) 自殺の行動、そぶり、脅し、または自傷行為の繰り返し
(6) 顕著な気分反応性による感情の不安定性（例：通常は2～3時間持続し、2～3日以上持続することは稀な、エピソード的に起こる強い不快気分、いらだたしさ、または不安）
(7) 慢性的な空虚感
(8) 不適切で激しい怒り、または怒りの制御の困難（例：しばしばかんしゃくを起こす、いつも怒っている、取っ組み合いの喧嘩を繰り返す）
(9) 一過性のストレス関連性の妄想様観念または重篤な解離症状

〔日本精神神経学会（日本語版用語監修）(2014)『DSM-5 精神疾患の診断・統計マニュアル』高橋三郎・大野裕監訳、医学書院、p.654〕

case）という概念が注目されていた。しかし、定義の曖昧さなどを理由に批判され、現在、境界例という概念はほとんど使用されていない。当時の思春期病棟の女性の葛藤を描いた映画『17歳のカルテ』（配給：ソニー・ピクチャーズ・エンタテインメント）は境界例やその他の精神疾患を患う入院患者の共同生活の話だが、同時にそれは人間的な精神医療のあり方を模索した作品でもある。

境界例や境界性パーソナリティ構造（BPO：Borderline Personality Organization）は力動的心理学の立場からできた概念であり、厳密には現代の境界性パーソナリティ障害とは別の概念である（表 3-26）。なお、ここで、境界性パーソナリティ構造で説明される**スプリッティング、投影性同一視、否認**という三つの防衛機制について、それがどのように現れるかという現象面に焦点をあてて説明する。

スプリッティングとは対人関係において「完全な敵か、完全な味方か」（口達者で、だまそうとしている人か、完全な理解者か）という両極端の認知しかなく、しかも、ささいな刺激でその認識が変化しやすくなる防衛機能である。境界性パーソナリティ障害のある人は、完全な敵でもなく、完全な味方でもない中立的な人間関係を保つことが難しい。これはアンビヴァレントな状況に対する耐性の低さといえる。

投影性同一視は三段階で推移する防衛機制である。最初に、自分が持ってい

表3-26　BPOとBPDの違い

	境界性パーソナリティ構造(BPO)	境界性パーソナリティ障害 (BPD)
提唱者	O・カーンバーグ（1967）	アメリカ精神医学会
定義	精神分析における概念。以下の特徴を持っている。 (1) 原始的防衛機制を用いる。(これは対象を「良い対象」「悪い対象」と分けて見てしまう**スプリッティング**や、自分の感情を相手が持っていると考えてしまう**投影性同一視、否認**等が含まれる)。 (2) アイデンティティの不安定さ (3) 自我の現実検討機能が保たれている。	DSMにおける概念。対人関係、自己像、感情などの不安定性および著しい衝動性の広範な様式で、成人期早期までに始まり、種々の状況で明らかになる。 (1) 現実に、または想像の中で見捨てられることを避けようとするなりふりかまわない努力。 (2) 理想化とこきおろしの両極端を揺れ動くことによって特徴づけられる、不安定で激しい対人関係の様式。 (3) 同一性の混乱。 (4) 自己を傷つける可能性のある衝動性。 (5) 自殺の行動、そぶり、脅し、または自傷行為の繰り返し。 (6) 顕著な気分反応性による感情不安定性。 (7) 慢性的な空虚感。 (8) 不適切で激しい怒り、または怒りの制御の困難。 (9) 一過性のストレス関連性の妄想様観念、または重篤な解離症状。

る欲求を相手が持っていると見なす投影が生じる。例えば、Aさんに恋愛感情を抱いたとしたら、投影により「Aさんが自分のことを好きだ」という認識になる。

　次に、現実の人物を投影された理想的な人間であるかのように振る舞わせる時期がくる。この時期には、現実の人間を投影した人間のように振る舞わせるために、いろいろな問題行動が起きる。例えば「Aさんが自分のことが好きならば、自分が苦しいときには深夜でもすぐに駆けつけてくれるはずだ」と考え、深夜にリストカットや大量のオーバードーズを行なうなどである。緊急事態が起きればAさんは深夜でも駆けつけざるを得ない。駆けつけてくれている間は、投影した人物像と現実の人物の行動が同一なので、境界性パーソナリティ障害の症状は一次的に安定する。

　最後に、投影した人物像が崩れる段階がくる。現実の人物は、境界性パーソナリティ障害のある人が投影する人物像とは異なるので、いつかは投影と現実との違いが認識される。先の例で言えば、問題行動が起きた初めのうちならば、Aさんは駆けつけてくれるかもしれない。しかし、問題行動が続けばやがては来なくなるだろう。すると、現実の人物は投影したような人物ではないという認識になる。

　投影性同一視の説明は以上だが、ここで、最初の投影の段階に注目してほし

い。最初の段階で投影が起きているので、Aさんの方から好意を寄せたという認識になっている。すると、境界性パーソナリティ障害の人から見ると、Aさんに裏切られたような形になる。境界性パーソナリティ障害の人は感情のコントロールのうち、怒りのコントロールに不全感を持つ人が多い。その結果、激しい怒り感情がAさんに向けられ、対人関係のトラブルが発生する。

　否認とは了解しがたい理由に基づき、現実に起きたネガティブな事実をないと認識することである。現実には虐待をしている保護者に対して、子どもが「そんなことはされていない」と（無理矢理言い張るのではなく）認識しているなど一部に否認が働いているケースがある。

　なぜ、上記のような防衛機制が働くのだろうか。マスターソン（Masterson 1976）はこの心理を説明するため、「**見捨てられ抑うつ**」または「**見捨てられ不安**」を提唱した。境界性パーソナリティがある者は、幼少期の母子関係の影響から、愛着を向けた他者に見捨てられるのではないかと絶えず不安を抱いている。この不安が内在しており、成長しても、絶えず重要な他者から見捨てられないために、自殺をほのめかすなど、なりふりかまわない努力をするという。マスターソンの説はあくまでも解釈だが、実際の臨床現場では見捨てられることへの不安を語るクライエントは多い。

　境界性パーソナリティ障害は抑うつ性障害、双極性障害、物質関連性障害、摂食障害（特に神経性過食症）、PTSD、注意欠陥多動症と合併しやすい。また、境界性パーソナリティ障害は**非定型うつ病**との鑑別が難しいとされている。非定型うつ病は20代から30代の女性に多くみられる気分変動性と拒絶過敏性を特徴とするうつ病である。

　境界性パーソナリティ障害の治療についてはリネハン（Linehan 1993a；1993b）による**弁証法的行動療法**（DBT：Dialectical Behavior Therapy）がランダム化比較試験（RCT）によるエビデンスを示し、注目されている。弁証法的行動療法では、集団療法（①マインドフルネス・スキル、②対人関係スキル、③苦悩耐性スキル、④感情コントロール・スキル）と個人療法を同時に行なう。また24時間の電話相談でクライエントをサポートする。弁証法的行動療法では極端な思考を取らず、曖昧さに耐え、衝動性をコントロールできることを目指しているが、その根本には**徹底受容**（radical acceptance）という価値観を持っている。徹底受容とは、どんなことがあっても（たとえ変化しなかったとして

も）、クライエントには生きる価値があり、クライエントを決して見捨てないというものである。

3　自己愛性パーソナリティ障害

　自己愛性パーソナリティ障害（NPD：Narcissistic Personality Disorder）は、自分には特別な才能や努力があるという思い込みの強さ（誇大性）と、周囲からほめられ、すごいと思われたい欲求の強さが特徴である。また、特別な自分の特別な目的のためなら周囲が犠牲になることも当然と考える傾向がある（共感性の欠如）。自分の業績や才能を（誇張も含めて）大げさに語ったり、その才能や業績は特別な人（その人物が尊敬する教師や上司、歴史上の人物なども含まれる）でなければわからないと嘆く。また、理想の愛、特別な業績、権力、成功のイメージに心を奪われがちである。

　自己愛性パーソナリティ障害の人は、評価されたり、自分がほしい何かを持っている他人にひどく嫉妬したり、あるいは、優れた属性を持つ自分が他人から嫉妬されていると思い込む。非難や批判に対しては驚くか激高するか、自分が特別なので他者から理解されないと嘆くだろう。なお、挫折や非難、否定的見解を受けたことに対する傷つきには敏感で、長期にわたり（隠しながらも）その経験を覚えている。

　なお、自己愛性パーソナリティ障害の共感性の欠如は、冷たい印象を与えるものではなく、概してコミュニケーションも上手な者が多い。ここでの共感性の欠如とは、主として自己愛を満たす目的において、他者を道具のように使ったり、**自己愛憤怒**（narcissistic rage）と呼ばれる激しい怒りを見せることである。普段は有能でやさしい一面があるものの、自己愛への傷つきが生じれば、パートナーに対して何時間も人格攻撃を行なったり、部下や子どもを長時間起立させて折檻することなどがその例である。

　ギャバード（1997）は自己愛性パーソナリティを無関心型と過敏型に分類した。無関心型は自己陶酔性があり、自己愛の強さがわかりやすい。一方、過敏型は自己愛を表面には見せず、判断しづらい面がある（表3-27）。

　DSM-5によると、自己愛性パーソナリティ障害は神経性やせ症や物質関連性障害と合併することが多い。男性が50〜75%と、男性にやや多いパーソナ

表 3-27　自己愛性パーソナリティ障害の二つのタイプ

無関心型（無自覚型）　oblivious type	過敏型（過剰警戒型）　hypervigilant type
1　他の人々の反応に気づかない 2　傲慢で攻撃的 3　自分に夢中である 4　注目の的である必要がある 5　「送話器」はあるが「受話器」がない 6　見かけ上は、他の人々によって傷つけられたと感じることに鈍感である	1　他の人々の反応に過敏である 2　抑制的、内気。表に立とうとしない 3　自分よりも他の人々に注意を向ける 4　注目の的になることを避ける 5　侮辱や批判の証拠がないかどうか他の人々に耳を傾ける 6　容易に傷つけられたという感情をもつ。羞恥や屈辱を感じやすい

〔ギャバード（1997）『精神力動的精神医学』舘哲朗監訳、岩崎学術出版社〕

表 3-28　DSM-5 による自己愛性パーソナリティ障害の診断基準

誇大性（空想または行動における）、賛美されたい欲求、共感の欠如の広範な様式で、成人期早期に始まり、種々の状況で明らかになる。以下のうち五つ（またはそれ以上）によって示される。

(1) 自分が重要であるという誇大な感覚（例：業績や才能を誇張する、十分な業績がないにもかかわらず優れていると認められることを期待する）。
(2) 限りない成功、権力、才気、美しさ、あるいは理想的な愛の空想にとらわれている。
(3) 自分が特別であり、独特であり、他の特別なまたは地位の高い人達（または団体）だけが理解しうる、または関係があるべきだ、と信じている。
(4) 過剰な賛美を求める。
(5) 特権意識（つまり、特別有利な取り計らい、または自分が期待すれば相手が自動的に従うことを理由もなく期待する）。
(6) 対人関係で相手を不当に利用する（すなわち、自分自身の目的を達成するために他人を利用する）。
(7) 共感の欠如：他人の気持ちおよび欲求を認識しようとしない、またはそれに気づこうとしない。
(8) しばしば他人に嫉妬する、または他人が自分に嫉妬していると思い込む。
(9) 尊大で傲慢な行動、または態度。

〔日本精神神経学会（日本語版用語監修）（2014）『DSM-5 精神疾患の診断・統計マニュアル』高橋三郎・大野裕監訳、医学書院、p. 661〕

リティ障害である。境界性パーソナリティ障害に弁証法的行動療法があるような意味で、自己愛性パーソナリティ障害の治療法は存在しない（表 3-28）。

4　反社会性パーソナリティ障害

　反社会性パーソナリティ障害（antisocial personality disorder）とは小児期または成人期早期から続く、他人の権利を無視し、侵害する行動パターンである。反社会性パーソナリティ障害の診断は 18 歳以上でなければ下されない。また、15 歳以前に素行症のいくつかの症状が現れていなければならない。

成人になってから反社会性パーソナリティ障害が発症する可能性は素行症が10歳未満で起きているときや注意欠陥多動症を持っている場合に高くなる。

素行症（Conduct Disorder）とは、他者の基本的人権や年齢相応の社会規範を何度も侵害する行動パターンである。18歳以上で、反社会性パーソナリティ障害の基準を満たさず、素行症の基準を満たす場合は、素行症の診断が下されることがある。人や動物に暴力を加えることが基準の一つになっているのは素行症の特徴である。

素行症は注意欠陥多動症および反抗挑戦症との併存がみられる。また、限定学習症、不安症群、抑うつ症候群、双極性障害群、物質関連性障害群とも併存しやすい（APA 2014）。

5　代替 DSM-5 モデル（ディメンショナル・モデル）

DSM-5 の第Ⅱ部の診断基準は 10 個の診断カテゴリーによってパーソナリティ障害を分類している。一方、DSM-5 では第Ⅲ部でパーソナリティ障害のカテゴリーによる診断の欠点を補う意味で、パーソナリティ障害群の代替 DSM-5 モデル（以下、代替 DSM-5 モデル）を提唱している。カテゴリー診断の欠点とは、①カテゴリーだけの診断ではパーソナリティ障害の重複が多くなること、②パーソナリティ障害は典型例も少ないため、特定不能のパーソナリティ障害が多くなってしまうことの 2 点である。さらに言うと、DSM-5 のさまざまなカテゴリーは、統計的な一貫性が得られていないことも指摘できる。

こうした欠点を補うために開発された代替 DSM-5 モデルは、表 3-29 にみる基準 A から基準 G までの判定により、パーソナリティ障害が診断される。このうち、特に代替 DSM-5 モデルの特徴を表わしているのは、基準 A と基準 B である。

第Ⅱ部のパーソナリティ障害は全部で 10 個のカテゴリーがあった（表 3-24）。代替 DSM-5 モデルでは、パーソナリティ障害を「反社会性パーソナリティ障害」「回避性パーソナリティ障害」「境界性パーソナリティ障害」「自己愛性パーソナリティ障害」「強迫性パーソナリティ障害」「統合失調型パーソナリティ障害」の六つのパーソナリティ障害となる。

代替 DSM-5 モデルにおけるパーソナリティ障害は、主に「パーソナリティ

表 3-29　代替 DSM-5 モデルによるパーソナリティ障害の全般的基準

パーソナリティ障害に不可欠な特徴は以下のとおりである。
A　パーソナリティ（自己または対人関係）機能における中等度またはそれ以上の障害
B　一つまたはそれ以上の病的パーソナリティ特性
C　パーソナリティ機能の障害およびその人のパーソナリティ特性の表現は、比較的柔軟性がなく、個人的および社会的状況の幅広い範囲に比較的広がっている。
D　パーソナリティ機能の障害およびその人のパーソナリティ特性の表現は、長期にわたって比較的安定しており、その始まりは少なくとも青年期または成人期早期にまでさかのぼることができる。
E　パーソナリティ機能の障害およびその人のパーソナリティ特性の表現は、他の精神疾患ではうまく説明されない。
F　パーソナリティ機能の障害およびその人のパーソナリティ特性の表現は、物質または他の医学的疾患（例：重度の頭部外傷）の生理学的作用によるものだけではない。
G　パーソナリティ機能の障害およびその人のパーソナリティ特性の表現は、その人の発達段階または社会文化的環境にとって正常なものとしてはうまく理解されない。

〔日本精神神経学会（日本語版用語監修）(2014)『DSM-5 精神疾患の診断・統計マニュアル』髙橋三郎・大野裕監訳, 医学書院, p. 755〕

機能の障害」（基準 A）と「病的なパーソナリティ特性」（基準 B）の 2 点を判定することで診断される。

　パーソナリティ機能（基準 A）とは自己の機能と対人関係の機能である。自己は同一性と自己志向性からなり、対人関係は共感性と親密さからなる。パーソナリティとは、昨日と変わらぬ自分がいて（同一性）、生産的な目的を持って生活しており（自己志向性）、他人の気持ちも想像でき（共感性）、仲が良い人たちもいる（親密さ）という認識を成り立たせる機能を持っている。

　DSM-5 モデルでは上のようなパーソナリティ機能をパーソナリティ機能レベル尺度を使って測定する。パーソナリティの機能は 0 レベル（機能障害がないかほとんどない）から 4 レベル（最重度の障害）の 5 段階で測定される。これによりパーソナリティ機能の重症度が測定できる。パーソナリティ障害という診断には 2 レベル（中程度の機能障害）以上の機能障害が必要である。

　パーソナリティ機能の障害の程度（基準 A）がわかったら、次に、病的なパーソナリテ特性の診断（基準 B）を行なう。病的なパーソナリティを構成する要因を特性領域と呼ぶ。は特性領域は「否定的感情」「離脱」「対立」「脱抑制」「精神病理」の 5 領域からなり、さらに 5 領域の中に 25 個の特性的側面がある。この病的なパーソナリティ特性の 5 領域（25 特性側面）の症状がどのくらい当てはまるかにより、6 類型のどのパーソナリティ障害になるかが決定される（表 3-30）。

表3-30　DSM-5モデルの6種のパーソナリティ障害と病的パーソナリティ特性との関連

病的パーソナリティ特性	反社会性パーソナリティ障害	回避性パーソナリティ障害	境界性パーソナリティ障害	自己愛性パーソナリティ障害	強迫性パーソナリティ障害	統合失調型パーソナリティ障害
否定的感情		○	○		○	
疎隔		○			○	○
対抗	○		○	○		
脱抑制	○		○		○	
精神病傾向						○

〔林直樹（2006）『パーソナリティ障害』福村出版、p. 22〕

　つまり、代替DSM-5モデルとは、基準Aでパーソナリティ障害の重症度を測定し、中程度以上の重症度であれば、基準Bのパーソナリティ障害の質問項目に答えて、6個のパーソナリティ障害のどれに当てはまるかを決定するものである。

　なお、代替DSM-5モデルは6カテゴリーとは別に、「パーソナリティ障害、特性が特定されるもの」（PD-TS：Personality Disorder-Trait Specified）というべき診断カテゴリーを持っている。それはパーソナリティ障害があると想定できるが、特定のパーソナリティ障害の診断基準を満たさないものである。

　代替DSM-5モデルは類型論でカテゴライズしていたパーソナリティ障害を、パーソナリティ機能の障害の程度という次元モデルを導入した点で注目されている。ただし、そのために煩雑になり、実用的ではないという批判も提出されている（フランセス2013）。

注
*1　この論点については次のサイトが参考になる。http://kansatuhou.net/04_ronten/08_01nakajima.html
*2　境界性パーソナリティ障害が神経性過食症と合併しやすいことと比較せよ。

文献
・American Psychiatric Association（2014）『DSM-5 精神疾患の診断マニュアル』日本精神神経学会監訳、医学書院
・フランセス，A．（2013）『正常を疑え――精神医学を混乱させるDSM-5への警告』講談社
・G. O. ギャバード（1997）舘哲朗監訳『精神力動的精神医学――その臨床実践DSM-IV版』（3）臨床編：II 軸障害』岩崎学術出版社
・Kernberg, O.（1967）Borderline Personality Organization. *Journal of the American Psychoanalytic Association*, 15, 641-685.

- Linehan, M. M. (1993a) *Cognitive-Behavioral Treatment of Borderline Personality Disorder.* Gilford Press.
- Linehan, M. M. (1993b) *Skills Training Manual For Treating Borderline Personality Disorder.* Gilford Press.
- リネハン DVD（2005）『境界性パーソナリティ障害の治療』大野裕監修、斎藤富由起他訳、日本心理療法研究所
- Masterson, J. (1976) *Psychotherapy of the Borderline Adult: A Developmental Approach.* New York: Routledge.

第5節　心の健康教育

1　予防とはなにか

　公認心理師の業務の一つは国民への心の健康教育である。心の健康教育とは「心の健康に関する知識の普及を図るための教育及び情報の提供を行なうこと」（法第2条第4項）だが、ここで意図されているのは、学校や企業、地域社会で心の健康の情報と心の健康を維持するスキルを**予防の観点**から提供することである。予防について代表的なカプラン（Caplan 1964）の分類を示す（表3-31）。

　他方、アメリカ合衆国は国立科学アカデミー（National Academy of Sciences）の一組織として医学研究所（以下、IOM=Institute of Medicine）を設置し、健康と医療に関する提言を行なっている。近年、このIOMは心の健康について、予防・治療・維持の三つのレベルを設定した。カプランの定義とは異なり、IOMでは「精神疾患が発症していない人々」を予防の対象にしている。また新しいケースを減らすだけでなく、疾病の発症を遅らせることも予防含まれている。

★IOMの予防概念
予防とは発症以前の人々を対象にして、新規のケースを減らしたり、発症を遅らせたりすることを目的とした活動のことである。

　さらにIOMは、予防について「普遍的予防」「選択的予防」「指示的予防」

表3-31 カプランによる予防

一次予防	二次予防	三次予防
病気になる前に病気にならないようにすること	早期発見・早期治療	悪化防止と社会復帰
①健康増進 　健康相談・健康教育・食生活・環境の整備・健康日本21 ②特異的予防 　予防接種・個人衛生	①早期発見 　健診 ②早期治療 　適切な治療 　合併症の予防	①機能喪失防止 　合併症・後遺症予防 ②リハビリテーション 　機能回復訓練 　作業療法・職業訓練等
罹患率の低下が目的	死亡率低下・生存期間の延長が目的	ADL、QOLの向上や社会復帰が目的

表3-32 IOMによる予防の3カテゴリー

カテゴリー	対象
普遍的予防	一般大衆、あるいは、リスクが高まっていると判断されていない人々（集団）
選択的予防	生物的、心理的、あるいは社会的なリスク要因に基づき、精神障害を発症する可能性が平均よりも高い人々
指示的予防	精神障害の予兆となるような軽微な兆候を示しているものの、現時点ではまだ診断基準を満たしていない人々

〔日本心理研修センター（2018）『2018年公認心理師現任者講習会テキスト』金剛出版を元に作成〕

という3カテゴリーを示している。近年はカプランの定義以上にIOMの定義が用いられることが多い（表3-32）。

2 予防の方法

心の健康教育は予防を目的として行なわれるが、そのためには効果的なプログラムを作成する必要がある。アルビー（Albee 1982）は発生率の低下を目的とした効果的なプログラムについて「**予防の方程式**」を提唱している。このモデルでは、発生率の低下には分母を大きくして、分子を小さくすることが必要となる。

$$発生率 = \frac{ストレス + 脆弱性}{コーピングスキル + 自尊心 + 知覚されたソーシャルサポート}$$

また、ターゲットとする疾患の発症には個人内要因だけでなく、発達的要因や社会的要因も関連することが多い。そうした関連要因を共分散構造分析やパス解析などさまざまな方法を通じて明らかにすることが、効果的な予防プログ

表3-33　心理教育的グループの4要素

1	特定のテーマを持っていること。そのテーマは参加者に共通するテーマであること
2	構成的なグループを用いて啓発的な教育を行なうこと
3	与えられた情報を参加者が自分のものにできるよう、ロールプレイ、フィードバック、直接体験、参加者同士の話し合いなど、認知的・行動的・情緒的な側面が統合できるよう体験学習を促進すること
4	説明と教示、モデリング、ロールプレイによる練習、フィードバックによる強化、現実場面での応用課題という五つのステップを踏んで、参加者がスキルを習得できるよう援助すること

〔日本心理研修センター（2018）『2018年公認心理師現任者講習会テキスト』金剛出版を元に作成〕

ラムを作成することにつながる。

　では、実際の予防活動にはどのようなアプローチがあるのだろうか。金沢（2014）は臨床心理学的予防と、公衆衛生的予防の2種類をあげている。臨床心理学的活動では、小集団を対象に心理教育的なグループワークを行なうなどが代表的な活動である（表3-33）。

　公衆衛生的予防は国の政策としてタバコの被害を訴えたり、薬物を規制したり、自殺防止対策を強化するなどの社会環境整備を目的としている。公衆衛生的予防は心理教育的予防よりも予防の効果と費用対効果で優れているが、小集団を対象にしたきめ細かいアプローチが可能となる心理教育的アプローチの意義も大きく、実際には二つのアプローチが併用して実施されるだろう。

文献

・Albee, G. W.（1982）Preventing psychopathology and promoting human potential. *American Psychologist*, 37（9）, 1043-1050.
・Caplan, G.（1964）*Principles of preventive psychiatry*. Oxford, England：Basic Books.
・金沢吉展（2014）「コミュニティ援助の理念」金沢吉展編『臨床心理的コミュニティ援助論』臨床心理学全書11、誠信書房、1-55.
・Muñoz, R. F., Mrazek, P. J. & Haggerty, R. J.（1996）Institute of Medicine report on prevention of mental disorders：Summary and commentary. *American Psychologist*, 51（11）, 1116-1122.

第四章
臨床心理学の活動領域

第1節　教育領域の臨床心理学

1　教育領域における公認心理師の心理社会的課題
―― 心理援助的サービス

　従来、教育領域の臨床心理学は、①スクールカウンセラー（SC：school counselor：）によるスクールカウンセリング（学校不適応の予防と対応）、②教員による教育相談、③発達障害のアセスメントと対応、④教育相談センターでの活動、⑤児童精神医学における活動、⑥地域への心の健康教育などを行なってきた。

　公認心理師法が成立してからは、教育という営みの中で（不適応状態の子どもだけでなく）全ての子どもたちが心理社会的課題に取り組んでいるという視点が強まっている。特に学校心理学的な枠組みでは、**全ての子どもたちが支援の対象**であり、**学校生活全体の質**（QSL：Quality of School Life）が支援の対象と考えられている（石隈 1999）。

　石隈（1999）は学校における心理職の役割を「子どもの発達過程や学校生活で出会う問題状況・危機的状況の対応を援助する心理教育的援助サービス」とした。図4-1、表4-1 に示すように心理教育的サービスは三段階のサービスが存在する。

　一次的援助サービスの目的は、全ての子ども（発達障害のある子どもを含む）を対象とした予防的活動である。**二次的援助サービス**の目標は、問題の早期発見である。この場合、まだ具体的な問題は起きていないが、問題が起きかけている（学校生活に苦戦している）子どもが対象と

図4-1　3段階の心理教育的援助サービス
〔石隈利紀監修（2009）『学校での効果的な援助をめざして』〕

表4-1 心理教育的援助サービスの定義と対象

段階	定義	対象	具体例
一次的援助サービス	「全ての子ども」への発達促進的、予防的サービス	全ての子ども（発達障害のある子を含む）	心の健康教育、クラス全員の子どもが「わかる・できる」授業づくりの支援を行なう
二次的援助サービス	学校で苦戦し始めている、あるいは苦戦する可能性が高い「一部の子ども」への援助ニーズに応じる援助サービス	苦戦している一部の子ども	登校しぶり、学習意欲の低下、学級での孤立などに対して、早期発見し、タイムリーに援助を行なう
三次的援助サービス	問題状況により特別な援助ニーズをもつ「特定の子ども」への援助サービス	特別な教育ニーズのある特定の子ども	不登校、いじめ、非行、虐待など、それぞれの問題状況に対してアセスメントを行ない、問題解決にあたる

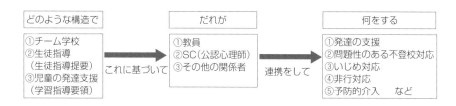

図4-2 学校教育と公認心理師の関係

なる。**三次的援助サービス**の目標は、具体的な問題の解決である。ここで対象とされている「特別な教育ニーズのある特定の子ども」とは、不登校、いじめ、虐待など、何らかの原因により「具体的な支援のニーズが発生している特定の子ども」の意味である。表4-1の三次的援助サービスには「特別な教育ニーズ」と書かれているが、それは特別支援教育という意味ではない点に留意したい。なお、三つのサービスの関係は、一次的援助サービスを基盤とした上で、二次的援助サービス、三次的援助サービスが提供される。三つのサービスは相互に関連しており、それぞれが独自に行なわれるものではない。教育臨床領域の社会機関の中心を占めているのは学校である。図4-2に学校を中心とした教育臨床の概略を示す。

チーム学校と呼ばれる相談体制の中で、生徒指導や学習指導要領を踏まえながら、関係諸機関と連携し、個別・集団への介入を行なっているのが、学校教育における公認心理師の活動といえる。

> 問 学校における一次的、二次的及び三次的援助サービスについて、正しいものを一つ選べ。
> ① 一次的援助サービスは問題の早期発見を目的としている。
> ② 一次的援助サービスには発達障害の子どもへの支援を含む。
> ③ 二次的援助サービスは問題が大きくなったときに行なう。
> ④ 三次的援助サービスは特別支援教育のことである。
> ⑤ 一次的、二次的及び三次的のサービスはそれぞれが独立して行なわれる。
> 〔2018年公認心理師試験問題より〕　　　　　　　　正答（　②　）

2　学校における公認心理師の貢献と構造

　1995年にスクールカウンセラー活用制度が導入されて以降、教育分野は最も心理臨床活動が盛んな領域となっている。導入当時は「黒船」（村山 1999）と言われたスクールカウンセラーも現在は学校に溶け込んでおり、複数のスクールカウンセラーが複数の曜日に勤務している自治体も珍しくない。公認心理師は主としてスクールカウンセラーとして学校内で活動する。そして、特に「**チーム学校**」と「**生徒指導**」、「**児童の発達の支援**」（特別な配慮を必要とする生徒への支援）への貢献が期待されている。

1）チーム学校

　チーム学校とは「問題が起こった際、学校がどのように対応するかを示す学校マネジメント体制の原則」である。これまで学校で何かが起きた際は、担任が一人で問題を抱え込んだり、一部の教員や校内委員会だけで対応していたこともあった。しかし、一部の教員だけで対応した結果、対応が後手に回る例や失敗する例もあった。

　そこで、中央教育審議会（2015）は「チーム学校」と呼ばれる学校マネジメント体制を提唱した（図4-3）。チーム学校では、校長、副校長（教頭）のリーダーシップを前提に、①**専門性に基づくチーム体制の構築**、②**学校マネジメント機能の強化**、③**教員一人一人が力を発揮できる環境の整備**が目的となる。なお、校長はチーム学校のリーダーではあるが、その一存で全てが決定されるわけで

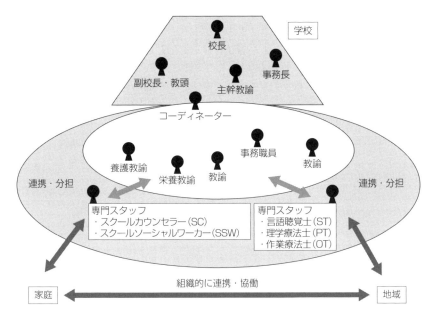

図4-3 「チーム学校」の構造と支える教職員

〔文部科学省中央教育審議会（2015）〕

はない。担任などが一人で（あるいは一部の教員だけで）問題に対処するのではなく、問題に応じた適切な協力体制をつくり、チームで解決にあたることが重視される。

　チーム学校の中でスクールカウンセラーは「専門性に基づくチーム体制の構築」と深い関係がある。スクールカウンセラーは2017年より**学校教育法**施行規則65条の2、スクールソーシャルワーカーは同法65条の3で規定されたため、専門スタッフとしてチーム学校に参加して、学校教育の向上に努めることが期待されている。スクールカウンセラーは校内の各種委員会に参加しながら、チーム学校を支える専門職としての地位を得ている。

　チーム学校体制をつくるためには地域の社会資源との連携体制の整備も必要となる。例えば、教育相談センターや地域にある大学の研究室に依頼し、ソーシャルスキル・トレーニング（SST：Social Skills Training；社会生活技能訓練）の専門家を小・中学校に呼び、クラス単位で予防的なソーシャルスキル・トレーニングを行なうなどの活動はこれに相当する。

　なお、チーム学校では校長、副校長の管理職がスクールカウンセラーの上司

> 問　9歳の男児A、小学3年生。Aの学級はクラス替えがあり担任教師も替わった。5月になるとAが授業中に立ち歩くようになり、それを注意する児童と小競り合いが頻発するようになった。クラス全体に私語がみられ、教室内で勝手な行動をして授業に集中できない児童も多くなってきた。やがて、担任教師の指導に従わず授業が成立しないなど、集団教育という学校の機能が成立しない状態になってきた。担任教師によるこれまでの方法では問題解決ができない状態に至っていると管理職は判断している。このときの学校の取り組みとして、最も適切なものを一つ選べ。
> ① 担任教師を交代させる。
> ② 児童の力を信頼し、時間をかけて改善を待つ。
> ③ チーム・ティーチングなどの協力的指導体制を導入する。
> ④ 校長のリードにより、学校独自の方策で解決に取り組む。
> ⑤ Aの保護者に対し、家庭で厳しくしつけるよう依頼する。
> 〔2018年公認心理師試験問題より〕　　　　　　　　　正答（　③　）

となり、スクールカウンセラーは管理職への適切な報告が求められる。ここでの守秘義務は**集団守秘義務**と考えられている。チーム学校という日本の学校マネジメント体制において、スクールカウンセラーは決して一人職場ではない。

★集団守秘義務
児童生徒の心理的支援に関わる様々な立場の支援者が、心理的支援を目的として必要な情報を共有し、集団として秘密保持の義務を負うこと。

2）生徒指導と生徒指導提要

生徒指導の内容を定めたものが**生徒指導提要**（文部科学省 2010）である。生徒指導提要では「**生徒指導とは、一人一人の児童生徒の人格を尊重し、個性の伸張を図りながら、社会的資源や行動力を高めることを目指して行なわれる教育活動**」と定義されている。

生徒指導提要の主な活動には「教育相談」「児童生徒の心理と児童生徒理解」「学校と地域・関係機関との連携」が含まれている。しばしば生徒指導と教育相談を対立的に捉える意見を聞くが、生徒指導の中に教育相談が含まれている関係にあることが生徒指導提要に規定されている。

生徒指導提要においては教育相談の効果を「開発的機能」「予防的機能」「問題解決機能」に分類している。**開発的機能**とは「全ての児童生徒を対象として、児童生徒が自分の能力を最大限に発揮して、各発達段階に応じた課題を達成しながら自己実現を図ることができるよう、継続的に援助すること」である。日常の教育活動を通じ、児童生徒のリレーションづくりにつとめ、成長を促していく。

予防的機能とは「児童生徒理解を十分に行ない、問題が発生しそうな児童生徒に予防的に働きかけて、本人が主体的に自らの力で解決できるよう援助すること」である。教員による観察などを通じて、問題が起こりそうな児童生徒に働きかけていくことは予防的機能といえる。例えば東京都が行なっている「スクールカウンセラーによる小学校5年生と中学1年生への全員面接」も予防的機能といえる。

問題解決機能とは「児童・生徒の具体的な不適応状態に対し、問題解決や回復への援助を行なうこと」である。いじめアンケートで発見されたいじめの事実を確認し、いじめ被害者とスクールカウンセラーをつなげ、加害者に対しては教員がチームで指導するなどは問題解決機能といえる。

以上のようにまとめると、生徒指導提要における教育相談が三段階の心理教育的援助サービス（表4-1）に対応していることが理解できる。

3）新学習指導要領と発達の支援

学習指導要領とは「全国のどの地域で教育を受けても、一定の水準の教育を受けられるようにするため、文部科学省が学校教育法等に基づき定めた、各学校で教育課程（カリキュラム）を編成する際の基準」である。学習指導要領は10年おきに改訂されるが、小学校では2020年から、中学校では2021年から新しい学習指導要領になる。本節ではこれを新学習指導要領と呼ぶ。今回の改訂ではアクティブ・ラーニングや「主体的・対話的で深い学び」など、産業構造の変化を受けて学力や授業の質にまで踏み込んだ改訂が行なわれている（斎藤 2019；江南 2019）。

さらに新学習指導要領では、新しい時代に必要となる資質・能力として、「生きて働く知識・技能の習得」「未知の状況にも対応できる思考力・判断力・表現力等の育成」「学びを人生や社会に生かそうとする学びに向かう力・人間

性等の涵養」が挙げられている。この資質と能力を身につけるために、新学習指導要領の第1章総則および第4節の「児童（生徒）の発達の支援」では、「特別な配慮を必要とする児童（生徒）」が規定されている。新学習指導要領における「特別な配慮を必要とする児童（生徒）」とは、①障害のある児童生徒、②日本語ができない児童生徒、③不登校の児童生徒である。

スクールカウンセラー（公認心理師）は特にこの子どもたちへの支援に貢献することが求められている。例えば、不登校児童（生徒）への配慮においては「不登校児童については、保護者や関係機関と連携を図り、心理や福祉の専門家の助言又は援助を得ながら、社会的自立を目指す観点から、個々の児童の実態に応じた情報の提供その他の必要な支援を行なうものとする」と規定されている。

特別な配慮を必要とする児童生徒への対応には、通常学級以外での学級の指導の検討も含まれる。例えば、適応指導教室（または教育相談センター）とは、不登校の児童生徒に対し、学校復帰のための指導・援助を行なうため、教育委員会が学校以外の場所に設置する施設である。一定の要件を満たせば、指導を受けた日数を指導要録で出席扱いにできる。

通級指導とは小・中学校に通う（知的障害以外の）障害のある児童生徒が、通常学級に在籍しながらその子の障害特性に合った「通級による指導」という個別の指導を受ける制度である。普段は通常学級に在籍しているが、例えば、週に2回程度、別の学級に行き、障害の特性に合った個別指導（自立活動等の指導等）を受けるなどは、通級指導である。通級指導は学校教育法施行規則140条および141条に定められており、言語障害者、自閉症者、弱視者、難聴者、学習障害者、注意欠陥多動性障害者などが対象だが、知的障害者は含まれない。通級指導の教員は小・中学校の教員免許で担当することができる。

なお、学校教育法施行令第18条の2において、特別支援教育に関する就学の際は、医師などの専門家と、保護者の意見聴取が義務付けられている。

3 教育領域の心理実践の対象

1）学校不適応と問題行動

一般に学校不適応とは「学校生活または児童生徒の精神的内界に対して、適合しない行動や反応が示されている過程または状態」と定義できる。文部科学

省における学校不適応の正式な定義はないが、文部科学省は学校不適応に即する概念として毎年、「児童生徒の問題行動」を調査している（「児童生徒の問題行動等生徒指導上の諸問題に関する調査」）。2015年までこの調査における問題行動とは「暴力行為」「いじめ」「出席停止」「長期欠席」「自殺」「高校中途退学」であった。

一方、2016（平成28）年から、文部科学省は「不登校を問題行動としてはならない」という通知を全小学校・中学校・高等学校に通達している。そこで2016（平成28）年度より「児童生徒の問題行動・不登校等生徒指導上の諸課題に関する調査」へと名称が変更され、不登校を「問題行動」と区別している。

★文部科学省による問題行動の範囲（2016年度以降）
「暴力行為」「いじめ」「出席停止」「自殺」「高校中途退学」

結局、不登校とは現象の名称であり、不登校のケースの中に問題があるものもあれば、ないものもあるので、学校に行けないこと自体が問題行動ではない。

不登校の中には問題の多い事例（例えば虐待が疑われるケースなど）もあるので、基礎自治体や学校は不登校を調査し、個別にケースを検討している。2012年に成立したいじめ防止対策推進法は学校における心理実践のあり方に影響を与えたが、この法律はいじめによる不登校ケースも想定している。

「学校が抱える問題」は、文部科学省が調査している「児童生徒の問題行動」を含みつつ、それ以上の細かい内容を含んでいる。例えば（発達障害自体は「問題」ではないが）、発達障害のある児童生徒に対応できる教員が少なく、その子どもたちに二次障害が出かけていて、多くの子どもと教員が疲弊しているならば、その学校には問題が存在する。ベテラン教員と若手教員との間で発達障害に対する見解が異なり、個別の指導計画の方針がずれているならば、潜在的な問題が生じている。学級崩壊しかけているクラスが多かったり、教員と保護者間のトラブルが多い学校もある。管理職と教員間のコミュニケーションがうまくいっていない学校もある。

問題行動調査にカウントされるような「問題行動」は少なくても、現実の学校には複数の問題が日常的に発生している。スクールカウンセラーは学校の全体的な現状をアセスメントして、日常的な問題にも目を配らなければならない。

> 問 問題行動を起こした児童生徒への学校における指導として、不適切なものを一つ選べ。
> ① 問題行動の迅速な事実確認を行なう。
> ② 問題行動の原因や背景を分析して指導計画を立てる。
> ③ 保護者に問題行動について十分に説明し、理解を求める。
> ④ 児童生徒のプライバシーを守るために、担任教師が一人で行なう。
> ⑤ 児童生徒自身がどうすればよいかを考え、実行し、継続できるように指導する。
> 〔2018年公認心理師試験問題より〕　　　　　　　　正答（　④　）

また、問題行動を起こした児童生徒に対しては、チーム学校のもと、担任教師が一人で問題を抱えることなく、学校全体で事実確認を行ない、迅速に指導計画を立てる必要がある。

2) 不登校

文部科学省（1991）によれば、不登校は「何らかの心理的、情緒的、身体的あるいは社会的要因・背景により、登校しないあるいはしたくともできない状況にあるために年間30日以上欠席した者のうち、病気や経済的な理由による者を除いたもの」と定義されている。

小学校では237人に1人、中学校では35人に1人の割合で不登校の児童生徒が存在する（図4-4）。また、図4-5からもわかるように、**不登校は学年が上がるごとに人数が増えていく傾向がある**。2016年度の文部科学省の調査では、90日以上欠席したものが不登校の57.6%を占めており、依然として長期にわたる不登校の児童生徒が多い。

不登校は学校ストレスモデルで理解することもできる。小林（2002）によると、不登校を生むストレッサーは主として「友人関係の悪化」「教師との関係悪化」「学業不適応」の3点である。ソーシャルサポートやソーシャルスキルが不足していると、不登校が出現する可能性が高まる（図4-6）。不登校の初期症状は「身体症状」「不安反応」「緊張反応」「フラストレーション攻撃反応」「無気力・抑うつ反応」である。

また小林（2002）は不登校を持続させる要因について、「学校を避けたことによ

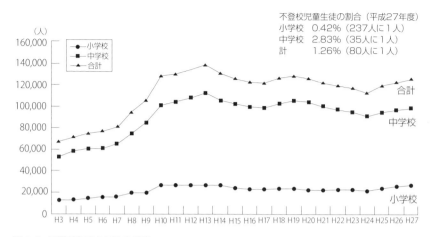

図 4-4　不登校児童生徒数の推移
〔文部科学省「平成 28 年度不登校等生徒指導上の諸課題に関する調査」〕

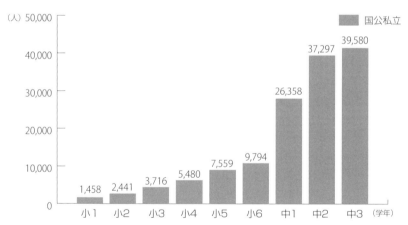

図 4-5　学年別不登校児童生徒数のグラフ
〔文部科学省平成 28 年度「児童生徒の問題行動・不登校等生徒指導上の諸課題に関する調査」〕

る安堵感」「学校の不快場面を想像し、学校への不快感を強める」「登校できない自己概念の傷つき」という 3 点を指摘している。不登校の当初の要因が解決しても、上の要因が不登校を維持しており、結果として不登校が維持されることになる。

　不登校の原因は諸説あるが、単一の原因で不登校現象の全体を語ることはできない。当時の文部省（1992）は、不登校が「どの子どもにも起こりうる」との認識を示しており、「学校生活の中で子どもが自分自身の存在感を実感でき

図4-6　不登校問題の形成要因

> 問　42歳の女性 A。A は中学 2 年生の息子 B の不登校について相談するために、スクールカウンセラーを訪ねた。中学 1 年生のときの欠席は年 1 日程度で部活動もしていたが、中学 2 年生の 5 月の連休過ぎから休みがちとなり、1ヶ月以上欠席が続いている。B は休みがちになってから家での会話も少なく、部屋にこもりがちで表情は乏しいが、食事や睡眠はとれている様子である。学校に行けない理由を A が B に聞くと、うるさがり言い争いになる。担任教師が B に電話を掛けてきても出ようとせず、A は「どう対応していいか全く分かりません」と話した。
> スクールカウンセラーの対応として、まず行なうべきものを一つ選べ。
> ① 教育支援センターの利用を強く勧める。
> ② 「お宅に伺って B 君と話してみましょう」と提案する。
> ③ A の苦労をねぎらった上で、B の現在の様子を詳しく聞く。
> ④ A のこれまでの子育てに問題があるのではないかと指摘し、A に改善策を考えさせる。
> ⑤ 「思春期によくあることですから、そのうちに学校に行くようになりますよ」と励ます。
> 〔2018 年公認心理師試験問題より〕　　　　　　　　　正答（　③　）

ること」、また、「学校が子どもにとって精神的に安心できる場所になること」の重要性を認めている。

　不登校へのアプローチは多様だが、原則的に「登校刺激をかけず、安心感を重視して、受容的に傾聴する。また、適応指導教室や基礎自治体の教育相談施

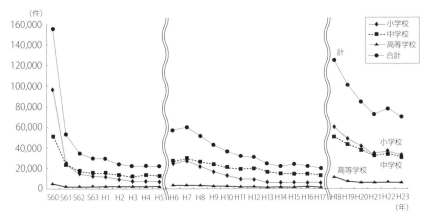

図 4-7 いじめ発生件数の推移
〔文部科学省「平成 23 年度児童生徒の問題行動等生徒指導上の諸問題に関する調査結果 2」〕

設などの関係諸機関との連携を含めて、生活状況を定期的に話し合い、子どものペースに合わせた働きかけを**チーム学校**として組織的に行なう」という対応が通例である。また、保護者に対してはスクールカウンセリングに来てくれたことをねぎらって、クライエントの様子を詳しく聞いてから、その後の対策を共に考える姿勢が望ましい。なお、2017 年に成立した**教育機会確保法**の影響により、関係機関の中にフリースクールを含める傾向が強まっている。

3) いじめ

2006 年度以降、いじめの定義は発生件数から認知件数へと転換した。いじめとは「当該児童生徒が、一定の人間関係のある者から、心理的、物理的な攻撃を受けたことにより、精神的な苦痛を感じているもの。なお、起こった場所は学校の内外を問わない」である。客観性ではなく、被害者の認識でいじめを定義するので「認知件数」と呼ばれる(図 4-7)。

2013 年 6 月には**いじめ防止対策推進法**が制定された(表 4-2)。また同年、「いじめの防止等のための基本的な方針」(平成 25 年 10 月 11 日文部科学大臣決定:以下、「基本方針」)が決定している。いじめ防止対策推進法でのいじめの定義は「児童等に対して、当該児童等が在籍する学校に在籍している等当該児童と一定の関係にある他の児童等が行なう心理的又は物理的な影響を与える行為(インターネットを通じて行なわれるものを含む)であって、当該行為の対象と

表4-2　いじめ防止対策推進法3条（基本理念）

(1) いじめ防止等のための対策は、いじめがすべての児童等に関係する問題であることに鑑み、児童等が安心して学習その他の活動に取り組むことができるよう、学校の内外を問わずいじめが行なわれなくなるようにすることを旨として行なわれなければならない。
(2) いじめの防止等のための対策は、すべての児童等がいじめを行なわず、および他の児童等に対して行なわれるいじめを認識しながらこれを放置することがないようにするため、いじめが児童等の心身に及ぼす影響その他のいじめの問題に関する児童等の理解を深めることを旨として行なわれなければならない。
(3) いじめの防止等のための対策は、いじめを受けた児童等の生命および心身を保護することが特に重要であることを認識しつつ、国、地方公共団体、学校、地域住民、家庭その他の関係者の連携の下、いじめの問題を克服することを目指して行なわれなければならない。

表4-3　いじめ防止推進ための代表的な予防対策

(1) 学校内にいじめ対策に関する組織をつくる。(22条)
(2) 道徳・体験学習の充実（16条）
(3) 定期的ないじめに関する調査（16条）

なっている児童等が心身の苦痛を感じている者」とされている（2条1項）。

この法律の成立により、いじめ防止の基本理念が規定され、いじめが法的に禁止された（**4条「児童等はいじめを行なってはならない」**）。この「児童等」は学校に在籍する児童または生徒をいう。これまでいじめ対策は各学校や担任、学年の裁量に任されていたが、いじめ対策推進法によって、いじめ対応の大きな枠組みが整いつつある（表4-3）。

国は同法の基本理念に則り、いじめ防止のための対策を策定し（5条）、地方公共団体（都道府県と市町村）は国と協議しつつ、地域の状況に応じたいじめ防止施策を策定しなければならない（6条）。さらに学校は基本理念に則り、その学校のいじめ防止に必要な措置を講じなければならない。つまり、基本理念のもと日本政府（文部科学省）の「いじめ防止等の基本な方針」（平成25年10月11日文部科学大臣決定；最終改訂平成29年3月14日）があり、その影響をうけながら都道府県と市区町村のいじめ防止基本政策が策定される（例えば東京都いじめ防止対策推進基本方針や吹田市いじめ防止基本方針など）。さらに、それぞれの学校ごとにいじめ防止推進対策が立てられる。なお、国と学校のいじめ防止基本方針は法的義務だが、地方公共団体のいじめ防止推進の基本方針策定は努力義務である。

学校はいじめ防止のために、いじめ対策に関する組織（例えば「いじめ対策

推進委員会」など）を置かなければならない（22条）。児童生徒からいじめの相談を受けた教員は一人で問題をかかえるのではなく、まずこの委員会に報告し、対応を協議することが望ましい。

次に、いじめが発生した場合の学校が取るべき対応を述べる（図4-8）。いじめ防止推進法は、学校教育法第35条第一項の出席停止規定など、これまでのいじめ対策を統合していじめの対応を規定している。そして、いじめが生じた場合、いじめ被害者が安心して教育を受けられるようにするための措置をすみやかに講じることを命じている（26条）。

いじめの発生の可能性を学校が認知した時点で、学校は「**事実確認**」（23条2項）を行なう。このとき、被害者がいじめ経験を話すことの不安を考慮して、被害者からの聞き取りには保護的で支援的な傾聴姿勢が必要である。また、喧嘩やふざけ合いであっても見えない所での被害が発生している場合があるので、背景にある事情の調査を行ない、児童生徒が感じている被害性に着目して、いじめの判断を行なう。

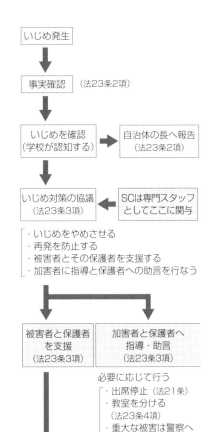

図4-8　いじめ防止推進法に基づくいじめ報告後の対応

調査によりいじめの存在と実態が判明したら、学校はいじめに対応するため、いじめを訴えてきた児童生徒の心情も含めて、協議を加わる（23条3項）。スクールカウンセラーは心理の専門スタッフとして協議に関与する。通常、校内のいじめ対策のための委員会が最初の協議の場となることが多い。協議の後に、学校はいじめ被害者と保護者への「**支援**」といじめ加害者への「**指導**」を、そして、いじめ加害者の保護者への

「助言」を行なう（23条3項）。

いじめの実態により、加害者への指導は様々な段階が考えられている。いじめ防止対策推進法では、いじめ被害者がすみやかに安心して教育を受けられるようにするため（26条）、加害者と被害者の教室を分ける（23条4項）、校長または教員による懲戒（25条）、加害者の出席停止（26条。なお出席停止は教育委員会がいじめ加害者の保護者に命じる）、重大事件の場合、警察との連携（23条6項）などが規定されている。懲戒を加えるのは校長または教員であり、出席停止は教育委員会が命じる点に留意したい。

次に重大ないじめが発生した場合の対処（28条）を述べる。重大ないじめ（重大事態）とは「いじめにより児童生徒の生命、心身又は財産に重大な被害が生じた疑いがあると認めるとき」と「いじめにより児童等が相当の期間学校を欠席することを余儀なくされている疑いがあると認めるとき」の2点である。

「生命、心身又は財産に重大な被害が生じた疑いがあると認めるとき」（以下、重大被害）は、「生命的被害」（いじめを苦に自殺または自殺未遂）、「身体的被害」（およそ30日以上の治療を必要とする暴力）、「財産的被害」、「精神的被害」（いじめのよる精神疾患の発症または精神疾患の悪化；医師の判断が必要）に区分される。また、「児童等が相当の期間学校を欠席することを余儀なくされている疑いがあると認めるとき」とは、いじめにより学校に行きたくても行けない事態がおおよそ30日に陥った場合が目安となる。

この判断を行なう主体は学校だが、児童生徒や保護者が学校の判断に不服な場合は申し立てを行なうことができる。その時点で学校が「いじめの結果ではない」と判断していても、申し立てがあった場合は重大事態が発生したものとして報告・調査等に当たる必要がある。

公立の学校で重大事態が発生した場合、学校は教育委員会にそれを報告し、教育委員会はその地域の地方公共団体の長に重大事態を報告することが義務付けられている（30条）。学校はすみやかに重大ないじめの実態を調査し、それを教育委員会に報告する。地方公共団体の長は学校の調査に検討の余地がある場合、第三者委員会を設置し、重大ないじめの実態を調査できる。

なお文部科学省（2017）（平成29年3月14日文部科学大臣最終通達）によると、「いじめ解消の定義」は、①いじめ行為がやんでいること（最低3ヶ月間）、②被害者が心身の苦痛を感じていないこと（被害者の子どもと保護者に面談等で確

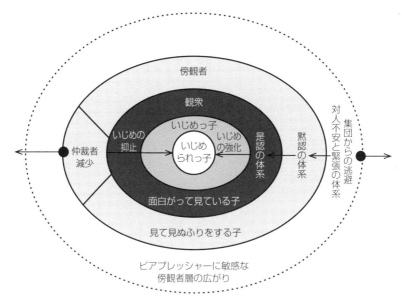

図 4-9　いじめの四層構造論

〔森田洋司、清水賢二（1994）『いじめ——教室の病い』金子書房を元に作成〕

認）の 2 点が満たされることである。

　森田（1994；2010）は、**いじめの四層構造論**によるいじめ対策を提唱している（図 4-9）。いじめは「被害者」と「加害者」以外に、加害者をはやし立てる「観衆」と、いじめを知りつつ傍観している「傍観者」の四層構造から成立している。

　いじめ防止の方法は臨床心理学だけでなく、教育学、教育社会学などからも様々に指摘されているが、個別に対応しているのが実情である。滝川（2017）は、四層理論には、この「いじめに対して行動した子どもの層」が欠けており、この層を厚くすることがいじめ解消への自然な方法と指摘している。実際、いじめがあったときに何らかのアクションを起こした子どもは約 50％ にのぼる（NHK 2012）。こうした子どもたちのアクションを踏まえて、滝川（2017）は以下のように述べている。

　　「おとなが外から介入する『いじめ対策』よりも前に、子どもたちの内発的な力に目を向けることがだいじかもしれない。『いじめられる子 - いじめる子 - ひそか

> 問　いじめ防止対策推進法の内容として、誤っているものを一つ選べ。
> ① 「児童等」とは、学校に在籍する児童又は生徒をいう。
> ② 「児童等はいじめを行なってはならない」と定められている。
> ③ 国及び学校には、それぞれ基本的な方針を策定する義務がある。
> ④ いじめを早期に発見するため、学校では在籍する児童等に対して定期的な調査を実施するなど適切な対策をとる。
> ⑤ 教育委員会は、児童等がいじめを行なっていて教育上必要がある場合は、当該児童等に対して懲戒を加えることができる。
> 〔2018年公認心理師試験問題より〕　　　　　　　　　　正答（　⑤　）

に荷担する観客層－圏外にいる無関心層』というよく語られる層構造理解には、この子どもたちの層が抜けている。一番の解決の芽を見逃してはいまいか。

　これらのアクションをとる子どもたちの層が厚くなっていけばよい。これは単に『いじめの撲滅』のためだけではなく、『いじめ』をめぐって互いに注意をしたりされたり、手をさしのべたり差しのべられたりという経験が重ねられれば、それ自体が子どもの社会的な成熟、社会的な力を伸ばす糧となるからである。

　『いじめ』は子どもの社会化（おとな化）の途上で生じる社会行動だから、社会化が進むことによって解決されるのがもっとも自然な道筋である。事実、いじめの経験率の推移をたどれば、学齢が上がるにつれてゆるやかに減少していく。すなわち、子どもたちの社会的成長が進むことで『いじめ』は減る。これがいじめ問題の解決にとって、いちばんの鍵になると思われる」（滝川〈2017〉『子どものための精神医学』pp. 426-427）。

4　スクールカウンセリング

　公認心理師が学校と関係を持つときは、①スクールカウンセラーとして赴任する場合、②研修の講師またはスーパービジョンを行なう場合、③教育センター、児童相談所など関係諸機関の職員として連携する場合、④教育センターからの派遣で総合の授業などのゲスト講師を担う場合、⑤地域に開かれた講演会の講師として呼ばれる場合、⑥緊急対応として赴任する場合などが考えられる。ここでは特にスクールカウンセラーについて述べる。

> 問　11歳の女児A、小学5年生。Aは複数のクラスメイトから悪口やからかいなどを頻繁に受けていた。ある日、スクールカウンセラーBは、Aから「今のクラスにいるのがつらい」と相談を受けたが、「誰にも言わないでほしい」と強く頼まれた。
> Bの対応として、最も適切なものを一つ選べ。
> ① 職員会議で全教職員に詳細に報告する。
> ② Aとの関係を重視して、Bのみで対応を継続する。
> ③ Aの同意が得られるまで、管理職（校長など）への報告を控える。
> ④ 学級内で起きていることであり、担任教師に伝え対応を一任する。
> ⑤ Aの心情も含めて、校内のいじめ対策のための委員会に報告する。
> 〔2018年公認心理師試験問題より〕　　　　　　　　正答（　⑤　）

　日本でスクールカウンセラーが普及したのは1995年に旧文部省が開始した「**スクールカウンセラー活用調査研究委託事業**」である。スクールカウンセラーの業務は「児童生徒、保護者、教員への面接相談」だが、チーム学校としての校内分掌への参加や、開発的教育相談の文脈から授業に参加したり、地域への心の健康教育も重要な業務となっている。なお、面接相談にはカウンセリングとコンサルテーションがある。コンサルテーションとは「あるケースについて、その見方、取り扱い方、かかわり方、などを検討し、適格なコメント、アドバイスなどを行なうもの」である。カウンセリングよりも指示的な意味合いが強く、対象に対するなんらかの見方、意見、コメントなどを、コンサルタントであるカウンセラーが提示しなければならない（文部科学省 2018）。

　開始年度の全国154校を皮切りに、各都道府県の公立の小学校、中学校、高等学校へ心理職専門家としてスクールカウンセラーの配置・派遣が行なわれてきた。2001年度からは、文部科学省は「**スクールカウンセラー活用事業補助**」と事業名を新たにし、全公立中学校への配置・派遣を試みている。2013年（平成25年）のスクールカウンセラー等活用事業要綱では、あらたに24時間体制の電話相談の整備と、被災した児童生徒等の心のケア、教職員・保護者等への助言・援助等を行なうため、学校等（公立幼稚園を含む）にスクールカウンセラー等の緊急配置が盛り込まれている。

　スクールカウンセラーは基本的に学校内で心理検査や知能検査を行なうこと

表 4-4　スクールカウンセラーの専門性の特徴

---

(1) 個人面接と集団介入技法を併せもつ。
(2) 精神疾患から話し相手までの見立てを行ないつつ、連携を行なう。
(3) 保護者の突然の来談に対応する。
(4) 動機付けの低い子どものクライエントに対応する。
(5) 保護者と学校の調整役を行なう。
(6) 複数の相談機関と連携する。
(7) 学校という組織と文化を踏まえて、学校現場に参画する。

> 問　40歳の男性A、小学校教師。Aは「授業がうまくできないし、クラスの生徒たちとコミュニケーションが取れない。保護者からもクレームを受けている。そのため、最近は食欲もなくよく眠れていない。疲れが取れず、やる気がでない」とスクールカウンセラーに相談した。
> スクールカウンセラーの対応として、まず行うべきものを一つ選べ。
> ① 医療機関への受診を勧める。
> ② 管理職と相談し、Aの業務の調整をする。
> ③ Aの個人的な問題に対して定期的に面談する。
> ④ Aから授業の状況や身体症状について詳しく聴く。
> ⑤ Aの代わりに、保護者からのクレームに対応する。
> 〔2018年公認心理師試験問題より〕　　　　　　　正答（　④　）

はできない。また特別の許可がない限り、単独で家庭訪問を行なうことはできない自治体が多い。面接構造も病院臨床よりは緩やかであり、スクールカウンセリングの中で心理療法を行なうことは難しい。必要に応じて病院、教育センターなどにつながなければならないケースも多い。こうした特徴から、スクールカウンセリングの専門性に疑問が出されたこともあった。

しかし、スクールカウンセリングとはそれ自体で独立した高度の専門領域である（菅野 1995）。面接構造が比較的緩く、治療動機が低い児童生徒が時に複数で来室したり、突然保護者が学校への苦情を話しにくることは珍しくない。教員と協働しながら、こうした突発的なクライエントにも対応するのもスクールカウンセラーの重要な専門性といえる。また開発的カウンセリングの立場から、個人面談技法だけでなく、学級単位、学年単位の集団介入の技法も身につけている必要がある。発達障害、精神疾患、児童虐待、PTSD、子どものうつ

病、リストカット、人間関係のトラブル、話し相手など、受け持たなければならない領域は広範囲にわたる。さらに、教師からの相談（児童生徒への対応、学級経営の不調、保護者対応、心身の不調など）もコンサルテーションの範囲で、状況や症状を詳しく聴き、その後、適切な処置を助言する。このように、受け持つ範囲の広さもスクールカウンセラーの特徴の一つである。表 4-4 にスクールカウンセラーの専門性の特徴を述べる。

　領域の違いはそれぞれ独立した専門性があることを意味している。スクールカウンセラーの専門性は、面接の結果だけでなく、開発機能や予防機能についても実際に結果を出すことによって高められる。

　公認心理師という新たな資格を得て、教育と心理実践の結びつきはさらに深くなっている。スクールカウンセラーが学校基本法施行規則に規定されたことにより、法的な地位を得て、教育領域の心理実践はいっそう盛んになっていくだろう。

文献

・中央教育審議会（2015）「チームとしての学校の在り方と今後の改善方策について」（答申）（中教審第 185 号）文部科学省中央審議会
・江南健志（2019）「大学の学修における AL 導入と課題」斎藤富由起、守谷賢二編『教育心理学の最前線』八千代出版
・石隈利紀（1999）『学校心理学──教師・スクールカウンセラー・保護者のチームによる心理教育的援助サービス』誠信書房
・石隈利紀、水野治久編（2009）『学校での効果的な援助を目指して──学校心理学の最前線』ナカニシヤ出版
・菅野純（1995）『教師のためのカウンセリングゼミナール』実務教育出版
・小林正幸（2002）『先生のための不登校の予防と再登校援助──コーピング・スキルで耐性と社会性を育てる』ほんの森出版
・文部省（1992）「登校拒否問題への対応について」文部省初等中等教育局長通知
・森田洋司、清永賢二（1994）『いじめ──教室の病い』金子書房
・村山正治（1999）「スクールカウンセラーの現状と課題」『学習評価研究』
・斎藤富由起（2019）「主体的な学びと ICT の利用」斎藤富由起、守谷賢二編『教育心理学の最前線』八千代出版
・滝川一廣（2017）『子どものための精神医学』医学書院

column 2　教育領域における事件

　教育領域ではさまざまな少年事件が社会問題となり、教育行政に影響を与え、ひいては臨床心理学のトレンドにも影響を与えてきた。例えば、スクールカウンセラー制度が導入された背景には不登校の増加があった。それより少し前にはいじめ事件が、さらに前には受験競争と学歴主義が社会問題となっていた。どれも大変優れたルポルタージュが出版されている。ここでは、四つの注目された少年事件を紹介する。

　　①〈「子どもたちの復讐」事件──学歴主義と大衆蔑視〉
　1977年、家庭内暴力で荒れる有名進学校の高校生の息子を父親が絞殺した事件が起きた。1970年代から1980年代は受験競争と学歴主義が現在より激しい時代だった。母親は父親の減刑を願い、自殺している。この事件の2年後、1979年に別の有名進学校の高校生が「父親に殺されたエリート高校生の仇をとる。エリートに嫉妬した大衆がエリートを殺したのだから、その仇として大衆に無差別殺人を行なう」という理屈で無差別殺人を計画し、祖母を殺害したのち、自殺した。この少年が残した遺書はエリートへの賛美と大衆への蔑視に満ちていた。

　この事件の背景を取材した朝日新聞の本多勝一記者は哲学者や精神科医、教育学者、動物学者、漫画家などあらゆるジャンルの人に聞き取りをするが、どうして彼らが事件を起こしたのか、納得できる見解に出あえなかった。最後に、本多記者は日本の臨床心理学を起こした一人である河合隼雄に出会い、ついにこの事件の本質をつかむ。それがどういう内容だったのかは『子供たちの復讐』(朝日文庫)に詳しい。ユング派で有名な河合だが、今日でいうコミュニティ・アプローチを当時から指摘している。

　　②〈中野富士見中学校自殺事件──いじめによる自殺〉
　1986年、東京都中野区立中野富士見中学校2年の男子生徒が、岩手県の盛岡駅ビルのショッピングセンター地下の公衆便所で自殺。後に「このままじゃ生き地獄になっちゃうよ」と書かれた遺書が発見された。男子生徒は中学2年生からいじめにあうようになり、日常的に暴行を受けていた。いじめグループは「葬式ごっこ」と称し、クラスメイトに男子生徒の「葬式の寄せ書き」を書かせる。この寄せ書きには担任も加担し、実際の色紙が報道された。"葬式ごっこ"のモチーフは、その後多くのメディア

に影響を与えている。
　いじめ自殺事件として報道されたものをさかのぼると、この事件にたどりつく。当時の新聞は葬式ごっこで書かれた寄せ書きをそのまま報道している。

③〈愛知県西尾市いじめ自殺事件〉

　中野富士見中事件の8年後、1994年に愛知県西尾市で中学2年の男子が自殺した。凄惨ないじめの行為の中に恐喝があり、総額100万円以上のお金を脅し取られていた。クラスは学級崩壊気味で、担任の指導力も期待できず、男子は自死に至る。この事件では保護者にいじめを相談できない心理や、現在でいうスクールカーストなども問題視されている。

　この事件もそうだが、いじめ自殺事件が起きると、いじめの認定と「いじめが原因で自殺したのか」という因果関係の認定が争われやすい。遺族は情報の開示を求めるが、学校は資料を出し渋る傾向があり、両者の対立が目立つ。遺族と学校の認識の対立構造は2011年の大津いじめ自殺事件にまで持ち越される。

④〈大津いじめ自殺事件―第三者委員会の設置〉

　2011年、大津市内の中学校でいじめを受けていた男子生徒が自宅マンションから飛び降り自殺をした。

　学校と教育委員会は、担任を含めて誰もいじめに気付いていなかったと主張していたが、報道機関の取材で、学校側は生徒が自殺する6日前に「生徒がいじめを受けている」との報告を受け、担任らが対応を検討していた事を認めた。

　当初、学校は「いじめではなく喧嘩と認識していた」と説明した。さらに、学校と教育委員会も自殺の原因はいじめではなく、その他の要因が背景にあることを示唆していた。つまり、愛知県西尾市事件のように、「遺族と学校の認識の相違」がまたしても生じたのである。

　しかし、いじめの内容が凄惨で社会問題化したことと、大津市長の尽力もあり、この事件はこれまでのいじめ自殺事件の障壁を乗り越え、「いじめ防止対策推進法」の成立に結びつく。児童生徒の訴えがあればいじめと認定するという「いじめの認知件数」が採用された背景には、重大な事件でしばしば生じる「いじめか、からかいか」という対立を乗り越えるという理由もある。

また、本事件では、情報公開について第三者委員会の設置が注目された。大津市長は市長直属の第三者調査委員会を設立し、独自調査を依頼した。5人の委員は元裁判官や弁護士、大学教授らで構成されていた。つまり、教育委員会ではなく、市長が独自にこの事件を調べていることが第三者性の担保につながっている。2013年1月31日、第三者委員会は自殺の直接の原因は同級生らによるいじめであると結論付けた。そして2019年、大津地裁はいじめによる自殺という因果関係を認める判決を下した。

　この大津いじめ自殺事件以降、第三者委員会の存在が注目されることになった。第三者委員会は自治体の長の直属の委員会と、基礎自治体の教育委員会による第三者委員会がある。通常、後者の第三者委員会にはその自治体の校長経験者などが含まれていることもあり、本当に第三者性が保障されているか、議論になるところである。またどちらの第三者委員会であっても警察ではないため、調査にも限界がある。第三者委員会は重大ないじめ事件の解明に欠かせない存在だが、第三者性を保障できる制度設計が必要である。

第2節　福祉領域の臨床心理学

1　児童領域

1）子どもの権利条約

　近年、児童虐待の悲惨な報道も多く、児童福祉への関心が高まっている。児童福祉の基幹となる法律が1947年（昭和22年）に制定された**児童福祉法**である。児童福祉法は**子どもの権利条約**（児童の権利条約）の精神に則り、児童の健全な育成、福祉の保障と積極的増進を理念とする。

　児童福祉法の前提となる**子どもの権利条約**とは、子どもの基本的人権を国際的に保障するために定められた条約である。18歳未満の子どもを「権利をもつ主体」と位置づけ、おとなと同様ひとりの人間としての人権を認めるとともに、成長の過程で特別な保護や配慮が必要な子どもならではの権利を定めている。

子どもの権利条約は、前文と本文 54 条からなり、子どもの生存、発達、保護、参加という包括的な権利を実現・確保するために必要となる具体的な事項が規定されている。1989 年の第 44 回国連総会において採択され、1990 年に発効し、日本は 1994 年に批准している。

子どもの権利条約は「生きる権利」（戦争や災害、虐待や犯罪に巻き込まれず、必要に応じて保護され、命が守られる権利を持つ）、「育つ権利」（全ての子どもは必要な医療を受け、発達に即した教育、生活支援を受け、十分に休息する権利を持つ）、「参加する権利」（子どもに関する政策や制約について意見を述べる権利を持つ）、「守られる権利」（暴力や搾取、有害な労働から守られる権利を持つ）に大別できる。

子どもの権利条約の原理の一つに「**子どもの最善の利益**」がある。これは、子どもに関することは、子どもにとって最も良いことを第一に考えるという原理である。公認心理師関連の法律にも「最善の利益」という表現がしばしば登場するが、その源流の一つは、子どもの権利条約の「子どもの最善の利益」にある。

日本では子どもの権利条約は主に発展途上国の支援というイメージで語られることが多い。しかし、それは子どもの権利条約のごく一部の活動であり、実際は、児童虐待の防止、不登校の子どもの休む権利の主張、公園や広場などで遊ぶ権利の保障、絶対的または相対的貧困への支援など、子どもの暮らし全般に深く関係した条約であり、その影響は広範囲におよぶ。

一部の偏狭な意見に、「子どもには人権はない」とか「権利を主張するならば、義務を果たせ」という意見がある。人権とは全ての人間に等しく認められる権利であり、義務を果たさなければ得られないものではない。その人権を認めた「条約」とは、単なる理念ではなく、憲法の次に強い法的影響力を持つ。そして、子どもの権利条約で言う子どもの権利は子どもの義務を前提とはしていない。子どもの権利条約は理念ではなく、条約という形の法律であり、この子どもの権利条約の精神に基づき、児童福祉領域の臨床心理学も発展している（斎藤 2008）。

2）児童福祉法と児童相談所

児童福祉法とは、子どもの権利条約の精神に則り、児童の健全な育成、児童の福祉の保障とその積極的増進を基本精神とする総合的な法律である。

児童福祉法は、児童福祉の原理について、「すべて国民は児童が心身ともに健やかに生まれ、且つ育成されるよう努め」、また「児童はひとしくその生活を保障され、愛護され」なければならないとしている。そして、この原理を実現するため、国・地方公共団体の責任、児童福祉司などの専門職員、育成医療の給付等福祉の措置、児童相談所、保育所等の施設、費用問題等について定めている。

児童福祉法第6条の3第4項に定められた事業に**乳児家庭全戸訪問事業**がある。乳児家庭全戸訪問事業は、主に①育児に関する不安や悩みの傾聴、相談、②子育て支援に関する情報提供、③乳児及びその保護者の心身の様子及び養育環境の把握、④支援が必要な家庭に対する提供サービスの検討、関係機関との連絡調整を行なう。対象者は、生後4ヶ月を迎える日までの赤ちゃんがいるすべての家庭である。産褥期に特有の精神障害である**マタニティ・ブルー**は、ホルモンバランスの変化からイライラや気分の落ち込みがあらわれる。多くは産後10日程度で回復するが、一部は**産後うつ病**へ移行することがある。乳児家庭全戸訪問の中で、抑うつ気分を抱きつつ、一人で育児の問題を抱える母親が発見されることがある。訪問スタッフはまず母親の主訴をよく聞き、母親を支えるように周囲に働きかけながら、その後の適切な処置を母親とともに考える姿勢が重要である。

児童福祉法に基づいて、各都道府県には**児童相談所**（2017年で全国210ヶ所）が設置されている。児童相談所には児童の安全と調査を目的とした一時保護機能があり、**一時保護所**が併設されていることも多い。

児童相談所の主な相談機能は、①養護相談（養育困難な状況におかれた子どもの相談）、②障害相談（知的、発達、重度の心身障害に関する相談）、③非行相談、④保健相談（未熟児、虚弱児、小児ぜんそくを持つ子どもの相談）、⑤育成相談（しつけ、不登校、家庭内暴力、進路選択などの相談）、⑥18歳未満の療育手帳の判定などである。このように児童相談所は広範囲な活動をしており、児童福祉司、児童心理司、一時保護所職員、医師、保健師、弁護士などの専門職が配置されている。

3）社会的養護と児童虐待

近年、**児童虐待**の増加を背景に児童相談所では養護相談が急増している（図4-10）。

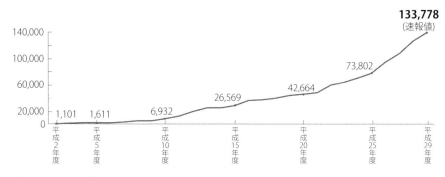

図 4-10　全国の児童相談所における児童虐待相談対応件数の推移
〔厚生労働省大臣官房統計情報部（2016）「社会福祉行政業務報告」を元に作成〕

表 4-5　児童虐待の分類

身体的虐待	性的虐待
・叩く、殴る、蹴るなどの暴力 ・タバコの火などを押しつける ・逆さづりにする ・冬戸外に長時間しめだす　など	・子どもへの性交、性暴力 ・ポルノグラフィーの被写体にする ・性器や性交を見せる ・性器を触るまたは触らせる　など
ネグレクト（育児放棄または怠慢）	心理的虐待
・適切な衣食住の世話をせず放置する ・病気なのに医師にみせない ・乳幼児を家に残して度々外出する ・乳幼児を車の中に放置する ・家に閉じ込める（登校させない） ・保護者以外の同居人などによる虐待を保護者が放置する　など	・無視、拒否的な態度 ・罵声をあびせる ・言葉による脅し、脅迫 ・きょうだい間での極端な差別的扱い ・子どもの目の前でDV（配偶者に対する暴力）を行なう ・子どものきょうだいを虐待する　など

　2000（平成19）年に公布・施行された児童の虐待防止に関する法律（**児童虐待防止法**）は、0歳から18歳未満の児童を対象にした虐待防止に特化した法律である。この法律において、児童虐待は児童の人権を侵害し、心身の成長および人格の形成に重大な影響を与え、将来の世代の育成にも懸念を及ぼすものと見なしている。児童虐待には、①身体的虐待、②性的虐待、③ネグレクト（重度の育児放棄）、④心理的虐待の4種類がある（表4-5）。

　2007年の児童虐待防止法の改正では、①児童の安全確認などのため、裁判官の許可状を得た上で、立ち入り調査などの強化、②児童虐待を行った保護者が指導に従わない場合の措置、③保護者に対する児童との面会または通信などの制限の強化が行なわれている。

表 4-6　2017 年度　児童相談所における児童虐待相談対応件数の内訳（総数 133,778 件）

【虐待者別】

実母	実父	実父以外の父	実母以外の母	その他
46.9%	40.7%	6.1%	0.6%	5.7%

※実母が最も多い。その他には祖父母、叔父叔母等が含まれる。

【虐待を受けた子どもの年齢構成別】

0～2歳	3～6歳	小学生(7～12)	中学生(13～15)	高校生等(16～18)
27,046 (20.2%)	34,050 (25.5%)	44,567 (33.3%)	18,677 (14.0%)	9,438 (7.1%)

※就学前の子どもが高い割合。

【種類別】

身体的虐待	ネグレクト	心理的虐待	性的虐待
33,223 (24.8%)	26,821 (20.0%)	72,197 (54.0%)	1,537 (1.2%)

※心理的虐待が最も多く、次いで身体的虐待となっている。

〔厚生労働省（2018）「平成 29 年度の児童相談所での児童虐待相談対応件数」〕

　2012（平成 24）年度、全国の児童相談所の児童虐待相談件数は 6 万 6,701 件で、児童虐待防止法施行前よりも**増加している**。これは同法や児童福祉法上による通告義務が実践されるようになったことも背景にあるだろう。

★児童虐待の通告義務
国民全体に対して、児童福祉法第 25 条（要保護児童発見者の通告義務）、児童虐待の防止等に関する法律第 6 条（児童虐待に係る通告）による義務がある。
※しかし通告をしない場合の罰則規定はない。

　その後も相談件数は増え続け、全国の児童相談所が 2016 年度に対応した児童虐待件数は 12 万 2,578 件、虐待により死亡した子どもの数は 84 人であり、大変痛ましい現状にある。
　虐待で最も多いのは心理的虐待であり、身体的虐待がこれに続く。しかし両者は併存していることが多い。虐待者は母親が多く、被害者は小学校入学前の子どもが高い割合となっている（表 4-6）。
　子どもは虐待を受けていても、自ら安全の確保を申し出ないことも多い。その場合、児童相談所の判断による**緊急一時保護**（以下、一時保護）が必要とな

> 問 児童虐待について、正しいものを一つ選べ。
> ① 主な虐待者は実父に多く、次に実父以外の父親が多い。
> ② 身体的虐待、心理的虐待及び性的虐待の3種類に大別される。
> ③ 児童虐待防止法における児童とは、0歳から12歳までの者である。
> ④ 児童の目の前で父親が母親に暴力をふるうことは、児童虐待にあたる。
> ⑤ 児童虐待防止法が制定されて以降、児童虐待の相談対応件数は減少傾向にある。
> 〔2018年公認心理師試験問題より〕　　　　　　　　　　　正答（ ④ ）

> 問 児童虐待について、緊急一時保護を最も検討すべき事例を一つ選べ。
> ① 重大な結果の可能性があり、繰り返す可能性がある。
> ② 子どもは保護を求めていないが、すでに重大な結果がある。
> ③ 重大な結果は出ていないが、子どもに明確な影響が出ている。
> ④ 子どもは保護を求めていないが、保護者が虐待を行なうリスクがある。
> ⑤ 子どもが保護を求めているが、子どもが訴える状況が差し迫ってはいない。
> 〔2018年公認心理師試験問題より〕　　　　　　　　　　　正答（ ② ）

る。一時保護の第一の目的は子どもの生命の安全の確保であり、**その判断で最優先されるのは「重大な結果が出ていること」**である。なお、重大な結果とは性的虐待、外傷、ネグレクトなどである。子どもの意向は重視されるが、それ以上に「重大な結果があること」を根拠に児童相談所は一時保護を行なう（厚生労働省 2019）。また、児童虐待による重大な結果を発見した心理師は、所属する施設の長に重大な結果を報告し、基礎自治体の虐待対応部署または児童相談所に通告を行なう。しかし、それでもなお、column 3「福祉領域における事件」に示したように、児童虐待による子どもの死亡ケースが後を絶たない。

　児童虐待による子どもの死亡例を検討すると、**児童福祉司が受け持つ件数が多すぎて、対応できる限界を超えている**という問題点がある。

　例えば東京都内には2017年において、11ヶ所の児童相談所があり、250人の児童福祉司が配置されている。児童福祉法では都道府県が人口4万人に1人の割合で児童福祉司を配置するとしており、東京都はそもそも約100人くらい児童福祉司が足りていない現状がある。本来は職員1人あたり30～40件のケースを担当するだけでも多いとされる担当件数が、東京都の場合、一人で

100件近くを担当することもある。その上、虐待対応件数は年々増加しており、東京都の2017年度は11,635件（児童相談所のしおり／平成30年7月東京都児童相談センター発行）で、5年前と比較すると314％のオーバーワークになっている（菅原2019）。

2019年、政府は2022年度までに児童福祉司を2,020人程度増やす計画を立てている（2017年度で児童福祉司は約3,240人）。また、現行法では児童福祉の関係部署であれば、相談業務の経験がなくても一定の期間を経れば児童福祉司になれたが、専門性を向上させるため、児童福祉司になれるのは、一時保護の補佐や子育て支援などを経験した職員に限定する児童福祉法改正案が検討されている。

★児童福祉司
虐待などの子どもの福祉に関する業務にあたる児童相談所の専門職員で、自治体が任用する。虐待の情報を受け、家庭内への立ち入り調査を行なったり、子どもの一時保護の必要性を判断する役割を担う。

4）虐待相談と対応の流れ

虐待を受けた子どもの多くは、自己表現が攻撃的あるいは受身的、自尊感情が低いといった特徴を持ち、対人関係のトラブルが絶えない。一時保護所（児童相談所に付属し、保護を必要とする子どもを一時的に預かる場所）の生活状況からも、対人関係スキルが未熟であると推察される。

さらに、近年は被虐待児が発達障害を持ち合わせているケースも多く、保護者は子どもの育てにくさに苦慮し、万策尽きて虐待に至るケースもある。

虐待ケースの理解には、上記のような子どもの特徴はもちろん、家族の経済面、疾患の有無、父母間をはじめ家族の構成員同士の関係などの要因も把握する。そして、虐待状況の発生要因を解明し、具体的支援を探っていく。

（1）アセスメントの実際：心理アセスメントでは、知能検査、性格検査、トラウマチェックなどを行なう。心身のダメージは、児童精神科医師による医学診断で把握する。なお、性的虐待が疑われるケースには、多職種のスタッフに何度もつらい体験を話すことで受ける子どもの心理的ダメージを防ぐため、司法面接（事実を特定することを目的とした面接。通常一回のみ実施）という手法を

使い、面接回数を減らす配慮をする。一時保護所では、生活を通して実際の子どもの言動や行動の特徴、生活力などを評価する（**行動診断**）。児童福祉司は、虐待者を含む家族らと面接をしたり、学校、地域などから子どもや家族の情報を収集したりして、日常の生活状況を調査する（**社会診断**）。

（２）援助・治療の実際：アセスメントに基づき、援助方針を決定する。子どもが家庭復帰を望んでいない、強いダメージを受けている、など総合的に評価し、家庭復帰が子どもの利益に値しないと判断した際は、子どもは**児童養護施設**等に措置となり、一定期間親と離れて施設心理士によるカウンセリングを受けたりしながら**家族再統合**を目指す。児童養護施設は総合環境療法であり、日常生活の安定を重視する。時に入所初期には、子どもの趣味や好みを取り入れて、安心して暮らせる生活環境を施設の職員と共に整えてゆく。また、虐待者である親などには、虐待の再発防止に向けて、児童相談所などが家族再統合にむけて通所指導、父母のグループ療法、家族カウンセリングなどの治療的教育的な指導をする。

他方、様々な支援を受ければ虐待状況の改善が見込まれ、子どもは家庭生活が可能と判断されれば、家族支援の資源受け入れ（ヘルパー派遣、子育て支援講座の活用、保健師の家庭訪問など）、児童相談所への通所指導（カウンセリング、親子グループ指導など）を条件に家庭引き取りとなる。そして、児童相談所、子育て支援センター、福祉事務所、学校、病院、警察、民生・児童委員などの機関が連携して家族を見守り、虐待の再発防止に努める。

column 3　福祉領域における事件

福祉の領域で2018年、2019年は立て続けに痛ましい事件が起きている。次に挙げる二つの事件を例に、福祉領域のケースを扱う際の論点を紹介する。

①〈目黒区女児虐待事件〉

2018年3月、東京都の目黒区で両親による女児（5歳）の虐待死事件が起きた。女児を栄養失調状態に陥らせ、衰弱して嘔吐するなどしたにもかかわらず、虐待の発覚を恐れて病院を受診させることをしなかった。3月に低栄養状態などで起きた肺炎により、女児は敗血症で死亡している。

女児の父親は2018年2月末ごろに女児を殴ってけがをさせたとして傷害容疑で逮捕、起訴された。女児の体重は死亡時、同年代の平均の約20kgを下回る12.2kgだった。部屋からは、「もっとあしたはできるようにするからもうおねがいゆるして」などと書いたノートが発見された。女児は毎朝4時ごろに起床し、平仮名の練習をさせられていたこともわかっている。

　2016年と2017年に計2回、女児は児童相談所で一時保護されていた。2回目の保護が解除された後の同年8月末には、病院から「こめかみ付近と太ももにあざがある」と児相に通報があり、女児は「パパに蹴られた」と話していたが、自治体は一時保護の必要はないと判断していたことが問題となった。

②〈千葉県野田市虐待事件〉

　2019年1月、千葉県野田市立小学校4年の女児（10歳）が父親による虐待で死亡した事件が起こった。女児は「父からいじめを受けている」と学校のアンケートに回答していたが、そのアンケートのコピーを市教育委員会は父親に渡していた。

　女児は、当時通っていた別の市立小でのアンケートに「父からいじめを受けている」と回答していた。県の児童相談所は2017年11月に虐待の可能性が高いとして女児を一時保護している。しかし、一時保護解除後の2018年1月、父親が学校を訪れ「（アンケートの）実物を見せろ」と要求したところ、学校側から相談を受けた市教委が父親にコピーを渡してしまった。市教委は「威圧的な態度に恐怖を感じ、屈してしまった」と説明した。

　二つの事件を追究すると、いくつかの論点が浮かびあがる。

　(1) 虐待する親は何度も児童相談所に呼ばれていて、そのたびに転居する傾向があること。

　column 3の①の事件も②の事件も、共に転居が繰り返されている。これは児童相談所の追及を逃れるためである。児童相談所間の情報連携を円滑に行なうシステムが必要である。

　(2) しつけと思い虐待したという虐待加害者が多いこと。

　これに対しては法的に規制しようという動きもみられる。例えば「東京都子どもへの虐待防止等に関する条例」案では、保護者等の責務として、「体罰その他の子どもの品位を傷つける罰を与えることの禁止」が規定されている。

　(3) 体罰と虐待はどちらも脳にダメージを与えること。

　脳科学者の友田（2017）は、ハーバード大学の研究者と共同し、体罰の経験によって、子どもの脳のどのあたりにダメージが与えられるのかを検討した。その結果、厳しい体罰を経験したグループでは、そうでないグループに比べ、

前頭前野のなかで感情や思考をコントロールし、行動抑制力にかかわる「右前頭前野」の容積と「左前頭前野」の容積が、いずれも小さくなっていた。こうした実証的研究を受け、日本では厚生労働省が平成28年（2016年）に「愛の鞭ゼロ作戦」という取り組みを行なっている。

（4）母親もDV被害を受けていて、虐待を止められない傾向があること。

一方の親が子どもを虐待する場面で、もう一人の親がなぜ止めないのかという議論もある。この場合、家庭生活でドメスティック・バイオレンス（DV）が行なわれており、母親もDVの恐怖から子どもを守れないケースがある。

とはいえ、死亡事例を分析してみると、心中以外の虐待死の場合、最も多い加害者は「実母」（50%）である。ついで、「実父」が23.1%、「実母と実父」が9.6%で、80%を超える割合で実の親が加害者になっている。

最も多い子どもの死亡年齢は0歳児で65.3%、そのうち月齢別にみると0ヶ月が50%と高い割合となっている。これは、生後まもない子を殺したり放置したりする「新生児殺・新生児遺棄」が多いためと考えられる。（厚生労働省 2019）。

DVに関しては「配偶者からの暴力の防止及び被害者の保護等に関する法律」（DV防止法）が成立しており、都道府県が設置する配偶者暴力相談センターが主な相談窓口となっている。

文献
・厚生労働省（2019）「子ども虐待による死亡事例等の検証結果等について（第14次報告）」
・友田明美（2017）『子どもの脳を傷つける親たち』NHK出版新書

2　障害者（児）領域

障害者（児）分野で基礎となる法律は、**障害者基本法**である。2011年の改正では、障害者の定義を「身体障害、知的障害、精神障害（発達障害を含む）その他の心身の機能の障害（以下「障害」と総称する）がある者であって、障害及び社会的障壁により継続的に日常生活又は社会生活に相当な制限を受ける状態にあるもの」としており、従来に比べて大幅に対象が拡大されている。

一方、具体的な障害福祉サービスを定めている法律は、2013年に施行された**障害者総合支援法**である。2006年施行の障害者自立支援法では、身体障害、知的障害、精神障害の種別にかかわらず、地域生活や就労を促進して自立を支援するという画期的な一歩が踏み出されたが、障害者総合支援法はこれが改正

されたものである。現在は一定の障害のある難病患者等もサービス利用の対象になっている。具体的なサービスの例としては、訪問介護や外出の同行支援などが受けられる介護給付、自立のための訓練や就労に向けた訓練を受けられる訓練等給付などがある。

障害者の範囲については、障害をその個人の症状としてとらえる医学モデルだけではなく、社会的障壁によって障害が生み出されると考える**社会モデル**の観点が重視されている。

国際的な障害者の基準は、現在、WHOが2001年に定めた国際生活機能分類（ICF：International Classification of Functioning, Disability and Health）が基本となっている。ICFの前身として1980年に制定された、国際障害分類（ICIDH：International Classification of Impairments, Disabilities and Handicaps）は、疾患・変調（Disease or Disorder）と障害を別に定義し、障害を機能・形態障害（Impairment）、能力障害（Disability）、社会的不利（Handicap）の3階層で構成することにより、疾患・変調の結果、生活・人生に及ぼす影響までを「障害」として取り上げた。このモデルは、障害をネガティブに捉えている点や、家族や友人、医療・保健・福祉・教育などの環境的な因子が考慮されていないことが問題点として指摘されていた。

ICIDHに対する批判を受け、改訂したのがICFである。ICFは、人間の生活機能と障害に関する状況を記述することを目的とした分類であり、生活機能（心身機能・身体構造、活動、参加）と、生活機能に影響する健康状態、および背景要因（環境因子、個人因子）から構成される。以下にICIDHとICFの概念図と各用語の定義を示す（図4-11、4-12）。

ICIDHとの大きな違いは、「障害は社会的不利に直結する」といったネガティブな捉え方ではなく、「生活機能」というポジティブ面を中心に捉え、生活機能と障害の状態は、健康状態、環境因子及び個人因子が相互に影響し合う点である。また、環境因子、個人因子といった、背景因子が考慮されている点もICIDHとの大きな違いといえよう（小川 2019）。特にICFは障害への心理的支援において、診断名ではなく、生活の中での困難さに焦点を当てていることに特徴がある。

障害児・者分野において心理職が求められる場面は、当事者に対する心理的援助、サービス利用等についての意思決定の援助、当事者の家族に対する心理

図4-11　ICIDH（国際障害分類）の概念図　〔文部科学省〕

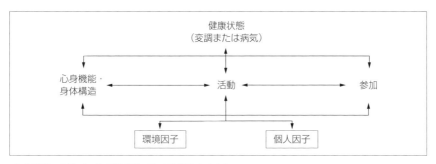

心身機能：身体系の生理的機能（心理的機能を含む）
身体構造：器官、肢体とその構成部分などの、身体の解剖学的部分（活動：課題や行為の個人による遂行、参加：生活・人生場面への関わり）
環境因子：人々が生活し人生を送っている物的・社会的・態度的環境
個人因子：個人の人生や生活の特別な背景

図4-12　ICF（国際生活機能分類）の概念図

〔文部科学省平成18年HPを元に作成〕

的援助、支援者に対する心理的援助が含まれるだろう。当事者や家族に対する援助では、障害の種類、その障害の生じた時期やプロセス、進行性であるかどうかなどによって心理状態が大きく異なるため、それらについての知識と理解が不可欠である。

　また、障害者（児）の特性によっては意思疎通にも工夫が必要であることから、心理職としてソーシャルワーカーとは異なる立場で丁寧な面接をすることによって、当事者の不利益を最小限にとどめることが期待される。特に意思決定においては、当事者がその事柄について意味を十分に理解できなかったり、わからないまま答えてしまったり、あるいは障害特性からくる認知の偏りがあることがある。また、支援者の期待に合わせた回答をしてしまったり、おかれた状況に絶望的になったり投げやりになったりして、主体的になれなかったりするケースも少なくない。そのようなケースにかかわるときには、制度や関係者との調整までを行える力量が必要である。

> 問　WHO〈世界保健機関〉によるICF〈国際生活機能分類〉の障害やその支援に関する基本的な考え方について、正しいものを二つ選べ。
> ① 生活機能と障害の状態は、健康状態、環境因子及び個人因子が相互に影響し合う。
> ② 生活機能の障害は、身体の機能不全によって能力低下が引き起こされる中で生じる。
> ③ 障害とは、心身機能、身体構造及び活動で構成される生活機能に支障がある状態である。
> ④ 障害とは、身体的、精神的又は知的機能のいずれかが一般の水準に達しない状態が継続することである。
> ⑤ 障害への心理的支援においては、診断名ではなく、生活の中での困難さに焦点を当てることが重要である。
> 〔2018年公認心理師試験問題より〕　　　　　　　　正答（　①　⑤　）

3　高齢者領域

1）老年期の年齢区分と多様な「老い」

　WHOでは65歳以上を老年期と区分している。また、社会政策や制度の運用に際し、便宜上、65歳以上を高齢者と定義し行政サービスの対象としていることが多い。しかし、中年期から老年期への移行は時代や社会文化的要因、個人の自覚や実感によっても大きな差がある。最近では、65歳を過ぎても就業して活躍する人も多い。また、ひとくくりに高齢者といっても、65歳と90歳とでは親子ほどの年齢差があり、生きてきた時代背景も全く違う。同じ80歳でも現役で仕事をしている人もいれば、多少の健康上の困難はあるが、趣味や交友を楽しみ、ゆったり生活している人もいる。一方、病気で入院したり施設で介護を受けたりしながら外界との繋がりが希薄になっている人もいる。しかし、いずれの高齢者に対しても、その人の生きてきたこれまでと今を理解しようと対峙し、個性を尊重する姿勢が援助者には求められる。

2）老年期の発達課題

　（1）心と体の問題：高齢者では心と体の関係はより密接になり、複雑に絡みあう。加齢に伴う健康の喪失への不安や身体の不調から、身体症状に対する懸

念が強く不安傾向を示すことも多い。定年退職、それに伴う経済的不安や社会的役割の喪失、老いの自覚、喪失体験など心理社会的要因を背景に、抑うつ症状や様々な身体症状として訴えられることも多い。そのため、身体症状の訴えの背景にある不安を探索し、それを軽減する援助が求められる。

（2）ライフヒストリーの統合：エリクソン（Erikson 1982）は、老年期の心理的課題は「人生の統合」と指摘した。また、老年期においては、あらゆる過去の特質が新しい価値を帯びるとも述べている。つまり、過去の事実は変えられないとしても、その意味を探索し、自分の中での意味付けを変化させることができるというものである。高齢者はライフヒストリーの全段階を経験してきた。長きに渡った人生、いくつもの困難に向き合い、乗り切ってきた術や経験をかけがえのないものとして受容し、獲得体験として新たな意味を見出すかもしれない。その心理的過程が人生の統合に繋がると考えられる。

（3）老いの受容：老年期には身体的、精神的機能の低下、疾病は避けることができない。病気になりやすくなり、足腰も弱る。物忘れが増え、同じことを繰り返し尋ねたり、思考や判断の柔軟性が低下したりするようにもなる。そして、自分では老いの自覚がなくとも、家族や周囲に老人扱いされて気遣われるようになる。失われゆく若さに戸惑いや悲しみを抱え、老いを認めることに抵抗したり、老いることへの不安を防衛したりするために、精力的に活動し続けたりもする。健康を失い大きく落胆するが、少しずつその変化に順応し、自己イメージを修正しながら老いを受け入れていく。

（4）自立と依存：昨今は定年退職以降も就労を続ける高齢者も少なくない。そのため、生活面においても経済的にも「自分は自立している」と自覚している高齢者も多いだろう。それゆえに、いざ、老化や疾病により部分的に誰かに依存せざるを得ない状況が生じた時、周囲に甘えることへの抵抗は大きい。甘えることができる人は他者の援助を受け入れ、生活の一部を依存することで生活全体の自立を維持することができる。一方、援助を受け入れず、甘えることに拒否的な高齢者は僅かな依存をも受け入れることができず、生活全体の自立を維持できなくなることもある。

　自分よりも若い者に頼らねば生活できない苦しみと、依存を受容していくプロセスは大変な心理的苦痛を伴う。

（5）対象喪失：対象喪失とは、強い情緒的な結びつきのある愛着対象を失う体

> 問　中途障害者の障害受容について、正しいものを一つ選べ。
> ① 他責を示すことはしない。
> ② 一旦前進し始めると、後退することはない。
> ③ 他者や一般的な価値と比較して自分を評価することが必要である。
> ④ 障害によって自分の価値全体を劣等だと認知することが必要である
> ⑤ ショック期の次の期では、障害を認めつつも、一方で回復を期待した言動がしばしばみられる。
> 〔2018年公認心理師試験問題より〕　　　　　　　　正答（　⑤　）

験である。老年期になると、配偶者、きょうだい、友人、仕事、収入、社会的役割、健康、体力など、社会的に重要な愛着対象をいくつも失ってしまう。このような喪失や役割の変化に対応できるか否かは重要な課題である。孫を迎え祖父母の役割を受け入れることができるのか、退職後の日々の長い時間をどのように過ごすのか、経済的備え、趣味の繋がり、地域で友人関係を持てるのか、家庭に自分の居場所はあるのか、配偶者を亡くした後に生活ができるのかなど、困難な局面がたくさんある。中年期における子離れ、子どもの独立後の夫婦関係の再構築、退職後の経済基盤の確保と生活設計の準備など、老年期以前の課題が未解決であると、老年期以降の心理的危機を招きやすい。

　(6) **障害受容の問題**：老年期はさまざまな障害が発生する時期でもあり、中途障害の受け止め方が課題となる。**障害受容**とは、障害を直視し、障害とともに生きることも自己の生き方の一つであると受け止め、生活していくことであり、その対象には「身体的受容」「心理的受容」「社会的受容」の三種類がある。

　上田（1980：1983）によると、受容に至るまでの心理は「ショック期」「否認期」「混乱期」「努力期」「受容期」の5段階で推移する。ショック期とは受傷してすぐの段階で、障害が残る可能性も不確かなので、現実を実感できず、比較的平穏に過ごせる時期である。しかし否認期に入ると、自らに障害が残ることを受け止めきれず、それを否認する時期に入る。混乱期は、障害受容ができず、他者に感情をぶつけたり、自分を責めて抑うつ反応を示し、時に自殺を考えることもある。努力期には、障害者として生きるための問題を直視し、前向きな努力がみられ始める。こうした時期を経て受容期では残された機能や価値の転換が行なわれ、障害が受容される。このモデル以外にも、マズローの動機づけ理論

に影響を受けたフィンク（1967）による危機モデル（衝撃→防衛的退行→承認→適応）やコーン（Cohn 1961）による障害受容モデル（ショック→回復への期待→悲嘆→防衛→適応）も有名である。いずれのモデルもさまざまな要因の影響を受けながら、各段階を行きつ戻りつしつつ、進行することを認めている。

なお、デンボら（Dembo 1956）やライト（Wright 1960）は、主として身体障害者を対象に**価値転換理論**を唱えた。価値転換理論では、①価値範囲の拡大、②障害が与える範囲の制限、③身体的外観を従属的なものにとらえる、④比較的価値から資産的価値への転換（他人と比較するのではなく、自分の持っている価値観に目を向ける）という価値の変化が障害受容をもたらすと考えている。

（7）死の受容：身体的な限界、限りある自分の未来に直面する高齢者は、変えることができない過去と未知の未来とを受け入れ、絶望と人生全体を統合しようとする狭間で、なんとかバランスをとろうとしている自分を自覚する。その背景には、死に対する認識がある。

キューブラー・ロス（E. Kübler-Ross）は著書『死ぬ瞬間』において、臨死患者への面接を通して死の受容に至る以下の心理的プロセスを呈示した。

第一段階は、患者は僅かな余命を自覚し衝撃を受けるが感情的にその事実を「否認」する段階である。第二段階は、「なぜ自分がこのような状態に陥らねばならないのか」と、納得できる理由が得られないことに対する「怒り」や死に選ばれたことへの反発を現わす段階である。

第三段階は「取り引き」である。「よい行いをすれば、死を遠ざける微かなチャンスが与えられるのではないか」と考えるが、この段階は短い。第四段階は「抑うつ」である。この抑うつは健康やその他の価値の喪失に悩む「喪失抑うつ」と、来るべき死を予期しての「準備抑うつ」がある。前者には支持的な働きかけが有効であるが、後者は死の受容に不可避なプロセスであり、見守りつつ患者の傍らに居る支援の姿勢が大切である。最終段階は「受容」である。悲嘆的準備の中で泣き、希望とも決別し死にゆくことは自然なことであると受け入れる段階である。

ロス（1998）のモデルは、実証的な検証を経ていないが、老年期の死の受容や障害受容を考察するモデルとしてしばしば引用されている。

3）老年期の心理療法

　老年期の援助では、家族や地域社会との連携、および本人や家族がどの程度、社会資源を活用する柔軟性があるかの評価が大切である。高齢者が支援を受けることに罪悪感や劣等感を抱いたり、自尊心の高さ故に支援を拒んだりして、生活や心身の不調が改善されないこともあるため、高齢者の援助に対する受け止めについての理解と心理的配慮が必要である。

　一方、子どもとの親密な関係や孫との新しい関係などの家族関係に、高齢者は生きる意味を見出し、人生への希望を託すこともある。

　老年期における心理療法のテーマは、老いの受容、死の受容、対象喪失、孤独などである。**ライフレビュー法（回想法）** は、改めて人生を振り返り、自己の人生を再評価することで、生きる意欲の再生に繋がったり、人生全体を肯定的に捉え直したりすることに効果的であるといわれている。

4）老年期の精神疾患

　我が国の 65 歳以上の高齢者（以下、高齢者）は 3,459 万人、総人口に占める割合は 27.3% であり（内閣府 2016）、世界でも最も高く、超高齢化社会である。そのため、急増する高齢者の心の健康を支えることは、社会全体の活性の維持に繋がる重要な課題である。

　(1) 高齢者の記憶力：精神機能の中心的要素である記憶は、記銘、保持、再生の過程から成り立つが、加齢によりどれも衰える。つまり、物覚えが悪くなり、物忘れしやすくなり、ど忘れが増える。これらは、記憶における正常な老化現象だが、日常生活に支障をきたす程度であれば、異常とみなす。記憶力の低下は脳の障害が背景にあることも多く、脳の病理的変化も考慮する。

　(2) 高齢者の知的機能：知能とは、判断力や問題解決能力などを含めた総合的な能力である。判断力、創造性など教育、学習、経験など社会文化的機会によって発達する能力である結晶性知能は加齢の影響を受けにくいが、未知の課題、未経験の状況への対処、記憶力、計算力など素質的・生得的な能力である流動性知能は加齢により衰えやすい。知的機能の低下の程度は、元来の知的水準、生育歴、生活環境、健康状態、脳機能の障害の有無など個人差が大きい。

　(3) 高齢者の人格機能（パーソナリティ）：近年、加齢自体がパーソナリティに与える影響はあまりないことが明らかにされている。パーソナリティの変化

は、認知症を伴う脳障害による頑固、わがまま、短気の顕著化、身体疾患や身体機能の低下による悲観、抑うつ、ひがみ、邪推、易怒等の増幅、さらに生活環境の変化や喪失体験等が要因と考えられている。

老年期に精神疾患が起こりやすい大きな理由の一つは、加齢、身体疾患、および身体機能の低下による脳や脳血管の障害の増加である。また、慢性的な身体的不調により不安や不満が募ってうつ状態になり、自殺に至ることもある。さらに退職、収入の減少、社会的役割の減少、配偶者や近親者との死別、死への予感など心理社会的要因から情緒不安定になり、精神疾患になりやすい。ただし、個人の耐性や健康度の差により、喪失体験が必ず精神疾患をもたらすわけではない。次項では代表的な高齢者の精神疾患である認知症と高齢者のうつ病を解説する。

a 認知症

認知症とは一度正常に発達した認知機能が後天的な脳の障害によって持続的に低下し、日常生活や社会生活に支障をきたすようになった状態を指す。かつては記憶障害が必須であったが、近年は記憶を含む認知機能の諸領域のうち一つ以上の障害があることが条件となっており、早期には記憶が保たれている認知症も診断される（表4-7）。認知症の中で最も多いのは**アルツハイマー型認知症**である（およそ50%）。二番目に多いのは**レビー小体型認知症**である（およそ20%）。三番目に多いのは**脳血管性認知症**である（およそ15%）。この三つの認知症は三大認知症と呼ばれる。アルツハイマー型は脳の中の海馬に、レビー小体型はレビー小体に、それぞれ障害をもつ。脳血管性の場合、脳の萎縮はみられないが脳梗塞の痕跡が特徴的である。

認知症の代表的な症状に、パーキンソン症状がある。パーキンソン症状は、①安静時のふるえ、②こわばり（筋固縮）、③歩行障害・姿勢反射障害などを典型的な症状とする。パーキンソン症状はレビー小体との関連があり、レビー小体型認知症でよくみられる。

なお、認知症とも認知機能が正常ともいえない状態を軽度認知障害と呼ぶ。平成24年の認知症患者数は462万人、有病率は15.0%（高齢者の7人に1人）であり、高齢化に伴い認知症はさらに増加する見通しで、認知症対策は喫緊の社会的課題である。

表4-7　DSM-5における認知症の定義

A　一つ以上の認知領域（複雑性注意、実行機能、学習および記憶、言語、知覚、運動、社会的認知）において、以前の行為水準から有意な認知の低下があるという証拠が以下に基づいている：
　(1) 本人、本人をよく知る情報提供者、または臨床家による、有意な認知機能の低下があったという概念、および
　(2) 標準化された神経心理学的検査によってそれがなければ他の定量化された臨床的評価によって記録された、実質的な認知行為の障害
B　毎日の活動において、認知欠損が自立を阻害する（すなわち、最低限、請求書を払う、内服薬を管理するなどの複雑な手段的日常生活活動作に援助を必要とする）。
C　その認知欠損は、せん妄の状況でのみ起こるものではない。
D　その認知欠損は、他の精神疾患によってうまく説明されない（例：うつ病、統合失調症）。
　高齢者の認知症の原因となる疾患は、脳が全体的に萎縮していくアルツハイマー型認知症、脳血管障害のために病変部や周辺の脳組織が壊死して生じる脳血管性認知症が多く、認知症全体の約80％を占める。その他の原因は、アルコール依存症、パーキンソン病、心疾患、腎疾患、内分泌疾患、向精神薬などの薬剤性のものと考えられている。

問　パーキンソン症状が最も多くみられる疾患を一つ選べ。
① 進行麻痺
② 意味性認知症
③ 前頭側頭認知症
④ Lewy 小体型認知症
⑤ Alzheimer 型認知症
〔2018年公認心理師試験問題より〕　　　　　　　　　　　正答（　④　）

　判断機能の低下を伴う記憶障害が認知症の中核症状であるため、正常な記憶低下と認知症状との違いが問題となる。健康な高齢者の記憶低下は部分的で、判断や見当識は保たれ、記憶力低下に対する反省や対策を講じることができるのに対し、認知症の記憶障害は全体的で、妄想や失見当識を伴い、記憶障害に関する病識が持てないなどの特徴がある（表4-8）。さらに、以下の随伴症状や問題行動を伴って病状が作られていく。

▶物とられ妄想
　財布や現金、通帳や宝石類など財産に関連する大切な物を盗られたと訴える症状。認知症の妄想の中でも出現頻度が高い。盗んだと名指しされた側は不快に感じるが、「病気が言わせたこと」と一呼吸おき、肯定も否定もせず「一緒に探してみましょう」と一緒に身の回りを探し、見つかった際は「ありました

表4-8　アルツハイマー型認知症と脳血管性認知症の特徴

種類	アルツハイマー型認知症	脳血管性認知症
年齢	75歳以上に多い。	60歳くらいから。
性別	女性に多い。	男性に多い。
初期	物忘れ。	手足のしびれ、麻痺。 感情コントロールがうまくいかない。
経過	緩やかに進行する。	比較的急に発症し、段階的に進行する。
持病	特定の既往症を持たない。	脳卒中の既往や麻痺等の後遺症がある。
性質	重症かつ全般的な記憶障害に至る。 人格の変化が著しい。 夜間せん妄はあまり見られない。 身体的な訴えは比較的少ない。 重症に至るまでは活発で徘徊が多い。 もの盗られ妄想がある。	記憶障害や比較的軽度で、島状に記憶が残る（まだら痴呆）。 人格が比較的よく保たれる。 夜間せん妄がよく見られる。 身体的な訴えが多い。 運動障害により、車椅子・寝たきりになりやすい。

〔石橋賢一（2013）『Navigate 神経疾患』、仙波純一（2002）『精神医学』を元に作成〕

> 問　せん妄の発症のリスク因子でないものを一つ選べ。
> ① 女性
> ② 疼痛
> ③ 感染症
> ④ 睡眠障害
> ⑤ 低酸素症
> 〔2018年公認心理師試験問題より〕　　　　　　　　　　　正答（　①　）

ね。よかったですね」など肯定的声かけをする対応が望ましい。

▶夜間せん妄、夜間不穏

　日中は穏やかだが夜になると落ち着かなくなったり、騒いだりする。せん妄とは、全般的認知機能が一時的かつ急激に障害される意識障害である。興奮を伴う活動性せん妄と活動性が低下する寡活性せん妄がある。せん妄は身体疾患や環境の変化あるいは睡眠障害などが誘発因子であり、性別は発症に無関係である。日中は外部の感覚刺激により意識が清明に保たれているが、夜間に感覚刺激が乏しくなるため意識障害が顕在化したり、状況が認識しづらくなったりして本人の不安が増して起こると考えられている。

▶見当識障害と徘徊

　見当識障害とはせん妄の症状の中でも気づかれにくいもので、「今がいつか」

「ここはどこか」についてわからなくなる状態である。見当識障害はがん患者にもみられやすく、優先して症状の評価を行なうべき障害である。**徘徊**とは、見当識障害や記憶障害などの中核症状の影響やストレスや不安などが重なり絶えず歩き回ったり、歩き回った末に迷子になって遠方で保護されたりする症状である。脱水や過労、転倒や交通事故、発見されずに行方不明になる恐れもある。本人なりの理由を聞き、一緒に歩き回る等本人に寄り添う対応が望まれる。

▶認知症の診断

認知症の中核症状である知能の低下は、知能検査により確認するが、WAISは検査に時間がかかり、高齢者には負担が大きい。**改訂長谷川式簡易知能評価スケール（HDS-R）**は短時間で実施できるスクリーニング検査で、広く活用されている。このスケールは最高30点であり、20点以下の場合は認知症を疑う。また、認知症の原因となる身体疾患の有無の確認、高齢者のうつ病による一時的な知的機能低下と認知症との鑑別も重要である。

b 高齢者のうつ病

老年期の初発も多い。身体疾患、喪失体験、社会的孤立など心理社会的要因が老年期うつ病の発症の引き金となりやすい。抑うつ気分よりも不安が目立ち、心気的で身体愁訴が多く被害妄想が現れる、経過が長引き、再発率も高いなどの特徴がある。治療は薬物療法と休養であるが、心理社会的背景に起因する不安感、孤立感などの解消が必要である。

文献

- Cohn, N. (1961) Understanding the process of adjustment to disability. *Journal of Rehabilitation*, 27, 16-19.
- Dembo, T., Leviton, G. L. & Wright, B. A. (1956) Adjustment to misfortune: A problem of social-psychological rehabilitation. *Artificial Limbs*, 3, 4-62.
- エリクソン, E. H. (1989)『ライフサイクル、その完結』村瀬孝雄、近藤邦夫訳、みすず書房〔(1982) *The Life Cycle Completed*. Norton〕
- Kübler-Ross, E. (1969) *On Death and Dying*. New York: Macmillan.
- 内閣府 (2016)「平成29年版高齢社会白書（概要版）」
- 小川修史 (2019)「発達障害の学習支援」斎藤富由起、守谷賢二編著『教育心理学の最前線』八千代出版
- 斎藤富由起 (2008)「スクールカウンセラー」荒牧重人、吉永省三、吉田恒雄、半田勝久編『子ども支援の相談・救済』日本評論社、124-130.
- 菅原さくら(2019)「児童相談所はキャパオーバー」https://seikeidenron.jp/articles/9075 (2019年5月18日検索)
- 上田敏 (1983)『リハビリテーションを考える』青木書店
- 上田敏 (1980)「障害の受容——その本質と諸段階について」『総合リハビリテーション』8、515-521.

・Wright, B. A. (1960) *Physical disability: A psychological approach.* New York: Harper & Row.

第3節　司法・矯正領域における臨床心理学

1　少年法と少年非行

1）少年法の基礎

　少年があまりにも重大な事件を起こしてしまい、少年法が甘いと糾弾されたり、「少年を極刑にせよ」という論調で報道されることがある。重大事件を起こした加害者の心の闇は深い。被害者とその関係者の心理的回復と、加害者の闇に相当する心のありように目を向けることも公認心理師の役割である。

　少年法で「少年」とは20歳未満の者である。20歳未満の者には保護を目的とした少年法が適用される（成人が罪を裁かれる法律は刑法である）。20歳を超えた場合、少年法が適用されることはない（ただし表4-9に示すように、20歳を超えても少年院に収容されるケースはある）。

　少年法は保護の観点から軽微な内容でも家庭裁判所にその事件を送致する。これは**全件送致主義**と呼ばれる。道路交通法における軽微な違反は例外だが、原則的に事件は一度、家庭裁判所に送られる点に留意したい。

★家庭裁判所の審判の結果
①知事または児相所長送致、②不処分、③保護処分、④検察官送致（逆送）、⑤審判不開始

　事件が家庭裁判所に送られたのち、家庭裁判所は調査を行なう。その結果、審判が必要ないと判断された場合は、審判不開始となり、ケースが終了する場合もある。審判になった場合は、①知事または児相所長送致、②不処分、③保護処分（保護観察、児童自立支援施設送致、少年院送致など）のいずれかになるケースが多い。ただし、罪質や情状の次第では、**検察官送致**として検察官に送

表4-9 少年院の種類

種類	内容	その他、注意点
第一種少年院	保護処分の執行を受ける者であって、心身に著しい障害がないおおむね12歳以上23歳未満の者	原則20歳までだが、処遇上、必要であれば左記のように延長することができる
第二種少年院	保護処分の執行を受ける者であって、心身に著しい障害がない犯罪傾向が進んだおおむね16歳以上23歳未満の者	
第三種少年院	保護処分の執行を受ける者であって、心身に著しい障害があるおおむね12歳以上26歳未満の者	医療少年院と呼ばれる
第四種少年院	少年院において刑の執行を受ける者（受刑者）	少年院にも受刑者はいる

り、刑事事件として裁判となることもある。刑事事件として有罪になれば前科が付くが、保護処分は前科にはならない。

　保護処分には、①保護観察、②児童自立支援施設送致、③少年院送致がある。このうち、児童福祉法第44条に定められた**児童自立支援施設**（管轄は厚生労働省）とは、①犯罪などの不良行為をした子ども、②犯罪などの不良行為をするおそれのある子ども、③家庭環境等の事情により生活指導等を要する子どもを入所または通所させて、自立を支援する施設である。かつては教護院という名称で、①及び②に該当する子どもが入所していたが、1998年の児童福祉法改正に伴い、教護院から児童自立支援施設に改名されるとともに、③の家庭環境の事情による子どもも入所対象となった。

　少年院とは家庭裁判所から保護処分として送致された者などを収容する施設で、少年に対して矯正教育その他の必要な処遇を行なう施設である。少年は必要に応じて職能指導や教科指導を受けることもできる。少年院は障害の程度に応じて第一種から第四種まである（表4-9）。在院している少年はほとんどが16歳以上だが、事件の重大性をふまえて14歳未満でも少年院に送致されることはあり得る。

　家庭裁判所はどの少年院に少年を送致するかを指定するだけでなく、少年をどのくらいの期間、収容するかという処遇勧告を少年院に出す。短期処遇の場合、少年院はこれに従わなくてはならない（表4-10）。

　最後に、送致と通告の違いについて説明する。少年法には送致や通告という法律用語が頻繁に登場する。**送致**とは、「既にある権限ある官庁に係属してい

表 4-10　少年院の処遇

区分	名称	期間	家庭裁判所の処遇勧告
短期処遇	特修短期	4ヶ月以内	従う勧告
	一般短期	6ヶ月以内	
長期処遇	比較的短期	10ヶ月程度	尊重勧告
	処遇勧告なし（あるいは「長期」）	おおむね1年	
	比較的長期	1～2年	
	相当長期	2年以上	

問　我が国の少年院制度について、正しいものを一つ選べ。
① 少年院に受刑者を収容することはできない。
② 14歳未満の者でも少年院に送致されることがある。
③ 一つの少年院に2年を超えて在院することはできない。
④ 少年院は20歳を超える前に少年を出院させなければならない。
⑤ 少年院法で定められた少年院の種類のうち、第2種は女子少年を収容する施設である。
〔2018年公認心理師試験問題より〕　　　　　　　　　　　　　正答（　②　）

る事件を送致された機関への係属に移し、その権限行為に委ねること」と定義される。つまり、事件を担当していた機関から別の機関にその担当を移すことである。「逆送」（少年法20条1項：逆送致）を例に、このことを説明する。

　逆送とは、検察から家庭裁判所に送致された少年を調査した結果、刑事処分が相当として、家庭裁判所から検察に再び事件を送致することである。当初、少年事件を担当（係属）したのは検察だったが、全件送致主義に基づいて、検察は家庭裁判所に事件の担当を移した（送致した）。検察に代わり事件を担当した家庭裁判所は、調査の結果、この事件は刑事処分が相当と判断した。刑事処分を検討するには、検察に担当権限（係属）を移すほかない。そこで家庭裁判所は、再び事件の担当を検察に移した（送致した）。これが逆送と呼ばれる処置である。

　これに対し、**通告**とは職権発動を促す通知行為である。通知がなされても、通知された機関がその事件を受け持つかは、その機関の判断による。

2) 非行少年と法律

非行少年とは行政上または警察用語であり、少年法の概念ではない。少年法3条1項に定められているのは「犯罪少年」「触法少年」「ぐ犯少年」である。この総称を、慣習的に非行少年と呼ぶ場合が多い。図4-13にそれぞれの少年の司法手続きの流れを示す。

「20歳未満で、保護者の正当な監督に服さない性格や環境があり、罪を犯す可能性のある者」はぐ犯少年という。例えば、刑法は犯していないものの、非行グループとつながりを持ち、親の注意を無視して無断外泊が続いている20歳未満の者はぐ犯少年である。ぐ犯少年は警察の街頭補導などで発見されることが多い。

ぐ犯少年が14歳未満であれば、児童福祉機関優先主義（少年法3条2項）が取られ、児童相談所に通告される。その後、場合により、都道府県知事を通じて、家庭裁判所に送致されることもある。ぐ犯少年が14歳以上18歳未満の場合、ぐ犯少年を発見した警察官または保護者は、家庭裁判所に通告（または送致）するか、児童相談所に通告するかを選択できる。18歳以上のぐ犯少年は児童福祉法の適用はなく、少年法が適用される（酒井 2005）。

「14歳未満で刑法に反する事件を起こした者」は触法少年である。14歳未満の触法少年は、ぐ犯少年と同様に、児童福祉機関優先主義により、知事又は児童相談所を経由し、児童福祉法の措置が取られることが多い。ただし、触法少年であっても（例外的に）保護処分になることはある。殺人などの重大事件が起きた場合は、14歳未満でも（児童自立支援施設ではなく）少年院送致が妥当ではないかという議論が起こり、2007年の少年法改正で、14歳未満（おおむね12歳以上）でも重大事件の場合は少年院送致が可能となった。

なお、触法少年には検察官送致はない。つまり、重大事件の加害者であっても、触法少年の場合、保護処分の一つとしての少年院送致までであり、刑罰を受ける少年刑務所に送致されることはない。14歳未満は刑事罰責任能力がないと考えられているためである。

14歳以上20歳未満で刑法に反する事件を起こした者は犯罪少年という。家庭裁判所はその罪質及び情状に照らして、刑事処分が相当する場合は、検察官送致が行なわれ、少年刑務所に行く。矯正施設である少年院とは異なり、少年刑務所は刑罰を与える施設である。少年刑務所では刑罰として刑務作業も行なう。

第四章　臨床心理学の活動領域　241

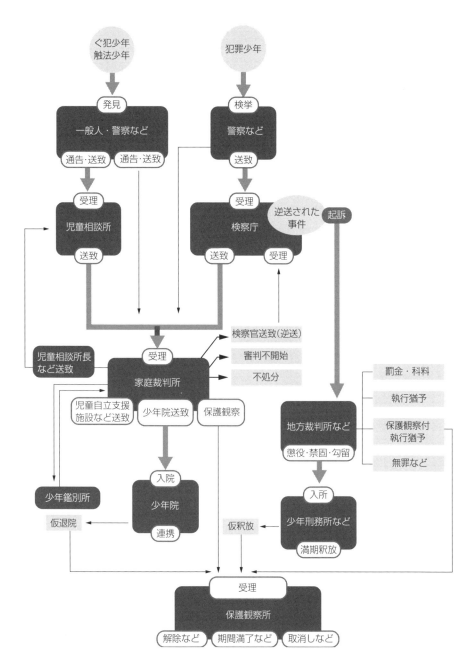

図 4-13　非行少年に関する手続きの流れ

〔検察庁 HP「少年事件について」を元に作成〕

> 問 少年事件の処理手続として、正しいものを一つ選べ。
> ① 14歳未満の触法少年であっても重大事件である場合は検察官送致となることがある。
> ② 14歳以上で16歳未満の犯罪少年は検察官送致とならない。
> ③ 16歳以上で故意に人を死亡させた事件の場合は、原則的に検察官送致となる。
> ④ 18歳未満の犯罪少年であっても重大事件を犯せば死刑になることがある。
> ⑤ 事案が軽微で少年法の適用が望ましい事件の場合は、20歳を超えても家庭裁判所で不処分を決定することができる。
> 〔2018年公認心理師試験問題より〕　　　　　　　　　　正答（　③　）

　検察送致には三つの留意点がある。第一はすでに述べたように、触法少年には検察官送致はない点である。第二は、**故意の犯罪行為により被害者を死亡させた事件で、罪を犯した時に16歳以上の少年については、原則として検察官に送致しなければならない**点である。第三に、犯罪少年は検察官送致になることはあるが、**18歳未満の場合、極刑はない**。少年法51条では「罪を犯すとき18歳に満たない者に対しては、死刑をもつて処断すべきときは、無期刑を科する」と定められている。したがって、18歳未満に限り、成人なら死刑が考えられる犯罪でも無期刑となる。51条は「科する」とあり、「科すことがある」と書かれてはいないので、18歳未満の少年には例外なく極刑はない（犯行時18歳及び19歳の被告人に極刑はありえる）。

★検察官送致の注意点
① 触法少年に検察送致はない。②故意に相手を死亡させた、事件時16歳以上の少年は原則検察送致となる。

　家庭裁判所が心身の鑑別が必要と判断した少年は**少年鑑別所**に収容され、鑑別と観護処遇を受ける（図4-13）。少年鑑別所は家庭裁判所に対応して都道府県に1ヶ所設置されている法務省所管の施設である。少年鑑別所では、少年鑑別所法に基づき、大きく三つの業務（鑑別・観護処遇・地域援助）を行なっている。

少年鑑別所の第一の業務は、家庭裁判所などの求めに応じて、鑑別対象者の鑑別を行なうことである。**鑑別**とは、医学や心理学、教育学などの専門的知識と技術に基づいて、少年の非行行為に影響を及ぼしている要因や環境上の問題を明らかにすることである。担当技官による面接や心理検査が行なわれ、改善のための適切な指針が示される。

　第二の業務は、少年鑑別所に収容中の少年（観護措置が取られている少年）に対して、少年鑑別所内で、その特性を考慮した適切な働きかけを行なうことである。これは**観護処遇**と呼ばれる。つまり、観護処遇において、少年鑑別所の収容期間中も少年たちに健全育成のための適切な対応がなされている。なお観護処遇に鑑別は含まれない点に注意したい。

　第三の業務は、「**法務少年支援センター**」として、地域社会における非行と犯罪の防止の援助活動である。これは**地域援助**と呼ばれる。少年鑑別所は非行少年の行動理解と対応に関する専門的な知識を持っている。そこで、法務少年支援センターとして個別相談に応じる他、児童福祉施設や学校、地域の民間団体（非行少年の更生を支援する NPO 法人など）と連携し、その知識を役立てている。この業務は 2014（平成 26）年に少年鑑別所法が制定され、地域社会における非行及び犯罪の防止に関する援助を実施することが明定されたことに基づいている。

3）矯正と法務技官

　少年事件における心理職に、法務省専門職員の法務技官がある。**法務技官**は少年鑑別所または少年院に勤めることが多い。少年鑑別所では、少年に対して、面接や各種心理検査を行ない、知能や性格等の資質上の特徴、非行に至った原因、今後の処遇上の指針を明らかにする。また、審判決定により、少年院に送致された少年や保護観察処分になった少年にも、専門的なアセスメント機能を活用して継続的に関わる。

　少年刑務所では、受刑者の改善更生を図るため、面接や各種心理検査を行ない、犯罪に至った原因、今後の処遇上の指針を明らかにする。また、改善指導プログラムを実施したり、受刑者に対するカウンセリングを行なったりすることもある。少年院では、個々の少年に関する矯正教育の計画の策定や各種プログラムの実施、処遇効果の検証等に携わる（法務省 2018）。

なお、少年院などの施設内での処遇に対し、施設に入らない**保護観察**と呼ばれる措置がある。保護観察とは、犯罪をした人または非行のある少年が、社会の中で更生するように、保護観察官及び保護司による指導と支援を行なうものである（法務省 2018）。保護観察は施設の外、すなわち、社会の中で処遇を行なうので**社会内処遇**と言われる。

出所後は地域社会で生活する以上、社会的支援がなければ更生は難しい。同時に、保護司の多くをボランティアに頼っていることや、非行や刑事事件の場合、地域社会で受け入れることへの社会的障壁も存在するなど、現実的な課題も多い。長期的に社会的支援を行なう併走型支援の在り方が問われている（宍倉 2016）。

2 刑事事件における法制度

1）裁判員制度

20歳以上の者が事件を起こした場合、司法警察や検察官の捜査活動の後、検察官が起訴した場合、刑事裁判が行なわれる。2009年からこの刑事裁判に裁判員制度が適用され、一般人も裁判に参加し、裁判官とともに審理を行なうことになった。

裁判員裁判は、原則として、裁判官3人と国民から選ばれた裁判員6人の計9人で行なわれる。裁判員は公判手続きで犯罪事実の存否と刑の量定を審議する。職業裁判官と裁判員が評議を尽くしても全員の意見が一致しない場合は、多数決の方式を採用して評決する。裁判員には守秘義務があり、裁判後もその義務は継続する。裁判員裁判は地方裁判所のみであり、控訴審（高等裁判所）には適用されない。

2）精神鑑定（重大な加害行為を行った者の精神状態に関する鑑定）

法律家が法的な判断をするときに、精神障害に関する専門知識と経験を補う必要がある場合がある。そのような場面で、参考資料の作成と報告を精神科医に依頼することを「精神鑑定」あるいは「司法精神鑑定」という。どのような法律のどのような判断のための資料とするのかによって、さまざまな種類の精神鑑定がある。

精神鑑定の種類としては、刑事事件の被告人に責任能力があるのかを裁判官、

> 問　裁判員裁判について、正しいものを二つ選べ。
> ① 原則として、裁判官3人と国民から選ばれた裁判員6人の計9人で行なわれる。
> ② 被告人が犯罪事実を認めている事件に限り審理し、量刑のみを判決で決める。
> ③ 裁判員は判決前には評議の状況を外部に漏らしてはいけないが、判決以降は禁止されていない。
> ④ 職業裁判官と裁判員が評議を尽くしても全員の意見が一致しない場合、多数決の方式を採用して評決する。
> ⑤ 地方裁判所の裁判員裁判の決定に不服があって高等裁判所で審理をされる場合も裁判員裁判をしなければならない。
> 〔2018年公認心理師試験問題より〕　　　　正答（　①　④　）

> 問　重大な加害行為を行った者の精神状態に関する鑑定（いわゆる精神鑑定）について、正しいものを一つ選べ。
> ① 裁判所が鑑定の結果と異なる判決を下すことは違法とされている。
> ② 被告人が心神耗弱であると裁判所が判断した場合、罪を減軽しなければならない。
> ③ 被告人が心神喪失であると裁判所が判断しても、他の事情を考慮した上で必ずしも無罪にする必要はない。
> ④ 心神喪失者として刑を免れた対象者が、後に医療観察法に基づく鑑定を受けた場合、鑑定結果によっては先の判決が変更されることがある。
> 〔2018年公認心理師試験問題より〕　　　　正答（　②　）

　裁判員が判断するときの参考として利用される「**刑事責任能力鑑定**」、成年後認知症や知的障害、精神障害などにより判断力が低下しているため、財産の管理を後見人に任せるほうがよいかを判断するときに利用される「**成年後見鑑定**」、心神喪失者など、医療観察法の専門的な医療が必要かなどを判断するときに利用される「**医療観察法鑑定**」などがある。

　精神鑑定が社会的に注目を集める理由の一つに、刑法39条がある。日本刑法は、刑事責任能力について、「心神喪失者の行為は、罰しない」（第39条1項）、「心神耗弱者の行為は、その刑を減刑する」（同2項）という規定がある。

重大事件を犯しても、39条が適用されれば刑罰を問えないのではないかという点が社会的な関心事となる。**心神喪失**または**心神耗弱**が裁判所により認められた場合、心神喪失者ならば刑罰を問えず、心神耗弱者ならば必ず減軽しなければならない。なお、心神喪失や心神耗弱の判断は法律判断のため、裁判所の専権となる。したがって、裁判所は精神鑑定の結果に必ずしも従う必要はない。

★心神喪失と心神耗弱
・心神喪失（責任無能力）……精神の障害により、事物の理非善悪を弁識する能力なく、または、この弁識にしたがって行動する能力なき状態。
・心神耗弱（限定責任能力）……精神の障害が、上記の能力が欠如する程度には達していないが、著しく減退した状態。

〔大審院昭和6年（1931年）12月3日判決刑集10巻682頁〕

　刑法39条に関連して**医療観察法**がある。この法律は、重大な刑事事件（殺人事件、放火事件、強制性交等事件、強制わいせつ事件、強盗事件、および傷害事件のなかでも重い傷害を与えた傷害事件）を起こした精神障害者のうち、その事件のときに心神喪失か心神耗弱の状態にあったという理由で、起訴されなかったり、裁判で無罪や執行猶予の判決を受けたりした人たちを対象とする。そのような人たちのうち、社会復帰のために専門的な処遇をすることが必要であると裁判所が判断した人に、裁判所の命令に基づいて、医療と観察を提供するのが**医療保護制度**である（国立精神・神経医療研究センター 2019）。法務省（2019）による医療保護制度のモデルを図4-14に紹介する。

　なお、この医療保護制度の過程で鑑定を受けることはあるが、その診察結果により裁判の判決が覆ることはない。

文献
・法務省（2019）http://www.moj.go.jp/hogo1/soumu/hogo_hogo11.html（2019年3月検索）
・国立精神・神経医療研究センター（2019）https://www.ncnp.go.jp/nimh/shihou/info_MTSA_total.html（2019年3月28日検索）
・酒井安行（2009）「非行少年の発見」守山正、後藤弘子編『ビギナーズ少年法』成文堂

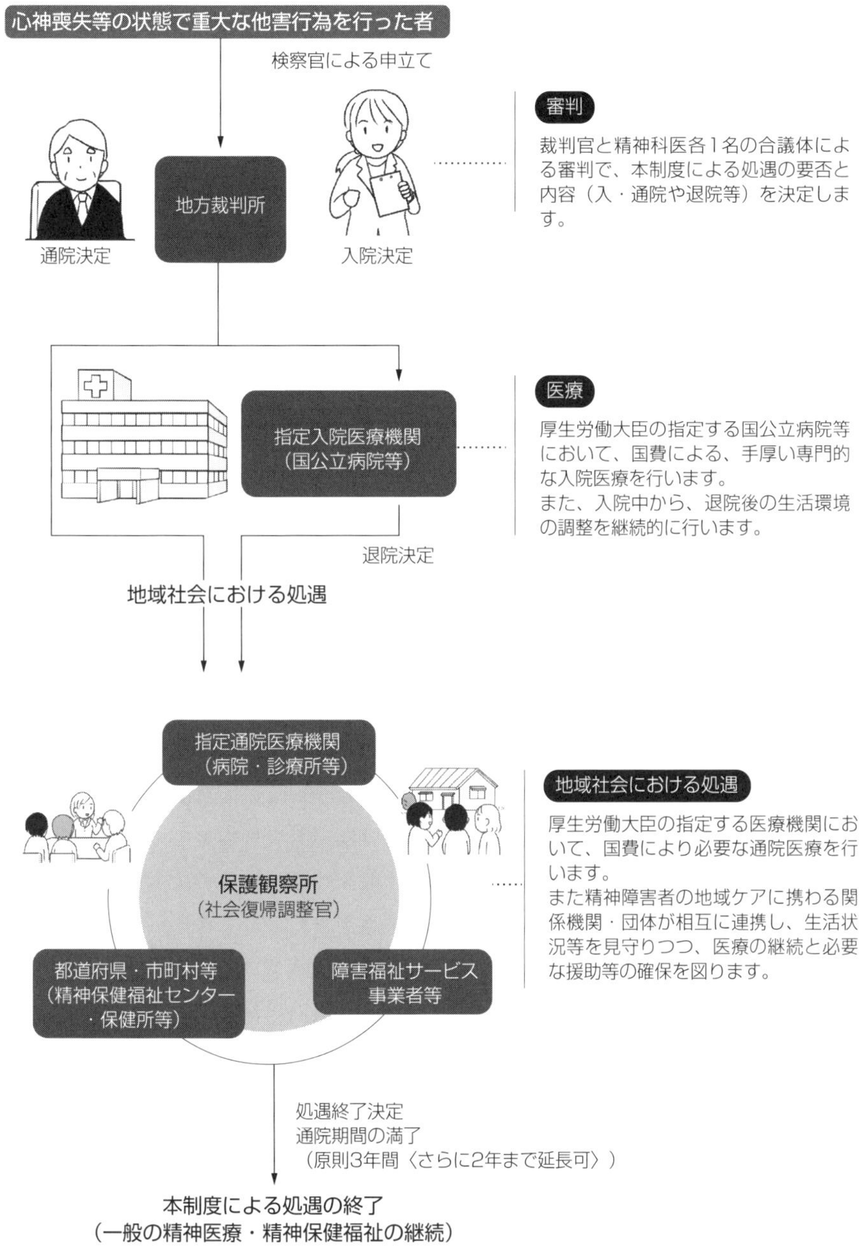

第四章 臨床心理学の活動領域　247

心神喪失等の状態で重大な他害行為を行った者

検察官による申立て

通院決定　地方裁判所　入院決定

審判
裁判官と精神科医各1名の合議体による審判で、本制度による処遇の要否と内容（入・通院や退院等）を決定します。

指定入院医療機関
（国公立病院等）

医療
厚生労働大臣の指定する国公立病院等において、国費による、手厚い専門的な入院医療を行います。
また、入院中から、退院後の生活環境の調整を継続的に行います。

退院決定

地域社会における処遇

指定通院医療機関
（病院・診療所等）

保護観察所
（社会復帰調整官）

都道府県・市町村等
（精神保健福祉センター
・保健所等）

障害福祉サービス
事業者等

地域社会における処遇
厚生労働大臣の指定する医療機関において、国費により必要な通院医療を行います。
また精神障害者の地域ケアに携わる関係機関・団体が相互に連携し、生活状況等を見守りつつ、医療の継続と必要な援助等の確保を図ります。

処遇終了決定
通院期間の満了
（原則3年間〈さらに2年まで延長可〉）

本制度による処遇の終了
（一般の精神医療・精神保健福祉の継続）

図4-14　医療観察制度の概要　　〔法務省HP「医療観察制度とは」を元に作成〕

3 発達障害と触法行為──司法・犯罪における心理社会的課題

本項では、法と心理と実際の現場をつなぐ例として発達障害と触法行為を取り上げる。重大事件が起きたとき、その加害者に発達障害があったことが報じられ、発達障害は危険なのではないかという言説が流布することがある。むろん、そのような事実はまったくない。本項では実際に発達障害のある人が加害者だったケースを担当したことがある刑事警察の元実務担当者の北村耕太郎氏に、現場の感覚とその実際を報告していただいた。事例報告として議論していただけると幸いである。

1）刑事司法現場と発達障害

刑事司法の現場で発達障害という言葉を聞いてすぐに定義や詳細な特性を答えられる人は少ない。実際に筆者が刑事警察の実務を担当していたとき、知的障害や精神障害という言葉はよく耳にしていたが、発達障害という言葉に出会う機会はほとんどなく、それを学ぶ機会も皆無だった。その理由の一つには、逮捕時や起訴前の段階で発達障害であることが判明しているケースが極めて稀であるからと思われる。したがって発達障害について学ぶ機会もなければ、その機会を設ける必要性すら刑事警察の現場では感じていないのである。

この状況下で発達障害を有する被疑者は取調べを受けるのであって、そのときの供述調書や実況見分調書などの資料が証拠資料として検察に送致され、そのまま裁判所に提出されているのが刑事司法の現状である。また、矯正領域においても、まだまだ発達障害をもつ者に対する処遇は健常者と同様の刑事処分を選択されるのが大半である。

他にも社会的な関心を集めるような凶悪事件の被疑者が発達障害であったことをメディアが大きく報じるようになり、犯罪の危険因子が障害にあるとの誤解を生んでしまっていることも課題である。

これらの刑事司法、矯正領域に関わる実務家やその関係者が刑事事件と障害の関係性を誤解していることが最も危険なことであって、これらの大きな誤解が事件の真相解明を阻害してしまい、冤罪の可能性を完全に払拭できない要因

にもなっている。刑事司法と矯正領域に関わる専門家は犯罪と発達障害の関係性を深く理解し、実務家レベルでもその理解が十分に浸透されるように努めなければならない。

2） 発達障害がなぜ犯罪と結びつくのか

　発達障害がそもそも犯罪の危険因子なのかというとそれは全くの誤解であり、発達障害、例えば広汎性発達障害や自閉症、アスペルガー症候群の障害特性が直接的に犯罪の危険因子となることは限りなく少ないのである。しかしながら、2016年矯正統計調査によれば、新規受刑者20,467人中、CAPAS（Correctional Association Psychological Assessment Series：受刑者の知的能力測定検査）のIQ相当値79以下にテスト不能を加えると8,831人（43.1%）が該当することになる。これは、IQ相当値79以下を発達障害や知的障害の可能性があると考えるのであれば、新規受刑者のうち、約43%に何らかの障害の可能性が認められるということになる。

　この数字だけを見れば障害と犯罪の危険因子に関連があるように見えてしまうが、障害をもつ者が罪を犯すまでには必ずそこに至る複雑な環境要因（エピソード）が存在するという事実がある。刑事警察の実務では必ず成育歴に関する質問を逮捕後に行なうことになり、重大な犯罪のケースでは詳細な成育歴を得るために親から供述を得ることもある。その成育歴には共通するものが多く、そこに罪を犯すに至るエピソードが存在する。

3） 共通する虐待といじめの存在

a　身上調書というエピソードを得るために重要なツール

　刑事司法の手続きの初期段階で被疑者から得る供述調書に、通称「身上調書」というものが存在する。これは取調べ担当警察官が被疑者の成育歴を含む生い立ちを聞いていくもので、多くの場合、事件に関することや被害者に関することの取調べとは全くの別物として取り扱い、聞き取りに近いものとなる。このとき、被疑者は取調べ担当警察官に自分の生い立ちや成育歴を物心がついた頃から現在に至るまで詳細に供述することになるが、ほとんどの場合、いわゆる警察官の作文ではなく、被疑者の記憶に基づき、あまり脚色されずに供述調書に記録されていく。

この身上調書で記録される成育歴は、動機や手口の解明はもちろん、刑事処分を検討する資料としても活用される非常に重要なツールとなる。そして、筆者の身上調書作成体験を振り返ってみると、発達障害の可能性がある者で殺人や放火、性犯罪などの重大事件で逮捕された者には、多くの場合、被虐待と壮絶ないじめ体験の両方又はどちらかを経験していたことが思い出される。両親からの身体的虐待、ネグレクト、性的な虐待、同級生等からの身体的又は物理的ないじめ、からかい、無視、そして両親からの過干渉などである。
　つまり、この被虐待と壮絶ないじめ体験こそが発達障害を犯罪に結びつかせてしまう危険因子の一つであることを指摘したい。
　b　虐待やいじめ体験から歪む認知
　発達障害と犯罪をテーマに議論するとき、発達障害は犯罪の危険因子であるという議論は大きな誤解であって、重要なことは、発達障害をもつ者は虐待やいじめを受けやすいということを知り、それが犯罪の危険因子になり得る二次障害を誘引しているのだと十分に理解することから始めなければならない。
　発達障害と被虐待、壮絶ないじめ体験がどう犯罪と関連付けられているかを考えてみると、例えば自閉症児の場合、その障害特性から「対人的な感覚の乏しさ」「強いこだわり」が顕著であり、AD/HD児では「落ちつきのなさ」「多動性」「集中が困難」というそれぞれの特性が親の育児を困惑させてしまい、過度な叱責、暴力、放置といった行動を誘発していると思われる。同じようにそれぞれの障害特性等から、学校でも行動や言動が面白い、気持ち悪い、意味がわからない、他と違うなど周囲の子どもたちが、発達障害児をからかいや暴力を伴ういじめの対象にしてしまうことも考えられる。これらの被虐待や壮絶ないじめ体験が自己イメージの低下につながることは言うまでもなく、同時に自分は社会から必要とされていないとか、反対に社会や身近なコミュニティを敵対視するようになり、そこから認知の失敗経験、認知発達の歪みに繋がり、次第に二次的な障害へと発展していくと思われる。
　例えば、筆者の実務経験の中でも性的な虐待経験をもつ被疑者が「夢は父親を殺すこと」という主旨を話す場面に遭遇したこともある。他にも、学校でのいじめ体験が基礎となり、「弱者に暴力を振るうことで自分という存在を肯定的に考えられるようになっていく」旨を話す被疑者にも出会ったことがある。これらは被虐待や壮絶ないじめ体験が認知を歪ませてしまっている典型例と思

われる。

　時に重大事件が起きると、加害者に発達障害が認められたという報道がなされ、発達障害のある者があたかも危険であるかのような報道がなされる時がある。重大事件を手がけてきた身からしても、その認識は間違いである。発達障害者の危険性ではなく、かれらが不利益な立場に立たされやすい社会的障壁をこそ問題にして、それを取り除くための社会—排除しない社会—をつくるために、多職種連携と地域連携の中で公認心理師も活動する必要があるだろう。

4）発達障害と犯罪プロセス

　ここまでは現実の犯罪とその特徴について説明してきたが、次は具体的に発達障害を有する者がどういうプロセスで罪を犯すことになるのかを考えてみたい。

　まず、発達障害が犯罪の危険因子ではなく、罪を犯すに至るまでには個々の障害特性に複数の追加因子が存在することを覚えておいてほしい。

　第1段階では、障害特性（対人的な感覚の乏しさ、強いこだわりなど）に不適切な社会環境（養育環境）が加わることになる。これは既に説明したとおり、被虐待や壮絶ないじめ体験が該当する。他にも、幼少期や児童期に母親や保育士、支援者、教員等が、過剰なまでに体を触ってくる男児に対して「障害があるから仕方ない」と、それを許容し続けるなどのケースもこれに該当する。つまりこれによって誤学習が修正されないまま、成長してしまうのである。

　次にこの誤学習に特定の強い興味関心が足されると犯罪を惹起（じゃっき）することになる。これが第2段階である。特定の強い興味関心とは性に対する興味関心や人の臓器や人体の構造に対する興味関心、他にも、いたずらをしたときの被害者の反応や火に対する強い興味関心もある。過去の体験から自己イメージが低下していることに特定の強い興味関心が足されたときに、その興味関心を満たす行為を実行しようと考え、その結果が違法な行為であったとき、犯罪を惹起（じゃっき）したことになる。

　この犯罪惹起と倫理を天秤にかけるときが第3段階となる。発達障害を有する者が犯罪を惹起したとき、被害者感情、遺族感情、社会に与える影響、自ら築き上げた社会的な地位が崩壊する可能性をそれぞれ想像できないために倫理が簡単に負けてしまう。ここで初めて犯罪因子となる。

　そして第4段階として、犯罪因子に対して犯罪の実行に至るまでに制御装置

がない場合に犯罪を実行してしまう。この制御装置は周囲のおとなや支援者、当事者に関わるあらゆる者を示している。この制御装置が何らかの犯罪因子をもっている者を早期に把握することで実行を止められるし、反復する犯罪も早期に止められる可能性がある。

しかし、この制御装置が機能不全となっているのが現代社会であり、これを「無関心」というのだと思う。この各段階で周囲が気付きを得て、早期に支援をすることが重要であり、それは特定の専門機関の仕事ではなく、身近な親や支援者、専門家の仕事である。

5) おわりに

刑事司法、矯正領域ではまだまだ発達障害に対する理解は乏しく、その結果、逮捕勾留されても何ら矯正することなく出所し、犯罪を繰り返しているのが現実である。しかし、最も重要なことは犯罪に関連する認知の歪みを早期に発見し、早期に支援することである。犯罪というのは何らかの行動であり、罪を犯さないためには自らその行動を抑止する他ないのである。また乳幼児期の母子養育の環境や初めて社会を経験する学童期における学校は、とても重要な役割を担うことになる。子どもの障害特性を母親が早期に知ることは適切な養育環境をつくることに繋がり、教員等も早期に特性を知ることで適切な環境設定を行なうことができる。つまり、第1段階における「不適切な社会環境」を是正することができるのである。その鍵を握るのは我々おとなであり、支援者であり、療育機関等の専門分野で活躍する専門家たちである。

文献

・藤川洋子（2010）『非行と広汎性発達障害』日本評論社
・藤川洋子（2008）『発達障害と少年非行——司法面接の実際』金剛出版
・池谷孝司（2013）『死刑でいいです』新潮文庫
・佐藤幹夫（2008）『自閉症裁判、レッサーパンダ帽男の「罪と罰」』朝日文庫
・田淵俊彦他（2018）『発達障害と少年犯罪』新潮選書

column 4　医療少年院と少年事件

　1997年、兵庫県神戸市須磨区で数ヶ月にわたり、複数の小学生が被害を受け、2名が死亡し、3名が重軽傷を負う事件が起きた。この事件は、激しい暴力性と劇場型犯罪の要素を有していた。この事件は犯人が14歳で、逮捕されるまで中学校生活を送っていたこと、動物虐待などの素行障害の傾向が報道されたこと、医療少年院で緻密な医療矯正教育が行われたこと、また出所後、加害者が事件の本を出版したことなどでも注目された。さらに、この事件以降、検察官送致（逆送）の増加と、少年事件の厳罰化の世論が強まった。

　通常、逮捕された少年は検察官に身柄を送致されたのち、家庭裁判所に送られる。家裁は少年の家庭環境などを調べたうえで少年審判を開き、最終処分を決める。このとき、家裁が刑事処分が相当であるとの判断をした場合、少年を検察官に送り返す。これを検察官逆送という。

　逆送には二つのパターンがある。第一は、家庭裁判所が調査・審判を行なっている間に少年が20歳になった場合である（年齢超過による逆送）。事件を起こした時ではなく、調査・審判中に20歳を超えれば、少年法ではなく、成人の刑事手続きに戻される。

　もう一つのパターンは、刑事処分が相当であることによる逆送である（少年法第20条第1項、第2項）。殺人事件や傷害致死事件など、被害者が死亡した事件などの重い犯罪の場合がこれにあたる。また、2000年の法改正により、事件を起こした時に16歳以上の少年で、故意の犯罪行為により被害者を死亡させた罪の事件については、原則として検察官に逆送されることとなった。

　逆送と並んで、この事件は医療少年院の矯正教育の効果も問題になった。医療少年院とは、心身に著しい故障が見られる12歳以上26歳未満の者を収容する第三種少年院である。全国に4ヶ所しかなく、東日本は関東医療少年院と神奈川医療少年院、西日本は宮川医療少年院と京都医療少年院がある。

　神奈川医療少年院と宮川医療少年院は知的障害や発達障害、情緒的未成熟などの理由により通常の少年院での教育が難しい少年を対象に「治療的教育」を行なう。

　関東医療少年院と京都医療少年院は、少年院であるとともに、身体疾患

者・身体障害者・精神病などの心身に欠陥や病気のある少年を治療するための病院でもある。当該事件の少年は関東医療少年院で治療矯正プログラムを受けた。

　当該事件の少年については多くの本が出版されている。少年への医療的な矯正プログラムの効果については読者に判断をお任せする。

第4節　産業領域の臨床心理学

1　産業・労働分野に関する法律・制度

　産業分野の公認心理師の活動は、事業場における「**労働安全衛生管理体制**」（安全で衛生的な労働環境を保証すること）の中の「**健康管理**」に関わることが多い。就労中のストレスや心身の疾患に対して、公認心理師は労働者の心の健康対策を担うチームの一員として活動する。例えば、精神疾患による休職と復職のプロセスは労働安全衛生管理の代表的な活動である。一般的な会社員の場合、休職や復職は人事や労務管理と関係する。したがって公認心理師は、労働三法の中の人事労務管理に関する法規及び労働安全衛生管理に関係する法規（労働安全衛生法）を理解する必要がある。

★産業・労働分野の公認心理師の活動と主な法律
・中心的な仕事 ⇒ チームの一員として労働者の心の健康対策
・関係の深い法律 ⇒ 労働安全衛生法
※その他、労働三法、安全配慮義務の理解が必要

1）労働三法

　労働に関する法律の基礎となるのが労働三法である。労働三法とは、労働基本権（労働者の権利）を具体的に示した基本的な法律で、「労働基準法」「労働組合法」「労働関係調整法」の三つから成る。

表 4-11 時間外・休日労働の基準

36協定（時間外・休日労働に関する協定）で定める延長期間については、次の限度時間（対象期間が3ヶ月間を超える1年単位の変形労働時間制の対象者を除く。）が定められている。

期　間	1 週間	2 週間	4 週間	1 箇月	2 箇月	3 箇月	1 年間
限度時間	15 時間	27 時間	43 時間	45 時間	81 時間	120 時間	360 時間

〔「労働基準法第36条第1項の協定で定める労働時間の延長の限度等に関する基準」平成10年労働省告示第154号〕

★労働三法の主たる目的
　労働基準法 ⇒ 労働条件の最低基準を規定
　労働組合法 ⇒ 労働組合と労働委員会を規定
　労働関係調整法 ⇒ 労使の労働争議の予防・解決を規定

労働基準法は労働条件の最低基準を定めた法律であり、賃金、労働時間、休息、休日、時間外労働、深夜労働、解雇の制限などが規定されている。

　法定労働時間とは一日8時間、一週間で40時間の労働時間（労働基準法32条）である。これを超えたものは時間外労働とみなされる。「一日8時間」または「一週間で40時間」のどちらか一方を超えた場合、法定労働時間を超えて労働させたとして、時間外労働に対して割増賃金を支払わなければならない。

　しかし、労働基準法36条に基づき労使協定（以下、36協定）を結び、行政官庁に届けた場合は、定められた範囲内で時間外・休日労働が可能となる（表4-11）。なお36協定は1日を超えて3ヶ月以内の期間の協定と、1年間の協定の双方を結ばなければならない。

　労働組合法は労働三権（団結権・団体交渉権・争議権）を保障し、不当労働行為、労働協約、**労働委員会**などを規定している。労働委員会は、労働者と使用者の間で起きた争いを解決するための公正・中立な行政機関で、労働組合法に基づいて各都道府県と国に設置されている。労使間の対立が激しくなったとしても、自主的に労使間で解決することが望ましいには違いない。しかし、それができない場合、国と都道府県に設置されている労働委員会が中立的な立場で争いを解消するための調整を行なう。労働委員会は公益を代表する公益委員と労働者を代表する労働者委員、そして、使用者を代表する使用者委員から成る。

　労働組合と事業者は時に対立関係になる場合もあるが、事業者が労働組合の活動や労働組合への加入に不利益を与える場合、それは**不当労働行為**の可能性

がある。不当労働行為とは使用者が労働者の団結権を侵害する行為であり、労働組合法で禁止されている。不当労働行為を受けたと思われる場合は、労働委員会に対して救済（受けた不利益を解消すること）を申し立てることができる。申し立てができる期間は、使用者の行為があった日から１年間である。

★労働委員会に対する不当労働行為の申し立ての流れ
1　申し立て：労働委員会に申し立てができるのは、労働組合または労働者個人です。
2　調査：労使双方の主張を聴き、労働委員会は争点や証拠を整理します。
3　審問：争点について事実を明らかにするため、証人尋問を行ないます。
4　合議：不当労働行為にあたるか公益委員による合議で判断します。
5　命令：不当労働行為にあたる場合は救済命令を出します。

※不当労働行為の申し立てがあっても、労働委員会から命令が出される前であれば、当事者はいつでも和解をすることができる。　　　　　　　　　　　　　　　〔北海道労働委員会HPを元に作成〕

労働関係調整法は、労働争議の予防または解決を目的とする法律である。労働争議とは「労使間において労働関係に関する主張が一致しないで、争議行為が発生または発生するおそれがある状態」である。労働者の争議行為にはストライキ、ボイコット、残業拒否、休暇闘争などがあり、使用者の争議行為にはロックアウト（使用者が労働者を事業所から退出させること）がある。暴力行為はいかなる場合でも禁じられている。争議行為が発生したときは、当事者はただちに労働委員会又は都道府県知事に報告しなければならない。

こうした争議行為はできれば避けたいし、起きたとしてもすみやかに解消することが望ましい。そのために労働関係調整法は**労働委員会**により労使間を調整するため、**斡旋、調停、仲裁、緊急調整**の四種類を定めている。

なお、公務員の争議行為は禁止されている（地方公務員法第37条）。地方公務員である教員もストライキやサボタージュ（怠業）等の争議行為は禁じられている。

2）労働安全衛生法（安衛法）
a　労働安全衛生法とは

労働者の安全と健康を守り、労働災害（以下、労災）を防止する目的で規定された**労働安全衛生法（以下、安衛法）**は、公認心理師が最も深く関わる法律の

一つである。例えば、会社が毎年、従業員に対して健康診断を行なうのは、安衛法により規定された事業者の義務である。

　高度経済成長期（昭和30年～昭和48年）を迎えた日本では多くの大規模工事による都市開発や生産技術の革新による労働環境の変化も相まって、毎年6,000人を超える労働災害死亡者が発生していた。昭和36年の6,712人をピークに昭和47年まで5,000人以上の労災死亡者が出ていた。これが急激に低下を見せるのは昭和48年からである。安衛法は昭和47年に成立し、昭和48年に最初の効果がみられた法律である。安衛法が多くの労働者の心身の健康に貢献したことが理解できる。

　安衛法は労働災害防止計画、安全衛生管理体制、労働者の危険又は健康障害を防止するための措置、労働者の就業にあたっての措置、健康の保持増進のための措置、快適な職場環境の形成のための措置、安全衛生改善計画などを定めている。

　労働者が安心して働くためには、安全や衛生に対する責任者または組織が必要になる。これは安全衛生管理体制と呼ばれる。安全管理体制を組織化するため、事業者は事業場に応じて、「総括安全衛生委員」「安全管理者」「衛生管理者」「安全衛生推進者」を選任する義務がある。

　また常時50人以上の**事業場**では「衛生委員会」の設置と産業医の選出が義務付けられている。例えば、大学にも衛生委員会と産業医は必ず存在する。心理師が（安全）衛生委員会に所属して、従業員の心身の健康管理に携わることもある。

★安全衛生管理体制の基礎
アルバイトやパートも含み、**50人以上の事業場**では、全業種で、選任すべき事由（労働者数が50人を超えた時点）が発生した日から14日以内に、①**衛生管理者**と②**産業医**を選任した旨を所轄労基署に報告しなければならない。また、③**（安全）衛生委員会**を毎月1回開催し、議事録を3年間保存しなければならない。

　健康障害を防止するための措置の代表的なものは**健康診断の実施**である。事業者は健康診断を実施し、医師の意見を聴取して、必要に応じて快適な労働条件のための措置を講じる必要がある。同時に、健康診断を受けることは労働者の義務でもある点に注意したい。

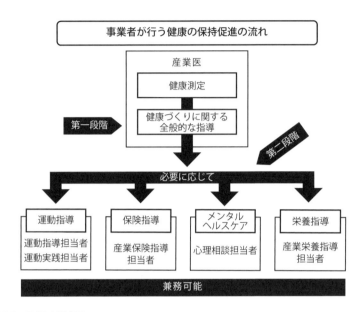

図4-15　THPの概念図

〔中災防HP「健康づくり指導者養成研修について」を元に作図〕

b　労働安全衛生法に基づく心の健康に関する指針

　安衛法に基づく心の健康に関する行政の取り組みとして「快適職場指針」と「THP指針」などがある（図4-15）。

　快適職場指針とは安衛法71条3項の「事業者が講ずべき快適な職場環境の形成のための措置に関する指針」を指す。これを実現するために、①作業環境の管理、②作業方法の改善、③労働者の心身の疲労の回復を図るための施設・設備の設置基準、④その他の施設・設備の維持管理が挙げられている。

　THP指針とはトータル・ヘルス・プロモーション・プランの略で、公認心理師の活動と関連が深い。THP指針は、「産業医による健康測定と全般的指導」があり、必要に応じて運動指導、保健指導、メンタルヘルスケア、栄養指導を行なう。メンタルヘルスケアはリラクセーション法の指導やストレスへの気づきの指導などを心理相談担当者が行なう。

　なおTHPの対象はあくまでも心の健康づくりを目指すことが目的であり、後述するストレスチェックの結果として事業者が行なうべき措置とは異なる点に注意したい。

事業場外産業保健スタッフとしてはEAP（Employee Assistance Program：従業員支援プログラム）などがそれに相当する。日本ではEAPは、外部の企業（EAP会社）に心理相談の専門家の派遣を依頼するか、または企業内にEAPを担う部署（健康管理センターなど）を設置する。日本臨床心理士会は各都道府県のEAP提供機関を含む医療機関・相談機関の検索サービスを公開している。

最後に、「労働者の心の健康の保持増進のための指針」（平成18年3月策定、平成27年11月30日改正）について述べる。これは、労働安全衛生法第70条の2第1項の規定に基づき、同法第69条第1項の措置の適切で有効な実施を行なうための指針である。この指針の中で、厚労省は事業者が事業場でメンタルヘルス・ケアを適切かつ有効に実施するための、メンタルヘルス・ケアの原則的な実施方法について定めている。

指針によると、心の健康づくりは、労働者自身が、ストレスに気づき、これに対処すること（セルフ・ケア）の必要性を認識することが重要である。しかし、職場に存在するストレス要因は、労働者自身の力だけでは取り除くことができないものもあるので、職場環境の改善も含め、事業者によるメンタルヘルス・ケアを積極的に推進し、組織的かつ計画的な対策を実施しなければならない。

このため、事業者は、①事業場におけるメンタルヘルス・ケアを積極的に推進することを表明する、②衛生委員会等で調査や審議を行ない、メンタルヘルス・ケアに関する事業場の現状とその問題点を明確にし、その問題点を解決する具体的な実施事項等についての基本的な計画を策定し、実施する。この対策を「心の健康づくり計画」と呼ぶ。

心の健康づくり計画の実施では、ストレス・チェック制度の活用や職場環境等の改善を通じて、メンタルヘルスの不調を未然に防止する「一次予防」、メンタルヘルスの不調を早期に発見し、適切な措置を行なう「二次予防」、メンタルヘルス不調となった労働者の職場復帰支援等を行なう「三次予防」を円滑に行なう。

これらの取り組みでは、労働者への教育研修・情報提供が必要とされる。教員研修・情報提供では、①メンタルヘルス・ケアに関する事業場の方針、②ストレス及びメンタルヘルスケアに関する基礎知識、③セルフケアの重要性及び心の健康問題に対する正しい態度、④ストレスへの気づき方、⑤ストレスの予防、軽減及びストレスへの対処の方法、⑥自発的な相談の有用性、⑦事業場内の相談先及び事業場外資源に関する情報の七つがその内容となっている。

①セルフケア	社(職)員が自らの心の健康を理解し、ストレスに対処し、メンタル不調を予防。
②ラインによるケア	管理監督者による職場環境・ストレス要因の把握と改善、メンタルヘルス相談への対応。
③事業場内産業保健スタッフによるケア	産業医、保健師、衛生管理者等による対策の企画推進、セルフ・ラインケアへの支援。
④事業場外資源によるケア	メンタル専門医療機関や外部専門相談機関(EAP会社)などの外部資源活用。

図4-16 メンタルヘルス対策推進のための重要な四つのケア（心の健康づくり計画）

問　労働者の心の健康の保持増進のための指針において、労働者への教育研修および情報提供の内容に含まれないものを一つ選べ。
① ストレスへの気づき方
② 職場環境の評価および改善の方法
③ メンタルヘルスケアに関する事業場の方針
④ ストレスおよびメンタルヘルスケアに関する基礎知識
⑤ ストレスの予防、軽減およびストレスへの対処の方法
〔2018年公認心理師試験問題より〕　　　　　　正答（　②　）

また、「セルフ・ケア」「ラインによるケア」「事業場内産業保健スタッフ等によるケア」ならびに「事業場外資源によるケア」の四つのメンタルヘルス・ケアが計画的に行なわれるようにすることが重要である（図4-16）。

3）安全配慮義務

私たちが職場で働き、賃金を得ているのは、事業者と個人が雇用契約を結んでいるからである。事業者（会社側）は安衛法の規定以外にも、**労働契約法第5条**に基づき、雇用者が安全に働けるように配慮しなければならない。つまり、事業者は民事上の**安全配慮義務責任**があり、これが果たされない場合は損害賠償責任が課せられる。

昭和59（1984）年に最高裁で判決が下された**川義事件**（column 5参照）

において、判例法理として安全配慮義務は認められてきた。2008年からは**労働契約法第5条**において安全配慮義務は明文化された。2015年に電通において過労死事件が起こったこともあり、安全配慮義務はいっそう重視されている。

では、どの程度の行為が違法性のある安全配慮義務違反となるのだろうか。基本的には、平均的な心理的耐性を有する者を基準として客観的に判断される。1999年に起きた長崎海上自衛隊員自殺事件は、21歳の海上自衛隊員が上官からの継続的な誹謗によりうつ病に罹患し、自殺したとして、同隊員の両親が国に対し慰謝料の支払い等を求めた事案である。平成20（2008）年の判決では、①他人に心理的負荷を過度に蓄積させるような行為は原則として違法となるが、その違法性の判断に際しては、**平均的な心理的耐性を有する者を基準として客観的に判断されるべきこと**、②使用者は、労働者に対し、業務の遂行に伴う疲労や心理的負荷等が過度に蓄積して労働者の心身の健康を損なうことがないよう注意する義務（安全配慮義務）を負うことを一般論として示している。

公務員の場合、使用者は国であり、上司はその履行補助者となる。判決では、使用者である国は、被害者の心理的負荷が過度に蓄積しないよう注意する義務がありながら、国の履行補助者である上官がこれを怠ったとして、国の安全配慮義務違反を認め、被害者の両親に対し慰謝料を支払うよう命じている。

4）心理的負荷による精神障害の判断

業務が原因で精神疾患や自殺が生じた場合、当然、労災請求を行なうことができる。しかし、精神疾患になる可能性は業務以外にもあるので、産業領域で活動する心理師は「心理的負荷による精神障害の認定の条件」を確認しておかなければならない。

これを定めたのが「心理的負荷による精神障害の認定基準」（厚労省 2011）である。労災が認定される対象疾病はICD-10に基づき限定されている。労災認定される代表的な精神疾患はICD-10のF2（統合失調症）からF4（神経症性障害等）である。

★ICD-10　F2〜F4

　F2：統合失調症、統合失調症型障害および妄想性障害

　F3：気分［感情］障害

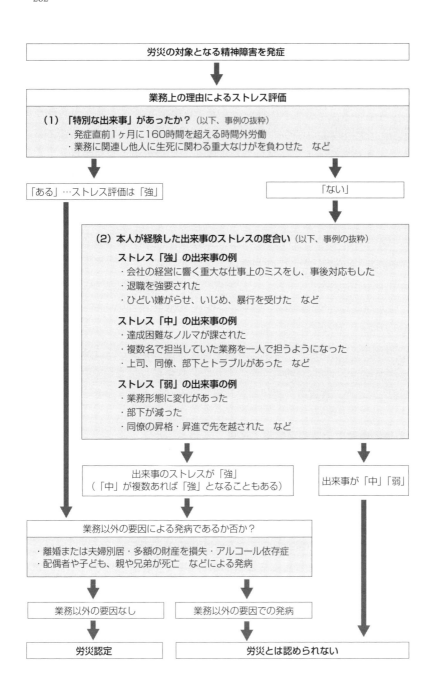

図 4-17　心理的負荷による精神疾患が労災認定されるまでの経過

F4：神経症性障害等、ストレス関連障害および身体表現性障害

　労災が認められるには、これらの疾患が発病する以前のおおむね6ヶ月の間に、業務による強い心理的負荷が認められること、そして、業務以外の心理的負荷および個体内要因により発病したとは認められないことが挙げられる。労災認定までのフローチャートを図4-17に示す。

2　労働領域の法と行政

1）過重労働対策

　厚生労働省（1995）は「脳血管疾患及び虚血性心疾患等（負傷に起因するものを除く）の認定基準について」という通達を示した。その背景には、勤務時間の超過や、仕事でのストレスなど過重労働によって脳・心臓疾患を発症し、労災が請求される事案があった。認定要件となる業務による明らかな過重負荷を以下にまとめる。

★業務による明らかな過重負荷として認定させる要件
(1)　異常な出来事（業務上の重大事故など）による著しい精神的・身体的負荷
(2)　短期間の過重業務
(3)　長時間の過重業務

　このうち、特に「3　長時間の過重業務」の判断については、発症前1ヶ月におおむね100時間または発症前2ヶ月間ないし6ヶ月間にわたって、1ヶ月あたりおおむね80時間を超える時間外労働が認められる場合に、業務と発症との関連が強いと評価できるとされる。これは労使ラインの基準とも一致している。これらは労働災害認定で労働と過労死・過労自殺との因果関係の判定に用いられる。
　さらに厚生労働省（2002）は、「過重労働による健康障害防止のための総合対策」を策定した。ここでは、時間外・休日労働の削減、年次有給休暇の取得促進、労働者の健康管理に係る措置の徹底を推進している。

2）過労死防止対策推進法

　過重労働対策と関連し、過労死等の防止のための対策を定めた「過労死防止対策推進法」(2014年) が施行された。この法律において、**過労死**等とは次のように定義される。死亡に至らない疾患もこの法律の対象となっている点に留意したい。

★過労死防止対策推進法における過労死の定義（第2条）
・業務における過重な負荷による脳血管疾患を原因とする死亡もしくは心臓疾患を原因とする死亡。
・業務における強い心理的負荷による、精神障害を原因とする自殺による死亡。
業務における過重な負荷、強い心理的負荷による脳血管疾患、心臓疾患、精神障害。

　政府は、各企業に対して、「過労死等の防止のための対策に関する大綱」を定めなければならないとしている。過労死等の防止のために規定されている対策は、以下の四つである。

★過労死等の防止のための対策
　(1) 調査研究など　(2) 啓発　(3) 相談体制の整備等　(4) 民間団体の活動に対する支援

　過労死を防ぐための一つには年次有給休暇を適切に使用できる職場の文化がなければならない。しかし、厚労省（2014）によると、約70％の労働者が年次有給休暇取得になんらかのためらいを感じている。ためらいを感じる理由の第一位は、「他者に迷惑がかかるから」であり、このことからも、一人が強い意志で年次有給休暇を取ることに期待するのではなく、職場の文化として誰もが年次有給休暇を取得しやすい（そして、実際に上司が取得している）文化を創り出す必要がある（図4-18）。

3）自殺対策基本法

　2006年に施行された「**自殺対策基本法**」では、第4条において、事業主も自殺対策に協力し、労働者の心の健康の保持を図るために必要な措置を講ずるよ

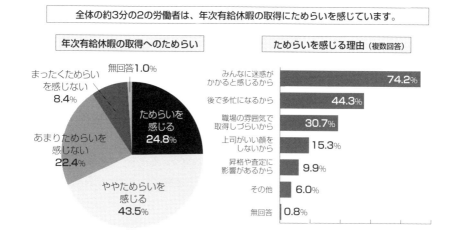

図4-18　労働者の年次有給休暇の取得へのためらい
〔厚生労働省「労働時間等の設定の改善を通じた"仕事と生活の調和"の実現及び特別な休暇制度の普及促進に関する意識調査」(平成26年)を元に作成〕

う努めるとされている。政府が推進すべき自殺対策の指針として定められている「自殺総合対策大綱」では、当面の重要施策の一つとして「勤務問題による自殺対策」の推進が挙げられる。その内容には、「長時間労働の是正」「職場におけるメンタルヘルス対策の推進」「ハラスメント防止対策」がある。

4）ハラスメント対策

男女雇用機会均等法第11条では、職場におけるセクシャル・ハラスメント対策として、使用者による雇用管理上必要な措置を義務付けている。この法律に基づいて指針が定められており、「セクシャル・ハラスメントの相談窓口を定めること」「具体的な事案に関して事実関係を迅速かつ正確に確認すること」など10項目が示されている。

厚生労働省（2012）は「職場のいじめ・嫌がらせ問題に関する円卓会議ワーキング・グループ報告」において、パワー・ハラスメントの定義および種類を明示した。以下にその定義と種類を示す。

★職場のパワー・ハラスメントの定義

職場のパワー・ハラスメントとは、同じ職場で働く者に対して、職務上の地位や人

間関係などの職場内での優位性を背景に、業務の適正な範囲を超えて、精神的・身体的苦痛を与える又は職場環境を悪化させる行為。

★職場のパワー・ハラスメントの種類
　(1) 身体的な攻撃（暴行・傷害）
　(2) 精神的な攻撃（脅迫・名誉毀損・侮辱・ひどい暴言）
　(3) 人間関係からの切り離し（隔離・仲間外し・無視）
　(4) 過大な要求（業務上明らかに不要なことや遂行不可能なことの強制、仕事の妨害）
　(5) 過小な要求（業務上の合理性なく、能力や経験とかけ離れた程度の低い仕事を命じることや仕事を与えないこと）
　(6) 個の侵害（私的なことに過度に立ち入ること）

　パワー・ハラスメントとは、上司から部下へのいじめや嫌がらせだけではなく、人間関係からの切り離しなど様々なハラスメントの種類がある。なお、「業務の適正な範囲」とは、各職場において、何が業務の適正な範囲で、何がそうでないのか、その範囲が明確にされたものを指している。そのため、職場のパワー・ハラスメント対策では、業務の適正な範囲を明確にするためのサポートを行なう必要がある。

5) 障害者雇用促進法

　障害者雇用促進法とは、身体障害者、知的障害者、精神障害者を一定割合以上雇用することを義務づけた法律である。正式名称は「障害者の雇用の促進等に関する法律」（昭和35年法律第123号）である。障害者の雇用機会を広げ、障害者が自立できる社会を築くことを目的とする。職業リハビリテーションや在宅就業の支援など障害者の雇用の促進について定めている。近年、セクハラ、パワハラ以外にもさまざまなハラスメントがあり、企業にはより一層のコンプライアンス（法令遵守）が求められる。

　障害者雇用促進法は、当初は身体障害者のみであったが1998（平成10）年には、身体障害者に加えて、知的障害者の雇用が法的に義務化された。2013（平成25）年6月の改正では、**2018年4月から雇うべき障害者の範囲に、精神障害者保健福祉手帳を所持する精神障害者が加わった。**

常用労働者全体に占める障害者の雇用目標割合を「法定雇用率」という。国、地方自治体、民間企業の法定雇用率は常用労働者全体の約2%である。障害者のみを対象とする求人を行なうなど、積極的な差別是正措置が望まれる。

　2016年4月からは、募集、配置、昇進、賃金および福利厚生施設の利用について障害者の差別が全面的に禁止となった。差別があったと障害者が苦情を申し出た際には、事業主は自主的に解決を図るように努め、解決しない場合には、紛争調整委員会で調停する仕組みが導入される。また合理的配慮の提供義務といった規定が改正されている。ただし事業主が必要な注意を払っても、被雇用者が障害者であることがわからなかった場合には、合理的配慮の提供義務違反にはならない。

3　産業分野の臨床活動

1）産業分野の特徴

　労働者の臨床活動を考えるとき、大前提として、なかなか休みが取れないという点があげられる。また、まじめに働くタイプの人ほど休みを取らず、休日も仕事をするなど、メンタルヘルスに必要なストレス予防対策をしない傾向がある。さらに精神疾患への偏見から治療に抵抗感をもつ者もいる。

★産業領域の心理実践のポイント①
精神疾患がある社員がいることが前提。しかし、日本の雇用条件の中では休みは取りづらく、治療抵抗も強い。

　しかし、ケスラーら（Kessler, et al. 2007）によれば、日本の国民で一生の間にうつ病、不安症など何らかの精神疾患にかかる人の割合は18%と報告されている。したがって、「5人に1人は一生の間に何らかの精神疾患にかかる」と考えられる。多少大きい職場であれば、ごく平均的に精神疾患がある社員がいることに注意したい。心理師は心の健康教育を通じ、偏見の是正に努める。

　また産業領域の特徴として、対象とするクライエントの年齢が幅広いことがあげられる。心理師は20代から70代までのさまざまな労働者の心理的な健康に関与する。厚生労働省による「2010年国民健康・栄養調査結果の概要」に

よると、糖尿病や高血圧症、脂質異常症などの生活習慣病をもつ人の割合は40歳以降、男女ともに増加している。心理師は生活習慣病などの生物学的・医学的モデルにも習熟する必要がある。また、悪性腫瘍や認知症などの症状を心因性に取り違えてはならない。

何らかの疾患は人事労務面にかかわってくるので、社内の衛生委員会におけるチームアプローチが必須である。このように、産業領域の公認心理師は、公認心理師の原則である「生物心理社会モデル」と産業医を中心とした「チームアプローチ」をとりわけ重視する必要がある。

★産業領域の心理実践のポイント②
幅広い年齢を対象とするため、生活習慣病や身体疾患の知識も重要。衛生委員会を中心とした生物心理社会モデルとチームアプローチの重視。

本項では産業領域の実践心理の特徴として、特に①ストレスチェック実施の義務化、②休職や自殺と関係するうつ病、③ストレス社会の中でしばしば指摘される機能性胃腸障害（機能性胃腸症）、④職場復帰支援を取り上げる。

2) 義務化されたストレスチェック

安衛法66条の10、第1項において、事業者は労働者に対して厚生労働省の定めにより、心理的負担を把握しメンタルヘルスの不調を未然に防止するための検査（ストレスチェック検査）を行なうことが示された。これにより事業場においてストレスチェック制度が義務化された（労働者が常時50人以上いる事業場では一年に1回。ただし、50人以下の事業所では努力義務なので、全ての職場に実施義務があるわけではない）。ストレスチェックとは職業性ストレス簡易調査票（厚生労働省作成）などの調査票により行なわれる。ストレスチェックの実施者は2017年までは医師、保健師、所定の研修を修了した看護師および精神保健福祉士であったが、厚生労働省は2018年8月9日、労働安全衛生法に基づき、労働安全衛生規則の一部を改正する省令を公布、施行し、「ストレスチェック」を実施して面接指導の必要性を判断するストレスチェックの実施者に、必要な研修を修了した歯科医師と公認心理師を加えた。

ストレスチェックにより高ストレスの労働者を発見し、面接指導につなげて、

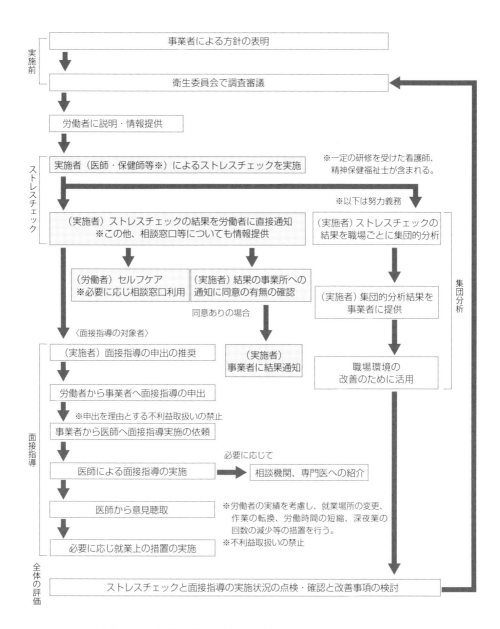

図 4-19　ストレスチェックと面接指導の実施についての流れ

〔厚生労働省（2015）を元に作成〕

労働者のメンタルヘルスの不調の第一次予防（未然防止）を行なう。図4-19 に示すように実施前の準備、ストレスチェック、面接指導（強制ではない）、集団分析（努力義務）、全体の評価という流れとなる。

　事業者はストレスチェックの集団分析の結果から、職場のストレス要因を評価し、職場環境の改善に結果を反映することが望ましい。公認心理師や臨床心理士は、ストレスチェック制度の中で、①高ストレス者の抽出、②ストレスチェック結果についての相談、③分析結果に基づく職場環境の改善に関わる。

　なお、ストレスチェックは事業主に実施義務があり、労働者に受験義務はない（健康診断は両者に義務がある）。

3）うつ病

　精神疾患としてのうつ病については第三章第2節の3「うつ病」で解説したので、ここでは実践心理学の立場から、うつ病の基本的な対応について解説する。

　警察庁が毎年発表する「自殺の概要」でも自殺者は 20,000 人を超えているが、40 年前に比べて自殺者（特に男性）は増加している（図4-20）。

　自殺に至る理由はいくつかの要因が重なり合い、複合的である。しかし、図4-21 に示すように、統計的には健康問題が最も多く、その中でも「うつ病」がトップである（内閣府 2014）。

　ここで、うつ病対応の原則を述べる。これらは非常に基本的な認識だが、認知療法やマインドフルネス瞑想法、行動活性化理論などの治療法や予防法に目を奪われると、全体的なうつ病対応の基本を忘れてしまう。労働領域の臨床心理学では、「そう簡単に休みが取れない労働者に、安心して休息を保証すること」が課題となる。「"仕事を休むこと"にまつわる心配や不安」がうつ病治療を遅らせてしまうことに十分配慮し、産業医や関係機関と調整しながら相談活動を行なう必要がある。

　最も基本的な認識として、重篤なうつ病でも、軽症うつでも、非定型うつ病でも（違いはもちろんあるが）うつ病であることは共通している。そして、非構造化面接や簡単な心理検査を行なった上で、うつ病には**薬物療法と休養が治療の原則**になる。抗うつ薬は副作用が先に出現し、効果がその後に出ることもある。またうつ病の原因には多くの社会的要因も加わっていることが多く、その意味でカウンセリングや心理療法も必要である。再発予防には心理療法、特に認知行動療法

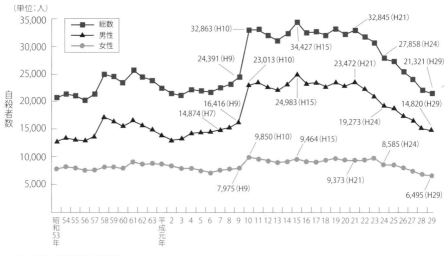

図4-20　自殺者数の推移

〔平成29年度警察庁「自殺の概要」を元に作成〕

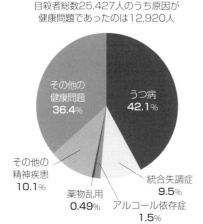

図4-21　自殺の原因と健康問題
〔内閣府「平成26年中における自殺の状況」を元に作成〕

の果たす役割は大きい。**薬物療法と休養、カウンセリングまたは心理療法を「うつ病治療の3本柱」と表現す**ることがある。心理療法では認知行動療法がうつ病に対するエビデンスを示している。

また、転職や離婚など、**うつ病の治療中は重大な決断はしないことも**原則の一つである。うつ病には、病理として自分を卑下したり（「迷惑ばかりかけている」など）、自分を罰する傾向（「自分なんていなくなれば良い」など）があり、健康な時と判断力が大きく異なるためである。さらに、うつ病の進行状況は単一ではないが、**重篤な症状に進行する時期と、うつ病の回復期に自殺の危険が高まることも知っ**ておくべき知識である。

「怠けではなく、病気であることの確認」も重要であり、しばしば指摘され

る「がんばれの禁止」は伝統的な示唆だが、これを支持する医師は多い。

★うつ病治療の原則（非構造化面接や心理アセスメントが前提）
(1) 薬物療法と休養が治療の原則→安心して休息できる環境づくり。
　　→カウンセリング・心理療法。
(2) うつ病の治療中は重大な決断はしない（自殺・離職・離婚など）。
(3) 重篤な症状に進行する際と、うつ病の回復期に自殺の危険が高まる。
(4) 病気ゆえの判断力低下と休息の必要性であり、怠けではないことの確認。
(5) 治療は一進一退が続くことの共通認識をもつこと。

　うつ病の治療は一進一退を繰り返しながら徐々に良くなるプロセスをたどる（図4-22）。「全体的にうつ病の7割が1年前後で寛解する」との報告もあるが、治療期間は個人差が大きく、患者の実感としては別の見解もあるだろう。いずれにしても、うつ病は辛い気分の落ち込みを体験する病気であり、その治療プロセスのイメージを患者とクライエントが共通認識しておくことも重要である。
　なお、老年期において、退職による人間関係の変化、死別などの喪失体験が繰り返された結果、うつ病になる人もいる。うつ病の症状には決断力の低下や物忘れが多く、「わからない」「忘れた」などの発言が多くなる。このため、認知症とよく似た状態である**うつ病性仮性認知症**が発生する（表4-12）。
　高齢者のうつ病は時間が経つと認知症に進むことがある一方で、逆に認知症のためにうつ病の症状が出ることもある。アルツハイマー型認知症の約10～20%に、脳血管性認知症では約60%にうつ病が合併する。このほか、不眠症の約80%、心筋梗塞や不整脈などの循環器系の疾患とうつ病の合併率が約30%、強迫性障害と大うつ病との合併が67%である。

4）機能性胃腸症と自律訓練法

　「最近、ストレスがひどくて胃が痛い」などの発言を聞くことがないだろうか。休みがなかなか取れない労働領域のケースでは、過剰なストレッサーからのストレス反応として消化器系に痛みを訴えるケースが多い。医学的に検討しても胃炎は起きていない（器質的な症状はない）ものの、3ヶ月以上、胃の不調を訴える疾患を**機能性胃腸症**という。

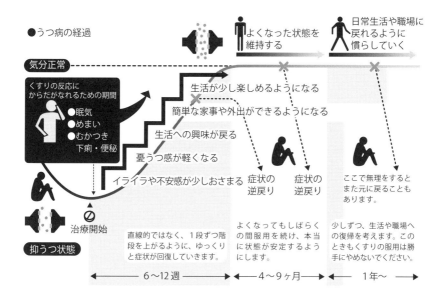

図 4-22 うつ病の経過 〔ファイザー株式会社 HP「こころの陽だまり」を一部改変して作成〕

表 4-12 うつ病性仮性認知症と認知症の鑑別

識別ポイント	うつ病性仮性認知症	認知症
物忘れの自覚	ある	少ない
物忘れに対する深刻さ	ある	少ない
物忘れに対する姿勢	誇張的	取りつくろい的
気分の落ち込み	ある	少ない
典型的な妄想	心気妄想 (ぼけてしまって、もうだめだ)	物とられ妄想 (しまっておいたものが盗まれた)
脳画像所見	正常	異常
抗うつ薬治療	有効	無効

〔監修:順天堂大学医学部精神医学講座　新井平伊〕

★機能性胃腸症(FD)の診断規準(Rome II criteria)
先行する 12 ヶ月のうち、少なくとも 12 週以上(連続している必要はない)持続あるいは再発するディスペプシア症状(上腹部を中心とした腹痛と不快感)が存在し、その症状を説明しうる器質的疾患を認めず、排便によって症状が著明に改善したり、便の性状や頻度の変化と関連していないこと。

〔Talley, N. J., et al. Gut (1999) 45 Suppl 2 : II37-42〕

機能性胃腸症には心理的ストレッサーの影響が指摘されている。心理的ストレッサーにより胃の貯留機能が障害を受けて、少量の食事で、胃の内圧上昇により早期飽満感が生じる（食べ始めたら、すぐにお腹がいっぱいになった気がしてしまう）、あるいは、胃酸に対して過剰に痛みを感じるようになる。基本的には薬理療法（①胃酸を抑える薬、②運動機能改善薬）もあるが、心理的ストレッサーが関与していることから、各種のストレス対処法も有効である。

心療内科でしばしば適用されるストレス対処法に**自律訓練法**がある。自律訓練法はドイツの神経内科医シュルツによりつくられた心身の健康法である。シュルツは催眠状態がリラクゼーションだけでなく、心身の健康法として利用できることを見出し、それまでの催眠療法の短所を補って、1932年に自律訓練法を提唱した。1950年代に日本に導入された自律訓練法は心療内科を中心に広まり、科学的な根拠を備えた安全な心身の健康法として確立されている。自律訓練のリラクセーション状態は脱力状態や温感の上昇など生理的な変化が確認されており、思い込みではない。生理的な健康に働きかけられる手法が自律訓練法である。

★自律訓練法の効果
①緊張・不安の軽減。②疲労の回復。③集中力を高める。④自己統制力が増し、衝動的な行動が少なくなる。⑤身体の痛みや精神的苦痛が緩和される。
〔日本自律訓練学会HPより引用〕

なお、自律訓練法は姿勢づくりからはじまり、背景公式（「気持ちが落ち着いている」）を唱えた後に、第一公式、第二公式と順番に自律訓練状態をつくっていく。覚醒水準が下がる（少し眠くなる）ので、必ず最後に消去動作を行ない、覚醒水準を高める。

自律訓練法の標準練習のやり方は以下の通りである。
①座椅子姿勢または仰臥(ぎょうが)姿勢を取る。②背景公式（「気持ちが落ち着いている」）のあとに自律訓練の公式言語（第一公式は「両腕両足が重たい」）を心の中で唱える。この場合の「重たい」とは力が抜けて腕や足の重さを感じるという意味である。「背景公式のあとに第一公式を唱える」を3分〜5分程度、繰り返す。公式の状態をつくれたら、その状態を味わった後、目を開けて、肘を曲げ伸ばし

図 4-23　自律訓練法の標準練習のやり方

しながら、両手を強く握っては開くという消去動作を複数回行なう（図 4-23）。

　第一公式や第二公式について、最初から両腕両足に重さが出るのは難しいので、利き腕にそっと意識を向けながら、まずは利き腕だけ重さを味わう。利き腕の重さを感じられるようになったら、両腕の重さを感じるように意識を向ける。両腕の重さを感じられるようになったら、右足にも意識を向ける。それができるようになったら、両腕、両足の重さを感じるようにする。このようにスモール・ステップで重さやあたたかさを感じるように訓練を進める。重さやあたたかさを感じるために、イメージを使ってもかまわない。

　仰臥姿勢の場合、そのまま眠ってしまうこともあるが、それはかまわない。第一公式の「重さ」（重感訓練）よりも先に第二公式の「あたたかさ」（温感）が出現することもあるが問題はない。自律訓練法は第二公式または第三公式まで習得すると、それだけで相当な効果が期待できる（佐々木 1984）。

　ただし、心臓に疾患がある場合は第三公式を、呼吸器系に疾患のある場合は第四公式を行なってはならない。また、胃・十二指腸潰瘍の場合、第五公式を行なってはならない。糖尿病の場合は医師の指導が求められる（佐々木 1984）。

★自律訓練の公式言語

第一公式　「両腕両足が重たい」

第二公式　「両腕両足が温かい」
第三公式　「心臓が静かに打っている」
第四公式　「楽に呼吸をしている」
第五公式　「お腹があたたかい」
第六公式　「額(ひたい)が心地よく涼しい」

★自律訓練法のやり方
・姿勢づくり
・背景公式「気持ちが落ち着いている」＋第一公式「両腕が重たい……」＋消去動作
⇒第一公式が感じられるようになったら、第二公式へ。
・「気持ちが落ち着いている」＋「両腕両足が重たい……」＋「両腕両足があたたかい……」＋消去動作
⇒このパターンで第六公式まで身につける。ただし第三公式までの学習で自律訓練の効果の70％が期待できる。
・自律訓練法は一日2〜3回、2ヶ月から一年程度で習得できるとされている。初心者は第三公式までを目標とする。自律訓練法練習帳をつけることが推奨されている。

5）復職支援

　メンタルヘルスの不調によりクライエントが休業した場合、労働者に対する職場復帰支援については、「心の健康問題により休業した労働者の職場復帰支援の手引き」(2004)が示されている。手引きでは職場復帰支援を、①「病気休業開始及び休業中のケア」、②「主治医による職場復帰の判断」、③「職場復帰可能の判断」、④「最終的な職場復帰の決定」、⑤「職場復帰後のフォローアップ」に分類している。なお、産業医等の意見を熟慮するにしても、最終的に復職の可否を決定するのは事業者である（図4-24）。

　復職にあたっては、心理師とクライエントだけではなく、主治医や産業医を含んだ多職種連携において準備を進める。クライエントの了解が得られるならば、心理師は産業医に面接の経緯を話し、復職に向けた適切な対応を協議することもあり得る。復職を進めるのはあくまでもクライエントであり、クライエントが主体的に人事課に連絡を取り、復職の手続きをとることが望ましい。そして、職場復帰がなされたのちも、医師の指示の下、心理師はクライエントとの相談を続けるべきである。

第1ステップ	**病気休業の開始と休業中のケア** 従業員からの診断書の提出、休業中の従業員に安心感を持ってもらうための対策づくりなど	
第2ステップ	**主治医による職場復帰の判断**	
第3ステップ	**職場復帰が可能かどうかの判断・職場復帰支援プランの作成** ・従業員の意思の確認や産業医による主治医からの意見聴取 ・管理監督者による就業の配慮や人事労務管理上の対応検討など	
第4ステップ	**最終的な職場復帰の4決定** ・従業員の状態の最終確認 ・産業医による「職場復帰に関する意見書」作成など	
	職場復帰	
第5ステップ	**復帰後のフォローアップ** ・再発や新たな問題の発生がないかの確認 ・勤務状況や業務遂行能力の評価 ・ストレスを感じることが少ない職場づくりなど	

図4-24　職場復帰支援の流れ

〔厚労省の改訂版「心の健康問題により休業した労働者の職場復帰支援の手引き」を元に作成〕

問　30歳の女性A、事務職。Aはまじめで仕事熱心であったが、半年前から業務が過重になり、社内の相談室の公認心理師Bに相談した。その後、うつ病の診断を受け、3ヶ月前に休業した。休業してからも時折、Bには近況を伝える連絡があった。本日、AからBに「主治医から復職可能との診断書をもらった。早く職場に戻りたい。手続きを進めてほしい」と連絡があった。

このときの対応として、適切なものを二つ選べ。

① AとBで復職に向けた準備を進める。
② Bが主治医宛に情報提供依頼書を作成する。
③ Aは職場復帰の段階となったため相談を打ち切る。
④ Aが自分で人事課に連絡を取り、復職に向けた手続きを進めるように伝える。
⑤ Aの同意を得て、Bが産業医にこれまでの経緯を話し、必要な対応を協議する。

〔2018年公認心理師試験問題より〕　　　　　　　　　正答（　④　⑤　）

文献

・Kessler, R. C., et al.（2007）Lifetime prevalence and age-of-onset distributions of mental disorders in the World Health Organization's World Mental Health Survey Initiative. *World Psychiatry*, 6. 168-176.
・厚生労働省（2011）「心理的負荷による精神障害の認定基準」
・厚生労働省（2012）「平成24年　職場のいじめ・嫌がらせ問題に関する円卓会議ワーキング・グループ報告」
・厚生労働省（2014）「平成26年度　労働時間等の設定の改善を通じた『仕事と生活の調和』の実現及び特別な休暇制度の普及促進に関する意識調査」
・佐々木雄二（1984）『自律訓練法の実際――心身の健康のために』創元社
・Talley, N. J., et al.（1999）Functional gastroduodenal disorders. *Gut*, 45（Suppl Ⅱ）, Ⅱ 37-Ⅱ 42.

column 5 ｜ 産業領域における安全配慮義務

　産業領域の臨床心理学は必要とされる法的知識が非常に多い。それはこの領域が雇用契約という法的な対人関係をベースにしているからである。産業領域の臨床心理実践の枠組みは、労働安全衛生法の**安全配慮義務**である。安全配慮義務はストレスチェックから過労死、自殺防止など広く心理師の活動に関連している。事業者は、就業中の物理的な有害要因はもちろんのこと、メンタルヘルスの悪化についても配慮する必要がある。

　安全配慮義務に関して心理師が知っておくべき事件の第一は、**川義事件**である。1978年、宿直勤務中の従業員が元同僚の強盗犯に殺害された事件で、遺族は会社に安全配慮義務の違反に基づく損害賠償責任を求めて訴えを起こした。判決では、使用者（会社）は労働者の生命及び身体等を危険から保護するよう配慮すべき義務を負っているものとされた。これは、会社には従業員に対する安全配慮義務があることを示した判例として有名である。

　川義事件は、生命に危険が生じるような職場環境にしてはいけないという意味での安全配慮義務だったが、現在、社会問題となっている過労死などは過剰な仕事量が争点となっている。「使用者（会社）の安全配慮義務に仕事量の調整は含まれるのか」という論点は川義事件だけでは明らかにされなかった。

　この点を明らかにしたのが1991年の**電通過労死事件**である。これは入社1年5ヶ月の社員が過労自殺した事件である。最高裁判決では、過労により心身ともに疲労困ぱいしたことが誘因となってうつ病になり、うつ状態が深まって自殺したとして、長時間労働と自殺の因果関係を認めた。

また、会社に対しては、健康状態が悪化しているのを認識していながら負担を軽減させる措置をとらなかった過失があるとして、会社の安全配慮義務違反を全面的に認めている。

この判決から、会社は安全配慮義務として仕事量の調整をしなければならないことが示された。なお電通では2013年、2015年にも過労死事件が起きている。

この他、近年ではハラスメントによる事件も後を絶たない。ハラスメントと聞くと言葉の暴力が思い浮かぶが、正当な理由もなく配置換えをしたり、降格することもハラスメントである。ハラスメントをしないことはもちろん、ハラスメントをなくすことも安全配慮義務に含まれる。例えば、2003年に最高裁判決が出た**川崎市水道局事件**（上司3名のハラスメントにより職員が自殺した事件）では、被告である川崎市に対し、安全配慮義務違反が認められている。

なお、都道府県の労働局ではハラスメント（①性別を理由とする差別、②妊娠・出産・育児休業等を理由とする不利益取扱、③セクシャルハラスメント、④妊娠・出産・育児休業等に関するハラスメント、⑤パワーハラスメント、⑥育児・介護休業、⑦パートタイム労働について相談を受け付けている。

第5節 医療・保健領域における臨床心理学

1 医療領域における活動

医療領域においては、精神疾患を抱える人やその家族への支援、また身体疾患や慢性疾患を抱える人への支援が主な対象になる。その他、心身の健康増進のための支援や予防なども医療領域の活動とされている。

1）精神疾患を抱える人への心理的援助

精神疾患を抱える患者への心理的援助は主に病院やクリニック等で行なわれ

問　14歳の女子A、中学生。摂食障害があり、精神科に通院中である。最近、急激に痩せが進み、中学校を休みがちになった。Aの母親と担任教師から相談を受けた公認心理師であるスクールカウンセラーが、Aの学校生活や心身の健康を支援するにあたり、指示を受けるべきものとして、最も適切なものを一つ選べ。
① 栄養士
② 校長
③ 主治医
④ 養護教諭
⑤ 教育委員会
〔2018年公認心理師試験問題より〕　　　　　　　　正答（　③　）

問　かかりつけの内科医に通院して薬物療法を受けているうつ病の患者を精神科医へ紹介すべき症状として、適切なものを二つ選べ。
① 不眠
② 自殺念慮
③ 体重減少
④ 改善しない抑うつ症状
⑤ 心理的原因による抑うつ症状
〔2018年公認心理師試験問題より〕　　　　　　　　正答（　②　④　）

る。心理師は一人で患者のカウンセリングにあたるのではなく、医師や看護師、薬剤師、作業療法士、理学療法士、事務等の様々な職種が患者に関わるため、可能な限り、関係者と連携して対応する。

　医師の指示を受けるのは、病院内の心理師だけではない。**病院に通院しているクライエントをもつ、スクールカウンセラーや産業カウンセラー、児童施設に勤める心理師も、医師の指示を受けなければならない。**（「心理に関する支援を要する者に当該支援に係る主治の医師があるときは、その指示を受けなければならない」法第42条第2項）。心理師は自身が気づいたことを医師に伝え、治療方針を共有する。

　精神疾患をもつ患者が必ずしも精神科に通院するとは限らない。ストレスによる頭痛、腹痛といった体調面の不調を訴え、内科に通院していることもある。**他科が精神科につなげた方が良い症状として、自殺念慮や改善しない抑うつ症状**

表4-13 リエゾン精神医学の対象となる精神障害又は病態

(1) 身体疾患やその治療がストレス因子の一つとなって発病したうつ病性障害、適応障害など。
(2) 身体疾患やその治療が中枢神経機能を傷害して生じた器質性・薬剤性精神障害。
(3) もともと精神障害に罹患していた患者が身体疾患を併発した場合。
(4) 身体症状を訴えるが、それを説明し得る身体疾患が発見されない場合。
(5) 身体疾患の発病や経過に心理的・行動的因子が大きな影響を与えていると推定される場合、すなわち「心身症」の患者。

〔堀川直史（2007）『コンサルテーション・リエゾン精神医学』〕

があげられる。精神科に患者を紹介する際、患者が見捨てられた気持ちにならない配慮が必要である。

医療機関では薬物療法とカウンセリングが主になるため、薬の作用や副作用を覚えておくことが必要となる。例えば、統合失調症の症状は幻覚や妄想等だが、ステロイドの大量投与によりステロイド精神病という統合失調症様の症状が出現することがある。このように症状が病気によるものか、薬によるものなのかを考慮して、医師の指示を受ける必要がある。

精神科や心療内科での心理師の主な業務は心理アセスメントやカウンセリングである。心理アセスメントはインテーク面接で主訴を聞きながら、患者への心理検査を検討する。場合によっては、医師が必要と考える検査を行ない、各種検査の結果をもとに、カウンセリングの計画を立てる。カウンセリングでは、精神症状や生きづらさを抱えた患者の話を傾聴、共感し、患者と協力しながら、治療に参加していく。

2) 身体疾患を抱える人への心理的援助
a リエゾン精神医学

身体疾患に心理的要因が関係している場合、身体疾患の治療を行ないながらも、精神科医や心理師が心理面のコンサルテーションを行なうことが必要となる。あるいは身体疾患が原因でうつ病や適応障害が併発することもある。このように、精神疾患や心理的要因が関係する身体疾患のカンファレンスに精神科医が参加し、主治医らをサポートするものを**リエゾン精神医学**という。「リエゾン」とは連携や連絡を意味する。リエゾン精神医学の範囲を表4-13に示す。

リエゾン精神医学では身体疾患による精神症状やストレス由来の身体症状

（心身症や身体表現性障害）が対象となる。他科医師が身体面の検査をしても異常がない場合、心理的要因を疑い、精神科にコンサルテーションの依頼がくる。

次節でも見るように、現在、精神腫瘍学（サイコオンコロジー）や精神心臓学（サイコカルディオロジー）、精神腎臓学（サイコネフロロジー）といった領域が新たに生まれている。そのため、心理師は精神疾患に加え、精神症状が生じやすい身体疾患について知っておく必要がある。

b　サイコオンコロジー

サイコオンコロジー（精神腫瘍学）とは、がん患者やその家族への心理的、社会・行動的側面などの幅広い領域での研究・臨床実践・教育支援である。近年がん治療も発展し、がんも「治る病気」とされてきているが、依然として死因の第1位である。そのため、がんの診断を受けた際の不安は非常に大きい。がん治療には強い副作用を伴うものもあり、治療への心理的負担も生じる。また、社会的にも退職を余儀なくされることがあり、経済的問題も生じる。さらに、がんの診断を受けた患者の家族は、大切な人を失うかもしれないことへの不安を感じたり、間近で副作用に苦しむ患者を見ることへの辛さを感じたりする。そのため、家族へのケアも必要になる。がん患者の支援の形態に緩和ケアがある（表4-14）。

緩和ケアとは、生命を脅かす疾患によって生じる痛みや精神的苦痛などを和らげ、自分らしく生きていくことを支援する治療であり、患者だけでなくその家族支援も含まれている。

一般的に、緩和ケアはチームによって行なわれており、医師、看護師、薬剤師、心理師、ソーシャルワーカー、管理栄養士、理学療法士、作業療法士などからチームが構成されている。緩和ケアチーム内での心理師の役割としては、傾聴や共感による患者の支持、病気に対する不安や気持ちの落ちこみへの対処方法の提案などが挙げられる。

日本では、がん対策基本法とがん対策推進基本計画によって緩和ケアが推進されている。質の高いがん治療が受けられるようにするために「がん診療連携拠点病院」が指定されており、2018年4月1日時点で、全国に437ヶ所ある。小児がんについても「小児がん指定病院」が15ヶ所指定されている。がん診療拠点病院では、緩和ケアをどこでも受けられるようになっており、入院だけではなく、外来や自宅でも受けることができる。なお、緩和ケアは「がんと診断されたときから早期の緩和ケア」が促進されており、終末期医療だけが重視

表4-14 緩和ケアの概要

内容	◎身体的痛みの緩和　◎精神症状の緩和　◎「自分らしく」生きるための援助
対象	◎患者本人　◎家族
形態	◎入院（緩和ケア病棟　緩和ケアチームなど）　◎外来（外来緩和ケア） ◎在宅（在宅緩和ケア）
チームの構成	◎医師　◎看護師　◎薬剤師　◎ソーシャルワーカー ◎管理栄養士　◎理学療法士　◎作業療法士　◎心理師　等

> 問　緩和ケアについて、正しいものを二つ選べ。
> ① 終末期医療への人的資源の重点配備が進められている。
> ② 精神症状、社会経済的問題、心理的問題及びスピリチュアルな問題の四つを対象にしている。
> ③ 我が国の緩和ケアは、がん対策基本法とがん対策推進基本計画とによって推進されている。
> ④ がん診療連携拠点病院における緩和ケアチームは、入院患者のみならず外来患者も対象とする。
> ⑤ 診療報酬が加算される緩和ケアチームは、精神症状の緩和を担当する常勤医師、専任常勤看護師及び専任薬剤師から構成される。
> 〔2018年公認心理師試験問題より〕　　　　　　　　　正答（　③　④　）

されているわけではない。

2　保健領域における活動

1）発達相談

　発達相談はさまざまな時期に行なわれるが、発達に関する相談が多い時期として、乳幼児期が挙げられる。そのため、発達相談は母子保健の一環として行なわれることが多い。母子保健活動として、1歳6ヶ月児健診や3歳児健診があるが、発達相談はこうした健診をきっかけに行なわれている。各自治体は、保健センターや発達障害者支援センターなどを設立し、発達支援や就労支援を行なっている（ただし、医療機関ではないため治療や診断は行なえない）。こうした中で、心理師も保健師や助産師と連携を図りながら発達相談に応じている。
　療育手帳を取得しサービスを受けることを希望する保護者もいる。**発達障害**

> 問　発達障害及びその支援について、正しいものを一つ選べ。
> ① 療育手帳を取得することはできない。
> ② 精神障害者保健福祉手帳を取得することはできない。
> ③ 発達障害者支援センターの役割に診断は含まれない。
> ④ 発達障害者支援法では注意欠如多動症／注意欠如多動性障害（AD/HD）は支援の対象に含まれない。
> 〔2018年公認心理師試験問題より〕　　　　　　　　　　　正答（　③　）

を有する者も、知的障害がある場合には療育手帳の取得ができる。また、精神障害者保健福祉手帳を取得することもできる。

　発達相談における心理師の役割には、大きく三つある。一つ目は、アセスメントである。標準化された発達検査を用いたり、日常生活でのエピソードを聞いたりしながら、発達状況のアセスメントを行ない、必要に応じて医療機関へつなげる。二つ目は、支援に関する情報提供である。さまざまな療育技法を日常の生活の中で実践できるようなアドバイスを行なう。三つ目は、保護者への支援である。発達障害の可能性が明らかになった場合、保護者には障害があることへの不安や自責感、将来への不安などさまざまな感情が生じる。こうした感情の低減をするために、心理師には保護者の思いを丁寧に傾聴しながら、障害についての適切な理解を促したり、今後の見通しを伝える。また、保護者の障害受容の支援も行なっている。

　なお、2005年には、発達障害の早期発見、発達支援に関する国や地方公共団体の責務、自立及び社会参加に資する支援を明文化した発達障害者支援法が施行された。**発達障害者支援法の対象は自閉症、アスペルガー症候群その他の広汎性発達障害、学習障害、注意欠陥多動性障害その他これに類する脳機能の障害である。**

2）自殺・ひきこもり・依存

　現代の代表的な社会問題に自殺、ひきこもり、依存の問題があるが、それぞれについて厚生労働省は支援策を示している。

a　自殺

　自殺については、平成28年の「自殺対策基本法」改正に基づいて平成29年7月に「**自殺総合対策大綱**」（表4-15）が閣議決定した。5年ごとに見直しが行

表 4-15　自殺総合対策大綱の概要

基本理念	社会における「生きることの阻害要因」を減らし、「生きることの促進要因」を増やすことを通じて、社会全体の自殺リスクを低下させる。
基本方針	・生きることの包括的な支援として推進する。 ・関連施策との有機的な連携を強化して総合的に取り組む。 ・対応の段階に応じてレベルごとの対策を効果的に連動させる。 ・実践と啓発を両輪として推進する。 ・国、地方公共団体、関係団体、民間団体、企業及び国民の役割を明確化し、その連携・協働を推進する。
重点施策	・地域レベルの実践的な取り組みへの支援を強化する。 ・国民一人一人の気づきと見守りを促す。 ・自殺総合対策に係る人材の確保、養成及び資質の向上を図る。 ・心の健康を支援する環境の整備と心の健康づくりを推進する。 ・適切な精神保健医療福祉サービスを受けられるようにする。 ・社会全体の自殺リスクを低下させる。 ・自殺未遂者の再度の自殺企図を防ぐ。 ・遺された人への支援を充実する。 ・民間団体との連携を強化する。 ・子ども、若者の自殺対策を更に推進する。 ・勤務問題による自殺対策を更に推進する。
数値目標	平成38年までに、自殺死亡率を平成27年と比べて30%以上減少させる。

〔厚生労働省「自殺総合対策大綱――誰も自殺に追い込まれることのない社会の実現を目指して」を元に作成〕

なわれており、今回の見直しでは「地域レベルの実践的取り組みの推進」「若者の自殺対策の推進」「勤務問題による自殺対策の推進」「自殺死亡率の低下」が掲げられている。自殺総合対策大綱では、「〈生きることの阻害要因〉を減らし、〈生きることの促進要因〉を増やすことを通じて、社会全体の自殺リスクを低下させる」ことを基本理念としている。また、ここでは阻害要因として、「過労」「生活困窮」「育児や介護疲れ」「いじめ孤立」などが挙げられており、促進要因として「自己肯定感」「信頼できる人間関係」「危機回避能力」が挙げられている。これらの要因からもわかるように、自殺対策は産業、教育、福祉、司法、医療すべての領域で行なわれるものであると言える。

　そのため、自殺対策における心理師の役割は大きく、多岐に渡っている。具体的には「自殺リスクの評価と対応」「自殺対策の連携調整」「メンタルヘルスに関する知識の普及」などである。心理師は実際に自殺リスクの高いクライエントと接する可能性がある。その際、適切に評価と対応を行ない、関係機関との連携調整を図る必要がある。また、自殺の原因を大きくストレスととらえた場合、ストレスマネジメント・スキルに関する知識の普及なども心理師の大き

> **問** 自殺対策におけるゲートキーパーの役割について、不適切なものを選べ。
> ① 専門家に紹介した後も地域で見守る。
> ② 悩んでいる人に寄り添い、関わりを通して孤立や孤独を防ぐようにする。
> ③ 専門的な解釈を加えながら診断を行ない、必要に応じて医療機関を受診させる。
> ④ 悩んでいる人のプライバシーに配慮しつつ、支援者同士はできるだけ協力する。
> ⑤ 悩んでいる人から「死にたい」という発信がなくても、自殺のリスクについて評価する。
> 〔2018年公認心理師試験問題より〕　　　　　　　　　　正答（ ③ ）

な役割と言えるだろう。

さらに、「自殺総合対策大綱」は心理師にゲートキーパーの役割を求めている。ゲートキーパーとは、①「気づき」：自殺のサイン（自殺をほのめかす、不眠、食欲低下、身辺整理など）に気づく、②「傾聴」：自殺のリスクがあるものに声をかけ、（専門的な解釈や診断ではなく）傾聴や共感を通じてクライエントの孤立や孤独を防ぐ、③「つなぎ」：必要に応じて、専門機関につなげる、④「見守り」：専門機関につないだ後も、クライエントを見守り続けるという活動を担う人のことで、命の門番ともいわれている。自殺を考えている人は必ずしも「死にたい」と発言するわけではない。クライエントの発言だけでなく、その行動を総合的に観察し、自殺のリスクを丁寧かつ慎重に判断する。

自殺総合対策大綱では、心理師だけでなく、かかりつけの医師や教職員、民生委員などあらゆる分野の人材がゲートキーパーとして期待されており、そのための研修も行なわれている。ゲートキーパーは多職種連携が重要であり、クライエントのプライバシーに配慮しつつ、ゲートキーパー同士は可能な限り協力してクライエントを支援する。

b　ひきこもり

厚労省によると、ひきこもりとはさまざまな要因によって社会的な参加の場面がせばまり、就学や就労などの自宅以外の生活の場が長期にわたって失われている状態を指す。ひきこもりは単一の疾患や障害ではないが、精神保健福祉の対象である。ひきこもりの数については、調査によってばらつきがあり、実

表4-16 ひきこもり対策推進事業の概要

事業名	事業の内容	実施主体
ひきこもり地域支援センターの設置	・相談支援：ひきこもり支援コーディネーターが、ひきこもり状態にある本人、家族からの電話、来所等による相談や、必要に応じ家庭訪問を中心とした訪問支援を行い、早期に適切な関係機関につなぐ ・包括的な支援体制の確保：地域の関係機関との連携体制の構築 ・情報発信：ひきこもりに関する普及啓発、利用可能な相談・支援機関情報の発信 ・後方支援：地域の支援関係機関への助言、相談対応等の実施	都道府県 指定都市
ひきこもり支援に携わる人材の養成研修	・支援従事者養成研修：市町村職員、ひきこもり支援関係機関従事者等に対し、知識及び技術を習得させる研修を実施 ・ひきこもりサポーター養成研修：ひきこもり本人や家族等に対する訪問支援等の担い手となる「ひきこもりサポーター」を養成	都道府県 （市区町村）
ひきこもりサポート事業	・情報発信：利用可能な相談窓口・支援関係機関情報の集約と住民への発信 ・支援拠点づくり：早期発見・早期支援につなげるためのネットワーク構築やひきこもり本人等が安心して参加できる居場所の提供等 ・ひきこもりサポーター派遣：訪問支援や居場所運営等へのサポーター派遣	都道府県 （市区町村）

際の人数は明らかではないが、それでも全国に数十万人いるとされている。厚生労働省は、ひきこもりの支援として「ひきこもり対策推進事業」を行なっている（表4-16）。この事業は「ひきこもり地域支援センターの設置運営事業」と「ひきこもり支援に携わる人材の養成研修・ひきこもりサポート事業」の二つの事業によって行なわれている。ひきこもり地域支援センターは、第一次的な相談窓口となっており、各都道府県・指定都市に設置されている。平成30年4月1日時点で75のセンターが設置されている。ひきこもりサポート事業についても各都道府県・指定都市において訪問支援を行なう「ひきこもりサポーター」の養成が行なわれている。ひきこもりサポーターとは、ひきこもり本人や家族等に対して訪問支援などを行なう人のことで、ひきこもり経験者（ピア・サポート）も含め、各自治体で養成が行なわれている。

ひきこもりの心理的な支援について、「ひきこもりの評価・支援に関するガイドライン」（齊藤 2007）では、ひきこもりの評価を「背景精神障害の診断」「発達障害の診断」「パーソナリティ傾向の評価」「ひきこもりの段階の評価」「環境の評価」「診断と支援方法に基づいたひきこもり分類」の六つの軸から総

> 問　ひきこもりの支援について、正しいものを一つ選べ。
> ① ハローワークでは、生活面での助言や障害福祉サービスの利用支援を行なう。
> ② ひきこもり地域支援センターは、市町村が行なう相談支援業務を援助する機関である。
> ③ 地域若者サポートステーションは、早期に医療機関へのつながりを確保する機関である。
> ④ 地域障害者職業センターでは、障害者手帳の所有者でなくても専門的な職業評価と職業指導が受けられる。
> ⑤ ひきこもりサポーターは、長期にわたるひきこもりの当事者及び家族を支援することを主な目的としている。
> 〔2018年公認心理師試験問題より〕　　　　　　　　　　　　正答（　④　）

合的に評価することを提案している。また、この評価に基づいて支援を三つの次元から捉え、「背景にある精神障害（発達障害やパーソナリティ障害も含む）に特異的な支援」（第一の次元）、「家族を含むストレスの強い環境の修正や支援機関の掘り起こしなど環境条件の改善」（第二の次元）、「ひきこもりが意味する思春期の自立過程の挫折に対する支援」（第三の次元）の三つを提唱している。

　また、ひきこもりの状態から脱した後もさまざまな機関を利用することが大切である。ひきこもり状態から脱すると就労に関する問題に直面するが、もっとも一般的な就労支援施設が「**ハローワーク**」である。ハローワークでは、適職診断、履歴書の書き方、模擬面接などの支援が行われる。就労支援については、他にも「地域若者サポートステーション」「地域障害者職業センター」などがある。地域若者サポートステーションは、就労に向けた支援を行なっている機関で、キャリア・コンサルタントによる相談、コミュニケーション・スキルのトレーニング、就労体験の支援などを行なっている。地域障害者職業センターは、障害者に専門的な職業評価と職業指導を提供する施設である。地域障害者職業センターは、障害者手帳の有無にかかわらず利用可能である。

c　依存症

　依存症とは精神に作用する物質や快感を伴う行為を繰り返し行なった結果、それがないと不快な精神的身体的症状が生じている状態である。現在社会問題

> 問　依存と依存症について、正しいものを一つ選べ。
> ①　抗うつ薬は精神依存を引き起こす。
> ②　覚せい剤で身体依存が起こることは少ない。
> ③　抗不安薬は半減期が長いほど依存を生じやすい。
> ④　薬物摂取に伴う異常体験をフラッシュバックという。
> ⑤　病的賭博（ギャンブル障害）は気持ちが高ぶるときに賭博することが多い。
> 〔2018年公認心理師試験問題より〕　　　　　　　　　　　　正答（　②　）

になっている依存症としては、アルコール依存、薬物依存、ギャンブル依存（ギャンブル障害）、ネット依存、ゲーム依存などが挙げられる。依存には「精神依存」「身体依存」「行為依存」といった分類がなされている。精神依存は、すべての依存症に存在すると考えられる。

　薬物の減量や中止によって身体的な離脱症状（嘔吐、悪寒など）が現れる場合、身体依存の判断がなされる。身体依存はアルコール依存や薬物依存にみられるが、薬物については、身体依存が見られないものもある。具体的には、中枢神経を抑制する作用を持つ薬物（ヘロインなど）は身体依存が強いが、中枢神経を興奮させる作用を持つ薬物（覚醒剤やコカイン）は、身体依存が弱いとされている。一方、覚醒剤では「フラッシュバック」と呼ばれる現象が起こりやすい。フラッシュバック自体はPTSDなどにもみられるが、薬物によって生じるフラッシュバックとは、治療によって回復しているように見えても、何らかの些細なストレスによって薬物を乱用した時と同じような幻覚や妄想が現れることをいう。

　行為依存はギャンブル依存、ネット依存、ゲーム依存、性的嗜好障害などに見られる。これらの行為依存は、特定の感情をきっかけに生じるものではなく、特定の行為をやめたり、中断されたりした時に生じる不快感、イライラ、不安などの心理的な離脱症状から生じる。

　依存症と関連して、精神科治療薬の依存性についても簡単に触れておきたい。精神科治療薬には、抗精神病薬、抗うつ薬、抗不安薬、気分安定薬などがあるが、基本的には用法・用量を守れば依存性はない。なお、過去にはリタリンの乱用が社会問題になったこともある。リタリンはメチルフェニデート系の薬であり、メチルフェニデートは依存性が高いため、現在処方に関しては登録制と

なっている。また、ベンゾジアゼピン系の抗不安薬にも身体依存があることが指摘されている。

一般に半減期（血中にある薬の成分濃度が半分になる時期）の短い抗不安薬ほど依存性が高くなる。そのため、半減期の短い抗不安薬については、短期間の服用が望ましい。一部で「精神科治療薬は怖い」という誤解があるが、適切な使用をしていれば問題ないことを改めて強調しておきたい。

さて、依存症の治療について厚生労働省は、「独立行政法人国立病院機構久里浜医療センター」を依存症対策の全国的な拠点機関としている。依存症の治療としては、個人精神療法や集団精神療法が行なわれており、依存症に有効とされている認知行動療法や家族療法を心理師が行なうこともある。例えば、ギャンブル障害などではギャンブルを行なった後に生じる興奮が強化子となっていることがあり、患者の行動の管理や心理教育が求められる。

依存症の治療については、自助グループも有効であるとされている。薬物依存症者のための回復施設「ダルク」（DARC）、アルコール依存症者のための回復施設「マック」（MAC）などがある。

3　災害時における活動

1）災害時の支援

災害時は、人間にとって危機的状況であり、当然普段とは異なる心理状態になる。普段問題なく過ごしていた人でも被災後には不眠、不安、気分の落ち込みなどを経験する。これらは、被災時の一般的な反応であり、時間の経過とともに改善していく。しかし、心理的な外傷や悲嘆反応などが強い場合には、「こころのケア」が必要になってくる。災害時の支援においては、この見極めが非常に重要になる。また、災害時の反応は時間の経過とともに変化する。日本赤十字社の「災害時のこころのケア」マニュアルでは、各時期に生じる被災者の反応が示されている（表4-17）。

さらに、内閣府は2012年に『被災者のこころのケア　都道府県ガイドライン』を示しており、被災者のケアを特性に応じて3段階に分けている（表4-18）。こころのケアチームは、各都道府県が発災前から体制の準備を行ない、発災後は被災状況に応じて派遣されていく。実際のケアに際しては、各ケア

表 4-17　時間経過と被災者の反応

反応／時期	急性期：発生直後から数日	反応期：1～6週間	修復期：1ヶ月～半年
身体	心拍数の増加 呼吸が速くなる 血圧の上昇 発汗や震え めまいや失神	頭痛 腰痛 疲労の蓄積 悪夢・睡眠障害	反応期と同じだが徐々に強度が減じていく
思考	合理的思考の困難 思考が狭くなる 集中力の低下 記憶力の低下 判断能力の低下	自分の置かれたつらい状況がわかってくる	徐々に自立的な考えができるようになってくる
感情	茫然自失 恐怖感 不安感 悲しみ 怒り	悲しみと辛さ 恐怖がしばしばよみがえる 抑鬱感、喪失感 罪悪感 気分の高揚	悲しみ 淋しさ 不安
行動	いらいらする 落ち着きがなくなる 硬直的になる 非難がましくなる コミュニケーション能力が低下する	被災現場に戻ることを恐れる アルコール摂取量が増加する	被災現場にちかづくことを避ける
主な特徴	闘争・逃走反応	抑えていた感情が湧き出してくる	日常生活や将来について考えられるようになる、被害の記憶がよみがえり辛い思いをする

〔日本赤十字社「災害時のこころのケア」マニュアルを元に作成〕

表 4-18　3段階の被災者のケアレベル

ケアのレベル	対応
「一般の被災者」レベル	・地域のコミュニティの回復・維持で対応。 ・「お互いにつながっている」という実感を得られるような支援を行なう。
「見守り必要」レベル	・ケアを行わないと「疾患」レベルに移行する被災者や悲嘆反応が強く、ひきこもり等の反応が見られる被災者への支援。 ・保健師、精神保健福祉士、研修を受けた医師や看護師などによるケアを行なう。
「疾患」レベル	・被災により医療ケアが必要とされると判断される被災者や被災前から精神疾患の治療を受けていた人への支援。 ・精神科医が含まれるこころのケアチームや精神科医療機関におけるケアが必要。

チーム間の情報交換、一般医療チームとの情報交換、災害派遣医療チーム等との情報交換を行ないながら活動を進めていく。また、各ケアチームがどこまで対応が可能かを踏まえて、役割分担や業務分担を行なう。こうした分担は、支

援者のストレス低減にも有効である。被災地の活動では、避難所等におけるこころのケア対象者のスクリーニングを行なうが、これは市町村のこころのケア担当や市町村の保健センターの保健師が中心となる。個人情報の管理には十分注意しながらも、個人の情報は共有・引継ぎを行なっていく。

　また、「一般の被災者レベル」のケアの一環として、コミュニティ形成の支援が必要となる。コミュニティの形成は、「自発的なコミュニティ形成を促す支援」と「行政やボランティアなどによるコミュニティ形成仕掛け作り」の二つの側面から行なう。仮設喫茶などを設置し、自発的なコミュニティの形成を促進したり、自治体職員、ボランティア、NPOの職員たちが協力して「避難所だより」を発行する事例が報告されている。

　さらにわが国では、こころのケアチームとは別に、これまでの災害の経験から災害時支援において二つの医療チームが組織化されている。一つは、1995年の阪神淡路大震災の経験を教訓に発足した「災害派遣医療チーム」（以下、DMAT）であり、もう一つが2011年の東日本大震災の経験を教訓に発足した「災害派遣精神医療チーム」（以下、DPAT）である。

　DMATは、医師、看護師、業務調整員で構成された組織であり、大災害や大事故現場において急性期（発生から48時間以内）に活動する医療チームである。一方、DPATは、精神科医、看護師、業務調整員で構成された組織で、大災害や大事故現場において精神科医療および精神保健活動を行なう専門家チームである。DPATは、急性期から中長期的（発生から3ヶ月程度）に支援を行なう。

　このように、わが国では心理的な側面も含めた医療的対応が組織的に行なわれているが、DMATやDPATの活動からもわかるように、災害時の支援においては災害が発生した直後、つまり急性期の支援が重要になる。急性期は、どんな人にとっても心理的に危機的状況になるが、特に精神疾患がある人や子ども、高齢者、障害がある人にとってはより危機的な状況になる。こうした中で、近年、急性期の心理的支援として「心理的応急処置」（サイコロジカル・ファーストエイド）と呼ばれる支援が行なわれている。

2）心理的応急処置（サイコロジカル・ファーストエイド）

　心理的応急処置（PFA：Psychological First Aid）については、世界保健機関（WHO）によってガイドラインが示されている。PFAについては、『サイコロジ

表4-19 心理的応急措置（PFA）で行なわれる支援

・実際に役立つケアや支援を提供する、ただし押し付けない。
・ニーズや心配事を確認する。
・生きていく上での基本的ニーズ（食料、水、情報など）を満たす手助けをする。
・話を聞く、ただし話すことを無理強いしない。
・安心させ、心を落ち着けるように手助けする。
・その人が情報やサービス、社会的支援を得るための手助けをする。
・それ以上の危害を受けないように守る。

〔World Health Organization、War Trauma Foundation World Vision International（2011）Psychological First aid Guide for field workers.〔訳：(独) 国立精神・神経医療センター、ケア宮城、公益法人プラン・ジャパン（2012）．心理的応急処置フィールド・ガイドより引用〕

表4-20 PFAの活動原則

見る	・安全確認 ・明らかに急を要する基本的ニーズがある人の確認 ・深刻なストレス反応を示す人の確認
聞く	・必要と思われる人々に寄り添う。 ・必要なものや気がかりなことについてたずねる。 ・人々に耳を傾け、気持ちを落ち着かせる手助けをする。
つなぐ	・生きていく上での基本的なニーズが満たされ、サービスが受けられるように手助けする。 ・自分で問題に対処できるよう手助けする。 ・情報を提供する。 ・人びとをたいせつな人や社会的支援と結びつける。

〔World Health Organization、War Trauma Foundation World Vision International（2011）Psychological First aid Guide for field workers.〔訳：(独) 国立精神・神経医療センター、ケア宮城、公益法人プラン・ジャパン（2012）．心理的応急処置フィールド・ガイドより引用〕

カル・ファーストエイド実施の手引き　第2版』が、アメリカ国立子どもトラウマティックストレス・ネットワーク（NCTST）とアメリカ国立PTSDセンターより出版されており、日本語版（兵庫県こころのケアセンター訳）も出されている。

PFAとは、「深刻な危機の出来事に見舞われた人に行なう、人道的、支持的、かつ実際的な支援」である。PFAでは表4-19のような支援が行なわれる。これらの支援はクライエントの洞察を促すものではなく、必要に応じてニーズに直接応じることも多い。また、以前は有効だと考えられていた「**心理的デブリーフィング**」（つらい体験を話すことで感情表出を促すもの）は、被災者のPTSD予防には有効性がないことが明らかにされている。

PFAの活動原則は、「見る」「聞く」「つなぐ」である（表4-20）。「見る」は、現場の安全性はどういう状況か、急を要するニーズがある人はいないか、大き

問 災害時の支援について、正しいものを一つ選べ。
① 被災直後の不眠は病的反応であり、薬物治療を行なう。
② 被災者に対する心理的デブリーフィングは有効な支援である。
③ 危機的な状況で子どもは成人よりリスクが高く、特別な支援を必要とする。
④ 被災者の悲観的な発言には、「助かって良かったじゃないですか」と励ます。
⑤ 被災者から知り得た情報は、守秘義務に基づき、いかなる場合も他者に話してはならない。
〔2018年公認心理師試験問題より〕　　　　　　　　　　正答（　③　）

問 災害発生後の「被災者のこころのケア」について、正しいものを一つ選べ。
① ボランティアが被災者を集め、被災体験を語ってもらう。
② 避難所などにおける対象者のスクリーニングは、精神科医が実施する。
③ 支援者のストレス反応に対しては、役割分担と業務ローテーションの明確化や業務の価値づけが有効である。
④ 避難所などにおけるコミュニティ形成について経験のあるNPOへの研修を迅速に行ない、協力体制を整備する。
⑤ 悲嘆が強くひきこもりなどの問題を抱えている被災者を「見守り必要」レベルとして、地域コミュニティのつながりで孤立感を解消する。
〔2018年公認心理師試験問題より〕　　　　　　　　　　正答（　③　）

なストレス反応を示す人がいないかを確認することである。被災直後の不眠などの急性反応は自然なことであり、病的な反応と区別する。「聞く」は、支援が必要な人に寄り添い、気持ちを落ち着かせる手助けをすることであり、「つなぐ」は、生きていくうえで必要なニーズを満たすサービスや情報提供を行なうこと、そして生活上の問題に対処できるように援助することである。PFAでは、「助かっただけでも良かった」などの安易な励ましはしてはならないとされている。なお、これらの活動すべてにおいて被災者と良好なコミュニケーションを図ることを前提としている。

　PFAでは支援の際にリスクが高く、特別な支援を要する人として、①子ども（青年を含む）、②健康上の問題や、障害をもった人、③差別や暴力を受ける恐れがある人を挙げている。子どもに対しては、大切な人と一緒にいる、また、安全を確保する、聴く、話し、遊ぶといった支援が重要である。健康上の問題や障

問　サイコロジカル・ファーストエイドを活用できる場面として、最も適切なものを一つ選べ。
① インテーク面接
② 予定手術前の面接
③ 心理検査の実施場面
④ 事故現場での被害者の救援
⑤ スクールカウンセリングの定期面接
〔2018年公認心理師試験問題より〕　　　　　　　　　正答（　④　）

問　巨大な自然災害の直後におけるサイコロジカル・ファーストエイドについて適切なものを二つ選べ。
① 被災者の周囲の環境を整備し、心身の安全を確保する。
② 被災者は全て心的外傷を受けていると考えて対応する。
③ 被災体験を詳しく聞き出し、被災者の感情表出を促す。
④ 食糧、水、情報など生きていく上での基本的ニーズを満たす手助けをする。
⑤ 被災者のニーズに直接応じるのではなく、彼らが回復する方法を自ら見つけられるように支援する。
〔2018年公認心理師試験問題より〕　　　　　　　　　正答（　①　④　）

害をもった人、差別や暴力を受ける恐れのある人に対しては、安全な場所に移動したり、利用可能な支援の情報提供を行なうことが大切であるとしている。

　厚生労働省（2003）も、災害発生後の被災者の心のケアを含めた「**災害時地域精神保健医療活動ガイドライン**」を作成している。災害が発生した場合、特に初期の4週間は初期対応と呼ばれ、ガイドラインが重視される。ガイドラインによると、災害発生後は災害対策本部を設置する。災害対策本部は①援助の方針、②外部と住民との接触のコントロール、③外部の調査活動などを統括する。

　災害対策本部の中には、精神保健福祉センター長など、地域精神保健医療活動に通じた精神科医を配置する。災害が起きた地域では、精神科医以外の一般援助者がスクリーニングを行ない、支援が必要と判断した場合は、地域精神保健医療従事者にその後の対応を依頼する。この際は、ガイドラインに記載されている「**見守りチェックリスト**」などの活用が望ましい。

> 問 医療法に規定されている内容について、正しいものを二つ選べ。
> ① 50床以上の病床を有する医療機関を病院という。
> ② 都道府県は医療提供体制の確保を図るための計画を定める。
> ③ 病床の種類は、一般病床、療養病床及び精神病床の3種類である。
> ④ 医療事故とは、医療に起因する又は起因すると疑われる、予期しなかった死亡又は死産をいう。
> ⑤ 医療事故が発生した場合、直ちに調査を行ない、事故に関与した医療従事者は調査結果を医療事故・調査支援センターに報告しなければならない。
> 〔2018年公認心理師試験問題より〕　　　　　　　　正答（ ②　④ ）

　被災体験を話すようなデブリーフィングはせず、外傷性悲嘆反応（災害経験による悲嘆が強く、ひきこもりが生じるような反応）が出た場合は、精神保健の専門家につなぐ対応が推奨される。また、避難所では被災者同士が支え合うコミュニティ形成が求められる。そのようなコミュニティがつくられるように、災害対策本部が支援の対策を主導し、外部のボランティアやNPOとの協力体制を整える。守秘義務やプライバシーの尊重は当然だが、チームで対応する際、それぞれの職種に応じた倫理規定に従い、必要な情報は共有する。

　災害時地域精神保健医療活動ガイドラインは援助者の精神的健康について、①業務ローテーションと役割分担の明確化、②援助者のストレスについての教育、③心身のチェックと相談体制、④住民の心理的反応についての教育、⑤被災現場のシミュレーション、⑥業務の価値づけの6点を重視している。これは災害時の援助者に①急性ストレス障害、②PTSD、③適応障害、④恐怖症、⑤従来の精神疾患の増悪などが生じるのを防ぐためである。

4　医療・保健領域にかかわる法律

1）医療法

　医療法とは、①医療に関する選択の支援等、②医療安全の確保、③病院、診療所及び助産所、④医療提供体制の確保、⑤医療法人、⑥地域医療連携推進法人等の内容で構成されている。すなわち、医療者側と患者側双方に関係する法律が医療法である。

第四章　臨床心理学の活動領域　297

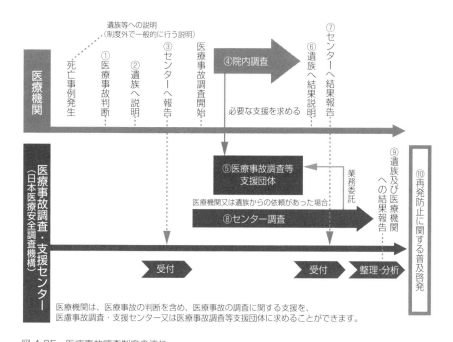

図4-25　医療事故調査制度の流れ
〔一般社団法人 日本医療安全調査機構（医療事故調査・支援センター）を元に作成〕

　医療法の総則では、医療提供施設の区別がなされている。医療法では20人以上の患者が入院できる施設を「病院」、19人以下の入院（または入院機能を持たない）施設を「診療所」と呼ぶ。また、病院の病床は次の五つに分類されている。長期にわたり療養が必要な患者を入院させる「療養病床」、精神疾患がある患者が入院する「精神病床」、感染症の患者を入院させる「感染症病床」、結核患者を入院させる「結核病床」、それ以外の患者のための「一般病床」となっている。都道府県は医療提供体制の確保を図るための計画を定めている。
　病院内では細心の注意を払っていても、医療事故が起きることがある。医療法では医療事故調査に関する制度も盛り込まれている。医療事故とは医療に起因する、または起因すると疑われる、予期しなかった死亡または死産のことをいう。医療事故が起きた場合、医療機関は、遺族への説明後、医療事故調査・支援センターに報告する。その後、すぐに院内事故調査を行なう。医療事故調査の時に医療機関は医療事故調査等支援団体に対し、医療事故調査を行なうた

めに必要な支援を求める。院内事故調査が終わり次第、調査結果を遺族に説明し、医療事故調査・支援センターに報告する（図4-25）。

2）精神保健福祉法

　精神保健福祉法は、精神障害者の医療及び保護、精神障害者の社会復帰の促進、自立と社会経済活動への参加の促進のために必要な援助、精神疾患の発生の予防や、国民の精神的健康の保持及び増進に努めることにより、精神障害者の福祉の増進及び国民の精神保健の向上を図ることを目的としている。この法律の対象となる精神障害者とは、統合失調症、精神作用物質による急性中毒またはその依存症、知的障害、精神病質そのほかの精神疾患を有する精神障害者である。

　精神保健福祉法では精神科入院について規定している。具体的には、自分の意志で入院する「任意入院」、警察官等からの通報等により都道府県知事が精神保健指定医（2名以上）に診察をさせ、自傷他害の恐れがあるという診断が一致した場合に行なう「措置入院」がある。なお、措置入院の際に、手紙等の発信が制限されることはない。

　精神保健指定医の診察により、精神障害があり、医療及び保護のため入院の必要がある場合に、その家族等の同意があれば、本人の同意がなくとも入院させることができるのは「医療保護入院」である。また緊急性があり、家族等の同意が得られない場合、精神保健指定医の診察により、即入院させなければ医療及び保護をするうえで著しく支障があると認められた場合、本人の同意がなくとも72時間に限り入院させることができる「応急入院」がある。医療保護入院と応急入院では自傷他害の恐れは必要な条件ではない。

　また、精神保健福祉法は、患者の隔離についても規定している。患者を隔離する際は、精神保健指定医（12時間を超えなければ医師）の診察が必要となる。隔離では、複数の患者を同じ病室に入れてはいけない。隔離以外の行動制限として身体的拘束があげられるが、その際には身体的拘束を行なったこと、身体的拘束の理由、開始と解除の日時などを精神保健指定医が診療録に記載しなくてはならない。

表4-21　地域保健を提供する場所

・保健所：疾病予防、衛生向上といった地域住民の健康保持増進に関連した業務を行なう。
・地方衛生研究所：公衆衛生に関する調査研究や研修指導を行なう。
・市町村保健センター：健康相談、健康診査などの地域保健関連事業を住民に提供する。

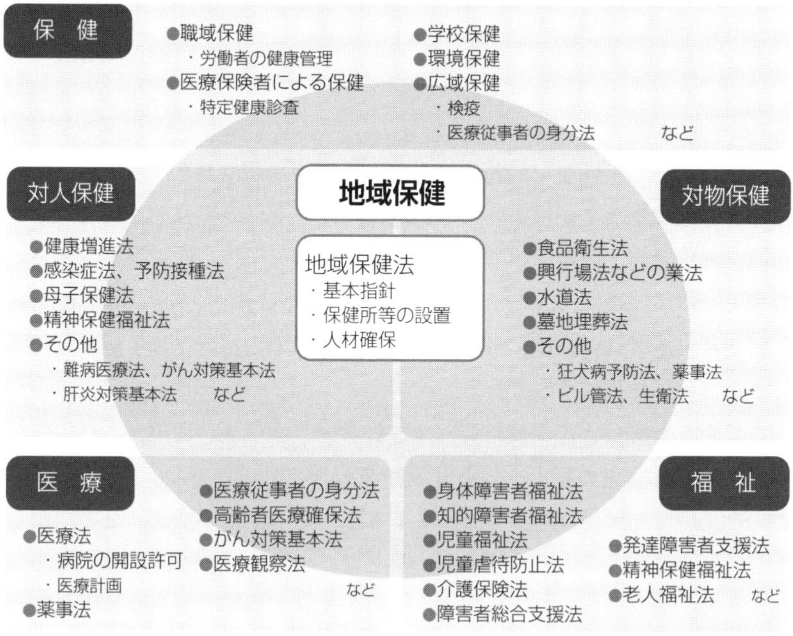

保健
- 職域保健
  - 労働者の健康管理
- 医療保険者による保健
  - 特定健康診査
- 学校保健
- 環境保健
- 広域保健
  - 検疫
  - 医療従事者の身分法　など

対人保健
- 健康増進法
- 感染症法、予防接種法
- 母子保健法
- 精神保健福祉法
- その他
  - 難病医療法、がん対策基本法
  - 肝炎対策基本法　など

地域保健
地域保健法
・基本指針
・保健所等の設置
・人材確保

対物保健
- 食品衛生法
- 興行場法などの業法
- 水道法
- 墓地埋葬法
- その他
  - 狂犬病予防法、薬事法
  - ビル管法、生衛法　など

医療
- 医療法
  - 病院の開設許可
  - 医療計画
- 薬事法
- 医療従事者の身分法
- 高齢者医療確保法
- がん対策基本法
- 医療観察法　など

福祉
- 身体障害者福祉法
- 知的障害者福祉法
- 児童福祉法
- 児童虐待防止法
- 介護保険法
- 障害者総合支援法
- 発達障害者支援法
- 精神保健福祉法
- 老人福祉法　など

図4-26　地域保健に関するさまざまな施策

〔厚生労働省HP 地域保健を元に作成〕

3）地域保健法

　厚生労働省によると、地域保健法とは、地域保健対策の円滑な実施や総合的な推進を図ることを目的としており、地域保健対策の推進に関する基本方針、保健所、市町村保健センター、地域保健対策に係る人材確保支援に関する計画という内容で構成されている。地域保健を提供する場所に、保健所、地方衛生研究所、市町村保健センターがある（表4-21）。
　また、図4-26にあるように、地域保健そのものが保健、医療、福祉といったさまざまな領域と関わっている。

表 4-22　母子保健法による言葉の定義

妊産婦	妊娠中又は出産後一年以内の女子
乳　児	一歳に満たない者
幼　児	満一歳から小学校就学の始期に達するまでの者
保護者	親権を行なう者、未成年後見人その他の者で、乳児又は幼児を現に監護する者
新生児	出生後二十八日を経過しない乳児
未熟児	身体の発育が未熟のまま出生した乳児であって、正常児が出生時に有する諸機能を得るに至るまでの者

4）母子保健法

　母子保健法は、母性並びに乳幼児の健康の保持及び増進を図るため、母子保健に関する原理を明らかにするとともに、母性並びに乳児及び幼児に対する保健指導、健康診査、医療その他の措置を講じ、国民保健の向上に寄与することを目的としている。なお、ここでの母性とは、「母親」として使われている。母子保健法の内容は、総則、母子保健の向上に関する措置、母子健康包括支援センター、雑則で構成されている。

　主な規定としては、①保健指導、②健康診査、③妊娠の届出、④母子保健手帳、⑤低出生体重児の届出、⑥養育医療がある。健康診査には、1歳半健診や3歳児健診が含まれる。厚生労働省によると、母子健康手帳は「妊娠期から産後まで、新生児期から乳幼児期まで一貫して、健康の記録を、必要に応じて医療関係者が記載・参照し、また保護者自らも記載し管理できるよう工夫された、非常に優れた母子保健のツール」である。また低出生体重児は体重が2,500グラム未満の新生児をさす。母子保健法における妊産婦、乳児などの定義を表4-22に示す。

5　医療・保健領域において公認心理師が活動する際の要点

1）医師との関係

　公認心理師法第42条第2項に「公認心理師は、その業務を行なうに当たって心理に関する支援を要する者に該当支援に係る主治の医師があるときは、その指示を受けなければならない」とあるように、心理師は医師の指示のもとカウンセリングを行なわなくてはならない。ただし、心理師は医師と共に患者の治療にあたるため、必要だと思われる検査や治療を一緒に検討する関係でもある。医

師の初回診察は 30 分程度取られることが多いが、継続診察は患者数が多いこともあり、10 分程度になる。そのため、必要に応じて心理師が 30 分程度のカウンセリングを行なうこともある。

　患者が医師と心理師に話す内容は異なることが多い。例えば、医師は主に薬物療法の作用や副作用、そして日常生活の状態についてたずねることが多いため、患者もそのことを医師に報告する。一方、心理師は本人の症状に加え、症状による苦痛や生活面の苦しさ等を聞きながら、心理療法を行なう。かつて小此木（2004）は患者の治療にあたる場合、管理医とセラピストを分ける A-T（Administrator-Therapist）スプリットを提唱したが、これは理にかなっているといえる。医師に情報提供し、それに基づいた指示を得ながら心理療法を進めていくことが心理師の役割となる。

　ここまで精神科の医師との関係について述べてきたが、他科の医師との関係も同様となっている。ただし、他科の医師と情報交換や連携をはかる場合には、精神症状についての専門用語は控え、わかりやすく症状の説明をする必要がある。

2）多職種連携

　公認心理師法第 42 条に規定されているように、多職種連携は心理師の法的義務である。これは、公認心理師としての職責を果たすための必要条件といえる。人間は、それぞれ固有の気質をもち、社会環境との相互作用の中で生活している。そして、どんな心理現象もこの相互作用から生まれ、「生物心理社会モデル」の視点から捉える中で、心理師は「心理」の部分を担っている。つまり、医療の中で一人の人を支援するためには、チームで総合的に支援を行なっていく必要がある。

　ここまで見てきたように、医療・保健領域における臨床活動において、連携をはかるべき人は非常に多い。具体的には、医師、看護師、助産師、薬剤師、栄養士、理学療法士、作業療法士、ソーシャルワーカーなどである。また、対外的にも教育、福祉、産業、司法の各施設やそこに勤める人との連携も欠かすことができない。

文献

・DMAT 事務局：活動要領（http://www.dmat.jp/katudouyouryou.pdf　2019 年 1 月 20 日検索）

- DPAT 事務局：DPAT 活動要領
- 堀川直史（2007）「コンサルテーション・リエゾン精神医学」『精神神經學雜誌』109（7）、709-712.
- 厚生労働省：がん診療連携拠点病院等の一覧表
- 厚生労働省：がん対策基本法
- 厚生労働省：がん対策推進基本計画の概要（第3期）
- 厚生労働省：公認心理師法
- 厚生労働省：自殺総合対策大綱（概要）
- 厚生労働省：自殺対策基本法
- 厚生労働省：ひきこもり対策推進事業
- 厚生労働省：母子保健の現状
- 一般財団法人日本心理研修センター監修（2018）『公認心理師現任者講習会テキスト2018年版』金剛出版
- 内閣府（2012）「被災者のこころのケア　都道府県ガイドライン」
- 日本医療安全調査機構：医療事故調査の流れ
- 日本うつ病学会：日本うつ病学会治療ガイドラインⅡ．うつ病（DSM-5）／大うつ病性障害
- 日本赤十字社：災害時のこころのケア（2019年1月20日検索）
- 小此木圭吾、大野裕、深津千賀子編（2004）『心の臨床家のための精神医学ハンドブック』創元社
- 齊藤万比古（2007）「ひきこもりの評価・支援に関するガイドライン」厚生労働科学研究研究費補助金こころの健康科学事業
- 世界保健機関（WHO）：心理的応急処置（サイコロジカル・ファーストエイド：PFA）フィールドガイド

column 6　精神疾患と事件

　日本の精神科治療の歴史を振り返ると、精神障害に関する法律が監禁の合法化につながっていた過去がある。日本の精神障害に対する最初の根拠法令は1900（明治33）年に成立した精神病者監護法だった。この法律では、精神病者は社会にとって危険であり、監禁の対象と考えて、座敷牢を「私宅監置」と呼び、監置の責任を家族に負わせるために監護義務者制度がつくられていた。また、この法律の施行は内務省と警察であり、警察は監護義務者が監禁の責任を果たしているかを監視する役割を担っていた。

　精神病者監護法は精神障害者の座敷牢への監禁を合法化したものだが、こうした非人道的な制度を呉秀三が「我邦十何万ノ精神病者ハ実ニ此病ヲ受ケタルノ不幸ノ外ニ、此邦ニ生レタルノ不幸ヲ重ヌルモノト云フベシ」と嘆いたことは有名である。呉秀三らの主張は精神障害者の医療を国の責任で整備することであった。1919（大正8）年に、そのための法律である「精神病院法」が成立する。しかし、第一次大戦後の日本では精神病院の

設置に予算を投入できなかった。精神病院がつくられない以上、精神障害者は精神病者監護法のもとで私宅監置に置かれた状態が続いた。

　私宅監置が廃止されたのは第二次大戦が終結した後の1950年、精神衛生法の制定によってである。精神衛生法は私宅監置制度の禁止や、精神障害者が不当に拘束されないように、拘束の可否を判断する精神衛生鑑定医制度を設けることなどが骨子となっていた。制定時の精神衛生法には隔離収容主義の名残りもあったが、世界的な傾向であった「精神科治療の社会復帰」(脱施設化)を検討する動きも見られ始めた。この時期にライシャワー刺傷事件が起きる。

　1964年、アメリカ合衆国の駐日大使であったライシャワー氏がアメリカ大使館の本館ロビーで精神科に通院歴のある人物からナイフで太ももを刺された事件が起きた。この事件により、「危険な精神障害者が野放しになっているのではないか」という、現在では考えられない社会的偏見が強まった。当時の『朝日新聞』の天声人語は以下のように報道している。

　　　"春先になると、精神病者や変質者の犯罪が急にふえる。毎年のこ
　　　とだが、これが恐ろしい。危険人物を野放しにしておかないように、
　　　国家もその周囲の人ももっと気を配らねばならない。"
　　　　　　　　　　　　(『朝日新聞』1964年3月25日朝刊　天声人語)

　こうした偏見を背景に、1965年に精神衛生法の大幅改正が国会で成立した。この改正では警察官・検察官・保護観察所長などによる通報・届出が強化された。また、自傷他害が著しい精神障害者に対する緊急措置入院制度が新設されている。さらに入院措置の解除について法手続きが必要となった。つまり、全体的な傾向として、脱施設化の理念は変更され、精神病棟による入院隔離傾向が強まったのである。実際、精神病床は急増し、1960年には9万床であった精神病床が1970年には25万床へと大幅に増加している。

　ところで、精神病院(特に私立の精神病院)をどうして急増させることができたのだろうか。1958(昭和33)年10月2日には厚生省事務次官通知により、精神科の人員は一般診療科に対して、医師数は約3分の1、看護師数は約3分の2を基準とする特例基準が認められた。1958年10月6日の医務局長通知では、事情によっては〈その特例基準の人員数を満たさなくともよい〉ことになったために、一般診療科の病院よりも人件費を抑えることができた。措置入院の国庫負担も5割から8割に引き上げられたので、一般診療科と比較して精神科病院の経営が容易となった。

内科医や産婦人科医から精神科へ転向した医師もいた。向精神薬の開発もあり、少ない医療従事者で多数の入院患者を管理すれば、利益が大きくなるという構造が生まれ、精神科医療の質の低下が生じた。

この時、1983年栃木県で宇都宮病院事件が起きる。これは看護職員の暴行により2名の患者が死亡した事件だが、詳細は『新ルポ・精神病棟』に譲る。この事件をきっかけに、国連人権委員会でも、精神医療現場における人権軽視が取り上げられた結果、1987（昭和62）年に、精神衛生法の改正法である「精神保健法」が成立した。精神保健法では、精神障害者本人の意思に基づく任意入院制度や開放病棟の設置など、患者の処遇改善が図られた。当然、隔離主義は改められ、地域におけるケアを中心とする体制へと変化していった。

精神保健法は1995（平成7）年に精神保健福祉法に改正された。主な改正のポイントは、精神障害者の社会復帰施設として、精神障害者生活訓練施設（援護寮）、精神障害者授産施設、精神障害者福祉ホーム、精神障害者福祉工場の四つの型が規定され、精神障害者社会適応訓練事業が法定化されたことである。また、精神障害者保健福祉手帳制度も創設されている。

一方、2016（平成28）年7月26日未明、神奈川県立の知的障害者福祉施設「津久井やまゆり園」に元施設職員の男が侵入して、所持していた刃物で入所者19人を刺殺し、入所者や職員の人たち26人に重軽傷を負わせるという事件が起きた。これは相模原障害者施設殺傷事件と呼ばれ、戦後の日本の殺人事件としては最も多くの犠牲者を出している。この事件は措置入院の在り方や優生思想など、多くの論点を投げかけている。現在、いかなる意味でも否定されている優生思想だが、その背景は根深いものがある。優生思想について考えたい方は『優生学の名のもとに』をご一読いただきたい。この本には歴史的な業績を残した心理学者も登場している。

文献

・大熊一夫（1988）『新ルポ・精神病棟』朝日文庫
・ダニエル・J. ケヴルズ（1993）『優生学の名のもとに――「人類改良」の悪夢の百年』朝日新聞社

第五章
臨床心理学の研究方法

第1節 エビデンス・ベイストとナラティブ・ベイスト

1 エビデンス・ベイスト・アプローチ

1）エビデンス・ベイスト・アプローチと科学者 - 実践家モデル

　エビデンス・ベイスト・アプローチ（EBA：Evidence-based Approach）とは実証的なエビデンスに基づく研究と実践の総称である。これにはエビデンスそのものを吟味し、適切にそれを利用できる能力を身につけることや、クライエントの変化を客観的に評価したり、新たに有効な臨床心理学的プログラムを開発し、その効果を実証することも含まれる。またエビデンスとは臨床心理学の手法やプログラムだけではなく、実証的な基礎研究の理解も含んでいる。

　例えば、ある障害の原因は愛情不足であり、だっこが足りないから症状が出ているという学説が流布した時代があった。現在、その学説は完全に否定されている。迷信を打ち砕いたのは実証的な基礎研究の積み重ねである。基礎研究は一つ一つを見ると、実用の役に立たないように見えるかもしれない。しかし、多くの基礎研究の失敗の中から浮かび上がる一握りの科学的成果がクライエントの最善の利益につながる。基礎研究は個々の研究成果を見ると同時に、その分野の動向全体を見ることが重要である。心理師は心理療法や手法の効果だけでなく、このような基礎研究のエビデンスにも通じている必要がある。

　さらに言えば、心理師は自分でもエビデンスを作れたり、他者のエビデンスを批判的に検討できるリテラシー（evidence literacy）を持ち、クライエントの利益に役立てる力を持つことが望ましい。アメリカ心理学会（APA：American Psychological Association）は心理師に表5-1の八つの臨床技能能力を求めている。

　原田（2015）が指摘するように、これらのうち、(5) 基礎心理学および応用心理学の研究によるエビデンスを適切に吟味し、活用する能力と、(8) 臨床的方略に対して説得力のある論拠を準備する能力は、これまでの日本の臨床心理

表5-1　心理師に求められる能力

(1) アセスメント、臨床判断、ケース・フォーミュレーションを立てる能力。
(2) 臨床的意思決定能力、治療遂行、患者の変化をモニタリングする能力。
(3) 対人関係能力。
(4) 継続的な自己洞察とスキルの獲得をする能力。
(5) 基礎心理学および応用心理学の研究によるエビデンスを適切に吟味し、活用する能力。
(6) 治療における個人的、文化的差異の影響を見極める能力。
(7) 必要に応じて活用可能な資源を求める能力。
(8) 臨床的方略に対して説得力のある論拠を準備する能力。

〔原田隆之（2015）『心理職のためのエビデンス・ベイスト・プラクティス入門』金剛出版を元に作成〕

学ではあまり強調されてこなかった論点である。

　海外で科学者 - 実践家モデル（Scientist-practitioner Model）が提唱される背景には、上記のようにエビデンスを知るだけでなく、クライエントに合わせてケースに活用できる能力が求められていることと、コンプライアンスの能力（どうしてそのような介入をするのかをクライエントに説明できること）が求められていることもある。科学者 - 実践家モデルは心理師自らの思い込みを検証する科学的態度の重要性と、クライエントへの傾聴に基づき、クライエントのためにエビデンスを活用できる能力を持った実践家の必要性を意味する。科学的 - 実践家モデルはクライエントにエビデンスを押しつけ、強制するものではない。

★科学者 - 実践家モデル
臨床心理業務の実践にあたり、自らの思い込みや認知的バイアスを絶えず検証し、客観的なデータやエビデンスをクライエントの利益にかなうようにケースに活用できる実践家のモデルを指す。

　最新のエビデンス情報の収集はコクラン共同計画のウェブサイト（日本語版ウェブサイト：https://japan.cochrane.org/ja/）の利用などが簡便な方法である。
　なお、エビデンス・ベイスト・アプローチは医学や臨床心理学だけでなく、教育学や司法領域にも浸透している。例えば、後に見るメタ分析などは教育実践の検討などに使用されており（Hatti 2008）、文部科学省は「諸外国における客観的根拠に基づく教育政策の推進に関する状況調査」をまとめている。エビデンス・ベイスト・アプローチは臨床心理学だけでなく、近接諸科学にも普及

している現代の主たる研究手法といえる。

2) エビデンスに基づく実践
a エビデンスに基づく実践の定義
近年、注目されるEBAだが、心理師として心理の業務を実践する場合は**エビデンスに基づく実践**（EBP：Evidence-based Practice）となる。APA（2006）のエビデンスに基づく実践の定義を示す。

> 心理学におけるエビデンスに基づく実践とは、**患者の特性、文化、好みに照らし合わせて、活用できる最善の研究成果を臨床技能と統合すること**である（APA 2006、太字は筆者）。
> エビデンスとは内的妥当性および外的妥当性のバランスが取れた研究によるエビデンスのことであり、**ランダム化比較試験**が治療効果を検証するためのより厳密な方法となる。
> 臨床技能とは、**患者の特性や好みに応じて、研究によるエビデンスを見出し、臨床データと統合する能力**のことである。患者の特性とは、年齢、現在の機能、変化へのレディネス、ソーシャルサポートのレベルなどが含まれる（APA 2010；翻訳は原田 2015、太字は筆者）。

この定義からわかるように、APA（2006）は**ランダム化比較試験**（Randomized Controlled Trial：RCT）で得られたエビデンスを重視している。RCTとは心理療法の効果を検証するために、ランダムに心理療法を行なう群（介入群）と何も行なわない統制群に患者を分けて、効果を比較する手法である。効果の比較には効果量（effect size）が用いられる。倫理的問題が生じないように、統制群の患者は実験後、ただちに介入を行なう。この方法は**ウエイティングリスト法**と呼ばれる。

b エビデンスのヒエラルキー
エビデンスには説得力の度合いを示すヒエラルキーが存在する（表5-2）。
メタ分析（メタアナリシス）とは、同じ研究課題について複数の先行研究を集め、その効果を統合する方法である。メタ分析により心理療法や介入方法にどのくらいの効果が認められるのかがわかる。RCT研究を集め、それらを

表 5-2　エビデンスのヒエラルキー

レベル	エビデンス源（研究デザイン）
1	RCT の系統的レビュー（メタアナリシス）
2	個々の RCT
3	準実験
4	観察研究（コホート研究、ケース・コントロール研究）
5	事例集積研究
6	専門家の意見（研究データの批判的吟味を欠いたもの）

〔原田隆之（2015）『心理職のためのエビデンス・ベイスト・プラクティス入門』金剛出版、p.34 を元に作成〕

メタ分析により統合し、**系統的なレビュー**（systematic review）を作成したものが「**RCT の系統的レビュー**」であり、エビデンスの最上位に位置している。RCT の系統的レビューの次にエビデンスのヒエラルキーが高いのは、個々の RCT である。RCT で得られた介入効果のエビデンスは心理査定法の開発にも応用される（表 5-2）。

準実験とは、ランダム化した対照群を設定していないが、何らかの介入を行ない、効果を検証した実験を指す。統制群を有しないプリ・ポスト型の効果検証実験や、ランダムに実験協力者を振り分けていない群間比較実験などは代表的な準実験である。

観察研究とは、何らかの仮説をもとにケース群（症例群）とコントロール群（統制群）を比較するケース・コントロール研究や、ケースの特徴をコホート研究で検証するなどの方法である。例えば、境界性パーソナリティ障害を持つ人たちのグループをケース群（症例群）とし、健康な人のグループをコントロール群（統制群）として、過去にさかのぼり、両群の親子関係の良好さを調査して比較するなどは、ケース・コントロール研究である。この場合、境界性パーソナリティ障害の発生には親子関係の不全が関係しているという仮説を検証している。

コホート研究のコホートとは「一定の時期に人生における同一の重大な体験をした人々」の意味である。同じ時期に何らかの重大な出来事を体験したグループと、体験していないグループを作り、両グループの心理的特徴の相違を導く研究手法をコホート研究と言う。18 歳の時点で親子関係の不全な群と良好な群に分けて、その後フォローアップし、10 年後に精神疾患の罹患率を比較

> 問　エビデンスベイスト・アプローチについて、正しいものを一つ選べ
> ① 事例研究はエビデンスとして採用されない。
> ② 介入効果のエビデンスは査定法の開発には用いない。
> ③ 対照実験は一事例実験よりも結果にバイアスがかかる。
> ④ メタ分析では同じ研究課題について複数の研究結果を統合して解析する。
> 〔2018年公認心理師試験問題より〕　　　　　　　　　　正答（　④　）

するような研究はコホート研究である。この場合、親子関係の不全が精神疾患の発症に関係するという仮説の検証がなされている。観察研究はその他の変数の影響を無視できないため、エビデンスとしては低い位置にとどまっている。

　表5-2を見ると、事例研究もエビデンスとして採用されていることがわかる。事例研究の結論は一般化できない。また、事例研究には研究者のバイアスが他の手法よりも入りやすい。ただし、事例研究にはエビデンスにとどまらない価値がある点にも留意したい（第五章第3節参照）。

　あらためてEBPの定義を見ると、クライエントに特定の心理療法を押しつけたり、異なる立場の心理療法を無価値とする姿勢はないことがわかる。EBPとは、クライエントの話を傾聴し、その価値を尊重した上で、クライエントに適した介入を、話し合いながら決定していくアプローチである。この話し合いの際に、エビデンスのある説明を重視している。

　エビデンスを重視する最大の理由は、心理師が得意な心理療法や心理アセスメントをクライエントに唯一の選択肢として適用するのを避けるためである。例えば、「誰が来ても、どんな症状でも認知療法しかやらない」のは不合理であり、「どんなクライエントにもロールシャッハテストと箱庭療法しかやらない」のはクライエントの最善の利益にはならない。

　臨床心理学において、何が役に立つかはクライエントにしか決められない。例えば、認知行動療法とは異なるアプローチを求めているクライエントに、「この疾患にエビデンスがあるのは認知行動療法だから、認知行動療法をやれ」と強制するのはEBPではない。さらに、心理療法そのものを否定するクライエントには「心理療法をやらない」という選択肢もあり得ることも忘れてはならない。クライエントがどういう介入を求めているかを傾聴し、クライエント

の特性も考慮して、クライエントに最善の利益があると説明できる対応を行なうことがEBPといえる。

2 ナラティブ・ベイスト・アプローチ

1) ナラティブ・ベイスト・アプローチと社会構成主義

ナラティブ・ベイスト・アプローチ（NBA：Narrative-based Approach）またはナラティブ・アプローチ（NA：Narrative Approach）とは、語り手と聞き手の相互作用と、それにより生み出される語り手の経験の物語（ストーリー）に基づき、心理学的支援と研究を行なうアプローチの総称である。NBAには四つの定義がある。

第一に、解釈に基づくアプローチ全般をNBAと表現する場合がある。第二の意味は、パーソナリティ心理学でオールポートが指摘した個性記述的な研究法を指す場合である。これは法則定立的な科学的立場と対照させて提唱されている点に注意するべきである。第三は、**ナラティブ・セラピー**（Narrative Therapy）による心理支援を指す場合である。第四は、エビデンス・ベイスト・メディスン（EBM：Evidence-based Medicine；エビデンスに基づく医療）と対照して論じられる**ナラティブ・ベイスト・メディスン**（NBM：Narrative-based Medicine；物語と対話に基づく医療）を指す場合である。本節では第三と第四の立場をNBMとして説明する。表5-3にNBMの実践プロセスを示す。

NBMには**現象学**と**社会構成主義**という二つの哲学が大きな影響を与えている。現象学とは客観的な世界があるとする素朴な態度をいったん停止して、そのような妥当が生じる条件や理由を自分の意識の内側に探っていく哲学である。既存の心理学理論や心理療法の立場、あるいは心理師の個人的な思い込みをいったん停止して、クライエントの語りを傾聴し、クライエントが語る内容の固有の意味を探るような事例研究は現象学的アプローチと言える。

河合（1967）は心理療法における現象学を以下のようにまとめている。「現象学とは『自分の視野をできるだけ拡大することに努めつつ、自分の主体をその事象に関連させることにより、その主観と客観を通じて認められる一つの布置を、できるだけ的確に把握しようとするものである』」。ここで河合が述べている現象学的アプローチは日本の臨床心理学を長らく牽引した認識であった。

表 5-3　一般診療における NBM の実践のプロセス

(1) 「患者の病いの体験の物語り」の聴取のプロセス（listening）
質問によって患者の病いの体験の物語りを引き出し、それを傾聴していく過程。この間に、医師の側には「患者の物語りについての物語り」が次第に形成される。

(2) 「患者の物語りについての物語り」の共有のプロセス（emplotting）
医師が理解した（解釈した）「患者さんの物語りについての物語り」が、要約／確認の技法を用いて提示される。この物語りは、患者が語った物語りの取捨選択（編集）や新しい意味付け（emplotment）が含まれる、一種の語り直しである。この提示が患者にとってしっくりくるものであるかどうかの確認が丁寧に行なわれる。

(3) 「医師の物語り」の進展のプロセス（abduction）
一般に「鑑別診断」とか「臨床判断」などと呼ばれる過程に近い。その本質は、医師の仮説（医師の物語り）と、患者から得られる情報（医師からみた患者の物語り）の連続比較（abduction）の過程である。

(4) 「物語りのすり合わせと新しい物語りの浮上」のプロセス（negotiation and emergence of new story）
医師の物語り（みたて）が、全面開示され、患者の物語りとの慎重なすり合わせが「今ここでの対話」において行なわれる。ここで、全く新しい物語りが浮上することもあるが、多くは、ささやかな「物語りの変容」が生じ、それが双方に共有されると、「腑に落ちた」感じが生ずる。

(5) ここまでの医療の評価のプロセス（assessment）
NBM においては、評価の作業自体も、間主観的な対話を媒介として行なわれることになる。

〔斎藤清二「ナラティブ・ベイスト・メディスンとは何か」（2003）『ナラティブ・ベイスト・メディスンの実践』金剛出版、p. 32 を元に作成〕

　社会構成主義とは、「現実」は言語を媒介にした協働的な作業により構成されるもので、「客観的真実」や「本質」は存在しないとする哲学である。理論や仮説、エビデンスも一つの物語として理解し、尊重するが、それが唯一の物語とは考えない。以下の斎藤（2003）の記述は、社会構成主義の影響が強いNBA の特徴をよく示している。

　　ナラティブの視点は「140/90mmHg 以上の血圧の人を高血圧と呼ぶ」という診断基準は「一つの物語り」に過ぎない、と考える。しかし、それが「一つの物語り」であるからと言って、それを全く尊重しないというわけではない。ただそれを「永劫不変の唯一の真実」とは考えない、ということである。現在の高血圧の基準を採用することについて、医師も患者も同意するならば、それを採用すれば良いと考える。しかし、もし患者が「私は全然身体の調子が悪くないので、血圧が少しくらい高くても、今の生活を変えたくない」と述べるならば、それも「患者の物語り」として尊重する。それでは医師と患者の物語りが一致しないときはどうするのか。（中略）その時は、医師と患

者が互いに自身の物語りを語り合う中から、新しい物語りが浮かび上がってくるのを待つということになる。

〔斎藤清二（2003）「ナラティブ・ベイスト・メディスンとは何か」『ナラティブ・ベイスト・メディスンの実践』金剛出版、pp.19-20〕

NBAであっても、統計やデータを尊重しないわけではない。ただし、実証できる変数に基づいて現象を理解する以上に、個別の現場を成り立たせている個別の物語に注目し、個別の現象を理解したり、個別の問題を乗り越えたりすることに関心を持つ（野口2009）。例えば、「不登校の僕は家族に迷惑をかけている駄目な奴」という**ドミナント・ストーリー**（主要な物語）を生きているクライエントに対して、そのような物語を成り立たせている家族間のコミュニケーションに介入し、「学校に行けない困難な状況に立ち向かっている僕と家族」という**オルタナティブ・ストーリー**を作り出して、問題を解消する心理的支援などはNBAの一つである。

NBAをEBAと対立的に捉えるのは誤りである。EBAはその定義の中にクライエントの語りの重視を含んでおり、根本的にはNBAと対立していない。原田（2016）によると、この認識は医療領域も同様であり、欧米のNBM提唱者たちのほとんどは、実は熱心なEBMの実践者で、彼らは両者を相互に補完する者と位置づけている。また、過度な社会構成主義は正当な科学の立場を否定し、反科学、極端な主観主義、相対主義となる危険性をはらんでいる（Brown 2001；Lilienfeld 2010；原田 2016）。

2）ナラティブ・セラピー

ナラティブ・セラピー（Narrative Therapy）とは、ある状況で支配的なものの見方や物語（ドミナント・ストーリー）を、クライエント自身が再構築して新たな物語（オルタナティブ・ストーリー）にすることで問題の解決を目指す心理療法である。ドミナント・ストーリーは家庭、学校、会社、地域社会など様々な状況ごとに見いだされる。例えば「子どもは毎日学校に登校するべきである」などは学校領域のドミナント・ストーリーである。[*1]

社会構成主義の影響が強いナラティブ・セラピー（White & Epston 1990）では、クライエントの主訴は、クライエント自身がつくる物語の結果と考える。例えば不登校という現象自体が悩みになるのではなく、「不登校をどうとらえ

ているか」という考え方が問題や苦しみを生んでいる。「毎日、学校は遅刻せずに通う子どもが、良い子ども、普通の子どもだ」というドミナント・ストーリーに縛られている家庭において、不登校は苦痛を生む問題となる。一方、「学校なんて行きたくないときは行かなくていいよ。休んでも問題ないよ」というドミナント・ストーリーの家庭で暮らす子どもにとって、不登校は問題にならない。

ナラティブ・セラピーでは、クライエントとの対話を通じ、「問題を生み出すドミナント・ストーリー」を乗りこえて、新しいポジティブな物語を創り出すように援助する。

では、どのようにドミナント・ストーリーを書き換えるのか。ここでは**問題の外在化**と呼ばれる手法を紹介する。クライエントやその家族がネガティブな自己認識を生み出す物語に支配されている状態は、問題がクライエントの中にあると考えられている。これを問題の内在化と呼ぶ。この内在化している問題をクライエントから切り離す技法が「問題の外在化」と言われる技法である。

問題の外在化を使ってドミナント・ストーリーからオルタナティブ・ストーリーを生み出し、難治の疾患に対応した事例としてホワイトとエプストン（White et al. 1990）による「ずるがしこいプー」のケースがある。

ニックは6歳の男の子で遺糞症を患っていた。遺糞症はトイレ以外の場所で排泄してしまう疾患で、ニックは多くの病院を回ったが、改善されなかった。ニックは遺糞症を患う自分が家族に迷惑をかけていることで自分を責めていた。そこでホワイトら（1990）は遺糞症に「ずるがしこいプー」という名前を付け、ニックと問題を切り離した。「ニックは遺糞症を患う子で、そのため家族に迷惑をかけている」というドミナント・ストーリーを書き換えるために、問題（遺糞症）を外に出して（「ずるがしこいプー」とみなして）「ニックがずるがしこいプーにとりつかれたため、ニックも家族も悩まされている」と物語を書き換えた。

しかし、物語の書き換えはすぐに終わるものではない。まず、ホワイトら（1990）はプーがニックや両親に与えた被害を確認していった。例えば、「プーのせいでニックは友達もいないし、学校の勉強もままならない」とか「プーのせいで母親は自分に母親としての能力があるのか悩んだ」などである。こうして、「遺糞症のニックのせいで」ではなく、「プーのせいでニックや家族は苦し

められている」というように物語が書き換えられ、遺糞症という問題がニックと切り離されていく点が問題の外在化である。

次にホワイトら（1990）は**ユニークな結果**に目を向ける。つまり、プーが悪い影響を家族に与えようとしても、うまくいかなかったことはないかを検討した。それはニックが遺糞症を抑えられたときや、母親が自信を失わずにすんだときなどである。この「ユニークな結果」を確認することは、ニックや家族の強みの再確認でもあり、プーが苦手とする要因（遺糞症をコントロールできる要因）を発見することでもある。

家族とニック、心理師は協力してユニークな結果をさがし、プーがニックから離れるようにするにはどうすればよいのか、プーが嫌いなことは何かを話し合い、2週間後、プーを追い出すことに成功した（遺糞行動をコントロールすることに成功した）。

★ホワイトとエプストン（1990）のナラティブ・セラピーの考え方
クライエントの主訴は、問題を生み出すドミナント・ストーリーによって生まれている。ドミナント・ストーリーの外側には、まだ発見されていない「生きられた経験」がある。「ユニークな結果」に焦点をあて、新しい物語を協働的に生み出すプロセスが、ドミナント・ストーリーをオルタナティブ・ストーリーに書き換え、主訴を解消する。

3）オープン・ダイアローグと当事者研究
　a　オープン・ダイアローグ

近年、NBAの新しいアプローチとして、**オープン・ダイアローグ**と**当事者研究**に注目が集まっている。オープン・ダイアローグ（open dialogue）とは、統合失調症に対する治療的介入法で、フィンランドのケロプダス病院のファミリー・セラピストを中心に、1980年代から実践されている治療法である。患者やその家族から依頼を受けた医療スタッフが24時間以内に治療チームを招集して患者の自宅を訪問し、症状が治まるまで毎日でも対話するという特徴を持つ。また、入院治療・薬物治療は可能な限り行なわない。

オープン・ダイアローグには会話時に患者を批判しないなどの複数のルールがある。統合失調症患者はモノローグ（独白）に陥りやすいので、オープン・

表5-4　オープン・ダイアローグの原則

(1) 本人抜きではいかなる決定もなされない。
(2) 依頼があったら24時間以内に、本人・家族をまじえて初回ミーティングを開く。
(3) 治療対象は最重度の統合失調症を含む、あらゆる精神障害をもつ人。
(4) 薬はできるだけ使わない。
(5) 危機が解消するまで、毎日でも対話をする。
(6) テーマは事前に準備しない。スタッフ限定のミーティングなどもない。
(7) 幻覚妄想についても突っ込んで話す。
(8) 本人の目の前で専門家チームが話し合う「リフレクティング」を重視する。
(9) 治療チームは、クライエントの発言すべてに応答する。

〔斎藤環（2015）『オープンダイアローグとは何か』医学書院、pp. 19-41 を元に作成〕

ダイアローグを通じて、その状態から患者を開放することを目標とする。オープン・ダイアローグの原則を表5-4に示す（斎藤 2015）。

オープン・ダイアローグによりフィンランド西ラップランド地方の統合失調症の入院治療期間は平均19日間短縮された。薬物を含む通常の治療を受けた統合失調症患者群との比較において、オープン・ダイアローグは、服薬を必要とした患者は全体の35％、2年間の予後調査で全体の82％は症状の再発がないか、ごく軽微なものにとどまり（対照群では50％）、障害者手当を受給していたのは23％（対照群では57％）、再発率は24％（対照群では71％）に抑えられた（斎藤 2015）。ただしこの数値には批判もあり（齋尾 2014）、今後の検証が待たれる。

b　当事者研究

当事者研究ネットワーク（2019）によると、**当事者研究**とは臨床現場をベースとして、統合失調症などをかかえた当事者としての活動や暮らしの中から生まれたエンパワメント・アプローチである。当事者の生活経験の蓄積を自助と自治（自己治療・自己統治）に反映させるツールでもある。

当事者研究では、当事者がかかえる固有の生きづらさ‐見極めや対処が難しいさまざまな圧迫感（幻覚や妄想を含む）、不快なできごとや感覚（臭いや味、まわりの発する音や声など）、その他の身体の不調や症状、薬との付き合い方、家族・仲間・職場における人間関係にかかわる苦労、日常生活とかかわりの深い制度やサービスの活用など、当事者の生活体験から生じるジレンマや葛藤を、自分の"大切な苦労"と捉えるところに特徴がある。そして、その中から生きやすさに向けた「研究テーマ」を見出し、その出来事や経験の背景にある前向

表5-5　KJ法の進め方

(1) テーマを決める。
(2) ブレイン・ストーミングを実施する。
(3) データをカード化する。
(4) 内容が本質的に似たカードを集める。
(5) 各カード群にタイトルをつける。
(6) 次々と上位のグループにまとめていく。
(7) 模造紙に作図する。
(8) 作図を発表したり、文章化したりする。

〔日本創造学会「KJ法の進め方」HPを元に作成〕

きな意味や可能性、パターン等を見極め、仲間や関係者の経験も取り入れながら、自分らしいユニークな発想で、その人に合った"自助 - 自分の助け方"や理解を創造していくプロセスを重んじる。

当事者研究は日本の臨床現場から生まれた大変貴重でユニークな試みである。発祥の地である北海道浦河町の「べてるの家」では見学を受け付けている（べてるねっと：https://bethel-net.jp/）。

4) NBAの研究法

NBAは統計を否定はしないが、多くの場合、質的研究法をとる。質的研究法とは事例研究やフィールドワーク、エスノグラフィーなどである。またその分析はKJ法やグラウンデッドセオリー、会話分析などである。

KJ法とは川喜田二郎が創始した代表的な質的研究法であり、医療、教育、看護など、幅広く現場で使用されている。KJ法は、「取材」の段階で面接や観察を通じてデータを集め、「ラベル作り」の段階で、それらをそれぞれ一枚のラベル（カード）にまとめていく。

次にラベルを見渡せるようにして「グループ編成」を行なう。グループ編成では、同じ性質のラベルをグルーピングし、そのグループに表札をつけていく。この後、「空間配置と図解化」の段階でそれぞれの表札の関係を整理し、「文章化」の段階でそれらを文章にしてまとめる（表5-5、図5-1）。

以上、NBAをまとめてきた。NBAとEBAは確かに相補的である。しかし、両者の研究デザインはそうとうに異なっている。EBMをさかのぼればデカルト（René Descartes, 1596-1650）に行き着くだろう。デカルトは自然現象を必然的な因果関係で説明しようとする。デカルトの哲学の基本は「共通理解による

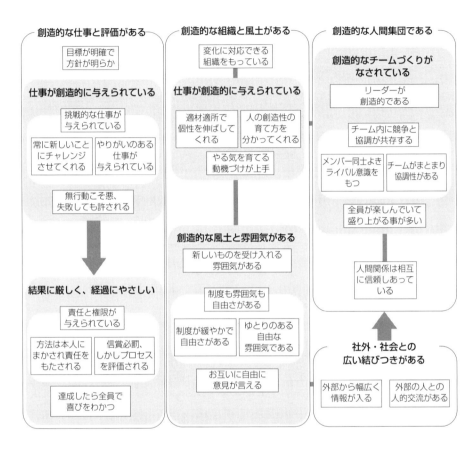

図 5-1　日本創造学会による KJ 法の一例「創造的な仕事と職場とは」
〔高橋誠編著（2002『新編想像力事典』日科技連出版社、pp. 350-351 を元に作成〕

説得」である。EBA の必要性についての記述をみれば、共通認識を得ることの重要性が強調されている。その説得のためのエビデンスという一面が EBA にはある（もちろん、クライエントのためにエビデンスを活用するという意味が最も強いが）。

　安冨（2010）が指摘するように、デカルト的な説得には強制性の契機が含まれている。この強制性が示唆される時、EBA は敬遠されるのだろう。他方、こうしたデカルト的説得の問題点を見抜いた哲学者にスピノザ（Baruch De Spinoza, 1632-1677）がいる。スピノザは説得の持つ強制性を否定し、個別の状

況における相互の理解の哲学を提唱した（安冨 2010；國分 2011）。NBA の必要性の記述をみれば、事例の個別性と、語る者と聞く者の相互の理解が強調されている。それは客観的な「正解」と個別の「納得解」の相違とも言える。ただし、この個別の納得解は過剰な相対主義に通じる一面を持つ。

　EBA と NBA は相補的である。しかし、その相補性は緊張感をはらんだチャレンジングな相補性といえるだろう。

注
*1　ここでのナラティブ・セラピーの定義は主としてホワイトらの流派に依拠している。広義のナラティブ・セラピーはホワイトらのナラティブ・セラピー、アンデルセンらのリフレクティングチーム、アンダーソンらのコラボレイティック・アプローチの三派がある（野口 2009）。またナラティブ・セラピーは発展しており、ここでの説明は比較的古典的なものである。詳しくは野口（2018）、斎藤・岸本（2003）などを参照してほしい。またナラティブ・セラピーは語り手、聞き手、主題により、一人称、二人称、三人称と、その記述にあたり、複数の人称のパターンがある（野口 2009）。一人称の力動的心理学、三人称の認知行動療法に対し、相互主観的な二人称の立場を持っていることもナラティブ・ベイスト・アプローチの特徴といえる。

文献

・American Psychological Association（2009）*Publication Manual of the American Psychological Association*, 6th edition. APA.
・Brown, J.（2001）*Who Rules in Science? An Opinionated Guide to The Wars*. Harvard University Press.
・原田隆之（2015）『心理職のためのエビデンス・ベイスト・プラクティス入門——エビデンスを「まなぶ」「つくる」「つかう」』金剛出版
・Hatii, J.（2008）Visible Learning：A Synthesis of Over 800. *Meta-Analyses Relating to Achievement*. Routledge.
・河合隼雄（1967）『ユング心理学入門』培風館
・國分功一郎（2011）『スピノザの方法』みすず書房
・Lilienfeld, S. O.（2010）Can psychology become a science?. *Personality and Individual Differences*, 49, 281-288.
・日本創造学会「KJ 法の進め方」日本創造学会 HP より（2019 年 4 月 1 日検索）
・齋尾武郎（2014）「急性精神病に対するオープンダイアローグアプローチ——有効性は確立したか？」*Clin Eval* 42（2），531-537.
・斎藤清二（2003）「ナラティブ・ベイスト・メディスンとは何か」斎藤清二、岸本寛史『ナラティブ・ベイスト・メディスンの実践』金剛出版
・斎藤環（2015）『オープンダイアローグとは何か』医学書院
・当事者研究ネットワーク（2019）https://toukennet.jp/?page_id=2（2019 年 3 月 25 日検索）
・White, M & Epston, D.（1990）*Narrative Means to Therapeutic Ends*. 1st Edition. W. W. Norton & Company.
・安冨歩（2010）『経済学の船出——創発の海へ』NTT 出版

第2節　臨床心理学と医療のための基礎統計法

1　記述統計と推測統計

1）統計の種類

データを統計処理する際には、「記述統計」「推測統計」の2種類がある。

記述統計（descriptive statistics）とは、集計したデータから、そのグループの特徴を表わすものである。
〔例1〕数学の中間試験を行ない、履修者の平均値と標準偏差を求める。
〔例2〕うつの程度を測る心理検査を行い、月ごとの強さの平均値を求める。
〔例3〕高血圧の患者の血圧を測り、平均値と標準偏差を求める。

この平均値は標準偏差と組み合わせてより深い意味を持つ。心理や医療では平均値だけの比較はせず、標準偏差と組み合わせて、分布の程度を測定し、平均が意味を持つか、持たないかを考える。こうした記述統計を経て、以下に見る推測統計が行なわれる。

推測統計（inferential statistics）とは、集計したデータから、そのグループを含む集団全体の性質を確率統計的に推測する方法である。
〔例1〕入試の時の得点から、入学後の成績を推測する。（回帰）
〔例2〕うつの程度を測る心理検査を健康な群とうつ病群に対して行ない、両群の平均値の差を比較する。（検定）
〔例3〕吹田市の50代の男性の心筋梗塞の発生率を測り、大阪府の50代の心筋梗塞の発生率を推測する。（推定）

記述統計は、集計したデータから単にそのグループの特徴を表わしたものであるが、推測統計とは、そのデータ（標本：サンプル）から集団全体（母集団）の特徴を推測することとなる（図5-2）。

大阪府の50代の男性全員の心筋梗塞の発生率を全数調査することは難しい。そこで、大阪府吹田市に住む50代の男性に限定して、心筋梗塞の発生率を検

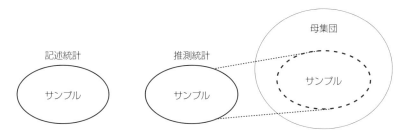

図 5-2　記述統計と推測統計

討する。そして、そのデータを参考にして「大阪府の 50 代の心筋梗塞の発生率」を推測することは、推測統計の典型例である。

このときの条件としては、他の市と比較して、吹田市が心筋梗塞に影響する特徴的な要因がないことが前提になる。つまり、推移統計学においてサンプルは母集団の特徴を表わしたものでなくてはならない。サンプルの選び方（抽出）は、後々の検討に影響を与えるために慎重に行なう必要がある。

サンプルの選び方は、調査者の意図が入らないよう無作為に行なうことが重要である。これは**ランダムサンプリング**と呼ばれる。しかし、実際には母集団からランダムにサンプルを選ぶことは難しい。そこで乱数表を使ってランダムサンプリングを行なったり、**多段抽出法**を行ない、サンプル選択の性質をランダムにする。

多段抽出法とは、母集団に対して、複数の無作為抽出を複数回繰り返す方法である。例えば、健康調査のため、全国から 70 代の男性 1,000 人のサンプルを選択したい場合、47 都道府県を対象に五つの都道府県を無作為に選ぶ。次にその五つの都道府県の市町村を四つ、無作為に選ぶ（合計 20 の市町村が出てくる）。その 20 の市町村からそれぞれ 70 代の男性を無作為に 50 人選ぶ。こうして、複数回、無作為の選択を繰り返すことにより、ランダム化を図るのが多段抽出法である。

また、**二重盲検法**と呼ばれるものもある。グループ分けをして別々の教育を行い教育効果の違いを測ることを考えてみよう。どの教育法がよい教育か、教育者・受講者がわかっていれば、教育効果に影響を与える可能性がある。教育者・受講者双方ともどの教育法がよいかわからないようにして教育効果を測る

形をとる。

我々が統計を利用して立証したいもの（仮説）は、「Aという治療法とBという治療法のどちらがより大きな効果があるか」とか、「Aという教え方と、Bという教え方ではどちらがより多くの英単語を覚えられるか」など、「差がある」ことを示すことが多い。

ただ、この「差がある」という仮説を証明することは統計的には難しい。「差がない」仮説が成り立つとした時に「調査結果で現れた差異が偶然に起こる確率」については統計的に求めることができる。そのため、実際には「差がない」のに調査結果による誤差が起こる確率（p値）が極めて低ければ、「差がない」とは言えないだろうとなり、二重否定のような形で「差がある」ことを証明する。

「差がない」という仮説を"無に帰する"ということで帰無仮説と呼び、「差がある」という仮説を"帰無仮説に対立する"ということで対立仮説と呼ぶ。また、誤差が起こる確率が"極めて低い"か否かを決める基準を有意水準（または危険率：aで表わす）と言い、通常は5％（または10％）が採用される。5％を下回る確率で起こる事象は100回に5回以下しか起こらない事象なので、このような珍しい事象が起きた時は、偶然起きたものではないと見なす。つまり有意水準とは、帰無仮説が真であるとき帰無仮説を棄却する確率といえる。

有意差検定では、図5-3のような「有意な差がある」「有意な差がない」という結論を付ける。これは、調査結果の「差には意味がある」のか、「差には意味がない」のかを表わす。わかりにくい表現であるが、「有意な差がある」状態は「差があると言える」ことを表わしている。「有意な差がない」状態は「差がない」のではなく、「差があるとは言えない」のであり、はっきりしたことは言えず結論を保留している状態である。

これらの結論の判定は確率で判断しているため、当然その確率で誤った結論を導く可能性がある。実際には「差がない」のに検定の結果「有意差がある」と誤る場合（第一種の過誤：偽陽性）、逆に、実際には「差がある」のに検定の結果「有意差がない」と誤る場合（第二種の過誤：偽陰性）である（表5-6）。この、第一種の過誤を起こす確率が、先ほどの有意水準（危険率）である。有意水準が5％であれば、この有意性検定を20回ほど行なえば1回程は第一種の過誤を起こす可能性が高い。何もないところに勝手に意味を見出すことになる

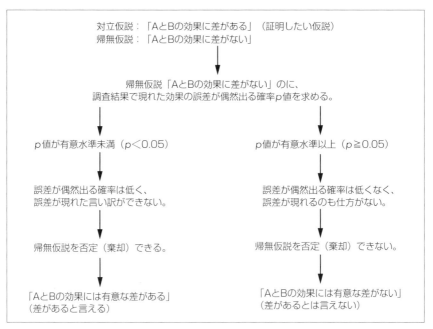

図5-3 検定の流れ

表5-6 検定の過誤

		検定結果	
		有意差あり	有意差なし
真実	差あり		第二種の過誤
	差なし	第一種の過誤	

ため、結果の取り扱いには十分注意する必要がある。再度、調査を行ない、同様に検定を行なう必要もあるだろう。

2　尺度水準と正規分布

1）尺度水準

統計処理を行なうデータは四つに分類できる。それぞれ「比例尺度」「間隔尺度」「順序尺度」「名義尺度」と呼ぶ（表5-7）。

（a）**比例尺度**（ratio scale）

> 問　心理学研究で行なわれている統計的仮説検定において利用される有意水準の説明として、最も適切なものを選べ。
> ① 帰無仮説が真であるとき帰無仮説を棄却する確率である。
> ② 帰無仮説が真であるとき帰無仮説を採択する確率である。
> ③ 対立仮説が真であるとき帰無仮説を棄却する確率である。
> ④ 対立仮説が真であるとき帰無仮説を採択する確率である。
> 〔2018年公認心理師試験問題より〕　　　　　　正答（　①　）

表5-7　統計処理と行なうデータの分類

データの種類	尺度の種類	尺度の意味	例（学生）	可能な計算
量的データ	比例尺度	原点(0という値)と比率に意味がある	身長	+、−、×、÷
	間隔尺度	値の間隔に意味がある	体温	+、−
質的データ	順序尺度	順序に意味がある	テストの順位	あまりできない
	名義尺度	区別することに意味がある	学籍番号	できない

・「0」（ゼロ）が「何もない」ことを意味している。
・データが取る値の等間隔が保証されている。
・四則演算が可能。例として、血圧、速度、経過時間など。

(b) **間隔尺度**（interval scale）
・「0」（ゼロ）は「何もない」ことを意味していない。
・データが取る値の等間隔が保証されている。
・足し算、引き算は可能。

〔例〕温度、時刻、身長、テストの点（100点満点）。テストの0点は学力が全くないことを意味していない。なおテストは厳密には順序尺度だが、心理学では間隔尺度として扱うのが普通である。

(c) **順序尺度**（ordinal scale）：順序による数字の大小に意味・違いはあるが、数値間の間隔は一定ではない。したがって、差がとれないため、本来演算ができないことが多いが、間隔尺度と見なすことが多い。

〔例〕徒競走の順位、満足度、授業の難度（1難、2やや難、3やや易、4易）など。

(d) **名義尺度**（nominal scale）：数字が付いていたとしても名前としての意味

しか持たない。四則演算や比較はできない。カテゴライズするための数値。
〔例〕血液型（1. A型、2. B型、3. O型、4. AB型）、男性は1、女性は2と入力するなど。

2) 正規分布

集計したデータがどのような散らばり（分布）を見せるのかによって、統計処理を行なう手法が変わる。データが「比例尺度」または「間隔尺度」であり正規分布に従っていれば**パラメトリック検定**を適用する。データが「順序尺度」や「名義尺度」、また「間隔尺度」でも正規分布に従っていなければ**ノンパラメトリック検定**を適用する。

正規分布とは、データを収集した際に、平均値近くにデータが多く集まり、平均値より大きくても小さくても徐々にデータが少なくなるような分布である（図5-4）。特徴としては、①平均値を中心に左右対称、②釣鐘型のカーブ形、③山が一つ（単峰性）が挙げられる。

生活の中で正規分布にしたがっているデータはたくさんあり、例えば人間の身長や体重なども正規分布に近い分布となる。正規分布にしたがっている場合、調査結果のデータはどれだけズレが生じているのか。そのズレが偶然に起こる確率はどのくらいかを計算し、パラメトリック検定を行なうことになる。

ちなみに、正規分布にしたがっているとすると、平均値±1標準偏差に全体の68.26%（約70%）のデータが、平均値±2標準偏差に全体の95.44%のデータが、平均値±3標準偏差には全体の99.74%のデータが含まれる。

臨床データで、平均値±1標準偏差以上と以下の値をとったものを、高群と低群に分類するのは、こうした正規分布の性質を根拠としている。

3) 代表値

集計したデータの特徴を表わす値を**代表値**と呼ぶ。前述の平均値も代表値の一つである。データを分析する際には、これら代表値を確認して検討する。ほとんどの場合には、間隔尺度のデータが対象となる。

平均値（mean）：一般的な平均と同義である。全データの合計を出し、データの個数で割ったものである。

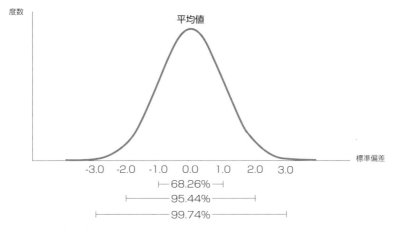

図5-4　正規分布のグラフ

　中央値（median）とは全データを数の大きい（小さい）順に並べたとき、丁度中央に位置する値である。代表値として平均値はよく利用されるが、外れ値（極端に大きい・小さい値）に大きく影響される。例えば、100名の年収を集計した際、年収10億円の人が1名入ると平均値を1,000万円押し上げてしまう。中央値は、外れ値の影響を受けにくく、全データの特徴をよく反映するときがある。
　最頻値（mode）とはデータのうちで最も度数の大きい（いくつも出現する）値である。順序尺度・名義尺度で利用されることが多い。正規分布であれば、左右対称のため、平均値・中央値・最頻値が等しくなる。
　分散（variance）とは各データの平均値からのバラつきを表わす値である。全データが平均値であれば0となり、データが平均値から離れるほど分散の値が大きくなる。推測統計で取り扱う際には、分母をデータの個数nではなく（n-1）で割る。これを特に不偏分散と呼ぶ。

$$分散 = \frac{\{(データ1-平均値)^2 + (データ2-平均値)^2 + ... + (データn-平均値)^2\}}{n}$$

　標準偏差（standard deviation）とは分散と同様に、各データの平均値からのバラつきを表わす値である。分散は2乗して算出しているため、単位が元の平均値とは異なってしまう。そのため、分散の平方根を取り、単位をあわせ、扱

いやすいようにしたものが標準偏差である。

3　統計手法

1）相関分析

　相関分析とは、二つのデータ間の関係性を調べるものである。一方のデータが増えると、もう一方のデータも増えるような関係を「正の相関」、一方のデータが増えると、もう一方のデータは減るような関係を「負の相関」と呼ぶ。ちなみに、二つのデータが双方とも正規分布するのであればピアソンの積率相関分析、正規分布しないのであればスピアマンの順位相関分析などを利用する。

　相関関係の強さは、相関係数 r というもので表わし、−1〜1 までの値を取る。相関係数が 1 ないし−1 に近いほど直線に近い関係になり二つのデータ間には強い関係性があることを表わし、相関係数が 0 に近いほど二つのデータ間に関係性があまりないことを表わす（図 5-5）。また、直線的な関係のみを表わすため、二つのデータ間に V の形のような関係性があったとしても相関があるとは言わない。

　二つのデータ間に相関関係が認められた場合でも、二つのデータ間に因果関係があるとは言えない。例えば、年収と血圧の間には強い正の相関が認められる。ただ、「年収を上げると血圧が上がる」「血圧を上げると年収が上がる」というような因果関係は考えられない。この場合には、隠された「年齢」というデータがあり、年齢が年収と血圧に影響を与えていると考えられる。「風が吹けば桶屋が儲かる」ではないが、データ間に直接の因果関係があるとは到底考えられない場合もあるだろう。相関関係が認められた際の考察には注意が必要である。

2）回帰分析

　回帰分析とは、データ間の関係を数式で表わすことである。あるデータを別の一つのデータの数式で表わす場合（例：体重（kg）＝身長（cm）×○＋△；○・△には分析の結果算出した数値が入る）を「単回帰分析」、あるデータを別の複数のデータの数式で表わす場合（例：体重（kg）＝身長（cm）×○＋腹囲（cm）×□＋△）を**重回帰分析**と呼ぶ。回帰分析の結果もとめられた直線

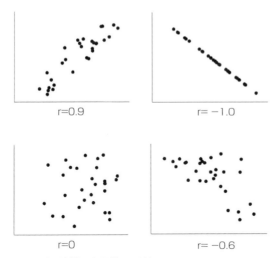

図 5-5　相関係数によるグラフの違い

を回帰直線と呼ぶ（図 5-6）。

　この回帰分析では主に二つの目的がある。一つは、あるデータの値から別のデータの値を推測することである。もう一つは重回帰分析であるが、重回帰分析ではあるデータ（従属変数）を複数のデータ（説明変数）を使って表わしており、それぞれの影響度をはかることができる。上記の場合では、体重に与える影響は身長と腹囲とどちらが大きいのかを分析する。

3）割合の差の検定

　割合の差の検定は、分類尺度のデータで行ない、回答の割合がグループごとによって差があるかどうかを分析する。例えば、授業の難易度について「容易」「普通」「難解」と回答させ、授業方法により回答の割合に差があるかを調べる場合がある。おおよそ、データ数が多い場合にはカイ 2 乗（X^2）検定、データ数が少ない場合にはフィッシャー直接確率法（フィッシャー検定などとも呼ぶ）を利用する。

　表 5-8 は、メインの教材をビデオか教科書かで分けた、授業の難易度についての調査結果である。一見すると、ビデオの方が教科書よりも容易に感じているように思われるが、カイ 2 乗検定の結果は $p=0.1313$ であり有意差は認められず、双方に差があるとは言えない。このように、調査結果を印象だけで決め

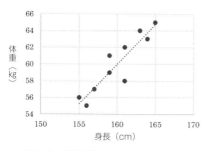

図5-6　回帰直線

表5-8　教材の違いによる難易度の感じ方

	容易	普通	難解	合計
ビデオ	13	5	6	24
教科書	7	7	12	26
合計	20	12	18	50

るのではなく、確率によって検討するのが検定である。

4）平均値の差の検定

　平均値の差の検定は、間隔尺度のデータで行ない、あるデータの値の平均値がグループ間により差があるかどうかを分析する。例えば、ワークショップ前後のストレスチェックの点数に違いがあるかどうかや、学年により読書時間に違いがあるかなどである。データが正規分布するのであれば、パラメトリック検定である**t検定**または**分散分析**を利用する。データが正規分布しないのであれば、ノンパラメトリック検定である**ウィルコクソンの符号順位検定**や**マンホイットニーのU検定**等を利用する。

　パラメトリック検定であるt検定と分散分析の違いは、比較するグループの数である。t検定は2グループの場合限定であり、分散分析は2グループ以上の場合、全てで利用できる（2グループの場合の分散分析は、t検定と同じである）。

　また、データにも「対応のある」ものと「対応のない」ものがあり、統計手法にも違いが出る。対応のあるデータは、勉強前後のテストの点数など、比較するグループ間に何らかの関連性があるものである。同一人物のデータが時間経過により変化があるかどうかなどを調べる。そのため、比較するグループのデータ数が揃っている必要がある。対応のないデータは、男女の身長の比較など、比較するグループ間のデータに関連性が薄いものである。データ数がグループによって違ってもよい。

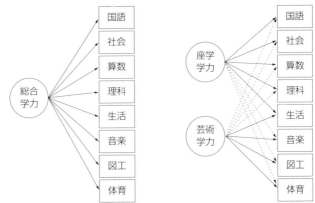

図 5-7　因子分析の例

5) 因子分析

　因子分析は、結果として表われたデータを分析して、それらの原因となる共通する内容（因子）を見つけ出す手法である。心理尺度を標準化する際に用いられる手法は因子分析である。

　例えば、図 5-7 のように、8 教科のテストの点数を集計し、それらの背後にある共通する学力について検討するものである。図の左側では、一つの学力（因子）が原因となり各教科の点数が表われている。この学力は教科全体を表わすので「総合学力」と名付けるのがよいであろう。ただ、一つの学力で全ての教科の点数を説明するのは難しい場合もあり、図 5-7 の右側のように二つの学力で表わす方が良いこともある。この場合は、「座学学力」と「芸術学力」と命名した。もしかすると、二つではなく三つの学力で表わした方がうまく解釈できるかもしれない。これら原因となる因子数を、固有値・寄与率・因子負荷量などの値から、どれがふさわしいかを検討していくことになる。

　例のように、因子分析は「これが正解」と現状を完璧に分析できるものではなく、何度も分析を行ない「もっともらしい」現状のモデルを検討するものである。特に、研究の初期段階で利用されることが多く、現状の全体像を把握して仮説構築を支援する。

　また、因子分析の結果から影響力の少ない関連部分を外し、また因子間の因果関係についても検討したモデルを作成することを**共分散構造分析（SEM）**と呼ぶ。共分散構造分析は複数の構成概念間の関係を検討することができる。

統計的手法は練習問題を解き、習熟する必要がある。そこで本章の内容をさらに深めることができる統計学習サイトを作成したので、十分活用してほしい（https://yama10tama4.wixsite.com/konin）。

第3節　事例研究法

1　法則定立的研究と個性記述的研究

　心理学の研究法には**法則定立的研究**と**個性記述的研究**がある。法則定立的な研究の目的は心理学の法則性や仮説、または心理的要因に効果を検証することであり、その基礎には実験計画法と統計がある。例えば巻末に付いているキーワード集のバンデューラによるモデリング実験を見てほしい。バンデューラは96名の子どもに実験を行ない、モデリングという心理学の法則を見出している。モデリングはバンデューラの実験に参加した子どもだけでなく、特殊な条件がない限りほぼ全ての人に当てはまる普遍的な法則である。さらに、モデリングは様々な恐怖症の治療に応用されている。このように、バンデューラの実験は法則定立的研究の代表的な例といえる。

　しかし、臨床心理学の実践的な観点からは、法則定立的研究には、①普遍性、②客観性、③論理性の三つの問題点がある。

★法則定立的研究の問題点
①普遍性、②客観性、③論理性
（このことを指摘したのが中村雄二郎（1992）による「臨床の知」である）

　法則定立的研究は、普遍的で客観的な法則を求めるために個別の関係性を統制せざるをえない。例えば、96名の子どもたちはバンデューラと個別の関係を持ってはいない。その96名をグループに分けて「子ども」と表現しているが、バンデューラは一人一人の子どもを知っているわけではない。

しかし、現実のケースでは、クライエントと公認心理師との個別の関係性を無視できない。それぞれの子どもには個別の背景がある。実際のケースではその背景を踏まえて良好な関係をつくらなければならない。良好な関係ができていない段階でモデリング等の技法を導入しても拒否される可能性が高い。こうした関係性はクライエントと心理師の具体的な相互作用の中でつくられ、ケースのあらゆる場面に影響を与える。

このように、現実にはクライエントと心理師との具体的な相互作用の中で法則や技法は使用される。つまり、臨床心理の実践的な立場ではモデリングも重要だが、「どんな関係の中で、どのような技法をどのような導入の仕方で使ったのか。そして、どのような変化がみられたか」も知りたいわけである。そのケース報告を通じて、自分のケースと比較したり、自身のケースの示唆を得ることも重要である。

臨床心理の実践を重視する場合、法則定立的研究も重要だが、個別の関係性を含んだ研究も同様に重要である。こうした個別の関係性を質的に検討する研究方法を**個性記述的研究法**という。個性記述的研究法は、普遍的な法則性よりも、個別性と関係性の質的理解を重視して、実践的で示唆的な結果を得ようとするものである。個性記述的研究法には統計で得られるような意味の客観性はない。おそらくは現象学的アプローチに基づく研究が多いだろう。

★現象学的アプローチ

現象学とは、ある現象を既存のカテゴリーや理論にあてはめるのではなく、可能な限り現象そのものを理解しようとする哲学的立場である。臨床心理学における現象学的アプローチとは、クライエントの立場に身を置きながら、公認心理師自身のその場でのありようや、クライエントの反応、ひいては心理師のクライエントとの関係までを対象化するアプローチである。

法則定立的研究の問題点の一つである論理性は、要素還元主義と関連している。基礎心理の研究は基本的に分析的であり、要素還元主義に基づく。要素還元主義とは、複雑な事象を構成する主たる要素を取り出して、その要素を構成すれば全体を把握できるという論理である。「還元」とは「置き換えることができる」という意味である。

例えば仮に中学生の自己肯定感尺度をつくったとしよう。因子分析の結果、その尺度は3因子構造が導かれたとする。中学校生活に対する自己肯定感には複雑で多くの要因があるだろうが、量的に情報を要約すると、三つの要素に還元することができ、その得点で中学生の自己肯定感は説明できると見なす。つまり「中学生の自己肯定感」という複雑な現象は、少なくとも量的データとしては三つの要素に客観的に還元できるといえる。

しかし、現実のケースでは、量的データとしての3因子が目の前のクライエントの中学生の自己肯定感といえるかどうかはわからない。現実の面接場面では、このクライエントの自己肯定感はこういう内容だろうと直感的に理解することもある。それはごく一般的に起こる現象であり、面接に重要な示唆を与えてくれる。実際の現場では科学的で「要素還元的な知」ばかりで対応しているのではなく、その場で理解したことや、その場で浮かんだ判断も含めてケースが展開する。いわゆる無意識を重視する力動的心理療法の立場であれば、現実を多重かつ多義的に読み取ることも重視されるだろう。

このように考えると、法則定立的研究だけでなく、臨床心理学では、「個別の関係の中でどのようにケースを展開するか」という個性記述的研究が重要であることが理解できる。そして、こうした個性的記述的研究の代表的な手法が**事例研究法**である。

2 事例研究法

事例研究とは、原則として、一事例についてのプロセスから詳しいデータを収集し、収集されたデータの分析から、なんらかのパターンや構造仮説、理論モデルなどを試製することを試みるタイプの研究法である（斎藤 2013）。

一般に、事例研究法は、個別の事例を深く理解したり、少数の事例から仮説を立てるために用いられたりする研究法である。事例を詳しく検証できる利点がある一方で、事例数が少ないため、明らかになったことを一般化することはできない欠点がある。

臨床心理学において事例研究は報告者を育てる教育方法でもある。ケースをまとめ、事例検討会で発表し、意見を交換することは心理師の成長に必須である。

表5-9 研究目的別の系統的事例研究法

名称	特徴
成果指向事例研究 （outcome-oriented case study）	ある事例において心理療法はどんな効果があったのか、クライエントの変化に心理療法がどの程度貢献できるのか、といった問いに関連する事例研究法
理論指向事例研究 （theory-oriented case study）	ある事例での心理療法のプロセスは、理論的な用語でどのように理解することができるか、既存の理論モデルをテストし、より良いものにするために、この事例のデータをどう活用できるか、あるいは新しい理論的枠組みを構築するのにこのデータはどう活用できるか、といった問いを探索する際に用いられる事例研究法である
実践指向事例研究 （pragmatic case study）	どのような治療計画や介入が心理療法に良い結果をもたらしたのか、そのクライエントに必要な治療的方法をセラピストはどう適応させ修正していったのか、といった問いを扱う事例研究法。実践指向事例研究の第一の目的は、特定の治療アプローチが、特定のクライエントに対しどのように展開していったのかを詳細に提示することにある。伝統的な事例研究に似ているが、事例に関する量的および質的な情報を幅広く提示することと、一貫した方法に固執して研究を進めることが研究者に求められる点において従来の事例研究と異なる
体験ナラティヴ指向事例研究 （experiential or narrative case study）	この事例で、クライエントもしくはセラピストはどんな体験をしたのか、この事例にはどのような意味があったか、といった問いを扱う事例研究法。クライエントやセラピストの視点から、事例のストーリーを伝えることが目的の研究法である。伝統的な質的研究法

〔福島哲夫（2018）「質的データを用いた実証的な思考法」『公認心理師必携テキスト』学研、p.95〕

　表5-9にみるように、事例研究法は複数の目的で行なわれる。この表のうち、成果指向事例検討は認知行動療法でよくみられるものであり、ABABデザインなどで効果の検証が行なわれている。一方、日本では体験ナラティブ指向や実践指向の事例研究も盛んに行なわれている。先に述べたように、これら事例研究は単なる主観の開示ではない。質的データとして価値がある研究である。ただし、特に体験ナラティブ指向の事例研究については幾つかの注意点がある。

　(1) 記述対象のクライエントや児童生徒はどのように選ばれたのか。そこに要求特性や選抜効果はないのか。

　研究協力者が研究者の意向を読み取り、その意向に沿った回答をしてしまう傾向を要求特性という。例えば、スクールカウンセラーが小学校高学年のクラスに構成的グループエンカウンターを行ない、子どもたちから記名式で感想を求めたとしよう。このとき、スクールカウンセリング室に通っている子どもが「カウンセラーさんとしては、良い感想を書いてほしいのだろうな」と、カウンセラーの意向を読み取る可能性がある。カウンセリング室に通っていること

もあり、仮に不快なことがあったとしても、その子は良い感想しか書かないかもしれない。この場合、感想文には要求特性が働いている。

選抜効果とは、相関関係を検討する対象について、データ本来の分布の中の一部分の偏ったデータだけを用いて相関を算出することにより、相関係数の値に影響を及ぼす場合をいう。もともとは統計用語だが、これと同じことを質的研究でも行なうケースがあるので注意したい。例えば、スクールカウンセラーが特別支援教室で数回、クラス単位でSSTを行なったとしよう。その中で、一番効果がみられた子どもを抜き出して、インタビュー調査を行ない、SSTはこんなに効果があったと主張できるだろうか。このインタビュー調査には恣意的な選抜効果があると考えられるので、そのような主張はできない。

質的研究では特定個人のケースを詳細に記述することが多いが、その際は選抜効果や要求特性への配慮がなされているかをチェックする必要がある。

(2) 成果の記述に極端な偏向理解や権威の引用はないか。

初学者にみられる失敗に、極端な結論を導く記述がある。例えば「この研究はフロイトの言う○○を具現したものだ」とか「ドストエフスキーの芸術論が本事例で行なわれた」という結論を述べる場合、特に指導的立場にある者は「権威からの引用の妥当性」を検討するべきである。常識的に考えて、相当な熟練者でなければ起きえない結論が導かれた場合、本当にそのような結論を導くだけのデータがあるのかを厳しく検証するべきである。

このように、いくつかの課題を抱える事例研究だが、事例研究は、日本の臨床心理学を大きく育てた研究法であり、臨床家の養成法であった。事例研究は今後も心理師に必須の訓練として、また臨床心理学固有の優れた研究方法として、いっそう発展していくことだろう。

文献

・福島哲夫編集責任（2018）『公認心理師必携テキスト』学研
・中村雄二郎（1992）『臨床の知とは何か』岩波書店
・野田亜由美（2015）「研究法としての事例研究——系統的事例研究という視点から」『お茶の水女子大学心理臨床相談センター紀要』16、45-56.
・斎藤清二（2013）『事例研究というパラダイム——臨床心理学と医学をむすぶ』岩崎学術出版社

第4節　フィールドワーク

1　フィールドワークとは

　フィールドワークとは、リサーチ・クエスチョンに基づいて自分が関心のある場所（フィールド）へ行き、その場所で行なわれている活動を記録して、活動の構造や機能を分析する方法である。例えば、「フリースクールで不登校の子どもたちと支援者がどのように関わっているかを知りたい」「精神科の長期入院患者が院内の生活で困っていることを知りたい」「社会的ひきこもりの子どもをもつ親の会の活動を知りたい」などはフィールドワークに適したリサーチ・クエスチョンである。

　臨床心理学でフィールドワークが注目された理由は三つある（表5-10）。

　1990年代から2000年代の前半まで、日本の臨床心理学は基礎心理学の科学的なアプローチに対して現象学的アプローチを指向した。特にカウンセリングの場面で類型論を使ってクライエントを理解する仕方と、現象学的にクライエントを理解する見方との相違は大きな争点の一つであった（佐治他 1996）。

　類型論的な見方では、いろいろな症状を同じカテゴリーに分類する。例えばクライエントの話を聞き、症状を見て、DSM-5などを参考にして「うつ病ではないか」と判断するのは類型論なクライエントへの接し方である。一方、現象学的な見方では、同類ではあってもクライエントは、一人一人みな異なっていると考える。例えば、うつ病の患者が千人いたとして、それぞれが個性的なケースといえる。「このうつ病のクライエントの苦しみはどのような性質で、どういう背景に支えられているのかを、このクライエントの立場に立って理解しよう」とするならば、それは現象学的な接し方でクライエントと会っている。

　カウンセリングの実践現場では類型論的な接し方と現象学的な接し方が、矛盾を抱えながらも両立している。面接現場では、クライエントの世界に身を置き、あたかもクライエントであるかのように共感しながらも、クライエントと同一化するのではなく、もう一方でその場の外にいる自分を確保しておくこと

表5-10　心理学とフィールドワーク

(1) 臨床心理学として他者理解を深める手法
(2) 公認心理師の多職種連携を研究する手法
(3) 公認心理師の心理教育を研究する手法

が心理師に求められる。

　この訓練の仕方としてフィールドワークが注目された。文化人類学や社会学の手法であったフィールドワークは、自分と異なる文化を持つ人々の生活に身を置き、共感しながらも、その文化を記録し、価値観等の体系を読み解く研究手法であった。これは先のカウンセリングの実際場面とほぼ同様の構造をもっている（岡村 1996）。また、フィールドワークは自然科学の手法ではないが、社会科学としては十分な正当性をもっている。近代的な知（特に自然科学の知）のあり方とは異なる「臨床の知」（中村 1992）を模索した日本の臨床心理学は、カウンセリング場面を一つのフィールドと考え、フィールドワークを心理師の訓練として取り入れようとする動きがあった（佐治他 1996）。

　「面接現場の訓練」に加えて、多職種連携の現場を研究する手法としてもフィールドワークは注目された。2017年公認心理師法が成立し、多職種連携と集団への心理教育が心理師の義務となった。多職種の連携には実際の現場（フィールド）において、背景が異なる専門職の立場を理解して協働的な成果をあげなければならない。連携するべき社会施設の理解はもちろん、協働的な連携の研究と訓練にフィールドワークは役立つだろう。

　公認心理師の目的にも掲げられているように、国民（集団）への心理教育の実践もフィールドワークの対象といえる。今後、心理師はそれぞれのフィールドで心理教育を実践しなければならない。しかし、心理教育の要請があってから、にわか勉強でその発表準備をするのでは専門職とは言えない。心理師自身が関心を持った心理的な社会事象について調べ、発表のための資料を作成し、必要に応じて技法を交えながら、国民（集団）の心理的な健康の維持増進に関する情報を提供できるように心理師は準備しなければならない。

　例えば、スクールカウンセラーが発達障害について調べ、教員研修で発表できる資料を作成し、複数の対応法を紹介し、発達障害に関する理解と支援を話す機会があったとする。この時、地域の発達支援センターや教育相談センター

の情報を調べておき、実際の活動を話せることにより、発表の内容の説得力は相当に高まる。こうした社会施設の調査はフィールドワークの一つである。

また、子どもたちの人間関係について関心のある心理師が、学校内で構成的グループエンカウンターやSSTを行なうことなども心理師に求められる集団への心理教育である。しかし、そうしたフィールドは実験研究のように統制されているわけではない。フィールドは、予期しない出来事に即興で応えながら、さまざまな調整を行ない、成果を上げる**ワークショップ（workshop）**の構造をとることが多い。ワークショップは中野（2001）または苅宿（2012）の定義が代表的である。

★ワークショップの定義
講義などの、一方向的な知識伝達のスタイルではなく、参加者が自ら参加・体験して共同で何かを学びあったり創り出したりする学びと創造のスタイル（中野 2001）。
コミュニティ形成（仲間づくり）のための他者理解と合意形成のエクササイズ（苅宿 2012）。

臨床心理学の教育領域では苅宿（2012）の定義が、また、人間性心理学の領域では、中野（2001）の定義が比較的用いられている。これは苅宿（2012）が教育学出身であり、一方、中野（2001）はトランスパーソナル心理学の影響が強いことに依る。このようなワークショップ型授業や研修会や効果を調べるには**アクションリサーチ**のようなフィールドワークの手法が望ましい。アクションリサーチとは、実践が行なわれている「場」全体を捉えて、そこで活動する実践者が問題と思う状況に改善をもたらすために、その状況にかかわっている人々の学習サイクルを活性化させる研究方法である。アクションリサーチでは、「問題の特定」「データ収集」「要因の明確な表現」「計画された変更」「データ分析」という学習サイクルを循環させながらフィールドを活性化していく（野口 2004）。

2　フィールドワークの手順

1）フィールドワークの流れ

研究を行なう上で、「何を見れば、自分が知りたいことを調べることができ

るのか」を理解することは重要である。それは質的研究にせよ、量的研究にせよ、あるいは実験による研究であっても、リサーチ・クエスチョンを絞るには、対象を定め、かかわっていくプロセスが必須である。例えば、心理学研究法や卒業研究で、漠然と「母子の愛着関係を研究したい」と言う学生がいる。しかし、実際に母親と子どもがかかわる場面を見なければ、自分が愛着の何に問題を感じているのか、また、どのような愛着関係に関心があるのかを深められないだろう。どのような研究を行なう場合でも、研究対象を定め、それを「見る」という過程は、研究を始める際に必ず行なう作業である。

例えば、「フリースクール」というフィールドで、「不登校の子どもたちと支援者のかかわり」を観察のテーマとしてみよう。これで、さしあたりのフィールドと観察対象が決定される。次に、フィールドワークを実行するため、フリースクールと交渉し、日程と記録方法を決定する。フリースクールの場合なら、写真撮影が許されるところと許されないところがあるだろう。

フィールドワーク当日は、フィールドメモに子どもと支援者のかかわりを記録する。そのフィールドメモを持ち帰り、個人で記録したメモを何らかの方法で解釈し、関連づけて、その日に起こったことを一連のストーリーとしてまとめ、フィールドノーツを完成させる。そして場合によってはしかるべき場所で発表をし、評価を受ける。こうした一連の作業がフィールドワークの流れである。

2) フィールドの決定

フィールドを決定するには、主に三つの要因を検討する必要がある。

第一に自分自身の関心である。フィールドワークにおいて自分の関心は**リサーチ・クエスチョン**と呼ばれる。リサーチ・クエスチョンという名称が示すように、フィールドワークでは自分の関心を問いの形にしなければならない。例えば「不登校の子どもの支援に関心がある」というのはリサーチ・クエスチョンではない。「学級復帰を目的とした支援にはどのようなものがあるのかに関心がある」というならば、これはリサーチ・クエスチョンである。この場合、フィールドは適応指導教室などになるだろう。他方、「オルタナティブな学習の場で子どもはどのように活動しているのかに関心がある」ならば、フィールドはフリースクールになるだろう。フィールド・クエスチョンに従っ

て先行研究を集め、さらに問いを深めながら、具体的なフィールドが決定される。

　第二の要因は、「時間の制約」である。自分に与えられた研究時間によって、フィールドも決定される。卒業研究の提出期限が3ヶ月後に迫る中で、「一年間を通したフリースクールの学習支援」を調べるフィールドワークはできない。いつまでに、どのようなデータが必要かを検討しながら、フィールドワークの計画を立てる。

　第三の要因は「交渉の難易度」である。これは現実にそのフィールドを調査ができるかという判断でもある。どんなに調べたいと思っても、実際にフィールドから許可を得られなければ調査は行なえない。例えば、大学の卒業論文で医療少年院へフィールドワークに行きたいと考えても、現実には交渉の難易度が高く、実現しないだろう。現実的に調査できるフィールドを見出す力も調査能力の一つである。

3）フィールドへの交渉

　フィールドが決定したら、次は調査の依頼を行なう。しかし関心があっても、その調査対象へアクセスする術がない場合には、指導教員やその領域・フィールドに詳しい人物にフィールドを紹介してもらうこともあるだろう。

　学生の場合、フィールドへの交渉を単独で行なうのではなく、担当教員の指示を遵守する。また、交渉では社会常識を守ること、フィールド先の事情を最優先に考え調査時期を選ぶこと、調査承諾書や結果の保管と公開についての同意書を得ることなどが求められる。

4）フィールドメモとフィールドノーツ

　フィールドノーツのつけ方や、データを記録するために使用する道具はそれぞれのフィールドによって異なる。またフィールドがどのような場所――子どもたちが遊んでいる保育室や授業中の教室、病院内のプレイルームや診察室――なのか、フィールドに入っている際に調査者がどのようなかかわりをしているかによって、その時どのようなフィールドメモが取れるかも異なってくる。

　しかし、何のメモも取らずにフィールドを出て、あとからフィールドで起こったことを一から記述することは難しい。そこで、最低限、フィールドで取

れるメモをとり、フィールドから出た後に、できるだけ時間をおかずに、フィールドノーツを書きまとめる必要がある。この最低限のメモを**フィールドメモ**という。

柴山（2006）は、フィールドメモとフィールドノーツの違いについて、次の2点を指摘している。

第一の違いは、「フィールドメモが現時点の自分のための大づかみ的な覚書であるとすれば、フィールドノーツは未来の自分のための緻密な記録」である（柴山 2006）。フィールドに入り、そこで得た情報を断片的に記述したメモは不十分な形の記録である。数日後、そのメモだけを見ても、そこに書いてあることがなぜそうであったかを思い出すのは難しいことも多い。つまり、フィールドメモの状態では実際の分析に際して不十分なデータになってしまう。

そこで、フィールドで得た「取れたて」の情報を、当時の記憶が鮮明に蘇るように保存しなければならない。その「保存した状態」がフィールドノーツである。フィールドノーツは「未来の自分のための緻密な記録」であり、断片的であったフィールドメモを、自分自身の研究関心に沿って、まとまりをもったものに再構成し、時間が経過しても読み返せば当時の様子が想起される記録といえる。

第二の違いは、「フィールドメモは自分の関心の網にかかった事物の覚書であるとすれば、フィールドノーツは自分が見てきた世界に対する解釈の記録」という点である。第一の違いが、時間に関するものであるとすれば、第二の違いは内容についての違いである。フィールドではさまざまな出来事が起こっている。そのため、フィールドに入っている際には、何をメモして、何をメモしないか、あらかじめ決めることは不可能に近い。

したがって、なるべく多くのメモが記録されるだろう。さらに得られた膨大なメモは解釈され、関連づけられなければならない。断片的なメモを、自分の研究関心であるテーマに沿って解釈し、自分が「見た」ひとつの世界としてまとめる必要がある。こうしてまとめたものがフィールドノーツである。つまり、フィールドメモとは、「フィールドに入って、そこで起こった出来事や感じたこと、特に研究関心に関わることを覚書したもの」である。一方、フィールドノーツは、「フィールドメモで得た情報を、将来の自分の作業に詳細に記録し、自分が見てきた世界の解釈としてまとめたもの」といえる。

ここで問題になるのが、フィールドノーツのつけ方と、フィールドノーツの結果の分析方法である。フィールドノーツのつけ方に決まった方法はない。また、フィールドノーツの分析方法にも決まった分析方法はない。この点が、分析手法がほぼ決定されている量的研究と大きく異なる。

　どのようにフィールドノーツをつけ、どのように分析するかは研究者にゆだねられている。また何回フィールドワークを行なえばよいのかという判断も研究者が決定する。しかし、いずれにしても大事なことはリサーチ・クエスチョンに基づいているかである。リサーチ・クエスチョンを明らかにするために何回フィールドへ行くのか、分析をどう行なうかという視点を忘れてはいけない。

　フィールドワークは量的研究に比べて自由度が高い。この自由度の高さを、面白いと感じるか、あるいは不安を感じるかによって、フィールドワークへの評価も分かれるだろう。

文献

- フリック（2011）『新版 質的研究入門――〈人間の科学〉のための方法論』春秋社
- 苅宿俊文（2012）「まなびほぐしの現場としてのワークショップ」苅宿俊文、佐伯胖、高木光太郎編『ワークショップと学び――第一巻　まなびを学ぶ』東京大学出版会
- 中野民夫（2001）『ワークショップ――新しい学びと創造の場』岩波新書
- 中村雄二郎（1992）『臨床の知とは何か』岩波新書
- 野口眞弓（2004）「実践知を活かすアクションリサーチ」『日本赤十字看護学会誌』4、53-58.
- 岡村達也（1996）「共感あるいは異文化間コミュニケーション――受容論の盲点」『このはな心理臨床ジャーナル』2、81-83.
- 佐治守夫、岡村達也、保坂亨（1996）「第3章　理論の意味するもの」『カウンセリングを学ぶ』東京大学出版会
- 佐藤郁哉（2002）『フィールドワークの技法――問いを育てる、仮説をきたえる』新曜社
- 柴山真琴（2006）『子どもエスノグラフィー入門――技法の基礎から活用まで』新曜社

第六章
臨床心理学の新たな展開

第1節　臨床心理学における身体性の再考

　心と身体の関係に関する議論は歴史的にいうと、「我思う、ゆえに我あり」という言葉で知られているデカルト（René Descartes）に代表される近世以前の心身二元論と近世以降の近代から現代に至る時代の心身相関論に大別できる。前者においては宗教の影響が強く、身体は破壊され、滅びる存在であるが、精神、すなわち、心は物体として存在しないため破壊不能で不滅のものであり、心と身体は互いに独立して存在しうるとする見解が一般的であった。後者では、近代から現代に進むにつれてダーウィン（Charles Robert Darwin）の『種の起源』を含む自然科学が進歩するだけでなく、哲学においては人間解放に力点を置いた新しい思想が台頭し、心と身体を分離しない全体的存在としての心身相関論が主流を形成するようになった。

　とくに、心身相関論の展開に大きな起点となったものの一つにフロイトの精神分析が挙げられる。フロイトが発見した「ヒステリー機制」は、意識ではなく無意識の領域に「抑圧」された心の葛藤が身体に症状として出現するという「心の仕組み」を描き出した。言い換えれば、無意識の領域という心の深層に接近することによって、心と身体がいかに相互に密につながっているかを証明したのがフロイトであるといえる。

　ユング（Carl Gustav Jung）やアドラー（Alfred Adler）など、フロイトを礎に心理療法が発展する草創期に独自の理論と技法を提唱した人の多くは精神医学にオリエンテーションを有していたため心身相関に辿り着くのは自然な流れであり、深い理解があったと考えられる。精神分析の系譜を引き継ぐアンジュ（Didier Anzieu）は皮膚が心的外皮として自我機能を果たすユニークな「皮膚-自我」論を提唱した。フロイトがウィーンに設立した精神分析診療所の中心メンバーであったライヒ（William Reich）は心と身体の調和に重きを置き、そのなかで身体の重要性を強調することによって身体にアプローチする心理療法の基盤を作った。

一般に知られている代表的な心理療法の例として、精神分析理論の概念を引き継ぎながらライヒに影響を受けたパールズ（Frederick Salomon Perls）はゲシュタルト療法を創始した。彼は、心身を分離する考え方を強く批判し、人間の全体性を重んじる立場から、活動の物理的エネルギーに差があるだけとみなし、精神の活動と身体の活動は本質的に同じものであるとした。環境という場で有機体として生きる人間は「今-ここ」において常に全存在を顕わにしていることから、心理療法の場ではクライエントは言葉に限らず、その行動の全ての面において重要なサインと情報を提供していると考えた。もちろん、相対しているセラピストもまた同様の発信をしているのであり、セラピストの役割はクライエントの心を投影するスクリーンに喩えたように、両者の関係性が重要であると説いた。さらに、パールズはこのような力動を活性化する働きがグループの中でより一層促進されると考え、安全な枠組みを保ちながら体験される危機を一緒に体験し、互いに助け合う中で解消・低減するグループセラピーの有効性を主張した。

　一方、このような流れと趣を異にする身体アプローチ型心理療法として、リラクセイション療法が登場した。

　ジェイコブソン（Edmund Jacobson）は身体が深いリラックス状態にある場合、強い外部刺激に通常起こりうる驚愕反応が起きないことにヒントを得て、身体的緊張が高まる不安障害の治療においてリラクセイションが有効であると考えた。そこで1920年代に繰り返し筋肉を弛緩し緊張させることによってリラクセイションを獲得する「漸進的弛緩法」（PMR：Progressive Muscle Relaxation）を開発した。漸進的弛緩法は身体の各部位の筋肉を意図的に緊張させてから弛めることを体系的に行なうものである。この場合、力を抜いて緊張状態を解消することに意味があるだけでなく、緊張の状態と弛緩の状態の違いを認識する手続きを通して自分の緊張に気づく感性を高め、自ら弛めることができるようにすることを課題とした。彼は丹念に実験を重ね、骨格筋の弛緩は内臓筋の弛緩にも影響を与えることを示し、随意運動による筋肉の弛緩が間接的に内臓系の筋肉もコントロールできるとし、このような弛緩による身体全体の安定的状態をもたらす手続きが精神的に安定した状態に結びつくという結論に到達した。

　1930年代にはドイツのシュルツ（Johannes Heinrich Schultz）が筋肉の弛緩

（重たい感じ）に加え、血管の弛緩（温かい感じ）に着目し、「自律訓練法」(autogenic training) を提案した。この考え方より前に、ドイツの大脳生理学者であるフォクト (Oskar Vogt) が催眠と睡眠の研究を行ない、患者自身が行なう自己催眠が他者催眠より予防的・治療的効果が大きいことを発見し、自己暗示の方法を提案した。催眠の効果に関する研究にも取り組んでいたシュルツはこのことに関心を寄せ、受動的注意集中を基本とする自己催眠法に結びつけた。この場合、自己催眠による心身の弛緩は、暗示それ自体の効果以上に重たい感じの筋肉の弛緩と温かい感じを通して得られた身体全体の心理生理的な弛緩によって心身の状態が再体制化する。彼は自己催眠に基づいた一定の定式化された暗示項目を組み立てる手続きを取ることにより、「自律訓練法」をセルフ・コントロールの技法として一般化した。

　古来の方法に加えこれらのリラクセイション療法は実用化のための簡易版が工夫されたり、様々な心理療法に取り入れられたりするなど必要不可欠な治療技法として活用されてきた。催眠療法でも、催眠誘導の前準備段階として安静と心身のリラックスができるような物理的・心理的条件を整えることが必須である。また、現在の行動療法または認知行動療法の源流といえるウォルピ (Joseph Wolpe) の「系統的脱感作法」(Systematic Desensitization) の基本概念に「逆抑止」(reciprocal inhibition) がある。これは拮抗する関係である緊張とリラクセイションに着目し、「不安＝緊張」を引き起こす刺激とその「不安＝緊張」を抑制するリラクセイションをペアリングすることで、不安や恐怖に対する条件付け的反応が消失すると考えた。さらに、ストレス社会といわれる現代においては、「ストレスマネジメント」が注目されるようになり、多様なリラクセイション法を組み合わせたストレスケアが保健医療領域を始め、教育、福祉、産業など、さまざまな分野で活用されるようになり、リラクセイションは日常生活において身近なものになっている。

　我々が生きる活動の全ては、心身の主体である「私」すなわち自分が体験するものであることから、心理的問題と身体の問題は密接に関係し、相互に反映し、影響し合うといえる。したがって、心理療法では、内的意識を重視した言葉によるアプローチでも、身体の働きを媒介にしたアプローチでも、心身両方の要素が含まれるのであり、クライエントが選択し、承知した上で積極的に取り組むのであれば、身体へのアプローチがより有効であることも当然ありうる。

しかし、心身相関に対する理解のもと、リラクセイションを中心にして活発な実践が行なわれながらも、心理療法における身体性の意義については、十分に認識、共有されているとはいえない。臨床心理学における人間理解は臨床心理学の独自性とつながるものであり、臨床心理実践の基盤になるものである。その人間理解において、心と身体のつながりに基づいた全体的な人間像を追求することは、科学技術とともに激変するであろう未来においてなお重要な課題になると思われる。

　最後に、筆者（大野）が開発した主動型リラクセイション療法（SART：Self-Active Relaxation Therapy）の臨床心理事例を通して、臨床心理実践において身体性に注目する意義について考える材料を提供したい。

【事例1】　Aさん　うつ症状・アルコール依存症　50歳　女性

　若い頃日本画家として有望だったAさんをもっとも悩ませていたのは、"絵が描けない、描きたくない"気持ちであった。そのきっかけは、画家として大成するために、大御所のところに住み込みの修業に入った時期に大きな心の傷を負ったことであった。市民講座でSARTを知ったAさんは「主動（自分で動く・動かす）」を中心にすることで当人が積極的にコミットするリラクセイション療法ということに惹かれて筆者にSART面接を依頼した。SART面接の中で、Aさんはボディイメージの希薄さ、すなわち、身体の感じがはっきりしない、身体の硬さに対する自覚が乏しいという自分の現実に直面するが、それは自らの主動的な動きを通した自分への気づきともいえる。その上に、"膨らんでいない風船人形みたいな自分が動かしている感じ"というふうに自己イメージが変化し、"自分が動かしていくことでいい感じに自分が変わる。少しずつでいいからもうちょっといけるところまで動かせそうな気がする"などと、日常のひとりSARTの練習によって"生きる基盤"となる身体に目が向けられるようになった。

　以前のAさんは、身体（からだ）もまたその人のあり方であり、「今・ここ」においてそのあり方を表わすものであるという捉え方に思いが及ばなかったということである。SARTは、"自分存在に賭ける力"はすでに「主体」である一人一人の、あるがままの存在そのものに備えられているという人間理解に立っている。逆の見方からすれば、自分理解に気づくことを妨害する、内外か

ら引き起こされる緊張や不安、思い込みによってパターン化されてしまった生き方が様々な心身の不調や生きにくさに表われることになる。

Aさんは、計12回のSART面接の中盤を過ぎた頃から絵を描く作業に取り組み始め、12回目の面接では自分の自画像を完成し、終結の日にセラピストに披露、SART面接を終結した。

AさんはSART面接で体得したひとりSARTの実践を通して主動的に"身体が変わる"体験により自分自身との積極的な対峙が可能になり、日本画に対する自分のあり方、つまり「絵」を描かない自分は自分ではないと自分の気持ちを素直に表わすことができた。日本画の制作を通して得られた自信感・達成感は自分の再発見であり、自分自身の人生のあり方を変えることに繋がった。このことは「歴史上の女性」を描きたいという彼女のライフワーク（目標）を達成するためにグループ展に大作を出品するなど、終結後5年以上経過した現在でも活気に溢れた芸術活動に勤しんでいる。

【事例2】 Bさん 急性リンパ性白血病 50歳 女性

病気治療のために二度にわたって渡米し、最新の化学療法を受けた。しかし重篤な身体症状のために、うつ症状を呈し、生きる活力を失っていた。「自立と自己治癒能力向上」を柱として、薬の服用に加え、水分の補給と食事、運動をきちんとするといった厳しい指導のもと、リハビリテーションを続けていた。その過程で姿勢が前かがみになり、手足の動きに不自由さを感じるようになり、肩や腰、つま先など、からだの各部位に感じる痛みなど、日常生活での活動上の制約が生じたが、薬の副作用として本人には捉えられていた。

身体的苦痛もさることながら、社会的に活躍していた生活が一変し、家の中に閉じこもる生活のせいか、表情から生気が消え、気分が滅入り、顔がむくみ、動きも鈍くなるなど、精神的にも追い込まれ、うつ状態に陥っていた。その折に、SARTに関する文献を通してこれを知った。本人から受けてみたいという依頼があり、筆者が二度SART面接を行なった。

2回のセッションが終了した後に、Bさんはご主人とともに、からだの動きが改善しただけでなく、呼吸が楽になった、顔のむくみが取れ、表情に活気が出たなど、SARTの効果を報告した。その際に本人の意欲が高いため、日常生活で自らSART課題を行なうことができるように、Bさんが積極的に選択

した課題、分かりやすい課題を中心に復習を行ない、終了した。

　その後も引き続き、Bさんは日常生活においてひとりSARTを行なっていた。約2年後、フォローアップのために面接を行なったところ、Bさんの健康状態はさらに改善し、姿勢もすっきりとよくなっており、何より表情が生き生きして笑顔に満ち溢れていた。Bさんは、"SARTは自分の力で何とかする、自助能力を高める方法だと思います。自分の力で自分をきちんと動かせるようになる、自分が楽しんで動かせるようになるということを体験するうちに、心を閉じると身体も閉じられる、身体が開かれると心も開かれるということを実感しました。自分のできる範囲で、自分流でいいんだと思えてきて、身も心も自由になりました"と語った。

　自分の主体的な生き方が突然やってきた外の力により剥奪され、先の見通しにも否定的であったBさんが体験するものは、自己存在の無力感と、自らの努力による変化が実感できない、または、望めないという絶望感であったであろう。さらに、自らの工夫や意思決定の余地がなく、決められたことを受け入れ、それに合わせた自己調整を行なうしかない自己コントロール感の欠如であったと思われる。SARTを通してBさんが取り戻したのは、"自分の力でなんとかする、自助能力"であり、"楽しんでいいんだ"という自由さ、心と身体が一体となって変化するという実感から気づいた統合的な自己像であるといえる。

　何年か前にBさんから、医師から完治したと告げられたことが筆者に伝えられた。その時の感動はセラピストの立場を超えたものであり、今でも忘れ難い出来事であった。発病後10年以上経過した現在、彼女は第一線で指導的重責を果たしながら、多忙な日々を送っているとのことである。

文献

・フレイジャー, R. & ファディマン, J. 編著（1996）『自己成長の基礎知識2──身体・意識・行動・人間性の心理学』吉福伸逸監訳、春秋社
・大野博之（2011）『心理療法のためのリラクセイション入門──主動型リラクセイション療法《サート》への招待』遠見書房
・シュルツ, J. H. & 成瀬悟策（2007）『増訂　自己催眠』（オンデマンド版）誠信書房

第 2 節　日本の臨床心理学に求められること

　日本における臨床心理学の世界は精神分析の流れを汲み、人の心に対する飽くなき関心と弛まない探究及び実践を行なったパイオニアたちによって切り拓かれた。それぞれのオリエンテーションと志向性が異なる彼らのもとに集い、自生的に臨床心理専門家集団が形成される一方、精神医学領域とのコミットメントは強く、臨床心理学の草創期は研究や実践において医学界が大きく関与していた。臨床心理学者によって日本に臨床心理学が根付く転機としては 1964 年に日本臨床心理学会が設立されたことが挙げられ、臨床心理の実践活動と研究を独自の組織をもって学術的に盛り上げようとした時期である。しかし、大学紛争で吹き荒れる社会状況の中、心理学関連の主要学会が「心理技術者資格認定機関設立準備委員会」を立ち上げ、日本臨床心理学会も臨床心理技術者の資格審査を準備しようとしたことをきっかけに、学会が紛糾し、1970 年に分裂することによって臨床心理学の歩みは挫折を味わうことになった。

　その後、1979 年に河合隼雄を中心とした「心理臨床家の集い」が始まる一方、1980 年に京都大学教育学部付属心理教育相談室が文部省（現文部科学省）に有料相談機関として認可されたことを皮切りに、主要な国立大学に心理教育相談室が開設され、相次いで同様の認可を受けた。研究と実践面では「事例研究法」が臨床心理学的研究法として普及され、河合隼雄により再構築された箱庭療法や成瀬悟策によって提唱された動作療法などの臨床心理実践技法が発展し、日本における臨床心理学再生の土台を作った。

　機が熟し、1982 年に「日本心理臨床学会」が発足、1983 年には学会機関誌『心理臨床学研究』が創刊された。学会創設 6 年後である 1988 年 3 月には日本臨床心理士資格認定協会が設立され、同年 12 月には初めて臨床心理士有資格者が生まれた。1999 年には同協会により臨床心理士養成指定大学院制度がスタートすることになり、臨床心理学の独自性に基づいた教育体制とそれに基づいた資格制度が整い、日本における臨床心理学の学問的基盤と制度が確立され

表6-1 二資格一法案と3団体による一資格一法要望意見の比較

	二資格一法案	3団体による一資格一法要望意見
名称	臨床心理士 医療心理師	臨床領域の心理職であることがわかる公共性のある名称
性格	臨床心理士：教育、保健医療、福祉その他の分野における汎用性のある資格 医療心理師：医療を提供する分野における資格	医療・保健、教育・発達、司法・矯正、産業等の社会的実践領域における汎用性のある資格
受験資格	臨床心理士：学部において心理学等に関する科目を修め、かつ、大学院で臨床心理学等に関する科目を修め修士課程を修了した者 医療心理師：大学（短期大学を除く）学士課程修了	①学部で心理学を修めて卒業し、大学院修士課程ないし大学院専門職学位課程で実践系心理学関連科目等を修め修了した者 ②学部で心理学を修めて卒業し、医療・保健、福祉、教育・発達、司法・矯正、産業その他の施設で、心理専門職の有資格者による指導の下で数年以上の業務経験をなした者

ることになった。

　このような長年の実績が指向するものの一つとして、その専門性の質と水準を担保するために、臨床心理士の資格法制化への取り組みがあった。その最初の試みは厚生科学研究費補助金（障害保健福祉総合研究事業）による『臨床心理技術者の資格のあり方に関する研究』班（平成11-13年）を立ち上げることによって行なわれた。しかし、臨床心理業務と医行為との区分や医師の指示問題について結論に至ることはなかった。その後、臨床心理関連団体を中心として2005年に議員立法による「臨床心理士及び医療心理師法要綱骨子」（いわゆる「二資格一法案」）がまとめられたが、その実現のための努力が報われることはなかった。当時の社会・政治的状況に加え、資格法制化の歴史的経緯において常に課題となっていた諸関連領域の合意形成を成す力を不意に失ったことが大きな理由とされている。

　その後、2009年に3団体（日本心理学諸学会連合・医療心理師国家資格制度推進協議会・臨床心理職国家資格推進連絡協議会）による「一資格一法要望意見」が登場、心理職の資格法制化が再稼働した。一資格一法要望意見はそれまでの臨床心理士資格法制化の動きを引き継ぐような受け取り方をする人も多いが、大きな特徴を比較してみると、その質と方向性が異なることがうかがえる（表6-1）。

　様々な議論と混乱を経て、2015年に「公認心理師法案」が国会で採択され、

同年9月に議員立法による「公認心理師法」が公布された。法の内容を具体化するために、2016年11月から開催され、2017年の5月まで5回に渡る検討会でまとめられた「報告書 - 公認心理師カリキュラム検討会」を受けて、2017年9月15日に同法が施行された。公認心理師の性格に対する捉え方においては様々な推測と立場の違いによる理解の混線があったが、公認心理師カリキュラムが定められることで議論の余地はなくなった。

養成カリキュラムとは、その専門職を定義し、性質を明らかにするものである。厚労省及び文部科学省担当部局による通知『公認心理師法第7条第1号及び第2号に規定する公認心理師となるために必要な科目の確認について』（29文科初第879号／障発0915第8号）によると、学部教育カリキュラムは心理学の諸分野を網羅し、見学を中心とした主要分野での心理実習を定めている。大学院教育カリキュラムは公認心理師が実践を行なうであろう主要5分野（保健医療、教育、福祉、司法・犯罪、産業）の法律・関係行政論を含む分野別実践知識と理論が5科目、心理アセスメントに関する理論と実践及び心理支援に関する理論と実践で2科目、家族関係・集団・地域社会における心理支援に関する理論実践及び心の健康教育に関する理論と実践で2科目、保健医療分野を必須とした主要5分野での心理実践実習（450時間以上）が1科目、計10科目で構成されている。大学院カリキュラムについては、多様な現場実践における知識と技術を中心とした実用科目の設定が特徴的といえよう。

一方、臨床心理士の養成カリキュラムについては、（公財）日本臨床心理士資格認定協会の『臨床心理士受験資格に関する大学院指定運用内規』（平成25年4月1日改正）及び大学院指定制申請の手引（平成28年度申請用）に明示されている。臨床心理士の専門性として四つの柱（臨床心理査定、臨床心理面接、臨床心理的地域援助、臨床心理学的実践活動に関する研究・調査）を定義し、それらの学問的理論の理解を深化する演習中心の科目が必修となっている。さらに、第1種指定大学院の場合、地域に貢献する外来有料相談機関の設置を義務とすることにより学内外において「臨床心理実習」を体系的に常時行なうようにしている。なお、臨床心理学的調査・研究の質を担保するために、臨床心理学及びその実践の専門家としてのアイデンティティを有する教員の職位と数まで厳しく指定している。

これらを踏まえると、心理に関する一般原理を定式化し、心理と行動の因果

表 6-2　臨床心理士と公認心理師の比較

	臨床心理士	公認心理師
学問背景	心理学に包含されながらも、固有の部分を持ち、個として生きている人間の主観を重視する。その上で、主観を持つ人間が相互に関係することで生じる過程を客観的に捉えようとする学問	精神一般を対象として法則の定立を求める自然科学をモデルに発展、心理に関する一般原理としての知見を蓄積し、その因果的説明に優れた学問
資格の性質	公益財団法人日本臨床心理士資格認定協会が認定する臨床心理士養成指定大学院修了を受験資格とする高度専門職業人資格	法に指定された科目、すなわち、大学における心理学関連科目25科目に加え、大学院における10科目を履修して修了、あるいは大学における指定科目を履修し卒業と、2年（以上）の実務経験プログラム修了を受験資格とする国家資格
専門性	臨床心理学に基づく臨床心理士の専門性をもって、 ①臨床心理査定 ②臨床心理面接 ③臨床心理地域援助 ④上記①～③に関する研究・調査・発表	「公認心理師」の名称で心理学に関する専門的知識及び技術をもって ●心理状態観察・分析 ●心理に関する相談に応じ助言・指導、その他の援助 ●要支援者の関係者に対し、その相談に応じ、助言、指導、その他の援助 ●心の健康教育・情報提供
義務	〈倫理綱領による専門義務〉 臨床心理専門家としての人間性を含めて守秘義務等の職業倫理と基本態度として専門知識を学び自己研修を継続し関連専門家と連携 ＊資格更新制度	〈法的義務〉 ●信用失墜行為の禁止 ●秘密保持義務 ●業務に当たり、関係者との連携義務 ●当該支援に係る主治医の指示を受ける

〔日本臨床心理士資格認定協会カリキュラム検討ワーキンググループ（2017年7月）を元に作成〕

　関係を科学的に説明することに努める心理学が主な背景となっている公認心理師と、人間心理の普遍性（共通原理）を踏まえながらも個々の人の唯一無二の心の独自性と主観に基づき、「臨床心理事例性」を重視する臨床心理学を主な背景としている臨床心理士は、近似しながら異なる立場である。人の心の無限の可能性について多角的に接近するにあたって、補完し合う関係にあると考えることができる（表6-2）。

　したがって、公認心理師の誕生は日本の臨床心理学に求められるものを再考し、その評価とともに課題を明確にし、新しい発展のステージに進むためのよい機会を与えたと考えることができる。日本の臨床心理学における課題に関する議論は新しいものではなく、すでに今までの歴史と実績の中で常に登場したものであり、そして明らかになった公認心理師との対比の中に顕れているもの

といえる。

　一つは、「臨床心理行為」とその根拠となる臨床心理学の独自性をより積極的に打ち出していくことによって、多領域との学際 (inter-disciplinary) 的な協働と研究を発展させることが挙げられる。「学際的」とは近接する領域間の折衝的領域ともいえるが、一般的に共通の目的と関心のもとに、隣接する学問領域が協働し、研究するものとして理解されている。東山 (2002) は、「臨床心理行為」という用語を提唱し、例えば医学をオリエンテーションとした医行為、教育をオリエンテーションとした教育行為があるように、臨床心理学の視座から独自に捉えた「臨床心理行為」は他領域から独立したものであり、そのような認識をより積極的に顕示すべきという。

　心理的問題を抱える人の治療や葛藤の解消と日常生活機能の回復において、これらの違う立場の領域はそれぞれの独自性が明確であるからこそ、共通の関心に対して重なり合う部分を持ちながらコラボレーションを可能にする。臨床心理実践において多職種との連携や多領域との研究は従来から行なわれているが、それに対する社会的認識は実績に及ばないのが実情といえる。その理由としては、日本特有の学問体系に対する理解や社会的構造の上に、1960年代あるいはそれ以前にすでに心理職の教育制度や法律が成立した欧米に比べると、日本の臨床心理実践及び臨床心理士の歴史が浅いことも要因として考えられる。いずれにせよ、「臨床心理行為」とその根拠となる臨床心理学の独自性の確立は、この領域の関係者にとって意義があることに留まらない。心の深淵に向き合うとき、科学＝エビデンスという視点で心を観るベクトルと、一人のかけがえのない創造と個性に富んだ心を丹念に読み解いていくベクトルがバランスよく合わさったところに臨床心理学の独自性を見出すことができる。

　次に、日本で培った臨床心理学的研究と臨床心理実践の知恵をグローバル・ステージで共有する努力が今後の課題として挙げられる。長い歴史の中で文化、社会、宗教など、人の心と心を育むその地特有の土壌によって形成された心はほかの土壌とは違う個性と特徴をもちうる。また、同じ土壌の者だからこそ、その心を探求し、関わる中で発見し、気づくものがありうる。それを精査し、深く追求する中で見出される人の心の普遍性がありうる。このように得られた知を精錬し、共通言語化の努力として世界に発信することは、尽きることのない人間の心の可能性と多様性について世界が共有すべき努力に参与することで

あり、日本の臨床心理学的研究と臨床心理実践の学問的立地を国内外に確立する道筋でもある。すでに先達によってその努力はなされ、誇るべき業績も数多く残されているが、西欧から影響を受け、リードされる傾向が未だに強い日本においてそれがどれほど認識され、臨床心理実践においてより進化させる努力がなされているかは再考に値する。世界から日本を観る、日本から世界を観るという双方向的な研究と実践を進めるという視点は新しい発展のステージに進むにふさわしい課題ではないかと思われる。

文献

・橋本鉱市編著（2009）『専門職養成の日本的構造』玉川大学出版部、184-203．
・東山紘久（2002）『心理療法と臨床心理行為』創元社
・丸山和昭 2016「公認心理師法の政策形成・決定過程——日本臨床心理士会の動向を中心に」『名古屋高等教育研究』16、133-154．
・日本臨床心理士会（2010）『日本臨床心理士会雑誌』64号（18巻4号）
・日本臨床心理士資格認定協会（2013）「臨床心理士受験資格に関する大学院指定運用内規」
・日本心理研修センター監修（2018）『公認心理師現任者講習テキスト』金剛出版
・鈴木二郎（2003）「臨床心理技術者の資格のあり方に関する研究」平成11-13年度・分担研究報告書

第3節　日本の臨床心理学の「これから」を探る

臨床心理学の「これから」の姿を探る試みは、現在の臨床心理学を肯定し、さらなる成長を願う立場から行なわれるべきである。本節ではいくつかの批判を「これから」の課題として述べるが、それは「私自身もそこに含まれる臨床心理学の現在」への考察である。

1　エビデンス・ベイストの「これから」

現在の日本の臨床心理学の礎を築いたのは、心理関係の資格ができる以前から臨床心理学の業務に取り組んできた人たちと、日本臨床心理士資格認定協会

による臨床心理士の活動の賜物である。

　臨床心理士ができる前、日本の心理学は基礎研究が中心であった。臨床心理学の教員がいない大学も多く、「臨床心理学」という講義がない大学も多かった。臨床心理学を学びたい学生は、高額の料金を支払い、臨床心理系の大学教員が主催している研究所のワークショップやセミナーでそれを学ぶ手段しかなかった時期もある。

　多くの大学に基礎心理学しかない状況に対して、臨床心理学を学びたい学生たちの期待を背負い、臨床心理学の先達は大学のカリキュラムの壁に挑んだ経緯がある。この時期の臨床心理学は力動的心理学派や人間性心理学派の教員も多く、そのような文脈で基礎心理やエビデンス・ベイストに疑問が呈せられたのは、日本の臨床心理学の歴史的経緯である。

　つまり、日本の心理学はエビデンス・ベイストの基礎心理が主流だったところに、社会的要請もあり、ナラティブ・ベイストの臨床心理学が改革を求め、大学教育の中で臨床心理学が地位を得るに至った。一方、海外の臨床心理学の動向を見てもエビデンス・ベイストの重要性が主張され、公認心理師においてはクライエントの最善の利益を原則とした多元主義の中でエビデンス・ベイストが強調されている。

　エビデンス・ベイストにせよ、ナラティブ・ベイストにせよ、クライエントの最善の利益のためにそれらを使用するという立場である。臨床心理学の根幹はクライエントの最善の利益であり、エビデンスやナラティブそのものではない。つまり、面接で最初にクライエントから問われるのは、エビデンスかナラティブかではなく、「あなたはどういう人で、この面接では何をするのか（何をすればよいのか。何をしてくれるのか）」である。この「あなたはどういう人か」というクライエントの評価からは、どのような立場であれ、逃れることはできない。これを前提に、エビデンス・ベイストの「これから」を考えてみたい。

　エビデンス・ベイストとは有効な治療のガイドラインや有効な治療法を選択するだけではない。エビデンスを批判的に読み取れる能力、すなわち、エビデンスのリテラシーが必須である。エビデンス・ベイストとは、データを批判的に読み取り、自分自身で整理し、クライエントに役立てることができる知識活用型の立場といえる。これを忘れたエビデンス・ベイストは、どこかで「説得

のハラスメント」(安冨 2010) の契機を含み始める。

　時々、ナラティブ・ベイストの事例報告に対して「それにエビデンスはあるの？」「そんなこと言うなら、エビデンスを示せ」と迫る学生を見かける。多くの場合、相手は黙るだろう。しかし、相手はただ黙っているだけで、決して納得しているわけではない。その発言に「エビデンスがないなら黙っていろ」というメッセージが含まれており、「エビデンスがない意見には価値がない」という意味で相手に伝わるとき、その発言の中にハラスメントの契機が潜む。

　エビデンスによる共通理解とは、エビデンス・ベイストの立場をとらない者とも共通理解を得ることであり、実は高度な技能が求められる（津冨 2010）。クライエントの最善の利益のためにエビデンスを自分自身で使えるようになりながら、多職種・地域連携のコミュニケーションの中で、いかに相互の納得解を作り上げていくか。大学教育の中でエビデンスのリテラシー教育と、納得解をつくるコミュニケーション教育をどう設定していくかも、臨床心理学の「これから」の課題と考える。

2　三大流派の「これから」

1）認知行動療法の「これから」

　現在、最も治療効果のエビデンスを示しうる心理療法は認知行動療法だろう。エビデンスを重視し、科学者 - 実践家モデルを忠実に守れるのは認知行動療法の特色である。今後も認知行動療法は大きく伸びていくだろう。これを前提に、これからの認知行動療法に求められる要因を考えてみたい。

　第一は、行動論的裏付けをとることの重要性である。認知行動療法が盛んになった背景にはベックやエリスなどの実証的な認知療法の躍進があった。しかし、坂野（1995）が指摘するように、認知的技法は行動的技法の裏付けが必要である。今日、認知行動療法はやや認知療法に偏っていて、行動論的裏付けが弱い可能性がある。換言すると、基礎的な行動療法の技法をマスターし、（認知的な変化の裏付けになる）行動的な変化を強化できる認知行動療法家が求められる。

　第二に、関係づくりに関する認知行動療法が求められていることである。周知のとおり、認知行動療法はセッション構造が比較的定まっている。これは病

院などの実践では長所である。しかし、スクールカウンセリングのような柔軟なセッション構造を持つ現場では短所となる。また、スクールカウンセリングでは面接への動機付けが低いクライエントや保護者との面接が多く、この場合は関係づくりが最優先される。認知行動療法家の面接の原則は協働的経験主義と誘導的発見だが（Fridberg, et al. 2002）、認知行動療法の原則を踏まえた柔軟な対応を可能にする関係づくりの体系の開発が求められる。

　第三は、独創的な技法の開発である。認知行動療法は手続きが明確で、技法を共有化しやすい利点がある。しかし技法について教条的になってはいけない。さまざまな技法はクライエントの自発性と現場の特性に合わせて柔軟に工夫することが重要である。時に、若い認知行動療法家と話すと、「こう教わったから、こうするのが正しい。そんなやり方は間違っている」という演繹的認識が強い時がある。これは手続きを重視する認知行動療法の長所であり、非難されることではない。しかし、特定の環境下で習った通りに技法を実践できないことは、何もできないこととは異なる。そして、技法の進歩は状況に合わせた技法の柔軟な変化から生まれることも多い。例えば、統合失調症への当事者研究（熊谷 2018）は「その現場で形骸化していたSST」を乗り越えようとした努力により誕生している。もしそれを「本当のSSTではない」と否定していたら、当事者研究は生まれなかっただろう。

　新たな技法の開発は、従来の技法の変化から生まれる。工夫された技法をいたずらに否定するのではなく、可能な範囲で育てるような見識が求められる。独創的な研究とはそうした見識のもとで成長するのではないだろうか。日本の文化や実践環境を踏まえたユニークな認知行動療法の技法が生み出されることが望まれる。

　第四は、基礎理論と応用研究の連携に関して再検討が求められる。現在、認知行動療法の基礎理論ではレスポンデント条件付け、オペラント条件付け、社会的認知理論などが複合的に用いられている。しかし、基礎理論全体の展開に注目することも必要である。学習科学（e.g., Sawyer 2014）や身体化認知（e.g., Shapiro 2011）はもちろん、計算論的精神医学（例えば 国里ら 2019）や内部受容感覚の予測符号化論（e.g., Tsakiris, et al. 2018）など、新たに行動を説明しようとするチャレンジングな試みも行なわれている。脳科学との融合も、決して還元論と批判できないレベルで提唱され始めた。それは結局、「心とは何か」

「行動とは何か」という本質を問うことであり、それこそが基礎研究の探求といえる。応用科学として認知行動療法を実利的に追究する立場もあるが、充実した基礎研究との接続が認知行動療法をさらに発展させるだろう。

2) 人間性心理学の「これから」

「第三勢力」と呼ばれた人間性心理学は、力動的心理学や行動療法に抗して新たにカウンセリングの基礎理論を提供したり、ソマティックな心理療法を開発するなど、進取の気性に富んだアプローチであった。人間の全体性を強調し、多くの技法を開発し、「自己実現」などの人間性の開発を目指したこと、さらには豊かな「技法の多様性」が人間性心理学の魅力でもあった。一方で地道なカウンセリングの基礎研究者がいて、一方でスピリチュアルなトランスパーソナル心理学者もいる。このような「立場の多様性」も人間性心理学の特徴である。現象学や実存哲学など、哲学的志向がある研究者も人間性心理学に集まった。これを前提に、これからの人間性心理学に求められる要因を考えてみたい。

第一に、全体的に哲学・社会学的展開の取り込みが求められる。人間性心理学が包容していた現象学や実存哲学などは、心身の分離を主張するデカルト哲学や個別の意味を失いかける社会状況を批判する立場であった。これらを踏まえて、現在の主要な哲学的立場（例えば社会構成主義やヴィゴツキー、あるいは再評価されるスピノザなど）に注目し、哲学的な人間性心理学を現代的に止揚することも人間性心理学の役割と思われる。

また人間性心理学が隆盛した背景にはベトナム戦争による科学技術への懐疑やその反動としての人間性の陶冶など、当時の社会情勢があった。現在、広義の新自由主義経済が世界を覆い、貧富の二極化が進む中で、それに抗する社会学理論や、インクルージョン、ダイバーシティという価値観が多くの理論とともに提唱されている。相対的貧困は不登校や虐待に関与し、LGBTや発達障害への二次障害などが臨床心理学の焦点になっている（e.g., Campos 2009）。こうした社会的テーマに対する質的研究は人間性心理学においてなされるべきである。ここには社会学との接点も生まれるだろう。

第二に、スピリチュアルな問いかけの再構成が求められる。人間性心理学やトランスパーソナル心理学が心理学に果たした役割の一つは、心理学における「意味の復権」があった。

日本では1986〜91年2月までのバブル経済の時期に新新宗教ブームやオカルト志向のブームが起き、ニューエイジ・サイエンスや神秘思想家の書籍が「精神世界」のジャンルとして注目を浴びた。この背景には1989年の冷戦終結による社会体制の選択の終焉もあっただろう。この傾向に歯止めがかかるのは1995年のオウム真理教の教祖逮捕である。スピリチュアリティを問うことが重要であったとしても、疑似科学志向やカルト問題は批判されるべきである。

　ネガティブな影響があったものの、1990年代は日本が社会現象としてスピリチュアルなテーマを検討した時期でもあった。「複数の個別の宗教が最終的に行き着く先は同じといえるのか」「心理療法における東洋と西洋の出会いをどう考えるか」「無宗教者に救いはあるのか」「死生学における死の教育をどうとらえるか」などが問われた意義は大きい。このような問いは現在でも十分価値を持つ。

　2000年代に入り、チベット密教の高僧であるダライ・ラマと認知療法の創始者であるA.ベックが対談している。しかし、上述した問いに対する議論が終わったわけでは全くない。著名な宗教者と科学者が対話をする手法は1990年代にも盛んに行なわれたが、こうした対話は継続することに意味があり、何かを結論付けるものではない。人間性心理学に求められているのは、1990年代に提出された問いをあらためて問い直し、現在の社会に問題提起することである。

　第三は、人間性心理学研究に多様な質的研究法を導入することである。研究は研究方法とともに隆盛を極める。現在、質的研究方法としてフィールドワークやグラウンデッド・セオリー、エスノメソドロジー、会話分析などの方法が登場している。こうした質的研究法に基づく研究を積極的に取り入れることが求められる。

　第四は、コミュニティ・アプローチとの連携である。例えば、ロジャーズのパーソンセンタード・アプローチは世界の紛争地帯の調停に寄与する志向があった。現在もそうした試みは行なわれている。しかしそれと同時に、よりミクロな基礎自治体のレベルでコミュニティ心理学と連携することが求められる。例えば川西市の子どもの人権オンブズパーソン制度はいじめや虐待などに抗する基礎自治体の制度だが、この活動の中でマズローが語られ、クライエント中心の原則があらためて確認されている（吉永 2003）。現在の日本では基礎自治

体の問題には、かつてパーソンセンタード・アプローチが抱いていたテーマがいくつも含まれている。行政の制度設計やNPO法人、自助グループなどへのフィールド調査も含めて、格差社会や相対的貧困支援などから生じる心理的問題への取り組みも人間性心理学のフィールドではないかと思われる。

3) 力動的心理療法の「これから」

　日本の臨床心理学に力動的心理療法が果たした役割は非常に大きい。力動的心理療法の豊かな解釈がなければ、これほどの臨床心理学への注目はあり得なかった。とりわけフロイト派の小此木啓吾、ユング派の河合隼雄が果たした業績は、エビデンス・ベイストが盛んな現在にあっても決して衰えることはない。また土居健郎による『甘えの構造』『方法としての面接』や熊倉信宏による『面接法』、前田重治による『簡易精神分析』なども日本の心理臨床に大きな影響を与えた。木村晴子の箱庭療法への寄与、小川捷之による分析心理学の普及も臨床心理学において果たした役割は大きい。これを前提に、これからの力動的心理学に求められる要因を考えてみたい。

　第一に、力動的心理療法の優れた解釈の飽和を乗り越えることが求められる。力動的心理学の特徴は、無意識というパースペクティブから生み出される解釈の深さと多様さにあった。例えば、病いの装いの下に創造的過程が隠れている場合があることを指摘した"創造の病"（エレンベルガー 1980）は、天才や精神疾患の理解だけでなく、不登校や社会的引きこもりの子どもの理解にも役立てられた。この概念に支えられたクライエントとその家族は多数存在する。

　また、優れた力動派の心理師や医師には、操作的な診断概念を正確に理解すると同時に、それをクライエントに実感をもって伝わるような表現（解釈）を生み出す技量の豊かさが存在する。例えば河合（1971）は『コンプレックス』の中で、母親からの過剰な干渉を思春期の青年が「肉の渦に飲み込まれる夢」として象徴化したことを報告した。この夢は1980年代の苛烈な受験競争を理解する上で感覚的に納得しやすい表現であり、その表現の深さから複数のルポルタージュでも引用されている（例えば 本多 1989）。

　クライエントだけでなく、それを聞いている人々にも「なるほど、そういう感覚はわかるな」と情動やイメージを喚起しながら専門的なコミュニケーションをとる点は力動的心理療法の持ち味である。こうした解釈が多数あったから

こそ、力動的心理療法は面接室を超えて社会的な影響力を持ったのだろう。しかし、現在の力動的心理療法は理論的な細分化が進んだ半面、社会に通じる新たな解釈が乏しくなっているように思われる。無意識というパースペクティブからいかに「届く解釈」を生むかが力動的心理療法に問われている。

第二は、現在の力動的心理療法の面接の実際を普及することである。例えば、クライエントは治療者に夢などの無意識の象徴を報告し、治療者はそれに解釈を与えると、クライエントはカタルシスを得て症状がなくなるという、古典的な治療メカニズムのイメージが根強い。

優れた力動派の心理師のほんのわずかの会話の間や沈黙、たたずまいを受けながら面接を継続すると、クライエントの中の「治療にかかわる心理的要因」が心理療法を受ける以前より活性化される。さらにクライエントと心理師がともに考え続けると、いっそう活性化が進み、クライエントの生活にもなんらかの影響が出始める。こうしてクライエントの内面と生活の双方に影響が出始め、さまざまな出来事が生じ、クライエントの意味の探求は深まりを見せ、やがて一つの帰結を迎える。そこから力動的心理療法に基づく症状の理解が生まれることもある（ギャバード 1997）。

経験上、こうしたケースを事例報告で発表する際、文章の中に「無意識」は登場しない。しかし、読み手には確かに「無意識のダイナミクス」が動いているプロセスが感じられる。それは解釈を知的に理解するというよりも、事例検討を通じた一つの体験である。こうした力動的心理療法の事例体験を通じて、「こういう臨床実践を行ないたい」「こういう志向のセラピーを受けたい」という動機で力動的心理療法は学生やクライエントから支持を得てきた。今後、こうした動機に応える場が増えることが望ましい。

4）おわりに

2011年に起きた東日本大震災では約2万人もの命が震災関連で失われている。数値としては2万人だが、その2万人の一人一人にはかけがえのない物語が存在する。2万という数値は、そうした物語の総和といえる。心理師は2万人という数字と2万もの物語の双方に関わる。ただし心理療法を求めるクライエントが最初に求めるものは、「この心理師は私の話をきちんと受け止められる人か」ではないだろうか。この点に関して河合（2002）は以下のように書い

ている。

　　ある患者さんに、「あなたは癌です。もう一ヶ月の命で、まずそれ以上生きることはありません」というのがエビデンスです。ところが、その患者さんは自分の物語を生きているのですから、その方の周囲の事情、会社の社長さんであれば、社運がかかっているかもしれない。家の何かがかかっているかもしれない。そういうすごい物語をもって、「ちょっと体の調子が悪いので来ました」といって病院を訪れたとします。その途端に、パッとエビデンスが出され、患者は疾患名をいただいて帰る。それでいいのだろうか。医療はそれで終わっていいのだろうか。「あなたは癌ですよ。一ヶ月でだいたいだめですよ」「ああ、その通りでした。さようなら」と、それでいいのだろうか。やはり人間を預かるのであれば、医療はその方の物語を真剣に考えに入れるべきではないのか。

〔河合隼雄（2002）「物語の意義について」学士アーカイブスより引用〕

　ここで問われているのは、エビデンス・ベイストかナラティブ・ベイストかではない。「あなたはクライエントの話を聞いて、それを受け止められる人か」である。エビデンス・ベイストだから話を受け止められないわけではないし、ナラティブ・ベイストだから受け止められるわけでもない。問われているのは、あくまで心理師自身である。そして、クライエントは常に心理師のこの点を見ている。クライエントの心理師を評価するメタ認知に支えられて心理療法は展開していく。理論や技法は実践の後についてくるものであり、クライエントとの関係の中で成果が得られるような実践の仕方を身につけなければならない。
　こうして、臨床心理学の「これから」を探る問いは冒頭に戻る。「心理師であるあなたは、クライエントにとってどういう人なのか」。この問いは技術だけでは突破できない。この問いに答えることは時に「苦痛」（Linehan 1993）を伴うだろう。スプラドリン（2009）は「『あなたはどういう存在なのか。結局のところ、どう生きたいのか』という問いかけに対する返答は、痛みを伴う経験の只中でこそ磨かれる」と述べた。専門職に求められる水準を維持しながら、「私」という存在を深めつつ、一つ一つのケースをクライエント中心に取り組む地道な努力が「心理療法の変わらぬもの」への唯一のアプローチなのだろう。

文献

- Campos, D.（2009）*Sex, Youth, and Sex Education : A Reference Handbook.* Washington, D. C.: Library of Congress Cataloging.
- エレンベルガー（1980）『無意識の発見』弘文堂
- ギャバード（1997）舘哲朗監訳『精神力動的精神医学――その臨床実践「DSM-IV 版」(3) 臨床編：II 軸障害』岩崎学術出版社
- Friedberg, R. & McClure, J. M.（2002）*Clinical Practice of Cognitive Therapy with Children and Adolescents.* Guilford Press.
- 本多勝一（1989）『子供たちの復讐』朝日新聞社
- 河合隼雄（1971）『コンプレックス』岩波新書
- 河合隼雄（2002）「物語の意義について」学士アーカイブス
- 熊谷晋一郎（2018）「当事者研究と専門知」『臨床心理学』増刊第 10 号
- 国里愛彦、片平健太郎、沖村宰、山下祐一（2019）『計算論的精神医学――情報処理過程から読み解く精神障害』勁草書房
- Linehan, M.（1993）*Cognitive-Behavioral Treatment of Borderline Personality Disorder.* Guilford Press.〔大野裕監訳（2007）『境界性パーソナリティ障害の弁証法的行動療法―― DBT による BPD の治療』誠信書房〕
- 坂野雄二（1995）「行動の裏付けの必要性」『認知行動療法』日本評論社、144-146.
- Sawyer, R. K.（ed.）（2014）*The Cambridge Handbook of the Learning Sciences.* Cambridge University Press.
- Shapiro, L.（2011）*Embodied Cognition.* Routledge.
- スプラドリン（2009）『弁証法的行動療法ワークブック――あなたの情動をコントロールするために』斎藤富由起監訳、金剛出版
- Tsakiris, M. & Preester H. D.（2018）*The Interoceptive Mind : From homeostasis to awareness.* Oxford.
- 津富宏（2010）「「エビデンス」の利用に関する検討」『日本評価研究』10、43-51.
- 安冨歩（2010）『経済学の船出――創発の海へ』NTT 出版
- 吉永省三（2003）『子どものエンパワメントと子どもオンブズパーソン』明石書店

臨床心理学キーワード集

1 人名・実験編

L. S. ヴィゴツキー（Vygotsky, Lev Semenovich）

　ヴィゴツキーは旧ソビエトの心理学者であり、社会文化的アプローチに影響を与えた人物である。高次精神機能には社会的起源があるとした点は、ヴィゴツキーの業績である。ヴィゴツキーは、コミュニケーションが基本になって、個人内の認知発達が進むと考えた。例えば、言葉の発達については、他者とコミュニケーションを図るための言葉（外言）が発達し（精神間機能）、次いで思考のための言葉（内言）が発達する（精神内機能）。これは、「個人の認知発達が進み、その結果、コミュニケーションが発達する」と考えるピアジェの考え方とは反対の考え方である。また、認知発達については、発達の最近接領域（ZPD：Zone of Proximal Development）という概念を提唱した。発達の最近接領域とは、一人ではできないが、手伝ってもらえばできる領域のことであり、教育心理学の分野に大きな影響を与えた。こうしたヴィゴツキーの考え方は状況論的アプローチや社会文化的アプローチ、ホルツマンの生成の心理学などの源流となっている。これは協働性を重視する現在の教育の傾向とも合致しており、近年注目が高まっている。

文献

・鹿取廣人、杉本敏夫、鳥居修晃編（2015）『心理学　第5版』東京大学出版会
・木下孝司（1999）「ヴィゴツキー」中島義明他編『心理学辞典』有斐閣

L. ウイング（Wing, Lorna）

　イギリスの精神科医で、自閉スペクトラム症（ASD）の研究者である。アスペルガー（Asperger, H.）の研究成果から「アスペルガー症候群」という用語を導入し、ウイングの3徴候と呼ばれるASDの特徴を導いた。ウイングの三徴候とは、①社会性の問題（人とうまく関われない）、②コミュニケーションの

問題、③イメージの乏しさである。

さらに、ウイングは ASD のタイプを三つのタイプに分類した。ほとんど他者とコミュニケーションしようとせずに、自分のイメージに没入する「孤立型」、他者から話しかけられれば応答するが、自発的なコミュニケーションが乏しい「受動型」、会話は積極的であるが、他者への配慮等が乏しい「積極奇異型」である。

1960 年代には、自閉スペクトラム症の人たちがより良いサービスを受けられるように、自閉症児の親らと共に UK National Autistic Society を創設した。ウイングらの作成した DISCO (The Diagnostic Interview for Social and Communication Disorders) は、自閉スペクトラム症を含む発達障害の診断・評価のための国際ツールとして使用されている。ただしアスペルガー症候群やアスペルガー障害は DSM-5 などの診断基準には用いられてない。

文献
・内山登紀夫、吉田友子、水野薫編(2002)『高機能自閉症・アスペルガー症候群入門――正しい理解と対応のために』中央法規

E. H. エリクソン（Erikson, Erik Homburger）

ドイツ出身の精神分析家で、精神分析的自我心理学を展開した人物である。両親が離婚し、母親の再婚とともに養子に入るなど複雑な幼少期を過ごし、大学には入学せず、28 歳まで画家としてヨーロッパを旅する生活をしていた。その中でフロイトと出会い、精神分析の世界に入り、アンナ・フロイトからトレーニングを受けた。第二次世界大戦の影響からアメリカに渡り、メニンガー・クリニックで臨床実践、ハーバード大学で教鞭を執った。エリクソンは、個人の行動や感情を理解するためには、生理的側面、心理的側面、社会的側面から理解する必要があると考えており、心理的・社会的側面を重視した「ライフサイクル論」を提唱した。ライフサイクル論では、八つの発達段階を想定し、それぞれの段階の心理社会的な危機を乗り越えることがパーソナリティの発達において重要であるとしている。その中でも青年期の「アイデンティティ」という概念はさまざまな分野に影響を与え、青年期理解に大きく寄与した。

エリクソンの発達段階

段階	時期（年齢）	心理的課題
I	乳児期（0～1歳頃）	基本的信頼　対　不信感
II	幼児前初期（1～3歳頃）	自律性　対　恥、疑惑
III	遊戯期（3～6歳頃）	自主性　対　罪悪感
IV	学童期（7～11歳頃）	勤勉性　対　劣等感
V	青年期（12～20歳頃）	同一性　対　役割の混乱
VI	前成人期（20～30歳頃）	親密性　対　孤立
VII	成人期（30～65歳頃）	生殖性、世代性　対　停滞
VIII	老年期（65歳頃～）	統合　対　絶望、嫌悪

文献
・氏原寛他編（2004）『心理臨床大事典 改訂版』培風館
・越川房子（1999）「エリクソン」中島義明他編『心理学辞典』有斐閣
・岡堂哲雄編（1998）『貢献者の肖像と寄与』至文堂

W. ケーラー　(Köhler, Wolfgang)

　ドイツの心理学者で、ゲシュタルト心理学の中心人物の一人である。テネリフェ島で類人猿の研究所長を務めた。第一次世界大戦の影響からアメリカに亡命し、ウェルトハイマー（Wertheimer, M.）やコフカ（Koffka, K.）とゲシュタルト心理学を発展させた。ケーラーのもっとも有名な研究は類人猿を使った「洞察学習」の実験である。この実験から、学習には不連続的な学習過程があることを発見し、ソーンダイク（Thorndike, E. L.）の連続的な試行錯誤学習とは対照的な考え方を示した。その他のケーラーの業績として、ヒヨコやチンパンジーでも刺激の絶対的な性質ではなく、刺激間の関係性を知覚して学習できる「移調」と呼ばれる現象があることを明らかにした。また、脳は仮現運動も実際の運動も同じように処理しているという「心理物理同型説」も提唱した。さらに、「図形残効」と呼ばれる実験も行ない、一定時間、視覚刺激を凝視したあと、別の視覚刺激が提示されると、前の刺激の影響を受けて視覚刺激が変位することも明らかにしている。

文献
・上村保子（1999）「ケーラー」中島義明他編『心理学辞典』有斐閣
・田中平八編著（1988）『現代心理学用語事典』垣内出版

チンパンジーの道具使用

★チンパンジーの道具使用

ケーラー（Köhler, W.）が行なったチンパンジーの知能実験である。チンパンジーは檻の中にいて、高いところに餌がつるされているため、そのまま餌を取ることはできない。ただし檻の中にある棒を使えば、餌を取ることができるという。ケーラーは、このような状況で、チンパンジーが自分と目標との関係を理解し、道具を利用できるかどうかを確認した。その結果、チンパンジーは、目標である餌を棒で引っ張り、餌を取ることができた。また、チンパンジーは天井にぶら下がった餌を取るため、箱を餌の下まで移動させ、それに登り餌を取るという行動も示した（図の左）。

さらにケーラーは、チンパンジーの「棒つなぎ課題」と呼ばれる実験も行なった。はめ込み式の棒を2本置いておき、餌を取るためにどのような行動をするかを観察した。チンパンジーは最初、一本の棒を使い餌を取ろうとするが、その状態では餌は取れない。その後、一本の棒を床に置いて、もう一本の棒でそれを餌の方に押しやるが、それでも餌は取れない。チンパンジーは、しばらく棒で遊んでいるうちに二本の棒が繋がることを発見し（図の右）、柵に行き餌を引き寄せることに成功した。このことからケーラーは、問題解決場面において、試行錯誤的な手段ではなく、さまざまな手掛かりを統合することで、一気に解決の見通しを立てる洞察を重要視した。

文献
・鹿取廣人、杉本敏夫編（2004）『心理学 第2版』東京大学出版会
・山崎晃男（1999）「問題解決」中島義明他編『心理学辞典』有斐閣

B. F. スキナー (Skinner, Burrhus Frederic)

アメリカの心理学者で、新行動主義者の一人であり、行動分析学の創始者である。新行動主義の中でも、仲介変数を想定しない「強化説」の立場を取っている。一貫して徹底した記述型の行動主義の立場を取り、徹底的行動主義を主張した人物である。スキナーは、特定の刺激によって生じる反応を「レスポンデント行動」とし、特定の刺激が無くても自発的に生じる反応を「オペラント行動」とした。彼は「スキナー・ボックス」と呼ばれる箱を考案し、ネズミを対象とした実験を数多く行ない、「オペラント条件付け」を見出した。オペラント条件付けとは、反応のあとの強化子によって反応の頻度を操作する手続きのことで、「刺激-反応-強化」という三項随伴性の原理で成立する。発達障害の支援方法として注目されている「応用行動分析」(applied behavior analysis：ABA)もスキナーの行動分析を人間に応用したものである。

文献
・氏原寛他編（2004）『心理臨床大事典 改訂版』培風館
・坂上貴之（1999）「スキナー」中島義明他編『心理学辞典』有斐閣

★スキナー箱の実験

スキナーは、レバーを押すと偶然餌がもらえる装置（スキナー箱）を作り、ネズミを使って実験を行なった。最初、ネズミはレバーを押すと餌が出てくることを知らないが、偶然レバーを押すと餌をもらえることを経験する。その結果、レバーを押せば餌が得られることを学習し、ネズミは餌を得るために自発的にレバーを押すようになる。スキナーは、この実験を通して、「オペラント条件付け」を定式化した。そして、これらの実験を通して、反応の頻度を増大させる「強化」の法則や、反応の頻度を低減させる「弱化」の法則を明らかにしている。さらに、「強化スケジュール」と呼ばれる手続きを解明し、強

スキナーのオペラント条件付け実験

化子を与える頻度や比率によって行動の生起に違いが生じることを実験によって証明した。

文献
・山内光哉、春木豊編（2001）『グラフィック学習心理学――行動と認知』サイエンス社
・南博監訳（1977）『図説 現代の心理学3 学習・記憶・思考』講談社

H. セリエ （Selye, Hans）

　ウィーン生まれの生理学者であり、ストレスと副腎皮質活動の関係を明らかにし、「汎適応症候群」（general adaptation syndrome：GAS）と呼ばれる概念を提唱した。汎適応症候群とは、生体が非特異的な刺激（ストレッサー）にさらされ続けることで生じる防衛反応のことであり、下垂体前葉‐副腎皮質系のホルモンが関与している。また、この学説によれば、汎適応症候群は時間の経過とともに3相を経て進行するとされている。最初の相は、「警告反応期」と呼ばれている。抵抗力が弱まるショック相と抵抗力が強まる反ショック相からなり、ストレッサーに耐える準備の時期とされている。その後、「抵抗期」と呼ばれる相に入る。この時期は抵抗力が高まり、その状況に適応し、生体の反応も落ち着いてくる時期である。そして、その時期を過ぎてもストレッサーにさらされ続けると、「疲憊期」と呼ばれる時期に入り、抵抗力が再び低下すると考えた。

文献
・岡安孝弘（1999）「汎適応症候群」中島義明他編『心理学辞典』有斐閣
・尾仲達史（2005）「ストレス反応とその脳内機構」『日本薬理学雑誌：FOLIA PHARMACOLOGICA JAPONICA』126（3）、170-173.

E. L. ソーンダイク （Thorndike, Edward Lee）

　アメリカの心理学者で、特に教育心理学の分野において大きな貢献を果たした。さまざまな動物を使って学習や思考の研究を行なったが、ネコを用いて「問題箱」と呼ばれる実験装置を使った実験を行ない、学習は失敗を繰り返しながら行なわれるという「試行錯誤学習」を提唱した。ケーラーの提唱した洞

察学習の学説と激しい論争が行なわれ、試行錯誤学習は連合説の立場から支持され、洞察学習は認知説の立場から支持された。連合説とは、刺激がさまざまな反応と結びつくとする理論であり、認知説とは、生物は刺激を判断し行動するとする理論である。また、これらの実験を通して、「効果の法則」と呼ばれる法則を提唱し、学習が生じるためには、反応が環境に対して何らかの効果をもつことが必要であることを主張した。この考えはスキナーの強化の概念に大きな影響を与えている。1900年初頭にアメリカで生じた職業指導運動を背景に、個人の能力や適性を客観的に捉える測定技術が必要であるという「教育測定運動」が盛んになったが、ソーンダイクはこの運動の中心人物として活動した。

文献
・坂上貴之（1999）「ソーンダイク」中島義明他編『心理学辞典』有斐閣
・田中平八編著（1988）『現代心理学用語事典』垣内出版

☆問題箱（パズル・ボックス）の実験

　問題箱の中に空腹のネコを入れ、外に餌を置き、どのように行動するかを観察した実験である。ネコは最初、ランダムな行動をしていたが、偶然、ペダルを押して外に出られるという経験をする。これを数回繰り返すことにより、問題解決に費やす時間が短縮され、最後は箱に入れられても、すぐに外に出られるようになった。この結果から、ソーンダイクは、学習は漸進的で自然に生じ、この原理は人間にも応用できると考えた。ソーンダイクは、ネコが問題箱の中（刺激状況）で、ペダルを押し（反応）、餌を獲得することで満足感が得られ、刺激と反応の結びつきが強まることを見出した。これは効果の法則（Law of Effect）と呼ばれる。効果の法則には、①満足の法則、②不満足の法則、③強度の法則があり、満足の法則とは、快を伴う反応は刺激状況との結合が強まることである。不満足の法則とは、不快を伴う反応は

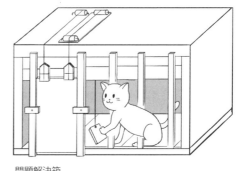

問題解決箱

〔Thorndike（1911）を参考に作成〕

その結合が弱められることであり、強度の法則とは、結合の強さが快、不快の大小により強化または弱化することである。

文献
・坂上貴之（1999）「ソーンダイク」中島義明他編『心理学辞典』有斐閣
・G. R. ファンデンボス監修（2013）『APA 心理学大辞典』培風館
・Hergenhahn, B. R. & Henley, T. B.（2013）An Introduction to the History of Psychology. https://www.simplypsychology.org/edward-thorndike.html
・Thorndike, E. L.（1911）*Animal intelligence experimental studies*. The Macmillan company.

A. バンデューラ（Bandura, Albert）

　カナダ生まれの心理学者で、社会的学習理論の実証研究を行なった。1974 年には、アメリカ心理学会（APA）の会長も務めた。バンデューラは、「観察学習」(modeling) のメカニズムを明らかにした。それまでの学習理論では、学習が成立するためには、直接経験が前提となっていた。しかしバンデューラは間接的な経験を意味する「代理経験」によっても学習が成立することを示した。これは観察学習（モデリング）と呼ばれる。

　やがてバンデューラは、人間の認知機能の役割を重視した「社会的認知理論」を提唱し、「自己効力感」（セルフ・エフィカシー）と呼ばれる概念を重視した。自己効力感とは、「その行動を達成できる」という遂行可能感のことであり、「遂行行動の達成」「代理的経験」「言語的説得」「情動的喚起」により強化される。社会的認知理論では、行動・環境要因、個人要因は相互に影響を与え合うという「相互決定主義」の立場を取っている。

文献
・二宮克美（1999）「バンデューラ」中島義明他編『心理学辞典』有斐閣
・坂野雄二（1995）『認知行動療法』日本評論社
・氏原寛他編（2004）『心理臨床大事典 改訂版』培風館

★モデリング実験

　バンデューラらによって行なわれた実験である。対象は 35 ヶ月から 69 ヶ月までの子ども 96 名で、4 群に分けられた。①実際に人形を攻撃しているモデ

ルを観察する群、②①と同じモデルの攻撃行動を実写映像で観察する群、③攻撃的なアニメキャラクターが描写された映像を見る群、④暴力的なモデルを見ない統制群である。攻撃行動には身体的な攻撃に加え、言葉の攻撃が含まれた。実験の結果、実験群の子どもは人形に対してモデルと同様の行動を示し、バンデューラらは観察のみで学習が成立することを実証した。

モデリング（modeling）は、学習者がモデル行動の重要な特徴を正確に捉え（注意過程）、モデル行動をイメージや言葉にして記憶する（保持過程）、記憶したモデルの行動を実際に行なう（運動再生過程）、その行動に対して強化を行なう（動機づけ過程）一連の過程で成立する。

バンデューラのモデリング実験
〔Bandura, Ross & Ross（1963）を参考に作成〕

文献

・Bandura, A., Ross, D. & Ross, S. A. (1963) Imitation of film-mediated aggressive models. *The Journal of Abnormal and Social Psychology*, 66 (1), 3-11.
・善岡宏、野田順二（1983）「児童の観察学習におよぼすモデルと代理強化の効果」『長崎大学教育学部教育科学研究報告』30、101-110.

J. ピアジェ（Piaget, Jean）

スイスの心理学者で、発達心理学に大きな貢献を果たした。「発生的認識論」を提唱し、人間の認知は段階的に発達するのではなく、認知機能が質的に変化する時期があると主張し、「同化」「調節」「均衡化」という概念を用いて発達を説明した。同化とは、認知的枠組み（シェマ）を使って外界を認識することであり、調節とは、それまで持っていた認知的枠組み（シェマ）を修正して外界を認識することをいう。均衡化とは、同化と調節を繰り返して認知的枠組みを変更し、外界にうまく適応できるようになることである。また、ピアジェは、

認知の発達を「感覚運動期」「前操作期」「具体的操作期」「形式的操作期」と呼ばれる発達段階から説明し、各時期の認知の特徴を詳細に明らかにした。認知の発達を解明するために、保存課題や三つ山問題などさまざまな実験も行なっている。

文献

・大浜幾久子（1999）「ピアジェ」中島義明他編『心理学辞典』有斐閣
・岡堂哲雄編（1998）『貢献者の肖像と寄与』至文堂

★三つ山問題

ピアジェ（Piaget, J.）とインヘルダー（Inhelder, B.）による4～12歳の子どもを対象とした自己中心性に関する実験である。実験には12～30センチの高さの三つの山の模型が用いられた。Aの位置からは右前面に緑色の小さな山があり、頂上には小さな家が建っているのが見える。左側のわずか後方に緑色の山より高く、茶色の山があり、頂上には赤い十字架がある。その後方には、三つ山のうち最も高く、頂上が雪で覆われている山がある。この実験では、A以外の位置に置いた人形が山をどのように見ているか、子どもにボール紙の山を並べさせて答えさせる。その結果、4、5歳の子どもでは自分の視点で回答し、人形（他者）の視点に立つことが難しい（自己中心性）ことがわかった。ピアジェは、子どもが他者の視点に立てるようになるのは、9歳以降であるとした。

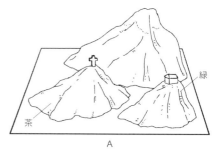

ピアジェの三つ山問題
〔David & Katherine（2013）を元に作成〕

文献

・Shaffer, D. R & Kipp, K.（2013）*Developmental Psychology: Childhood and Adolescence*. Cengage Learning.
・Piaget, J.（1998）*Child's Conception of Space: Selected Works. vol.4*. Routledge.

S. フロイト （Freud, Sigmund）

　ウィーン生まれの精神科医であり、精神分析の創始者である。神経症の中でもヒステリーを中心に治療を行ない、「無意識」の重要性を指摘した。フロイトは、無意識に存在しているコンプレックスや心的外傷（トラウマ）が不適応症状の形成に大きく関与していると考えた。そして、これを意識化することで症状が消失すると主張し、「自由連想法」を開発した。フロイトはパーソナリティについても多くの理論を提唱しているが、大きく以下の五つの観点に大別できる。①心的現象が生じる領域を意識、前意識、無意識と分け（局所論）、心はエス、自我、超自我から構成される（構造論）、②心的活動は、心を構成する構成要素の相互作用によって生じる（力動論）、③心的エネルギー（リビドー）の量は個人によって異なるが、一定であり、その分配によって不適応などを考える（経済論）、④対人関係や社会など環境との関係から心的現象を捉える（適応論）、⑤乳幼児期から青年期までの発達をリビドーや心の構成要素から捉える（発達論）、の五つである。

文献
・丹波真一（1999）「フロイト」中島義明他編『心理学辞典』有斐閣
・岡堂哲雄編（1998）『貢献者の肖像と寄与』至文堂

J. ボウルビィ （Bowlby, John）

　イギリスの心理学者で、愛着理論を提唱した人物である。第二次世界大戦後、病院や施設で適切な養育を受けなかった子どもたちや母親から引き離された子どもたちに、発達上さまざまな問題が生じることを発見した。このことから、健全な発達には、継続的に乳幼児と母親の両者が満足と幸福感を味わえるような、温かくて、親密な関係を体験することが重要であると指摘した。そして、乳幼児期の適切な母子関係の欠如を「マターナル・デプリベーション」と命名し、比較行動学を統合しながら、愛着理論を確立した。ボウルビィは、愛着は段階的に発達すると考え、①人に関心を示すが、人を区別した行動は見られない段階、②母親に対する分化した反応はみられるが、母親がいなくても泣くなどの行動がみられない段階、③愛着が形成され、愛着行動が活発な段階、④愛着対象と身体的接近を必要としない段階の4段階を提唱している。愛着研究は

その後も発展していき、エインズワース（Ainsworth, M. D. S.）らによる「ストレンジ・シチュエーション法」と呼ばれる実験で愛着のタイプが明らかにされている。

文献
・繁多進（1999）「ボウルビィ」中島義明他編『心理学辞典』有斐閣
・岡堂哲雄編（1998）『貢献者の肖像と寄与』至文堂

★アカゲザルの愛着実験

アメリカの動物心理学者であるハーロー（Harlow, H. F.）が行なった実験である。ハーローはアカゲザルの子を母親から引き離し、針金で作成された母親と布で作成された母親を一緒に置き、アカゲザルの子どもがどのような行動を示すか実験を行なった。針金でできた母親にはミルクの入った哺乳瓶を取り付け、布製の母親には哺乳瓶を取り付けなかった。実験の結果、アカゲザルは布でできた母親との接触が多く、恐怖時も布製の母親といると安心感が得られることが明らかになった。さらに、針金製の母親と比べると、布製の母親と一緒にいたアカゲザルの方が、有意な体重増加を示しただけでなく、布製の母親がいると探索行動を行なうが、いない場合には探索行動をしないという現象もみられた。この実験から、愛着は、単に生理的欲求が満たされることで形成されるのではなく、ぬくもりなどを通して形成されていくと考えられている。

ハーローのアカゲザルの実験
〔Harlow, 1959を参考に作成〕

文献
・Harlow, H. F. & Zimmermann, P. R.(1959) Affectional responses in the infant monkey; orphaned baby monkeys develop a strong and persistent attachment to inanimate surrogate mothers. *Science*, 130 (3373), 421-432.

★ストレンジ・シチュエーション実験

　ストレンジ・シチュエーション（strange situation）実験は、エインズワース（Ainsworth, M. D. S.）により考案された乳幼児の愛着の安定性と新奇場面での探索行動とを観察する手続きである。①子どもははじめは母親とともに遊んでいる。②そこに子どもが知らないおとなが入ってくる。③母親は出ていき、子どもは見知らぬ人と二人だけになる（第一の不安喚起場面）。④母親が戻って、見知らぬ人が出ていく（安心感喚起場面）。⑤誰もいなくなり、子どもは一人残される。⑥見知らぬ人が入室する（不安喚起場面）。⑦見知らぬ人が出ていき、母親が入室する（安心感喚起場面）。

　ストレンジ・シチュエーション実験は、乳幼児が愛着対象との分離（不安喚起場面）、再会（安心感喚起場面）を行なう七つの場面から構成されており、各場面で乳幼児が示す反応により愛着の質を分類する。愛着パターンには、安定型、回避型、アンビバレント型、無秩序型がある。安定型の乳幼児は、愛着対象の分離時に不安（分離不安）を、身体接触により安心感を示す。回避型の乳幼児は愛着対象に分離不安を示さず、身体接触を避ける。アンビバレント型の乳幼児は、強い分離不安を示し、愛着対象に身体接触を強く要求しつつ、同時に母親を叩くといった矛盾した行動がみられる。無秩序型の乳幼児の親は虐待などの不適切な関わりが推測される。

ストレンジ・シチュエーションの実験

文献

・Ainsworth, M. D. S. & Bell, S. M. (1970) Attachment, Exploration, and Separation: Illustrated by

the Behavior of One-Year-Olds in a Strange Situation. *Child Development*, 41（1）, 49-67.
・田島信元（1999）「ストレンジ・シチュエーション法」中島義明他編『心理学辞典』有斐閣
・内田一成監訳（2015）『ヒルガードの心理学 第 16 版』金剛出版

A. H. マズロー （Maslow, Abraham Harold）

アメリカの心理学者で、人間性心理学の創始者とされている。マズローは、人間は自己実現に向かって常に成長し続ける存在であると考え、「自己実現理論」を提唱した。さらに、自己実現に至るまでのプロセスを欲求や動機の視点から捉えた「欲求階層説」を提唱した。欲求階層説では、人間の欲求を五つに分けている。具体的には、①飢えや睡眠等の生理的欲求、②安心や安定

マズローの五つの欲求階層説

などの安全欲求、③他者と仲良くするなどの愛情と所属の欲求、④物事を達成する、他者から評価されるなどの承認欲求、⑤自分に最も適した達成すべき活動を見つけ、自分自身の可能性を実現する自己実現欲求である。自己実現とは、自分の可能性を自身の意志で発揮しながら生きていくことを意味している。なお、欲求階層説は低次の欲求が満たされたことを条件に、次の欲求が生じるシステムになっている。

マズローは自己実現を達成した人の特徴として、現実を正確に知覚し、意味のある関係が維持されている、自分や他者、自然をあるがまま受容している、人や物事に対する評価が新鮮であるなどを挙げている。

文献
・本明寛監修（2002）『最新・心理学序説』金子書房
・宮下一博（1999）「マズロー」中島義明他編『心理学辞典』有斐閣
・山下剛（2011）「マズローの心理学・科学観」『研究紀要』54・55、231-273.

C. G. ユング（Jung, Carl Gustav）

　スイス出身の精神科医であり、分析心理学の創始者である。「言語連想実験」と呼ばれる研究で成果を上げた。フロイトと交流を図るようになったが、その後、考え方の相違からフロイトと決別し、分析心理学を創始した。ユングとフロイトの考え方の主要な相違点は、無意識の構造とリビドーの捉え方である。ユングは、無意識には、フロイトの想定した無意識（個人的無意識）だけではなく、より深い層に人類共通の無意識が存在すると考え、「集合的無意識」と呼ばれる概念を提唱した。さらに、リビドーを集合的無意識の視点から捉えなおし、性的欲求だけではないより根源的なエネルギーであると考えた。集合的無意識は心的回復を促す力の源泉であり、そこには人類共通の物語を生み出す元型が存在する。これらの相違は、フロイトが主に神経症を対象にしていたのに対し、ユングは主に統合失調症を対象にしていたことから生じたとも考えられている。ユングは「タイプ論」を提唱し、自分の外界に関心が向く「外向型」と自分の内面に関心が向かう「内向型」に分け、さらに直観、感覚、感情、思考の心的機能を組み合わせ、人間を八つのタイプから説明している。

文献

・河合隼雄（1967）『ユング心理学入門』培風館
・河合隼雄（1978）『ユングの生涯』第三文明社
・越川房子（1999）「ユング」中島義明他編『心理学辞典』有斐閣

C. R. ロジャーズ（Rogers, Carl Ransom）

　アメリカの心理学者で、人間性心理学の中心人物の一人である。「非指示的療法」「クライエント中心療法」「パーソン・センタード・アプローチ」の理論を展開した。心理療法のプロセスに関する実証研究を積極的に行なった人物でもあり、心理療法やカウンセリングに関するさまざまな研究を発表している。1957年に有名な「治療的人格変化の必要十分条件」という論文を発表し、カウンセリングにおいて、クライエントに建設的な人格変化が起こるためには、六つの条件が揃う必要があることを示し、この6条件のうち、カウンセラーが取るべき態度として特に三つの条件を重視した。具体的には、「純粋性」（自己一致）、「無条件の肯定的配慮」（受容）、「共感的理解」（共感）であり、この3

条件は現在でも流派に関係なく、カウンセラーの基本的な態度とされている。また、パーソナリティ理論として「自己理論」を提唱し、「自己概念」(理想自己)と「体験」(現実自己)の不一致から不適応が生じると考えた。1960年代からは、「エンカウンター・グループ」も開始し、晩年には人種問題や国際紛争の解決に取り組んだ。

文献

・岡堂哲雄編 (1998)『貢献者の肖像と寄与』至文堂
・岡村達也 (2007)『カウンセリングの条件——クライアント中心療法の立場から』日本評論社

J. B. ワトソン (Watson, John B.)

アメリカの心理学者であり、行動主義を提唱した人物である。行動主義は、当時の構成主義的心理学のアンチテーゼであり、ワトソンは、心理学は客観的な行動を研究の対象とするべきであると主張した。ワトソンは、「1ダースの健全でしっかりした乳児と、彼らを養育するための私自身が自由にできる環境を与えてほしい。そうすればどのような専門家にでも育て上げることを保証しよう」と述べ、環境優位説を主張した。また、レスポンデント条件付けを利用してアルバートという11ヶ月の子どもを対象に恐怖条件付けを行なった。恐怖条件付けは、情動の条件付けの最初の実験でもあり、この実験はその後の行動療法の発展に大きく寄与した。刺激と反応の関係を確認していけば、内観などの認知変数を考慮しなくても、行動の予測とコントロールが可能になるという行動主義の基本的な考えは、スキナーに引き継がれ、ハル、トールマン、ガスリーなどの新行動主義に影響を与えた。

文献

・鹿取廣人、杉本敏夫編 (2004)『心理学 第2版』東京大学出版会
・氏原寛他編 (1992)『心理臨床大事典』培風館

★パブロフの犬実験

ロシアの生理学者パブロフ (Pavlov, I.) が行なった条件反射に関する実験である。音と餌(えさ)を用いた実験で、本来犬は、音刺激(中性刺激)に対して唾液の

パブロフの条件付けの実験〔Yerkes & Morgulis, 1909を元に作成〕

反応は示さない。一方、餌は無条件に唾液の反応を引き起こす刺激である。パブロフは、この音と餌を同時に提示する（対提示）ことを繰り返し行なうことで、犬が音を聞いただけで、唾液反応を示す（条件反応の学習）ことを発見した。この条件反射理論は、のちに「レスポンデント条件付け」と呼ばれるようになった。また、パブロフは犬が実験神経症になるケースも報告している。犬に円図形と楕円図形を用いた弁別課題であるが、犬が区別できないレベルまで円図形と楕円図形の形を近づけていくと、吠えたり、実験器具を払いのけたりする行動がみられることを明らかにした。このような状態を「実験神経症」と呼んだ。

文献
・西川泰夫（1988）『実験行動学——行動から心へ』講談社

L. ホルツマン （Holzman, L.）

　ホルツマンは、米国の発達心理学者である。ホルツマンの研究は協働発達と、地域住民が協力し合い、自分たちの利益のために組織を作る地域住民組織化運動がテーマとなっている。また、ヴィゴツキーの「発達の最近接領域（ZPD）」を再評価し、「個々の子どもの性質や特性」としてだけではなく、「人びとと一緒に何かをすること」を重視した。つまり、それまでは発達が先に起こることで学習が可能となる見方が伝統的であったのに対し、ホルツマンと共同研究者

であるニューマンは、学習と発達の弁証法的な統合を強調している。ホルツマンは、発達を「自分でない人物をパフォーマンスすることで、自分が何者かであるかを創造する活動」と捉えている。

文献
・ホルツマン（2014）茂呂雄二訳『遊ぶヴィゴツキー――生成の心理学へ』新曜社

2　疾患編

うつ病

　うつ病とは一日中ほとんど毎日の抑うつ気分、興味や喜びの減退、体重の減少や増加、睡眠障害（不眠または睡眠過多）、思考力や集中力の減退、死についての反復思考などを主症状とする精神疾患である。DSM-5では抑うつ障害群としてまとめられており、大うつ病性障害、持続性抑うつ障害（気分変調症）、月経前不快気分障害などに分類されている。うつの種類には、精神症状より身体症状が前面に現われる「仮面うつ病」、冬にのみ発症し、春になると症状が消失する「季節性うつ病」、過食、過眠、うれしいことがあれば喜ぶなどの症状がある「非定型うつ病」などがあることも指摘されている。最近では、子どものうつ病が注目されており、子どもの場合には身体症状（例：腰痛など）が見られることがあるとされている。うつ病の治療は基本的に薬物療法、心理療法、休養の3本柱で行なわれる。薬物療法ではSSRI、SNRI、NASSA等が用いられ、心理療法では認知行動療法、対人関係療法が効果を上げている。

文献
・American Psychiatric Association（2014）日本精神神経学会監訳『DSM-5 精神疾患の診断・統計マニュアル』医学書院
・野村総一郎（2016）『うつ病のことが正しくわかる本』西東社

双極性障害

　双極性障害とは、躁状態とうつ状態を繰り返す精神疾患である。クレペリン（Kraepelin, E.）が躁うつ病と呼んでいたものを、アメリカ精神医学会が新たに双極性障害と命名した。双極性障害は躁病エピソードを伴う双極Ⅰ型障害と、軽躁病エピソードを伴う双極Ⅱ型障害とに分類される。躁病エピソードと軽躁病エピソードは、1週間以上持続するか、4日間以上持続するか、また、症状

が重症か軽症かで判断される。躁症状には、自尊心の肥大や睡眠欲求の減少、多弁、活動性の上昇、衝動的な買い物等がある。近年、「双極スペクトラム障害」という考え方も提唱されている。これは、「診断基準を満たす程ではない双極性エピソードを持つ気分障害」である。しかし双極スペクトラム障害の問題点として、過小診断・過剰診断、境界性パーソナリティ障害との鑑別診断、気分安定薬の乱用等があげられている。双極性障害の治療には、リチウム等の気分安定薬が主に用いられる。また、心理社会的治療として、心理教育が再発予防に有効であることが示されている。

文献
・American Psychiatric Association（2014）日本精神神経学会監訳『DSM-5 精神疾患の診断・統計マニュアル』医学書院
・日本うつ病学会「気分障害の治療ガイドライン作成委員会」（2017）『日本うつ病学会治療ガイドラインⅠ双極性障害』
・Owen, S. & Saunders, A.（2008）*Bipolar Disorder: The Ultimate Guide*. Oneworld Publications
・仙波純一（2011）「双極スペクトラム概念の問題点を考える」『精神神經學雜誌』113（12）、1200-1208.

てんかん

てんかんとは、脳内の神経細胞が突如過剰に興奮することにより発作を起こす慢性の脳疾患である。てんかん発作が起こると、意識障害が生じたり、けいれんや、無意味な言葉を発したりする無目的な行動等が生じる。てんかん発作の分類には、発作が脳の一部分から起こる「部分発作」と、脳の全体から起こる「全般発作」がある。部分発作には意識障害がない「単純部分発作」と、意識障害のある「複雑部分発作」がある。また、全般発作の場合は、意識障害を必ず伴う。全般発作には、短時間の意識障害がみられる「欠伸発作」、全身や手足の不随意運動（ミオクロニー）が起こる「ミオクロニー発作」、突然意識が消失し十数秒間全身のこわばりが起こり、周期的にミオクロニー発作が生じる「強直間代発作」、力が抜け、姿勢が崩れて転倒する「脱力発作」などがある。

文献
・後藤和宏（2009）『よくわかる最新「脳」の基本としくみ――脳のメカニズムを図解する！脳の不思議』秀和システム

統合失調症

統合失調症は、陽性症状（他の人には聞こえない声が聞こえる〈幻聴〉、または見えない人が見える〈幻覚〉、一般的には理解できないが、本人が確信しており、周りの人が訂正できない考え〈妄想〉）と、陰性症状（表情が乏しくなり、感情が平板化する）などの多様な症状からなる精神疾患である。他にも、姿勢を固持し続けたり、外部からの刺激に無反応や拒否などの緊張病性の行動を起こすこともある。DSM-5 では、統合失調症スペクトラム障害および他の精神病性障害群に分類される。統合失調症の原因の一つに、ストレス脆弱性仮説がある。この仮説では、統合失調症は気質的ななりやすさ（脆弱性）と、ストレスの負荷による相互作用で発症すると考えられている。統合失調症にかかる人の割合は、約 100 人に 1 人と考えられており、発症のピークは男性が 20 代前半から 20 代半ば、女性が 20 代後半となっている。現在は入院治療ではなく通院治療が主になっている。治療は抗精神病薬が中心であり、社会復帰の際はソーシャルスキル・トレーニングなどが用いられている。

文献

・American Psychiatric Association（2014）日本精神神経学会監訳『DSM-5 精神疾患の診断・統計マニュアル』医学書院
・M. バーチウッド、C. ジャクソン（2001）丹野義彦・石垣琢麿訳『統合失調症——基礎から臨床への架け橋』東京大学出版会

PTSD（Post Traumatic Stress Disorder：心的外傷後ストレス障害）

PTSD とは、自分または他者が死んでしまうほどの危険、性的暴力、災害といった出来事を直接的または間接的に体験することで起こる精神疾患である。症状としては、侵入症状（トラウマ体験の悪夢を見たり、フラッシュバックを経験する）、回避症状（トラウマ体験を想起させる人物、状況、会話などを避ける）、認知と気分の陰性変化（否定的な認知や陽性感情の喪失）、覚醒度と反応性の変化（過剰な警戒心、集中困難、自己破壊的行動など）を示す。かつては戦争帰還兵の症状として注目されていたが、現在は災害や虐待関連による PTSD も注目されている。トラウマ体験を持つ人々の約 2〜8% が発症すると考えられている。PTSD は、症状が 1 ヶ月以上持続し、顕著な苦痛を感じたり、日常生活に支障

をきたしている場合に診断されるが、症状の持続が3日〜1ヶ月未満の場合は急性ストレス障害と診断され、PTSDとは区別されている。

文献
・American Psychiatric Association (2014)『DSM-5 精神疾患の診断・統計マニュアル』日本精神神経学会監訳、医学書院
・Friedman, M. J., Keane, T. M., Resick, P. A., et al. (2014) *Handbook of PTSD, Second Edition: Science and Practice*. Guilford.

複雑性PTSD

　ICD-11では、ストレス関連症群に分類される。PTSDと同様に、再体験、回避、過覚醒の症状があり、さらに否定的な自己概念（慢性的な空虚感や無価値観等）、対人関係上の困難（不信感や孤立、ひきこもり等）、感情制御の困難（怒りや暴力、自傷等）、対人関係の障害が診断基準に含まれる。長期かつ慢性的な外傷体験が一定期間繰り返されることにより、複雑性PTSDが生じる。外傷となる出来事として、逃避困難なストレス経験（例：虐待等）が挙げられるが、必ずしもトラウマの内容でPTSDと複雑性PTSDを区別できるわけではない。境界性パーソナリティ障害（以下、BPD）との鑑別が問題となるが、複雑性PTSDでは、見捨てられ不安やアイデンティティの不安定、自殺関連行動が少ないことが特徴とされる。複雑性PTSDのアセスメント・ツールに、「PTSDと複雑性PTSD診断面接尺度」、クロワトールら（Cloitre, et al. 2017）による「国際トラウマ質問票」がある。治療としては、弁証法的行動療法と持続エクスポージャーをベースとしたSTAIR/NST（Skills Training in Affective and Interpersonal Regulation followed by Narrative Story Telling）が開発されている。

文献
・金吉晴、中山未知、丹羽まどか、大滝涼子（2018）「複雑性PTSDの診断と治療」『トラウマティック・ストレス』16 (1), 27-35.
・鈴木友理子（2013）「ICD分類の改訂に向けて――ストレス関連障害の動向」『精神神經學雜誌』115 (1)、69-75.

3 心理療法と技法編

認知療法

　ベック（Beck, A.）が開発した心理療法であり、うつ病に対する効果が示されている。認知療法では、感情、行動、認知（考え方のスタイル）は相互に関連していると考え、歪んだ認知の修正を目的として治療が行なわれる。認知には「自動思考」（自動的に浮かんでくる思考）と「スキーマ」（発達過程で形成されてきた価値観や信念）の二つがあり、これらの認知によって自己、世界、未来の3側面を否定的に解釈し、結果としてうつ症状などが生じる。典型的な認知の歪みとして「二分割思考」（全て白か黒かで判断する）、「自己関連付け」（良くないことが起こった時に自分に関係ないことでも自分の責任ととらえてしまう）、「過度の一般化」（一度の体験を全体にまで広げて考えてしまう）などが示されている。歪んだ認知の修正は、思考記録表やホームワーク課題などを通して行なわれるが、認知療法では治療関係を重視しており、セラピストとクライエントが協力して認知のあり方を検証していく「協同的経験主義」の立場で治療を行なう。

文献
・氏原寛他共編（2004）『心理臨床大事典 改訂版』培風館
・坂野雄二編（2000）『臨床心理学キーワード』有斐閣

論理情動療法

　論理情動療法（Rational Emotive Behavioral Therapy：以下、REBT）とは、認知行動療法の一つであり、エリス（Ellis, A.）によって創始された心理療法である。REBTでは、人の行動や感情は、刺激のみで生じるわけではなく、その刺激をどのように解釈したかによって生じると考える。認知的変数を重視する点については、認知療法と同じである。具体的には、感情や行動の生起を「出来

事（Activating event）→信念（Belief）→結果（Consequence）」という枠組みで捉え、出来事を非合理的な信念で解釈することによって、不適応的な感情や行動が生じると考える。治療では、非合理的な信念（イラショナル・ビリーフ）を合理的な信念（ラショナル・ビリーフ）に変容させることが目的となるが、その方法としてREBTでは「論駁」（Dispute）が用いられる。カウンセラーがクライエントの持っている非合理的な信念を論理的に反論していき、最終的に効果的な新しい信念（Effective new belief）を獲得し、適応的な感情や行動に変容していくという形で治療が行なわれていく。

文献
・坂野雄二編（2000）『臨床心理学キーワード』有斐閣

TF-CBT

　TF-CBT（Trauma-Focused CBT）とは、コーエン（Cohen, J. A.）、マナリノ（Mannarino, A. P.）、デブリンジャー（Deblinger, E.）によって創始された心理療法であり、子どものPTSDに対して効果が示されている。TF-CBTモデルは、文化的価値観を尊重し、家族に焦点を当て、良好な治療関係を重視しながら、自己効力感を高めることを基本理念としている。アセスメントは、認知の問題、対人関係の問題、感情面の問題、家族の問題、トラウマと関連した行動面の問題、心身面の問題を対象としており、英語表記のそれぞれの頭文字を取って「CRAFTS」と呼ばれている。治療のセッションは、治療初期は子どもと親それぞれと個人セッションを行ない、治療の中盤から終盤にかけて認知対処のスキルを増やしていく構造になっている。心理教育、ペアレンティング・スキル、感情表現と調整など八つの構造になっており、それぞれの英語表記の頭文字をとって「PRACTICE」と呼ばれている。

文献
・J. A. コーエン、A. P. マナリノ、E. デブリンジャー編（2015）『子どものためのトラウマフォーカスト認知行動療法――さまざまな臨床現場におけるTF-CBT実践ガイド』亀岡智美、紀平省悟、白川美也子監訳、岩崎学術出版社

EMDR

　EMDR（Eye Movement Desensitization and Reprocessing）は、シャピロ（Shapiro, F.）によって開発された心理療法である。「眼球運動による脱感作と再処理」と訳されており、特にトラウマ（心的外傷）の治療に効果が示されている。治療は、水平方向の眼球運動や音刺激、触覚刺激など両側性の刺激を用いて苦痛な感情を和らげ（脱感作）、うまく処理されなかったトラウマ的な出来事の記憶を改めて脳の中で処理する（再処理）形で行なわれる。EMDRでは、精神病理が生じるメカニズムを「適応的情報処理」と呼ばれるモデルから説明している。このモデルでは、不快な体験が不適応的にコーディングされたり、不完全に処理されたりした結果、症状が生じると考える。一般的な治療方法としては、トラウマ経験について詳しい説明を求めず、トラウマの状況を思い出しながら、脳の右半球と左半球を交互に刺激する。具体的には左右に動く指を目で追う、両耳に音を交互に聞かせる、身体の左側と右側を交互に触れたり叩いたりするなどの方法で行なわれる。

文献

・市井雅哉（2015）『臨床心理学特別講義――認知行動療法、EMDRでストレスとトラウマに対処する』岩崎学術出版社
・タル・クロイトル（2015）市井雅哉訳『EMDR革命：脳を刺激しトラウマを癒す奇跡の心理療法』星和書店

TEACCH（ティーチ）

　TEACCH（Treatment and Education of Autistic and related Communication-handicapped CHildren）はショプラー（Schopler, E.）らが発展させた、自閉症スペクトラム障害（以下、ASD）に対する生涯支援プログラムである。TEACCHでは、①ASDの特性や障害の本質は器質的問題であり、それにより知覚が混乱している、②教育等の支援は、両親と専門家が協力して取り組む、③教育や福祉の援助者はスペシャリストを超えたジェネラリストである、④教育や支援のプログラムは包括的に調整され、生涯にわたり個別支援が必要であると考えている。TEACCHの治療教育の特徴として、「構造化」が挙げられる。構造化には、場所ごとに意味づけをする「物理的構造化」、その日やることを決めて

おく「スケジュール構造化」、作業に自立して取り組めるよう、課題の内容と量を視覚的に理解できる形にする「ワークシステム」がある。TEACCHは子どもだけでなく、おとなにも適用できるプログラムとなっている。

TEACCHプログラムの一例

文献
・佐々木正美（1993）「TEACCHモデルの紹介と実践（療育論）」『日本教育心理学会総会発表論文集』35（0）、S31
・佐々木正美（2007）「自閉症療育——TEACCHモデルの世界的潮流」『脳と発達』39（2）、99-103.
・佐々木正美（2009）『自閉症の本——じょうずなつきあい方がわかる』主婦の友社

スキーマ療法

　ヤング（Young, J. E.）が発展させた統合的心理療法であり、認知行動療法、アタッチメント、ゲシュタルト療法、対象関係理論、構成主義、精神分析学派の要素を融合している。スキーマとは、その人が持っている「価値観」や「信念」のことである。人には愛されたい、大切にされたいといった欲求（中核的感情欲求）があり、幼少期にこれらが欠損した場合、早期不適応的スキーマが生じ、不適応を引き起こすとされる。ヤングは中核的感情欲求として、①他者との安全なアタッチメント、②自律性、有能性、自己同一性の感覚、③正当な欲求と感情を表現する自由、④自発性と遊びの感覚、⑤現実的な制約と自己制御の五つを挙げている。スキーマ療法の治療技法には、認知的介入、行動的介入に加えて、体験的介入が含まれる。体験的介入では、早期不適応的スキーマを形成した状況に関連した感情を再体験し表現する。例として、感情に身を任せて書く「送らない手紙」や過去の出来事をロールプレイする「イメージ・ワーク」などがある。

文献
・伊藤絵美（2016）「スキーマ療法（パーソナリティ障害の現実）——（援助論）」『こころの科学』185、

63-67.
・Young, J. E., Klosko, J. S. & Weishaar, M. E.（2006）*Schema Therapy : A Practitioner's Guide*. Guilford Press.

動機づけ面接法

　動機づけ面接法とは、ミラー（Miller, W. R.）とロルニック（Rollnic, S.）によって開発された対人援助理論であり、変化への動機づけを強めるための面接法である。動機づけ面接法では、言葉が行動を変えると考えており、「チェンジ・トーク」（自分が変わることに関する発言）と呼ばれる発言を引き出すことを主な目的としている。チェンジ・トークを引き出す技法として「開かれた質問：Open question」（はい・いいえでは答えられない質問）、「是認：Affirming」（相談者の強みや努力に敬意を表わす発言）、「聞き返し：Reflecting」（相談者が発言したことを相談者に返すこと）、「要約：Summarizing」（相談者の発言をまとめて返すこと）の四つの技法が提唱されている。これらの技法は頭文字をとってOARS（オールス）とも呼ばれている。動機づけ面接法は、司法領域や依存症治療、健康増進行動、治療アドヒアランスなどにおいて有効性が示されている。

文献

・瀬在泉（2017）「動機づけ面接法」日本保健医療行動科学会編『講義と演習で学ぶ保健医療行動科学』『日本保健医療行動科学会雑誌』第31巻別冊、64-67.

回想法

　回想法とは、精神科医のバトラー（Butler, R. N.）が開発した心理療法であり、ライフ・レビューが起源となっている。昔の思い出を語ることに意味があると考え、回想することで自分の人生が要約され、多面的に自らの生を見つめ、死への準備がなされるという。主に高齢者を対象に行なわれている。回想法には大きく分けて2種類あり、一対一で行なわれる「個人回想法」とグループを対象に行なわれる「グループ回想法」がある。個人回想法には、個別性を大切にし、じっくりと話を展開することができるという特徴がある。一方、グループ回想法は10名前後のグループで実施され、グループの力によって回想が深まり、相互関係がより密接になるという特徴がある。

文献
・健康長寿ネット：回想法　https://www.tyojyu.or.jp/net/byouki/ninchishou/kaisou.html（2019年1月15日検索）
・須田行雄（2013）「回想法 実施マニュアル」平成23年度日本産業カウンセラー協会公募研究　www.counselor.or.jp/Portals/0/resources/pdfs/130724.pdf（2019年1月15日検索）

コラージュ療法

　コラージュ療法とは芸術療法の一分野であり、コラージュを作成することで、クライエントは自分の心理的問題を話せるようになると同時に、カウンセラーは正確にクライエントの心理的状態を理解することができ、その結果、心理療法が促進される。コラージュ療法の手順は、①雑誌などから「心惹かれるイメージや言葉」を選ぶ、②雑誌を自由な形に切り抜く、③切り抜いた素材を台紙上に集める、④台紙の上で素材を構成する、⑤のりで素材を貼る、⑥クライエントの感想を聞く、という手順で行なわれる。また、言葉を書き込んだり、絵を描き加えたりといった工夫をすることもできる。日本では「持ち運べる箱庭」をコンセプトにしている。

文献
・森谷寛之（2012）『コラージュ療法実践の手引き』金剛出版
・森谷寛之（1993）『コラージュ療法入門』創元社
・コラージュ療法学会：コラージュ療法　http://www.kinjo-u.ac.jp/collage/instruction.html（2019年1月22日検索）

その他

DSM-5

　DSM（Diagnostic and Statistical Manual of Mental Disorders）-5 は、アメリカ精神医学会が作成した精神疾患の診断・統計マニュアルである。精神疾患の障害群は20群に加え、「医薬品誘発性運動症群および他の医薬品有害作用」「臨床的関与の対象となることのある他の状態」から構成される。症状がいくつ以上あてはまり、どのくらいの期間持続しているか、また、社会生活はどの程度妨げられているのかといった明確な基準が定められており、客観的な診断が可

能となっている。前版のDSM-Ⅳ-TRでは多軸診断が用いられていたが、DSM-5では廃止されている。なお、DSMでは精神疾患を「精神機能の基盤となる心理学的、生物学的、または発達過程の機能障害によってもたらされた、個人の認知、情動制御、または行動における臨床的に意味のある障害によって特徴づけられる症候群」と定義している。

文献
・アメリカ精神医学会（2014）髙橋三郎、大野裕監訳『DSM-5 精神疾患の診断・統計マニュアル』医学書院

ICD-11

ICD（International Statistical Classification of Diseases and Related Health Problems）-11とは、世界保健機関（WHO）が作成した国際疾病分類であり、疾病や死因の統計、および診断に用いられている。DSMが精神疾患に限定されているのに対し、ICDは全ての疾患を対象にしている。

ICD-11は1990年に改訂されて以降、30年ぶりの改訂となり、日本では2020〜21年の適用が予定されている。全26章に加え、「生活機能評価に関する補助セクション」「エクステンションコード」から構成されている。

ICD-10からICD-11への大きな変更点は、性に関する状態像（特に性別の不一致）が精神疾患から外れたこと、依存の概念の中に「行動」が入り、「ゲーム依存」などが記載されたこと、従来の診断分類に加え、東洋医学などの伝統医学のダブル・コーディングが可能になったこと、補足コードで診断の詳細が追加できることなどである。

旧来のICD-10では「精神および行動の障害」はFコードに分類されていたが、ICD-11では「精神、行動又は神経発達の障害」が6コード、「睡眠・覚醒障害」が7コード、「性保健健康関連の病態」がHコードに分類されている。

文献
・ICD-11 for Mortality and Morbidity Statistics　https://icd.who.int/browse11/l-m/en
・森桂、及川恵美子、阿部幸喜、中山佳保里（2018）「WHO国際統計分類の歴史とICD-11の国内適用に向けて」『保健医療科学』67(5)、434-442.

防衛機制

　防衛機制とは、精神分析の概念で、不安、罪悪感、恥などの不快な感情が生じたとき、心理的な安定を保つために生じる心理的な防衛メカニズムのことである。通常、無意識的に行なわれ、誰もが行なっている心理的作用である。「防衛」の概念は、フロイトによって提唱されたが、「防衛機制」という言葉は娘のアンナ・フロイト（Freud, A.）が用い、反動形成、投影、同一視、知性化、合理化などさまざまな種類の防衛機制が提唱された。防衛機制は誰もが行なうものであることから、正常で適応的な心理作用でもあるが、柔軟性がなく、固定的な形で行なわれると、不適応という形で表面化することがある。さらに、防衛機制の種類の中には、病的な側面の強いものもあるとされており、その代表的なものとしてクライン（Klein, M.）の提唱した否認、投影性同一視、スプリッティング、理想化がある。これらの防衛機制は、「原始的防衛機制」と呼ばれている。どのような防衛機制を使っているかを検討することはクライエントの病理理解に役立つものとされている。

文献
・笠井仁「防衛機制」（1999）中島義明他編『心理学辞典』有斐閣

サイモンズの養育態度

　サイモンズ（Symonds, P. M.）は親の養育態度が子どもに与える影響について研究し、保護者と子どもの関係を「保護」-「拒否」の軸と「支配」-「服従」の軸に分けて説明した。保護とは受容的とも言い換えられ、親の保護的な態度は子どもの感情を安定させるが、拒否的な態度は子どもの落ち着きをなくさせ、反社会的な行動を導く。親の支配的な態度は、行き過ぎれば子どもを消極的にし、逆に子どもに服従する態度は子どもの無責任な行動を育成する。そして、この2軸から、親の養育態度を「かまいすぎ型」「残忍型」「甘やかし型」「無視型」の四つに分類している。なお、親の養育態度による子どものパーソナリティ形成への影響は、直接的な因果関係ではなく、あくまでも一つのモデルである点に注意するべきである。

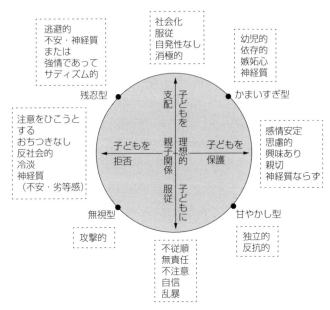

サイモンズの養育態度

〔Symonds（1937）を元に作成〕

文献

・Symonds, R. M.（1937）Some Basic Concepts in Parent-Child Relationships. *The American Journal of Psychology*, 50（1）, 195-206.

反省的実践家

　反省的実践（reflective practice）とは、都市研究や教育を専門としているショーン（Schön, D. A.）によって提唱された概念である。ショーンは、組織学習と専門職の効力に注目し、専門職の成長にはその専門的な活動の過程において省察を行なうことが重要であると指摘し、その原理に基づく実践を「反省的実践」とした。専門家は、実践の際に自分の持っている知識やスキルを使って実践にあたる。しかし、それでは解決できないとき、実践家は知識やスキルだけでなく、利用可能なあらゆるものを使い、その状況を打破していく。ショーンは、こうした実践の繰り返しを通して専門家は自ら学び、解決策を身につけ、発展すると考えた。反省的な実践家は、学校教員や保育者など、教育にかかわる専門職のモデルとしても引用されており、2017年より全面施行された公認

心理師の職責としても、心理職としての職業的成長は反省的実践によって促進されると指摘されている。

文献

・佐藤学（1996）『教育方法学』岩波書店
・藤沼康樹（2010）「省察的実践家（Reflective Practitioner）とは何か　総論」『日本プライマリ・ケア連合学会誌』33（2）、215-217.

索引

ア行

IQ　　171、172
ICD-11　　145、394
愛着（アタッチメント）　　139
アイデンティティ（同一性）
　　130、138
IP（Identified Patient）　　84
アカゲザルの愛着実験　　377
アクションリサーチ　　338
アクスライン　　92
アスペルガー症候群　　167
斡旋　　256
アドラー　　344
アニミズム　　134
ARMS　　147
アルコール依存症　　347
アルツハイマー型認知症
　　233
アンジュ　　344
安全基地　　140
安全配慮義務　　278
安全配慮義務責任　　260
EMDR　　27、390
いじめ　　205、209、249、250
一次的感情　　141
一次的援助サービス　　194
一次的評価　　118
一時保護所　　218
一次妄想　　150
遺伝 - 環境論争　　130

医療観察法　　246
医療観察法鑑定　　245
医療少年院　　253
医療法　　296
医療保護制度　　246
因子分析　　330
陰性症状　　148、150、152
インテーク面接　　52
インフォームド・コンセント
　　41
インプリンティング（刻印づけ）
　　130
ヴィゴツキー, L. S.　　135、
　　366
WISC-Ⅳ知能検査　　44
ウィルコクソンの符号順位検定
　　329
ウイング, L.　　366
ウエイティングリスト法　　308
ウェル・ビーイング　　14
ウォルピ　　346
うつ病　　153、270、384
うつ病性仮性認知症　　272
うつ病治療の3本柱　　271
HSP　　126
ABA（応用行動分析）　　107
ABABデザイン　　334
ABC分析　　110
エインズワース　　140
エサレン研究所　　76

NBA　　317
エビデンス・ベイスト　　355、
　　356
エビデンス・ベイスト・アプ
　　ローチ　　306
エビデンスに基づく実践
　　308
MMPI　　37
エリクソン, E. H.　　130、138、
　　367
エンカウンター・グループ
　　76
援助行動　　141
エンプティ・チェア　　83
老いの受容　　229
応用行動分析（ABA）　　107
オープン・クエスチョン　　54、
　　80
オープン・ダイアローグ　　23、
　　315
オペラント条件づけ　　107
オルタナティブ・ストーリー
　　314
音韻意識　　136

カ行

外因性　　146
回帰分析　　327
解決の試み　　86

外言　136	鑑別　243	刑事責任能力鑑定　245
外傷性ストレッサー　116	季節性うつ病　154	軽躁病エピソード　157
回想法　232、392	機能性胃腸症　272	系統的脱感作法　346
改訂長谷川式簡易知能評価ス	機能的サポート　122	系統的レビュー　309
ケール（HDS-R）　236	基本感情　139	ケース・フォーミュレーション　58
外内言　136	虐待　249	ゲートキーパー　286
開発的機能　199	虐待相談　222	ケーラー，W.　368
回避　159	逆抑止　346	ゲシュタルト療法　345
カウンセリング　50	キャノン　114	結晶性知能　143
カウンター・カルチャー　76	吸啜反射　132	血統妄想　152
科学者 - 実践家モデル　307	教育機会確保法　205	幻覚　152
過覚醒　159	教育分析　56	健康診断　257
鏡文字　136	境界性パーソナリティ障害	検査結果　45
学習指導要領　199	181、182	検察官送致　237
学習障害　167	境界例　145、146	幻視　152
獲得的レジリエンス要因　126	強化の原理　108	原始反射（新生児反射）　132
過重労働対策　263	共感の理解　79	幻臭　152
家族再統合　223	矯正　243	現象学　311
価値転換理論　231	共同注意　136、137	幻触　152
学校教育法　197	協働の経験主義　73、121	向社会的行動　142
学校生活全体の質　194	共分散構造分析（SEM）　330	抗ショック相（反ショック相）
学校不適応　200	共鳴動作　133	115
仮面うつ病　154	緊急一時保護　220	構造化面接法　40
過労死　29、264	緊急調整　256	構造的サポート　122
過労死ライン　29	クーイング　136	考想伝播　151
河合隼雄　96、350	具体的操作期　134、135	行動実験　74
川義事件　260、278	口紅課題　138	行動診断　223
感覚運動期　134	グッドライフモデル　23	行動目録法　41
間隔尺度　323、324	クライン，M.　92	公認心理師の四つの業務と四つ
環境　124	K-ABC　34	の義務　9
環境（文脈）　84	経験優位説　130	公認心理師法　300、351、352
観護処遇　243	警告反応期　115	公認心理師法案　351
観察研究　309	軽作業期　105	広汎性発達障害　167、175
感情反射　53	KJ法　317	考想化声　151
観念奔逸　157	形式的操作期　134、135	誤信念課題　137
カーンバーグ　145	刑事司法現場　248	コーピング　120

索引　401

コーピングコスト　121
コールバーグ　142
誤学習　73
国民　9
国民の心の健康の保持増進　9
心と体の問題　228
心の健康づくり計画　259
心の理論　137
個性記述的研究　331
個性記述的研究法　332
誇大妄想　151
子ども人権オンブズパーソン制度　82
子どもの権利条約　216
子どもの最善の利益　217
コラージュ療法　393

サ行

罪悪感　141
災害時　290
災害時地域精神保健医療活動ガイドライン　295
最近接領域　135
サイコオンコロジー（精神腫瘍学）　282
再体験　159
裁判員制度　244
最頻値　326
催眠療法　346
サイモンズの養育態度　395
作業期　105
作業検査法　40
作為体験　151
サクセスフル・エイジング

143
させられ体験　151
サポート・ネットワーク　122
サリーとアンの課題　137
サリバン　13
産業カウンセラー　280
三次的援助サービス　195
CMI（Cornell Medical Index）　37
ジェイコブソン　345
支援　207
ジェンダー・アイデンティティ（性同一性）　138
ジェンドリン　80、97、98
視覚的断崖（ビジュアル・クリフ）　133
自我障害　151
時間見本法　41
事業場　257
刺激　124
自己愛性パーソナリティ障害　185
自己暗示　346
自己一致　80
思考吹入　151
思考奪取　151
自己脅威性　117
自己効力感　69
自己制御　138
自己中心語　134、136
自己中心性　134
自殺総合対策大綱　284
自殺対策基本法　264
自殺念慮　280
事実確認　207
資質的レジリエンス要因　126

事象見本法　41
自生思考　151
自然的観察法　41
思想の矛盾　105
持続性うつ病　156
実現傾向　78
実験的観察法　41
実行サポート　122
質問紙法　37
指導　207
児童期　130
児童虐待　218
児童虐待防止法　219
児童自立支援施設　238
児童相談所　218
児童の発達の支援　196
児童福祉法　217
児童養護施設　223
死の受容　231
自発的（新生児）微笑　132
自閉症　167
自閉症スペクトラム障害　175
自閉スペクトラム症　175
社会構成主義　311
社会診断　223
社会生活準備期　105
社会性の機能低下　148
社会的再適応評価尺度　117
社会的参照　133、137
社会的障壁　167
社会内処遇　244
社会モデル　226
重篤気分調節症（DMDD）　156
十分に機能する人間　78
熟慮　165

熟慮前　165
主動型リラクセイション療法　347
シュナイダーの一級症状　152
シュルツ　345
循環的因果律（Circular Epistemology）と悪循環　85
準実験　309
順序尺度　323、324
準備段階　165
ジョイニング　52、87
障害者基本法　225
障害者雇用促進法　266
障害者総合支援法　225
障害受容の問題　230
状態像診断　145
情緒的サポート　122
情動焦点型コーピング　120
少年法　237
情報的サポート　122
初回エピソード精神病　147
職業倫理の七つの原則　15
触法少年　240
助言　208
初語　136
ショック相　115
自律訓練法　24、272、346
自立と依存　229
事例研究法　333
心因性　146
神経質性格　104
神経症　145
神経性大食症　162
心神耗弱　246
心身症　146

心身相関論　344
心神喪失　246
心身二元論　344
新生児期　132
新生児微笑　132
新生児模倣　132
心的外傷後ストレス障害　386
侵入症状（再体験）　159
心理教育　19
心理検査法　34
心理師　280
心理状態　13
心理的応急処置　292
心理的ストレッサー　116
心理的デブリーフィング　293
心理的負荷による精神障害の認定基準　261
心理療法　51
推測統計　320
スーパービジョン　56
スキーマ療法　391
スキナー，B. F.　370
スキナー箱の実験　370
スクールカウンセラー　280
スクールカウンセラー活用事業補助　211
スクールカウンセラー活用調査研究委託事業　211
スクリーニング　37
ストレス　114、118
ストレス緩衝効果モデル　123
ストレスチェック　268
ストレス反応　126
ストレッサー　123

ストレンジ・シチュエーション（実験）　140、378
スピリチュアル　81、359
スプリッティング　182
斉一性　138
正規分布　325
脆弱ストレス仮説　150
成熟優位説　130
成人愛着面接　140
精神運動性貧困　148
精神間機能　135
精神交互作用　104
精神疾患　145、279、302
精神障害者　266
精神障害者の福祉の増進　9
精神障害者保健福祉手帳　284
精神内機能　136
精神病未治療期間　147
精神分析　64、344
精神保健福祉法　298
生徒指導　196、198
成年後見鑑定　245
生物 - 心理 - 社会モデル　13
生理的ストレッサー　116
生理的早産　132
世界没落体験　151
摂食障害　162
絶対臥褥期　105
セリエ，H.　114、371
セルフ・モニタリング　73
漸進的弛緩法　345
前操作期　134
選択・最適化・補償　143
選抜効果　335
相関分析　327

双極Ⅰ型障害　157
双極性障害　157、158、384
双極Ⅱ型障害　157
相互決定論　69
相互作用説　130
操作的診断　145
躁病エピソード　157
ソーシャルサポート　120、121、123
ソーンダイク，E. L.　371

タ行

ダーウィン　344
第一次反抗期　138
対象関係論　92
対象喪失　229
対象の永続性　134
対人関係療法　155
対象関係論　92
代替DSM-5モデル　187
第2次性徴　138
第二次反抗期　138
代表値　325
対立仮説　322
多重関係　16
多職種連携　337
多段抽出法　321
脱中心化　135
田中ビネー知能検査Ⅴ　43
多方向への肩入れ（Multi-directed Partiality）　87
タラソフの判決　17、30
地域援助　243
地域保健法　299
チーム学校　196、205

知覚サポート　122
チクセントミハイ　82
知的障害　284
注意欠陥多動性障害　167、284
注意散漫　157
中央値　326
仲裁　256
注察妄想　151
中枢神経系の機能障害　166
調停　256
直接効果モデル　123
チンパンジーの道具使用　369
追跡妄想　151
通級指導　200
TEACCH（ティーチ）　390
THP指針　258
DSM-5　145、393
TF-CBT　27、389
抵抗期　115
DUP　147
適応指導教室　200
適応障害　124、163
徹底受容　184
デブリーフィング　41
てんかん　385
電通過労死事件　278
投影性同一視　182
投影法　39
動機づけ面接法　392
道具的サポート　122
道徳的感情　141
道徳的ジレンマ　142
統計　320
統合失調症　148、150、151、

386
当事者研究　315、316
トークン・エコノミー法　72
トータル・ヘルス・プロモーション・プラン　258
ドミナント・ストーリー　313

ナ行

内因性　146
内言　136
内的作業モデル　140
ナラティブ・アプローチ　311
ナラティブ・セラピー　311、313
ナラティブ・ベイスト・アプローチ　311
ナラティブ・ベイスト・メディスン　311
成瀬悟策　100、101、350
喃語　136
二次障害　91
二次的援助サービス　194
二次的感情　141
二次的評価　118
二重盲検法　321
日本版K-ABCⅡ　34、44
人間性回復運動　76
人間性心理学　359
人間中心アプローチ　76
認知行動療法　155、357
認知行動療法の基本セッション　73
認知症　233
認知的評価対処理論　117
認知療法　23、388

脳機能の障害　167
脳血管性認知症　233
ノンパラメトリック検定　325

ハ行

把握反射　132
ハヴィガースト　130、143
パーソナリティ障害　179
パーソンセンタード・アプローチ　360
パールズ，F.　82、345、347
バルテス　143
迫害妄想　151
箱庭療法　350
ハコミセラピー　83
発達障害　47、48、166、167、248、251、283
発達障害者　167
発達障害者支援法　43、167
パニック症　161
パニック障害　161
パニック発作　161
パブロフの犬実験　381
場面見本法　41
パラメトリック検定　325
ハローワーク　288
半構造化面接法　40
反抗挑発症　156
犯罪少年　240
犯罪プロセス　251
反社会性パーソナリティ障害　186
反省的実践家　396
汎適応症候群　114
バンデューラ，A.　373

被愛妄想　151
ピアジェ，J.　133、141、374
非行少年　240
PTSD　116、124、159、386
被影響妄想　151
被害妄想　151
非定型うつ病　154、157、184
非定型発達　168
非特異的反応　114
被毒妄想　151
否認　183、184
疲憊期　115
皮膚 - 自我　344
ヒポコンドリー性基調　104
ヒューマン・ポテンシャル運動　76
病識障害　148
表示規則　141
標準偏差　326
比例尺度　323
敏感期　130、132
疲憊期（疲弊期）　115
フィールドノーツ　340、341
フィールドメモ　340
フィールドワーク　336
フォーカシング　80
フォクト　346
フォルクマン　117
複雑性PTSD　160、387
復職支援　276
物理的ストレッサー　116
不登校　202
不登校の原因　203
不登校へのアプローチ　204
不当労働行為　255
フラッシュバック　159

フリースクール　339
プレイルーム　93
フロイト，A.　92、376
フロイト，S.　344
フロー体験　82
分散　326
平均値　325
平均値の差の検定　329
並行プロセス　56
弁証法的行動療法　23、180、184
変動性　168
防衛機制　395
法則定位的研究　331
法務技官　243
法務少年支援センター　243
ボウルビィ，J.　139、376
保存　134
ホームズ　117
ボキャブラリー・スパート　136
ポジティブ心理学　82
母子保健法　300
ホメオスタシス　114
ホルツマン，L.　382

マ行

マイクロ・カウンセリング　54
マザリーズ　136
マズロー，A.H.　80、379
マタニティブルー　218
マンホイットニーのU検定　329
未学習　73

見捨てられ不安　184
見捨てられ抑うつ　184
三つ山問題　374
見守りチェックリスト　296
無条件の肯定的配慮　80
名義尺度　323、324
メタ分析　308
面接現場　336
妄想　150
目的本位　105
モデリング実験　373
モロー反射　132
問題解決　111
問題解決機能　199
問題焦点型コーピング　120
問題の外在化　314
問題箱（パズル・ボックス）の実験　372
文部科学省　198、199、208、211、221

ヤ行

ヤーキズ・ドットソン曲線　116
薬物療法　270
役割取得　142
有意水準　322
ユニークな結果　315
ユング, C. G.　344、380
要心理支援者　14
陽性症状　148、150
抑うつ　280
抑うつ障害群　153
欲求段階説　80
予防的機能　199

予防の方程式　191
四層構造論　209

ラ行

ラーエ　117
ライヒ　344
ライブ・スーパービジョン　56
ライフヒストリーの統合　229
ライフレビュー法（回想法）　232
ラザルス　117
ラポール　80
ランダム化比較試験　308
ランダムサンプリング　321
リエゾン精神医学　281
力動的心理療法　361
リスク・アセスメント　127
利他的行動　141
リフレーミング　55
流動性知能　143
療育手帳　171
リラクセイション療法　345
臨界期　130
臨床心理士の養成カリキュラム　352
臨床動作法　27
ルイス　141
レジリエンス　126
レビー小体型認知症　233
連続性　138
労働安全衛生管理体制　254
労働安全衛生法　28、256
労働委員会　255、256
労働関係調整法　256

労働基準法　255
労働組合法　255
労働契約法第5条　260
労働三法　254
労働者のこころの健康の保持増進のための指針　259
老年期　228
ローエンフェルト, M.　92、94
ロジャーズ, C. R.　99、100、360、380
ローレンツ　130
論理情動療法　388

ワ行

ワークショップ　338
ワトソン, J. B.　381
割合の差の検定　328

執筆者（○は編者）

○大野博之（九州大学 名誉教授）
　第1章1節、第6章1節、2節

○奇 恵英（福岡女学院大学 教授）
　第1章2節、第2章4節6、第6章2節

○斎藤富由起（千里金蘭大学 准教授）
　第1章3節、第1章4節、第2章3節1、2、4、5、4節3、4、第3章1節1、2、2節3、
　4節、第4章1節、3節、4節、第5章1節1、第6章3節、コラム1、2、3、4、5、6

○守谷賢二（淑徳大学 准教授）
　第2章1節、第4章5節、キーワード集

飯島博之（医療法人育生会篠塚病院）
　第2章4節7、8、第4章5節、キーワード集

池田彩子（よこはま若者サポートステーション）
　第2章2節、第4章2節

小野 淳（千里金蘭大学 准教授）
　第5章2節

小野 真（臨床発達心理士・介護福祉士）
　第2章4節9

北村耕太郎（NPO法人 D-SUPPORT INNOVATION 代表）
　第4章3節3

狐塚貴博（名古屋大学大学院 准教授）
　第2章4節2

土井晶子（神戸学院大学 教授）
　第2章4節5

野末武義（明治学院大学 教授）
　第2章4節1

松岡陽子（大阪国際大学 准教授）
　第3章1節3

山科 満（中央大学 教授）
　第2章3節3

山内早苗（東京都世田谷児童相談所）
　第2章2節、第4章2節

吉田梨乃（東京学芸大学大学院博士後期課程）
　第5章1節2、3節、4節、キーワード集

吉森丹衣子（淑徳大学 助教）
　第3章5節、第4章4節3

キーワード集イラスト　大野美季

公認心理師のための臨床心理学
──基礎から実践までの臨床心理学概論

2019年8月1日　初版第1刷発行
2021年10月5日　第4刷発行

編　者　大野博之
　　　　奇　恵英
　　　　斎藤富由起
　　　　守谷賢二
発行者　宮下基幸
発行所　福村出版株式会社
〒113-0034　東京都文京区湯島 2-14-11
　　　　　　電話 03-5812-9702　FAX 03-5812-9705
　　　　　　https://www.fukumura.co.jp
印　刷　株式会社文化カラー印刷
製　本　協栄製本株式会社

Ⓒ Saito, F. 2019
ISBN978-4-571-24074-4　C3011　Printed in Japan
落丁・乱丁本はお取替えいたします。　定価はカバーに表示してあります。

福村出版◆好評図書

野村俊明・青木紀久代・堀越 勝 監修／野村俊明・青木紀久代 編
これからの対人援助を考える　くらしの中の心理臨床

① うつ

◎2,000円　ISBN978-4-571-24551-0　C3311

様々な「うつ」への対処を21の事例で紹介。クライエントの「生活」を援助する鍵を多様な視点で考察。

野村俊明・青木紀久代・堀越 勝 監修／林 直樹・松本俊彦・野村俊明 編
これからの対人援助を考える　くらしの中の心理臨床

② パーソナリティ障害

◎2,000円　ISBN978-4-571-24552-7　C3311

様々な問題行動として現れる「パーソナリティ障害」への対処を22の事例で紹介し，多職種協働の可能性を示す。

野村俊明・青木紀久代・堀越 勝 監修／藤森和美・青木紀久代 編
これからの対人援助を考える　くらしの中の心理臨床

③ トラウマ

◎2,000円　ISBN978-4-571-24553-4　C3311

「トラウマ」を21の事例で紹介し，複数の立場・職種から検討。クライエントへの援助について具体的な指針を提示。

野村俊明・青木紀久代・堀越 勝 監修／青木紀久代・野村俊明 編
これからの対人援助を考える　くらしの中の心理臨床

④ 不安

◎2,000円　ISBN978-4-571-24554-1　C3311

生活の中で様々な形をとって現れる「不安」を22の臨床事例で紹介し，多職種協働の観点から検討を加える。

野村俊明・青木紀久代・堀越 勝 監修／北村 伸・野村俊明 編
これからの対人援助を考える　くらしの中の心理臨床

⑤ 認知症

◎2,000円　ISBN978-4-571-24555-8　C3311

認知症の人や介護者への支援を22の事例で紹介し，認知症における心理臨床の役割と意義について論じる。

野村俊明・青木紀久代・堀越 勝 監修／髙田 治・大塚 斉・野村俊明 編
これからの対人援助を考える　くらしの中の心理臨床

⑥ 少年非行

◎2,000円　ISBN978-4-571-24556-5　C3311

学校は元より相談機関，福祉施設，司法，医療の現場での21事例を通して非行少年を支える心理援助を考える。

林 直樹・野村俊明・青木紀久代 編

心理療法のケースをどう読むか？
●パーソナリティ障害を軸にした事例検討

◎3,200円　ISBN978-4-571-24083-6　C3011

様々な精神的問題に直面する事例を集め，精神科医・林直樹がスーパーバイズ。事例をどう読むかが分かる一冊。

◎価格は本体価格です。